# Die Absicherung von Haftungsrisiken durch Versicherungen bei Kapitalmarkt- und M&A-Transaktionen

# Schriften zum Gesellschafts-, Bilanz- und Unternehmensteuerrecht

Herausgegeben von Barbara Grunewald und Joachim Hennrichs

Band 41

*Zur Qualitätssicherung und Peer Review der vorliegenden Publikation*

Die Qualität der in dieser Reihe erscheinenden Arbeiten wird vor der Publikation durch den Herausgeber der Reihe geprüft.

*Notes on the quality assurance and peer review of this publication*

Prior to publication, the quality of the work published in this series is reviewed by the editor of the series.

Kilian Pfahl

# Die Absicherung von Haftungsrisiken durch Versicherungen bei Kapitalmarkt- und M&A-Transaktionen

PETER LANG

**Bibliografische Information der Deutschen Nationalbibliothek**
Die Deutsche Nationalbibliothek verzeichnet diese Publikation in der Deutschen Nationalbibliografie; detaillierte bibliografische Daten sind im Internet über http://dnb.d-nb.de abrufbar.

Zugl.: Köln, Univ., Diss., 2022

D 38
ISSN 1867-500X
ISBN 978-3-631-88450-8 (Print)
E-ISBN 978-3-631-88544-4 (E-PDF)
E-ISBN 978-3-631-88545-1 (EPUB)
DOI 10.3726/ b19997



Peter Lang – Berlin · Bern · Bruxelles · New York · Oxford · Warszawa · Wien



Diese Publikation wurde begutachtet.

www.peterlang.com

# Vorwort

Die vorliegende Arbeit wurde im Wintersemester 2021/2022 als Dissertationsschrift bei der Rechtswissenschaftlichen Fakultät der Universität zu Köln eingereicht und befindet sich auf dem Stand August 2021.

Mein primärer Dank gilt Herrn Professor Dr. *Michael Schlitt*, der mir den Anreiz für dieses Thema gab und mir während der Anfertigung der Dissertation stets beratend sowie mit sehr wertvollen Anregungen zur Seite stand und kurzfristig das Zweitgutachten erstellte.

Besonderer Dank gilt meiner Doktormutter Frau Professor Dr. *Barbara Grunewald*. Sie gab mir nicht nur die Möglichkeit zur Promotion, sondern erstellte das Erstgutachten zu meiner Dissertation besonders schnell. Sie ermöglichte mir zudem, die Dissertation in ihrer gemeinsam mit Herrn Professor Dr. *Joachim Hennrichs* herausgegebenen Schriftenreihe zu veröffentlichen. Auch Herrn Professor Dr. Joachim Hennrichs gilt daher mein Dank.

Zudem möchte ich meiner Familie danken, ohne deren Unterstützung die Erstellung dieser Arbeit nicht möglich gewesen wäre.

Der größte Dank gebührt meiner geliebten Partnerin, die mich nicht nur während der gesamten Phase der Promotion bedingungslos unterstützte.

Diese Arbeit widme ich meinem Großvater: Lieber Max, Du musstest 100 Jahre alt werden, um dieses Buch in Deinen Händen zu halten. Es ist schön, dass Du solange warten konntest.

Kilian Pfahl

# Inhaltsverzeichnis

# Abkürzungsverzeichnis

| | |
|---|---|
| **a.A.** | andere Ansicht |
| **a.a.O.** | an angegebenem Ort |
| **Bzgl.** | bezüglich |
| **Bzw.** | beziehungsweise |
| **ders** | derselbe |
| **dies** | dieselbe |
| **h.M.** | herrschende Meinung |
| **h.L.** | herrschende Lehre |
| **h.A.** | herrschende Ansicht |
| **i.S.d.** | im Sinne der |
| **i.S.v.** | im Sinne von |
| **i.V.m.** | in Verbindung mit |
| **Lit.** | Literatur |
| **Rspr.** | Rechtsprechung |
| **stRspr.** | ständige Rechtsprechung |
| **Vgl.** | vergleiche |

# Literaturverzeichnis

*Aha, Christof*, Rechtsschutz der Zielgesellschaft bei mangelhaften Übernahmeangeboten, in: Die Aktiengesellschaft, 2002, S. 160–169 (zit. *Aha* AG 2002, 160)

*Angerer, Lutz/Geibel, Stephan/Süßmann, Rainer* (Hrsg.), Wertpapiererwerbs- und Übernahmegesetz (WpÜG), Kommentar, 3. Auflage, München 2017 (zit. *Bearbeiter*, in: Angerer/Geibel/Süßmann, WpÜG)

*Armbrüster, Christian/Schilbach, Dan*, Nichtigkeit von VersVerträgen wegen Verbots- oder Sittenverstoßes, in: Recht und Schaden, 2016, S. 109–117 (zit. *Armbrüster/Schilbach* r+s 2016, 109)

*Arnold, Michael*, Organhaftung für Unternehmensgeldbußen, in: Gesellschaftsrechtliche Vereinigung (Hrsg.), Gesellschaftsrecht in der Diskussion 2018 – Band 24, 2019, Köln, S. 29–76

*Assmann, Heinz-Dieter*, Die Haftung für die Richtigkeit und Vollständigkeit der Angebotsunterlage nach § 12 WpÜG, in: Die Aktiengesellschaft, 2002, S. 153–160 (zit. *Assmann* AG 2002, 153)

*Assmann, Heinz-Dieter/Pötzsch, Thorsten/Schneider, Uwe H.* (Hrsg.), Wertpapiererwerbs- und Übernahmegesetz, Kommentar, 3. Auflage 2020 (zit. *Bearbeiter*, in: Assmann/Pötzsch/Schneider, WpÜG)

*Assmann, Heinz-Dieter/Schlitt, Michael/Kopp-Colomb, Wolf von* (Hrsg.), Wertpapierprospektgesetz / Vermögensanlagengesetz, 3. Auflage, Köln 2017 (zit. *Bearbeiter*, in: Assmann/Schlitt/von Kopp-Colomb, WpPG)

*Assmann, Heinz-Dieter/Schneider, Uwe H./Mülbert, Peter O.* (Hrsg.), Wertpapierhandelsrecht, Kommentar: WpHG, MAR, PRIIP, MiFIR, Leerverkaufs-VO, EMIR, 7. Auflage, Köln 2019 (zit. *Bearbeiter*, in: Assmann/Schneider/Mülbert Wertpapierhandelsrecht)

*Assmann, Heinz-Dieter/Schütze, Rolf A./Buck-Heeb, Petra* (Hrsg.), Handbuch des Kapitalanlagerechts, 5. Auflage 2020 (zit. *Bearbeiter*, in: Assmann/Schütze/Buck-Heeb, Handbuch des Kapitalanlagerechts)

*Bachmann, Gregor*, Kapitalmarktrechtliche Probleme bei der Zusammenführung von Unternehmen, in: Zeitschrift für das gesamte Handelsrecht und Wirtschaftsrecht, 172 (2008), S. 597–635 (zit. *Bachmann* ZHR 172 (2008), 597)

*Bachmann, Gregor*, Anmerkung zu LAG Düsseldorf: Keine Haftung des GmbH-Geschäftsführers für Kartellbuße des Unternehmens – „Schienenkartell", in: Betriebs-Berater, 2015, S. 907–911 (zit. *Bachmann* BB 2015, 907)

*Bachmann, Gregor*, Die Geschäftsleiterhaftung im Fokus von Rechtsprechung und Rechtspolitik, in: Betriebs-Berater, 2015, S. 771–777 (zit. *Bachmann* BB 2015, 771)

*Bamberger, Heinz Georg/Roth, Herbert/Hau, Wolfgang/Poseck, Roman* (Hrsg.), Beck'scher Online-Kommentar, BeckOK BGB, München 2019 (zit. *Bearbeiter*, in: BeckOK BGB)

*Barnert, Thomas*, Mängelhaftung beim Unternehmenskauf zwischen Sachgewährleistung und Verschulden bei Vertragsschluss im neuen Schuldrecht, in: Zeitschrift für Wirtschafts- und Bankenrecht, 2003, S. 416–425 (zit. *Barnert* WM 2003, 416)

*Bastuck, Burkhard/Stelmaszczyk, Peter*, Gestaltung des D&O-Versicherungsschutzes in M&A-Transaktionen, in: Neue Zeitschrift für Gesellschaftsrecht, 2011, S. 241–248 (zit. *Bastuck/Stelmaszczyk* NZG 2011, 241)

*Baumann, Horst/Beckmann, Roland Michael/Johannsen, Ralf/Johannsen, Katharina/Koch, Robert* (Hrsg.), VVG – Grosskommentar zum Versicherungsvertragsgesetz, Band 4: §§ 110–124. Haftpflichtversicherung, Produkt, D&O, Umwelt, 9. Auflage, Berlin 2013 (zit. *Bearbeiter*, in: Bruck/Möller, VVG)

*Baums, Theodor*, Haftung wegen Falschinformation des Sekundärmarktes, Kongressvortrag, Aufsatz. UHR-Symposium über Gesellschafts- und Kapitalmarktrecht, 2003, Kronberg/Taunus, in: Zeitschrift für das gesamte Handelsrecht & Wirtschaftsrecht, 167 (2003), S. 139–192 (zit. *Baums* ZHR 167 (2003), 139)

*Baur, Alexander/Holle, Philipp Maximilian*, Bußgeldregress im Kapitalgesellschaftsrecht nach der (Nicht-)Entscheidung des BAG, Zugleich Besprechung BAG v. 29.6.2017–8 AZR 189/15, ZIP 2017, 2424, in: Zeitschrift für Wirtschaftsrecht, 2018, S. 459–467 (zit. *Baur/Holle* ZIP 2018, 459)

*Bayer, Walter*, Legalitätspflicht der Unternehmensleitung, nützliche Gesetzesverstöße und Regress bei verhängten Sanktionen, dargestellt am Beispiel von Kartellverstößen, in: *Bitter/Lutter* (Hrsg.), Festschrift für Karsten Schmidt zum 70. Geburtstag, Berlin, Köln 2009 (zit. *Bayer*, in: *Bitter/Lutter*, Festschrift K. Schmidt)

*Bayer, Walter/Scholz, Philipp*, Zulässigkeit und Grenzen des Kartellbußgeldregresses, Zugleich Kommentar zu LAG Düsseldorf vom 20.01.2015–16 Sa 459/14, in: GmbH-Rundschau, 2015, S. 449–456 (zit. *Bayer/Scholz* GmbHR 2015, 449)

*Beck, Lukas*, Kapitalmarktrechtliche Prospekthaftung im Konzern, in: Neue Zeitschrift für Gesellschaftsrecht, 2014, S. 1410–1414 (zit. *Beck* NZG 2014, 1410)

*Beckmann, Roland Michael/Matusche-Beckmann, Annemarie/Armbrüster, Christian* (Hrsg.), Versicherungsrechts-Handbuch, 3. Auflage, München 2015 (zit. *Bearbeiter*, in: Versicherungsrechts-Handbuch)

*Beckmann, Roland Michael/Staudinger, Julius von* (Hrsg.), J. von Staudingers Kommentar zum Bürgerlichen Gesetzbuch: Staudinger BGB, Buch 2: Recht der Schuldverhältnisse. §§ 433–480 (Kaufrecht), Berlin 2014 (zit. *Bearbeiter*, in: Staudinger)

*Beisel, Daniel/Klumpp, Hans-Hermann/Schindler, Darius Oliver*, Der Unternehmenskauf, Gesamtdarstellung der zivil- und steuerrechtlichen Vorgänge einschließlich gesellschafts-, arbeits-, und kartellrechtlicher Fragen bei der Übertragung eines Unternehmens, 7. Auflage, München, 7. Auflage 2016

*Beisheim, Carsten/Kruse, Kathrin/Waldheim, Stephan*, Wesentliche Aspekte der M&A-Compliance – Teil 1, in: Compliance Berater, 2020, S. 236–241 (zit. *Beisheim/Kruse/Waldheim* CB 2020, 236)

*Beneke, Moritz/Thelen, Martin*, Die Schutzgesetzqualität des Insiderhandelsverbots gem. Art. 14 Marktmissbrauchsverordnung, in: Zeitschrift für Bank- und Kapitalmarktrecht, 2017, S. 12–20 (zit. *Beneke/Thelen* BKR 2017, 12)

*Berg, Cai*, Der Direktanspruch des Veräußerers gegen den Geschäftsführer im Rahmen von M&A-Transaktionen, in: Neue Zeitschrift für Gesellschaftsrecht, 2008, S. 641–645 (zit. *Berg* NZG 2008, 641)

*Berg, Stefan/Stöcker, Mathias*, Anwendungs- und Haftungsfragen zum Deutschen Corporate Governance Kodex, in: Zeitschrift für Wirtschafts- und Bankenrecht, 2002, S. 1569–1582 (zit. *Berg/Stöcker* WM 2002, 1569)

*Bernuth, Wolf von*, Unternehmenskauf: Die Haftung des Verkäufers für verschwiegene Korruptionssachverhalte, in: Corporate Compliance Zeitschrift, 2018, S. 155–159 (zit. *Bernuth* CCZ 2018, 155)

*Berrar, Carsten/Meyer, Andreas/Müller, Cordula/Schnorbus, York/Singhof, Bernd/Wolf, Christoph* (Hrsg.), WpPG und EU-ProspektVO, Wertpapierprospektgesetz und EU-Prospektverordnung. Frankfurter Kommentar, 2. Auflage, Frankfurt am Main 2017 (zit. *Bearbeiter*, in: Frankfurter Kommentar WpPG/EU-ProspektVO)

*Binder, Ulrike/Kraayvanger, Jan*, Regress der Kapitalgesellschaft bei der Geschäftsführung für gegen das Unternehmen verhängte Geldbußen, in: Betriebs-Berater, 2015, S. 1219–1230 (zit. *Binder/Kraayvanger* BB 2015, 1219)

*Bingel, Adrian*, Die „Insiderinformation" in zeitlich gestreckten Sachverhalten und die Folgen der jüngsten EuGH-Rechtsprechung für M&A-Transaktionen, in: Die Aktiengesellschaft, 2012, S. 685–700 (zit. *Bingel* AG 2012, 685)

*Bisle, Michael,* Gewährleistungs- und Garantieklauseln in Unternehmenskaufverträgen, in: Deutsches Steuerrecht, 2013, S. 364–367 (zit. *Bisle* DStR 2013, 364)

*Bitter, Georg/Crezelius, Georg/Emmerich, Volker/Priester, Hans-Joachim/Rönnau, Thomas/Schmidt, Karsten/Schneider, Sven H./Schneider, Uwe H./Seibt, Christoph/Tiedemann, Klaus/Veil, Rüdiger/Verse, Dirk/Westermann, Harm Peter/Wicke, Hartmut* (Hrsg.), Scholz, GmbH-Gesetz, 12. Auflage, Köln 2018 (zit. *Bearbeiter*, in: Scholz, GmbHG)

*Blassl, Johannes S.*, Compliance-Fragen in M&A-Prozessen, Zur Legalitätsprüfung bei Unternehmenstransaktionen und Regressansprüchen bei Unternehmensgeldbußen, in: Corporate Compliance Zeitschrift, 2017, S. 37–43 (zit. *Blassl* CCZ 2017, 37)

*Boche, Mirjam/Luettges, Matthias,* Contingent Liability Insurances - Versicherungen für bekannte Risiken in M&A-Transaktionen, in: Betriebs-Berater, 2020, S. 2764–2770 (zit. *Boche/Luettges* BB 2020, 2764)

*Bork, Reinhard/Schäfer, Carsten* (Hrsg.), GmbHG, Kommentar, 4. Auflage, Köln 2019 (zit. *Bearbeiter*, in: Bork/Schäfer, GmbHG)

*Böttcher, Lars,* Organpflichten beim Unternehmenskauf, in: Neue Zeitschrift für Gesellschaftsrecht, 2007, S. 481–485 (zit. *Böttcher* NZG 2007, 481)

*Brellochs, Michael,* Anmerkungen zu BGH, Beschluss vom 23.04.2013 - II ZB 7/09 - ZIP 2013, 1165, in: Zeitschrift für Wirtschaftsrecht, 2013, S. 1165–1173 (zit. *Brellochs* ZIP 2013, 1165)

*Buck-Heeb, Petra,* Wissen und juristische Person, Wissenszurechnung und Herausbildung zivilrechtlicher Organisationspflichten, Tübingen 2001

*Buck-Heeb, Petra,* Informationsorganisation im Kapitalmarktrecht, Compliance zwischen Informationsmanagement und Wissensorganisation, in: Corporate Compliance Zeitschrift, 2009, S. 18–25 (zit. *Buck-Heeb* CCZ 2009, 18)

*Buck-Heeb, Petra,* Wissenszurechnung, Informationsorganisation und Ad-hoc-Mitteilungspflicht bei Kenntnis eines Aufsichtsratsmitglieds, in: Die Aktiengesellschaft, 2015, S. 801–812 (zit. *Buck-Heeb* AG 2015, 801)

*Buck-Heeb, Petra,* Kapitalmarktrecht, 10. Auflage, Heidelberg, 10. Auflage 2019

*Bülow, Christoph von/Stephanblome, Markus,* Acting in Concert und neue Offenlegungspflichten nach dem Risikobegrenzungsgesetz, in: Zeitschrift für Wirtschaftsrecht, 2008, S. 1797–1806 (zit. *Bülow/Stephanblome* ZIP 2008, 1797)

*Bunte, Hermann-Josef,* Regress gegen Mitarbeiter bei kartellrechtlichen Unternehmensgeldbußen, in: Neue Juristische Wochenschrift, 2018, S. 123–126 (zit. *Bunte* NJW 2018, 123)

*Burgard, Ulrich,* Die Offenlegung von Beteiligungen bei der Aktiengesellschaft, in: Die Aktiengesellschaft, 1992, S. 41–55 (zit. *Burgard* AG 1992, 41)

*Castellon, Peter/Diessl, Dagmar von*, SAS 72 letters: seeking comfort, in: Practical Law Publishing, 2013 (zit. *Castellon/Diessl* SAS 72 letters: seeking comfort, Practical Law Publishing 2013)

*Commandeur, Marcus*, Das Handelsverbot führ Führungskräfte nach Art. 19 Abs. 11 MMVO, ausgewählte Anwendungsprobleme und rechtspolitische Bewertung, in: Zeitschrift für Bankrecht und Bankwirtschaft, 2018, S. 114–126 (zit. *Commandeur* ZBB 2018, 114)

*Daghles, Murad M./Haßler, Thyl N.*, Warranty & Indemnity-Versicherungen im Rahmen von Unternehmenstransaktionen, in: Gesellschafts- und Wirtschaftsrecht, 2016, S. 455–457 (zit. *Daghles/Haßler* GWR 2016, 455)

*Dauner-Lieb, Barbara/Dötsch, Wolfgang*, Schuldrechtsreform: Haftungsgefahren für Zwischenhändler nach neuem Recht?, in: Der Betrieb, 2001, S. 2535–2540 (zit. *Dauner-Lieb/Dötsch* DB 2001, 2535)

*Dauner-Lieb, Barbara/Tettinger, Peter*, Vorstandshaftung, D&O-Versicherung, Selbstbehalt, Offene Fragen zum neuen § 93 Abs. 2 S. 3 AktG, in: Zeitschrift für Wirtschaftsrecht, 2009, S. 1555–1557 (zit. *Dauner-Lieb/Tettinger* ZIP 2009, 1555)

*Dilling, Johannes*, Zur Unwirksamkeit der Risikoausschlusses für wissentliche Pflichtverletzungen in der D&O-Versicherung, in: Versicherungsrecht, 2018, S. 332–337 (zit. *Dilling* VersR 2018, 332)

*Doğan, Sezer*, Ad-hoc-Publizitätshaftung, Zivilrechtliche Haftung wegen Verletzung von Ad-hoc-Publizitätspflichten nach dem Vierten Finanzmarktförderungsgesetz, Baden-Baden 2005

*Dreher, Meinrad*, Der Abschluss von D&O-Versicherungen und die aktienrechtliche Zuständigkeitsordnung, in: Zeitschrift für das gesamte Handelsrecht und Wirtschaftsrecht, 165 (2001), S. 293–323 (zit. *Dreher* ZHR 165 (2001), 293)

*Dreher, Meinrad*, Versicherungsschutz für die Verletzung von Kartellrecht oder von Unternehmsinnenrecht in der D&O-Versicherung und Ausschluss vorsätzlicher oder wissentlicher Pflichtverletzungen, in: Versicherungsrecht, 2015, S. 781–794 (zit. *Dreher* VersR 2015, 781)

*Dreher, Meinrad/Thomas, Stefan*, Die D&O-Versicherung nach der VVG-Novelle 2008, in: Zeitschrift für Unternehmens- und Gesellschaftsrecht, 2009, S. 31–73 (zit. *Dreher/Thomas* ZGR 2009, 31)

*Drinhausen, Florian/Eckstein, Hans-Martin* (Hrsg.), Beck'sches Handbuch der AG, Gesellschaftsrecht, Steuerrecht, Börsengang, 3. Auflage, München 2018, (zit. *Bearbeiter*, in: *Drinhausen/Eckstein*, BeckHdB-AG)

*Ebke, Werner F.*, Die zivilrechtliche Haftung von Vorstand und Aufsichtsrat für fehlerhafte Stellungnahmen nach § 27 WpÜG, in: *Erle/Goette/Kleindiek/Krieger/Priester/Schubel/Schwab/Teichmann/Witt* (Hrsg.), Festschrift für Peter

Hommelhoff – Zum 70. Geburtstag, Berlin, Köln 2012 (zit. *Ebke*, in: *Erle/Goette/Kleindiek u.a.*, FS Hommelhoff)

*Ebke, Werner F./Siegel, Stanley*, Comfort Letters, Börsengänge und Haftung: Überlegungen aus Sicht des deutschen und US-amerikanischen Rechts, in: Zeitschrift für Wirtschafts- und Bankenrecht, 2001, Sonderbeilage Nr. 2, S. 1–23 (zit. *Ebke/Siegel* WM 2001, Sonderbeilage Nr. 2, 1)

*Ehlers, Harald*, Ausreichender Versicherungsschutz, ein Risikofeld der Managerhaftung, in: Versicherungsrecht, 2008, S. 1173–1179 (zit. *Ehlers* VersR 2008, 1173)

*Ehricke, Ulrich/Ekkenga, Jens/Oechsler, Jürgen* (Hrsg.), Wertpapiererwerbs- und Übernahmegesetz, Kommentar, München 2003 (zit. *Bearbeiter*, in: Ehricke/Ekkenga/Oechsler, WpÜG)

*Ekkenga, Jens*, Fragen der deliktischen Haftungsbegründung bei Kursmanipulationen und Insidergeschäften, in: Zeitschrift für Wirtschaftsrecht, 2004, S. 781–793 (zit. *Ekkenga* ZIP 2004, 781)

*Ekkenga, Jens*, Individuelle Entscheidungsprozesse im Recht der Ad-hoc-Publizität, Sieben Thesen zum Fall Geltl/Daimler/Schrempp, in: Neue Zeitschrift für Gesellschaftsrecht, 2013, S. 1081–1087 (zit. *Ekkenga* NZG 2013, 1081)

*Ellenberger, Jürgen*, Prospekthaftung im Wertpapierhandel, Berlin 2001

*Fabisch, Artur Robert*, Managerhaftung für Kartellrechtsverstöße, in: Zeitschrift für Wettbewerbsrecht, 2013, S. 91–119 (zit. *Fabisch* ZWeR 2013, 91)

*Fehling, Michael/Arens, Tobias*, Informationsrechte und Rechtsschutz von Bezugsrechtsinhabern beim aktienrechtlichen Squeeze-out, in: Die Aktiengesellschaft, 2010, S. 735–745 (zit. *Fehling/Arens* AG 2010, 735)

*Fischer, Detlev*, Aktuelle Entwicklungen im Recht der Rechtsanwaltshaftung (2016/2017), in: Zeitschrift für die Anwaltspraxis, 2018, S. 631–646 (zit. *Fischer* ZAP 2018, 631)

*Fitzpatrick, Liam*, Prospectus liability insurance: to POSI or not to POSI, in: Practical Law, 2018 (zit. *Fitzpatrick* Prospectus liability insurance: to POSI or not to POSI, Practical Law 2018)

*Fleischer, Holger*, Das Vierte Finanzmarktförderungsgesetz, in: Neue Juristische Wochenschrift, 2002, S. 2977–2983 (zit. *Fleischer* NJW 2002, 2977)

*Fleischer, Holger*, Der Inhalt des Schadensersatzanspruchs wegen unwahrer oder unterlassener unverzüglicher Ad-hoc-Mitteilungen, in: Betriebs-Berater, 2002, S. 1869–1874 (zit. *Fleischer* BB 2002, 1869)

*Fleischer, Holger*, Konkurrenzangebote und Due Diligence, Vorüberlegungen zu einer übernahmerechtlichen Gleichbehandlung der Bieter, in: Zeitschrift für Wirtschaftsrecht, 2002, S. 651–656 (zit. *Fleischer* ZIP 2002, 651)

*Fleischer, Holger,* Die persönliche Haftung der Organmitglieder für kapitalmarktbezogene Falschinformationen, Bestandsaufnahme und Perspektiven, in: Zeitschrift für Bank- und Kapitalmarktrecht, 2003, S. 608–616 (zit. *Fleischer* BKR 2003, 608)

*Fleischer, Holger,* Zur deliktsrechtlichen Haftung der Vorstandsmitglieder für falsche Ad-hoc-Mitteilungen, Zugleich eine Besprechung der Infomatec-Entscheidung des BGH vom 19.7.2004, DB 2004 S. 1928 ff, in: Der Betrieb, 2004, S. 2031–2036 (zit. *Fleischer* DB 2004, 2031)

*Fleischer, Holger,* Finanzinvestoren im ordnungspolitischen Gesamtgefüge von Aktien-, Bankaufsichts- und Kapitalmarktrecht, in: Zeitschrift für Unternehmens- und Gesellschaftsrecht, 2008, S. 185–224 (zit. *Fleischer* ZGR 2008, 185)

*Fleischer, Holger,* Mitteilungspflichten für Inhaber wesentlicher Beteiligungen (§ 27a WpHG), in: Die Aktiengesellschaft, 2008, S. 873–883 (zit. *Fleischer* AG 2008, 873)

*Fleischer, Holger,* Aktuelle Entwicklungen in der Managerhaftung, in: Neue Juristische Wochenschrift, 2009, S. 2337–2343 (zit. *Fleischer* NJW 2009, 2337)

*Fleischer, Holger,* Rechtsverlust nach § 28 WpHG und entschuldbarer Rechtsirrtum des Meldepflichtigen, in: Der Betrieb, 2009, S. 1335–1341 (zit. *Fleischer* DB 2009, 1335)

*Fleischer, Holger,* Regresshaftung von Geschäftsleitern wegen Verbandsgeldbußen, in: Der Betrieb, 2014, S. 345–352 (zit. *Fleischer* DB 2014, 345)

*Fleischer, Holger/Goette, Wulf* (Hrsg.), Münchener Kommentar zum GmbH-Gesetz, Band 2. §§ 35–52, 3. Auflage, München 2019 (zit. *Bearbeiter*, in: Münchener Kommentar zum GmbHG)

*Fölsing, Philipp,* Schärfere Dritthaftung des Wirtschaftsprüfers, Kritisches zum BGH-Urteil vom 24.4.2014, in: WP Praxis, 2014, S. 202–206 (zit. *Fölsing* WP Praxis 2014, 202)

*Fortmann, Michael,* Die Prospekthaftungsversicherung, in: Recht und Schaden, 2021, S. 245–251 (zit. *Fortmann* r+s 2021, 245)

*Franz, Einiko B./Keune, Christiane,* Warranty and Indemnity Insurance – Die Gewährleistungsversicherung bei Unternehmenskäufen ist auch in Deutschland auf dem Vormarsch, in: Versicherungsrecht, 2013, S. 1371–1377 (zit. *Franz/Keune* VersR 2013, 1371)

*Friedl, Markus J.,* Die Haftung des Vorstands und Aufsichtsrats für eine fehlerhafte Stellungnahme nach § 27 I WpÜG, in: Neue Zeitschrift für Gesellschaftsrecht, 2004, S. 448–455 (zit. *Friedl* NZG 2004, 448)

*Friedl, Markus J./Titze, Laura A.,* Der Sanktionszweck heiligt den Regressausschluss, Zur Haftung von Vorstandsmitgliedern für Verbandsgeldbußen.

Besprechung LAG Düsseldrof v. 20.1.2015–16 Sa 459/14, in: Zeitschrift für Wettbewerbsrecht, 2015, S. 318–332 (zit. *Friedl/Titze* ZWeR 2015, 318)

*Fuchs, Andreas* (Hrsg.), Wertpapierhandelsgesetz (WpHG), Kommentar, 2. Auflage, München 2016 (zit. *Bearbeiter*, in: Fuchs WpHG)

*Fülbier, Rolf Uwe*, Regulierung der Ad-hoc-Publizität, Ein Beitrag zur ökonomischen Analyse des Rechts, Wiesbaden 1998

*Gaul, Felix*, Regressansprüche bei Kartellbußen im Lichte der Rechtsprechung und der aktuellen Debatte über die Reform der Organhaftung, in: Die Aktiengesellschaft, 2015, S. 109–118 (zit. *Gaul* AG 2015, 109)

*Geyrhalter, Volker/Zirngibl, Nikolas/Strehle, Christopher*, Haftungsrisiken aus dem Scheitern von Vertragsverhandlungen bei M&A-Transaktionen, in: Deutsches Steuerrecht, 2006, S. 1559–1564 (zit. *Geyrhalter/Zirngibl/Strehle* DStR 2006, 1559)

*Giering, Thomas*, Das neue Kapitalmarktmissbrauchsrecht für Emittenten, in: Corporate Compliance Zeitschrift, 2016, S. 214–220 (zit. *Giering* CCZ 2016, 214)

*Giessen, Philipp/Luettges, Matthias*, Die Bring Down Disclosure in Unternehmenskaufverträgen, in: Betriebs-Berater, 2018, S. 647–652 (zit. *Giessen/Luettges* BB 2018, 647)

*Glöckner, Jochen/Müller-Tautphaeus, Ken*, Rückgriffshaftung von Organmitgliedern bei Kartellrechtsverstößen, in: Die Aktiengesellschaft, 2001, S. 344–349 (zit. *Glöckner/Müller-Tautphaeus* AG 2001, 344)

*Goette, Constantin*, Managerhaftung: Handeln auf Grundlage angemessener Information, Umfang einer Due-Diligence-Prüfung beim Unternehmenskauf, in: Deutsches Steuerrecht, 2014, S. 1776–1779 (zit. *Goette* DStR 2014, 1776)

*Goette, Wulf*, Aktuelle Rechtsprechung des Bundesgerichtshofs zum Aktienrecht (Teil I), in: Deutsches Steuerrecht, 2005, S. 561–564 (zit. *Goette* DStR 2005, 561)

*Goette, Wulf/Habersack, Mathias* (Hrsg.), Münchener Kommentar zum Aktiengesetz, Band 2. §§ 76–117, MitbestG, DrittelbG, 5. Auflage, München 2019 (zit. *Bearbeiter*, in: Münchener Kommentar zum AktG)

*Goette, Wulf/Habersack, Mathias* (Hrsg.), Münchener Kommentar zum Aktiengesetz, Band 6. §§ 329–410, WpÜG, Österreichisches Übernahmerecht, 5. Auflage, München 2021 (zit. *Bearbeiter*, in: Münchener Kommentar zum AktG)

*Goette, Wulf/Habersack, Mathias/Kalss, Susanne* (Hrsg.), Münchener Kommentar zum Aktiengesetz, Band 1. §§ 1–75, 5. Auflage, München 2019 (zit. *Bearbeiter*, in: Münchener Kommentar zum AktG)

*Grädler, Thomas/Fritsche, Sven/Beilborn, Andrea*, Warranty & Indemnity-Versicherungen bei Unternehmenstransaktionen, Echter Mehrwert oder kurzfristige Modeerscheinung?, in: Gesellschafts- und Wirtschaftsrecht, 2018, S. 464–467 (zit. *Grädler/Fritsche/Beilborn* GWR 2018, 464)

*Gran, Andreas*, Abläufe bei Mergers & Acquisitions, in: Neue Juristische Wochenschrift, 2008, S. 1409–1415 (zit. *Gran* NJW 2008, 1409)

*Gronstedt, Sebastian/Jürgens, Stefan*, Die Gewährleistungshaftung bei Unternehmensverkäufen nach dem neuen Schuldrecht, in: Zeitschrift für Wirtschaftsrecht, 2002, S. 52–65 (zit. *Gronstedt/Jürgens* ZIP 2002, 52)

*Groß, Wolfgang* (Hrsg.), Kapitalmarktrecht, Kommentar zum Börsengesetz, zur Börsenzulassungs-Verordnung, zum Wertpapierprospektgesetz und zur Prospektverordnung, 7. Auflage, München 2020 (zit. *Bearbeiter*, in: Groß, Kapitalmarktrecht)

*Grossmann, Klaus/Mönnich, Ulrike*, Warranty & Indemnity Insurance, Die Versicherbarkeit von Garantierisiken aus Unternehmenskaufverträgen, in: Neue Zeitschrift für Gesellschaftsrecht, 2003, S. 708–712 (zit. *Grossmann/Mönnich* NZG 2003, 708)

*Grumann, Marc-Olaf*, Prospektbegriff, -pflicht und -verantwortlichkeit im Rahmen der allgemein bürgerlich-rechtlichen Prospekthaftung im engeren Sinne, in: Zeitschrift für Bank- und Kapitalmarktrecht, 2002, S. 310–316 (zit. *Grumann* BKR 2002, 310)

*Grunewald, Barbara*, Wissenszurechnung bei juristischen Personen, in: *Beisse* (Hrsg.), Festschrift für Karl Beusch zum 68. Geburtstag am 31. Oktober 1993, Berlin 1993 (zit. *Grunewald*, in: *Beisse*, FS Beusch)

*Grunewald, Barbara*, Die Abwälzung von Bußgeldern, Verbands- und Vertragsstrafen im Wege des Regresses, in: Neue Zeitschrift für Gesellschaftsrecht, 2016, S. 1121–1124 (zit. *Grunewald* NZG 2016, 1121)

*Grunewald, Barbara*, Klarheit in wesentlichen Punkten: Abwicklung eines Share Deal nach den Regeln des Rechtskaufs, in: Betriebs-Berater, 2019, S. 20 (zit. *Grunewald* BB 2019, 20)

*Grunewald, Barbara/Maier-Reimer, Georg/Westermann, Harm Peter* (Hrsg.), BGB, Bürgerliches Gesetzbuch, Handkommentar mit AGG, EGBGB (Auszug), ErbbauRG, HauratsVO, LPartG, ProdHaftG, UKlaG, VAHRG und WEG, 15. Auflage, Köln 2017 (zit. *Bearbeiter*, in: Erman-BGB)

*Grunewald, Barbara/Schlitt, Michael* (Hrsg.), Einführung in das Kapitalmarktrecht, 4. Auflage, München 2020 (zit. *Bearbeiter*, in: Grunewald/Schlitt Einführung in das Kapitalmarktrecht)

*Gsell, Beate/Krüger, Wolfang/Lorenz, Stephan/Reymann, Christoph* (Hrsg.), beck-online.GROSSKOMMENTAR, München 2019 (zit. *Bearbeiter*, in: beckOGK)

*Haarmann, Wilhelm/Schüppen, Matthias* (Hrsg.), Frankfurter Kommentar zum Wertpapiererwerbs- und Übernahmegesetz, Öffentliche Übernahmeangeobte

(WpÜG) und Ausschluss von Minderheitsaktionären (§§ 327a–f AktG), 3. Auflage, Frankfurt am Main 2008 (zit. *Bearbeiter*, in: Frankfurter Kommentar WpÜG)

*Habersack, Mathias*, Die Mitgliedschaft, subjektives und „sonstiges" Recht, Tübingen 1996

*Habersack, Mathias*, Verschwiegenheitspflicht und Wissenszurechung, insbesondere im Konzern und mit Blick auf die Pflicht zur Ad-hoc-Publizität. Zugleich Besprechung des BGH-Urteils vom 26.06.2016 – XI ZR 108/15, DB 2016, 1307, in: Der Betrieb, 2016, S. 1551–1558 (zit. *Habersack* DB 2016, 1551)

*Habersack, Mathias/Mülbert, Peter O./Schlitt, Michael* (Hrsg.), Handbuch der Kapitalmarktinformation, 2. Auflage, München 2013 (zit. *Bearbeiter*, in: Habersack/Mülbert/Schlitt, Handbuch der Kapitalmarktinformation (Vorauflage))

*Habersack, Mathias/Mülbert, Peter O./Schlitt, Michael* (Hrsg.), Unternehmensfinanzierung am Kapitalmarkt, 4. Auflage, Köln 2019 (zit. *Bearbeiter*, in: Habersack/Mülbert/Schlitt, Unternehmensfinanzierung am Kapitalmarkt)

*Habersack, Mathias/Mülbert, Peter O./Schlitt, Michael/van Aerssen, Rick/Becker, Ralf/Berger, Lucina* (Hrsg.), Handbuch der Kapitalmarktinformation, 3. Auflage, München 2020 (zit. *Bearbeiter*, in: Habersack/Mülbert/Schlitt, Handbuch der Kapitalmarktinformation)

*Habetha, Joachim W.*, Direktorenhaftung und gesellschaftsfinanzierte Haftpflichtversicherung, Ein deutsch-englischer Rechtsvergleich vor dem Hintergrund des Binnenmarktes für Versicherungsleistungen, Heidelberg 1995

*Hahn, Volker*, Die Versicherbarkeit von Prospekthaftungsansprüchen bei der Emission von geschlossenen Fonds, in: Versicherungsrecht, 2012, S. 393–399 (zit. *Hahn* VersR 2012, 393)

*Hamann, Uwe*, Die Angebotsunterlage nach dem WpÜG, ein praxisorientierter Überblick, in: Zeitschrift für Wirtschaftsrecht, 2001, S. 2249–2257 (zit. *Hamann* ZIP 2001, 2249)

*Hanke, Kerstin/Socher, Oliver*, Fachbegriffe aus M&A und Corporate Finance, Die Gestaltung des Unternehmenskaufvertrages, in: Neue Juristische Wochenschrift, 2010, S. 1576–1577 (zit. *Hanke/Socher* NJW 2010, 1576)

*Hasselbach, Kai/Ebbinghaus, Felix*, Vorvertragliche Pflichtverletzung als Haftungsfalle beim Unternehmenskauf, in: Der Betrieb, 2012, S. 216–222 (zit. *Hasselbach/Ebbinghaus* DB 2012, 216)

*Hasselbach, Kai/Reichel, Georg*, Die Gewährleistungsversicherung als Risikominimierungsmodell bei Private-Equity-Transaktionen und sonstigen Unternehmenskäufen, in: Zeitschrift für Wirtschaftsrecht, 2005, S. 377–384 (zit. *Hasselbach/Reichel* ZIP 2005, 377)

*Hauschka, Christoph E./Moosmayer, Klaus/Lösler, Thomas* (Hrsg.), Corporate Compliance, Handbuch der Haftungsvermeidung im Unternehmen, 3. Auflage, München 2016 (zit. *Bearbeiter*, in: Hauschka/Moosmayer/Lösler, Corporate Compliance)

*Hebrant, Truls*, Schadenersatzhaftung für mangelhafte Wertpapier-Produktflyer außerhalb einer vertraglichen Sonderverbindung, in: Zeitschrift für Bankrecht und Bankwirtschaft, 2011, S. 451–459 (zit. *Hebrant* ZBB 2011, 451)

*Heer, Philipp*, Sorgfaltspflichten der Geschäftsleitung vor dem Hintergrund beschränkter Verkäuferhaftung in Unternehmenskaufverträgen, in: Gesellschafts- und Wirtschaftsrecht, 2018, S. 125–131 (zit. *Heer* GWR 2018, 125)

*Heidinger, Andreas/Leible, Stefan/Schmidt, Jessica/Blath, Simon/Dahl, Michael/Dannecker, Gerhard* (Hrsg.), Kommentar zum Gesetz betreffend die Gesellschaften mit beschränkter Haftung (GmbH-Gesetz), Band II: §§ 35–88 GmbHG, EGGmbHG, 3. Auflage, München 2017 (zit. *Bearbeiter*, in: Michalski-GmbHG)

*Hellgardt, Alexander*, Die deliktische Außenhaftung von Gesellschaftsorganen für unternehmensbezogene Pflichtverletzungen, Überlegungen vor dem Hintergrund des Kirch/Breuer-Urteils des BGH, in: Zeitschrift für Wirtschafts- und Bankenrecht, 2006, S. 1514–1522 (zit. *Hellgardt* WM 2006, 1514)

*Hellgardt, Alexander*, Kapitalmarktdeliktsrecht, Haftung von Emittenten, Bietern, Organwaltern und Marktintermediären; Grundlagen, Systematik, Einzelfragen, Tübingen 2008

*Hellgardt, Alexander*, Europarechtliche Vorgaben für die Kapitalmarktinformationshaftung, in: Die Aktiengesellschaft, 2012, S. 154–168 (zit. *Hellgardt* AG 2012, 154)

*Hemeling, Peter*, Gesellschaftsrechtliche Fragen der Due Diligence beim Unternehmenskauf, in: Zeitschrift für das gesamte Handelsrecht und Wirtschaftsrecht, 169 (2005), S. 274–294 (zit. *Hemeling* ZHR 169 (2005), 274)

*Hemeling, Peter*, Neuere Entwicklungen in der D&O-Versicherung, in: *Krieger* (Hrsg.), Festschrift für Michael Hoffmann-Becking zum 70. Geburtstag, München 2013 (zit. *Hemeling*, in: *Krieger*, FS Hoffmann-Becking)

*Hensel, Christian/Dörstling, Daniel*, Grenzen der Offenlegung im Rahmen der Due Diligence, in: Deutsches Steuerrecht, 2021, S. 170–177 (zit. *Hensel/Dörstling* DStR 2021, 170)

*Hensel, Christian/Namislo, Christine*, Die W&I-Versicherung in der M&A-Beratungspraxis, in: Betriebs-Berater, 2018, S. 1475–1480 (zit. *Hensel/Namislo* BB 2018, 1475)

*Hettler, Stephan/Stratz, Rolf-Christian/Blum, Hans Christian* (Hrsg.), Beck'sches Mandatshandbuch Unternehmenskauf, 2. Auflage, München 2013

*Hilgard, Mark*, Break-up Fees beim Unternehmenskauf, in: Betriebs-Berater, 2008, S. 286–294 (zit. *Hilgard* BB 2008, 286)

*Hilgard, Mark*, Der Freistellungsanspruch beim Unternehmenskauf, in: Betriebs-Berater, 2016, S. 1218–1237 (zit. *Hilgard* BB 2016, 1218)

*Hippeli, Michael/Hofmann, Stefan*, Die Stellungnahme des Vorstands und Aufsichtsrats der Zielgesellschaft nach § 27 WpÜG in der Anwendungspraxis der BaFin, in: Neue Zeitschrift für Gesellschaftsrecht, 2014, S. 850–856 (zit. *Hippeli/Hofmann* NZG 2014, 850)

*Hirte, Heribert*, Verteidigung gegen Übernahmeangebote und Rechtsschutz des Aktionärs gegen die Verteidigung, in: Zeitschrift für Unternehmens- und Gesellschaftsrecht, 2002, S. 623–658 (zit. *Hirte* ZGR 2002, 623)

*Hirte, Heribert/Bülow, Christoph von* (Hrsg.), Kölner Kommentar zum WpÜG, Mit AngebVO und §§ 327a–327f AktG, 2. Auflage, Köln 2010 (zit. *Bearbeiter*, in: KölnKomm. WpÜG)

*Hirte, Heribert/Möllers, Thomas M. J./Eufinger, Thomas* (Hrsg.), Kölner Kommentar zum WpHG, 2. Auflage, Köln 2014 (zit. *Bearbeiter*, in: Kölner Komm WpHG)

*Hirte, Heribert/Mülbert, Peter O./Roth, Markus* (Hrsg.), Aktiengesetz, Großkommentar, 5. Auflage, Berlin 2015 (zit. *Bearbeiter*, in: Großkommentar zum AktG)

*Hoenig, Klaus Marinus/Klingen, Sebastian*, Die W&I-Versicherung beim Unternehmenskauf, in: Neue Zeitschrift für Gesellschaftsrecht, 2016, S. 1244–1248 (zit. *Hoenig/Klingen* NZG 2016, 1244)

*Hoffmann-Becking, Michael* (Hrsg.), Münchener Handbuch des Gesellschaftsrechts, Band 4: Aktiengesellschaft, 4. Auflage, München 2015 (zit. *Bearbeiter*, in: Münch. Hdb. AG)

*Hoger, Andreas/Baumann, Johannes*, Der M&A-Vertrag bei Abschluss einer W&I-Versicherung, in: Neue Zeitschrift für Gesellschaftsrecht, 2017, S. 811–817 (zit. *Hoger/Baumann* NZG 2017, 811)

*Hölters, Wolfgang* (Hrsg.), Aktiengesetz, Kommentar, 3. Auflage, München 2017 (zit. *Bearbeiter*, in: Hölters, AktG)

*Hölters, Wolfgang* (Hrsg.), Handbuch Unternehmenskauf, 9. Auflage, Köln 2019 (zit. *Bearbeiter*, in: Handbuch Unternehmenskauf)

*Holzborn, Timo* (Hrsg.), WpPG, Wertpapierprospektgesetz mit EU-Prospektverordnung und weiterführenden Vorschriften. Kommentar, 2. Auflage, Berlin 2014 (zit. *Bearbeiter*, in: Holzborn WpPG)

*Holzborn, Timo/Foelsch, Martin*, Schadensersatzpflichten von Aktiengesellschaften und deren Management bei Anlegerverlusten, Ein Überblick, in: Neue

Juristische Wochenschrift, 2002, S. 932–940 (zit. *Holzborn/Foelsch* NJW 2002, 932)

*Hopt, Klaus J./Kumpan, Christoph*, Insidergeschäfte und Ad-hoc-Publizität bei M&A, Unternehmenskäufe und Unternehmensangebote und Marktmissbrauchsverordnung (MAR), in: Zeitschrift für Unternehmens- und Gesellschaftsrecht, 2017, S. 765–828 (zit. *Hopt/Kumpan* ZGR 2017, 765)

*Hopt, Klaus J./Kumpan, Christoph/Leyens, Patrick/Merkt, Hanno/Roth, Markus* (Hrsg.), Handelsgesetzbuch, Mit GmbH & Co. KG, Handelsklauseln, Bank- und Börsenrecht, Transportrecht (ohne Seerecht), 40. Auflage, München 2021 (zit. *Bearbeiter*, in: Baumbach/Hopt)

*Höra, Knut* (Hrsg.), Münchener Anwaltshandbuch Versicherungsrecht, 4. Auflage, München 2017 (zit. *Bearbeiter*, in: Münchener Anwaltshandbuch Versicherungsrecht)

*Horn, Norbert*, Die Haftung des Vorstands der AG nach § 93 AktG und die Pflichten des Aufsichtsrats, Zugleich Besprechung der Urteile des Bundesgerichtshofs vom 21. April 1997, ZIP 1997, 883, und des OLG Düsseldorf vom 28. November 1996, ZIP 1997, 27, im Fall ARAG/Garmenbeck, in: Zeitschrift für Wirtschaftsrecht, 1997, S. 1129–1139 (zit. *Horn* ZIP 1997, 1129)

*Huber, Ulrich*, Die Praxis des Unternehmenskaufs im System des Kaufrechts, in: Archiv für die civilistische Praxis, 2002, S. 179–242 (zit. *Huber* AcP 2002, 179)

*Hübner, Rudolf Matthias*, Schadensersatz wegen Täuschung beim Unternehmenskauf, in: Betriebs-Berater, 2010, S. 1483–1489 (zit. *Hübner* BB 2010, 1483)

*Hüffer, Uwe/Koch, Jens* (Hrsg.), Aktiengesetz, 15. Auflage, München 2021 (zit. *Bearbeiter*, in: Hüffer/Koch AktG)

*Hutter, Stephan/Leppert, Michael*, Reformbedarf im deutschen Kapitalmarkt- und Börsenrecht, in: Neue Juristische Wochenschrift, 2002, S. 2208–2213 (zit. *Hutter/Leppert* NJW 2002, 2208)

*Ihlas, Horst*, Organhaftung und Haftpflichtversicherung, Berlin 1997

*Ihlas, Horst*, D&O, Directors & Officers liability, 2. Auflage, Berlin 2009

*Ihrig, Hans-Christoph*, Wissenszurechnung im Kapitalmarktrecht, untersucht anhand der Pflicht zur Ad-hoc-Publizität gemäß Art. 17 MAR, in: Zeitschrift für das gesamte Handelsrecht und Wirtschaftsrecht, 181 (2017), S. 381–428 (zit. *Ihrig* ZHR 181 (2017), 381)

*Illert, Staffan/Ghassemi-Tabar, Nima/Cordes, Malte* (Hrsg.), Handbuch Vorstand und Aufsichtsrat, Rechte, Pflichten, Haftung, besondere Risikobereiche, Compliance-Umsetzung, Straf- und Bußgeldtatbestände, D&O-Versicherung, Köln 2018

*Jakobs, Michael/Franz, Alexander*, Können W&I-Versicherungen das M&A-Geschäft beleben?, in: Versicherungsrecht, 2014, S. 659–665 (zit. *Jakobs/Franz* VersR 2014, 659)

*Jakobs, Michael/Thiel, Sven-Markus*, Managementerklärungen bei Unternehmenskäufen, Risiken und Absicherung aus Sicht der Geschäftsführung, in: Betriebs-Berater, 2016, S. 1987–1991 (zit. *Jakobs/Thiel* BB 2016, 1987)

*Jesch, Thomas A./Striegel, Andreas/Boxberger, Lutz* (Hrsg.), Rechtshandbuch Private Equity, 2. Auflage, München 2020 (zit. *Bearbeiter*, in: Rechtshandbuch Private Equity)

*Joost, Detlev/Strohn, Lutz/Hillmann, Reinhard/Reiner, Günter* (Hrsg.), Handelsgesetzbuch, HGB, Band 1: §§ 1–342e, 4. Auflage, München 2020 (zit. *Bearbeiter*, in: Ebenroth/Boujong/Joost/Strohn, HGB)

*Kaiser, Andreas*, Die Sanktionierung von Insiderverstößen und das Problem der Kursmanipuliation, in: Zeitschrift für Wirtschafts- und Bankenrecht, 1997, S. 1557–1563 (zit. *Kaiser* WM 1997, 1557)

*Kapp, Thomas/Gärtner, Daniel*, Die Haftung von Vorstand und Aufsichtsrat bei Verstößen gegen das Kartellrecht, in: Corporate Compliance Zeitschrift, 2009, S. 168–174 (zit. *Kapp/Gärtner* CCZ 2009, 168)

*Kapp, Thomas/Hummel, Karin*, Haftung von Managern und Mitarbeitern für Unternehmensbußgelder?, in: Zeitschrift für Wettbewerbsrecht, 2011, S. 349–360 (zit. *Kapp/Hummel* ZWeR 2011, 349)

*Kästle, Florian/Oberbracht, Dirk*, Unternehmenskauf, Share Purchase Agreement, 3. Auflage, München, 3. Auflage 2018

*Kaufhold, Tim*, Stapled Insurance bei Private Equity-Transaktionen in Deutschland, in: Betriebs-Berater, 2016, S. 394–396 (zit. *Kaufhold* BB 2016, 394)

*Kersting, Christian*, Organhaftung für Kartellbußgelder, in: Zeitschrift für Wirtschaftsrecht, 2016, S. 1266–1275 (zit. *Kersting* ZIP 2016, 1266)

*Kiesewetter, Matthias/Hoffmann, Martin*, Umgang mit Umweltrisiken bei M&A-Transaktionen, Vertragliche Regelungen und Versicherbarkeit, in: Betriebs-Berater, 2016, S. 1798–1806 (zit. *Kiesewetter/Hoffmann* BB 2016, 1798)

*Klapper, Sebastian*, Die Entwicklung von Transaktionsversicherungen (POSI, W&I etc.) in Deutschland, in: Haftpflicht international / Recht & Versicherung, 2016, S. 41–48 (zit. *Klapper* PHi 2016, 41)

*Klöhn, Lars*, Die Ausweitung der bürgerlich-rechtlichen Prospekthaftung durch das „Rupert Scholz"-Urteil des BGH, Zugleich Besprechung von BGH WM 2012, 19. BGH WM 2012, 19, in: Zeitschrift für Wirtschafts- und Bankenrecht, 2012, S. 97–106 (zit. *Klöhn* WM 2012, 97)

*Klöhn, Lars*, Ad-hoc-Publizität und Insiderverbot im neuen Marktmissbrauchsrecht, in: Die Aktiengesellschaft, 2016, S. 423–434 (zit. *Klöhn* AG 2016, 423)

*Klöhn, Lars*, Die (Ir-)Relevanz der Wissenszurechnung im neuen Recht der Ad-hoc-Publizität und des Insiderhandelsverbots, in: Neue Zeitschrift für Gesellschaftsrecht, 2017, S. 1285–1292 (zit. *Klöhn* NZG 2017, 1285)

*Klöhn, Lars*, Die Sepctor-Vermutung und deren Widerlegung im neuen Insiderrecht, in: Zeitschrift für Wirtschafts- und Bankenrecht, 2017, S. 2085–2092 (zit. *Klöhn* WM 2017, 2085)

*Klöhn, Lars* (Hrsg.), Marktmissbrauchsverordnung, Verordnung (EU) Nr. 596/2014 über Marktmissbrauch, München/Köln 2018 (zit. *Bearbeiter*, in: Klöhn MAR)

*Knott, Hermann J.* (Hrsg.), Unternehmenskauf, 5. Auflage, Köln 2017 (zit. *Bearbeiter*, in: Knott-Unternehmenskauf)

*Koch, Robert*, Die Rechtsstellung der Gesellschaft und des Organmitglieds in der D&O-Versicherung (II), Teil 2: Rechtsstellung des Organmitglieds gegenüber der Gesellschaft, in: GmbH-Rundschau, 2004, S. 160–170 (zit. *Koch* GmbHR 2004, 160)

*Koch, Robert*, Geschäftsleiterpflicht zur Sicherstellung risikoadäquaten Versicherungsschutzes, in: Zeitschrift für Unternehmens- und Gesellschaftsrecht, 2006, S. 184–212 (zit. *Koch* ZGR 2006, 184)

*Koch, Robert*, Aktuelle und zukünftige Entwicklungen in der D&O-Versicherung, in: Zeitschrift für Wirtschafts- und Bankenrecht, 2007, S. 2173–2184 (zit. *Koch* WM 2007, 2173)

*Kollmann, Anni/Aufdermauer, Christian*, Anmerkung zu LAG Düsseldorf: Haftung des Geschäftsführers einer GmbH für Kartellrechtsbußen des Unternehmens, in: Betriebs-Berater, 2015, S. 1018–1024 (zit. *Kollmann/Aufdermauer* BB 2015, 1018)

*Koppmann, Verena*, Die gesetzliche Aufklärungspflichten des Verkäufers und ihre Erfüllung beim Unternehmenskauf – ein Praxisleitfaden, in: Betriebs-Berater, 2014, S. 1673–1680 (zit. *Koppmann* BB 2014, 1673)

*Kort, Michael*, Neuere Entwicklungen im Recht der Börsenprospekthaftung (§§ 45 ff. BörsG) und der Unternehmensberichtshaftung (§ 77 BörsG), in: Die Aktiengesellschaft, 1999, S. 9–21 (zit. *Kort* AG 1999, 9)

*Kort, Michael*, Voraussetzungen der Zulässigkeit einer D&O-Versicherung von Organmitgliedern, in: Deutsches Steuerrecht, 2006, S. 799–804 (zit. *Kort* DStR 2006, 799)

*Kränzlin, Georg-Peter/Otte, Sabine/Fassbach, Burkhard*, Die Gewährleistungsversicherung bei Unternehmenskäufen – neue Entwicklungen und Gestaltungshinweise, in: Betriebs-Berater, 2013, S. 2314–2317 (zit. *Kränzlin/Otte/Fassbach* BB 2013, 2314)

*Krause, Rüdiger*, Ad-hoc-Publizität und haftungsrechtlicher Anlegerschutz, in: Zeitschrift für Unternehmens- und Gesellschaftsrecht, 2002, S. 799–841 (zit. *Krause* ZGR 2002, 799)

*Krieger, Gerd/Schneider, Uwe H.* (Hrsg.), Handbuch Managerhaftung, Vorstand, Geschäftsführer, Aufsichtsrat, Pflichten und Haftungsfolgen, Typische Risikobereiche, 3. Auflage, Köln 2017 (zit. *Bearbeiter*, in: Handbuch Managerhaftung)

*Kumpan, Christoph*, Die neue Regelungen zur Directors' Dealings in der Marktmissbrauchsverordnung, in: Die Aktiengesellschaft, 2016, S. 446–459 (zit. *Kumpan* AG 2016, 446)

*Kumpan, Christoph*, Gestreckte Vorgänge und Insiderrecht, in: Gesellschaftsrechtliche Vereinigung (Hrsg.), Gesellschaftsrecht in der Diskussion 2018 – Band 24, 2019, Köln, S. 109–190

*Kunold, Uta/Schlitt, Michael*, Die neue EU-Prospektrichtlinie, Inhalt und Auswirkungen auf das deutsche Kapitalmarktrecht, in: Betriebs-Berater, 2004, S. 501–512 (zit. *Kunold/Schlitt* BB 2004, 501)

*Labusga, Katja*, Die Ersatzfähigkeit von Unternehmensgeldbußen im Innenregress gegen verantwortliche Vorstandsmitglieder, in: Versicherungsrecht, 2017, S. 394–402 (zit. *Labusga* VersR 2017, 394)

*Landmann, Kai*, Die Haftung für Comfort Letters bei der Neuemission von Aktien, Frankfurt am Main 2007

*Lange, Oliver*, Praxisfragen der D&O-Versicherung (Teil III), in: Deutsches Steuerrecht, 2002, S. 1674–1678 (zit. *Lange* DStR 2002, 1674)

*Lange, Oliver*, Auswirkungen eines Kontrollwechsels (change of control) auf die D&O-Versicherung, in: Die Aktiengesellschaft, 2005, S. 459–473 (zit. *Lange* AG 2005, 459)

*Lange, Oliver*, Die vorvertragliche Anzeigepflicht in der D&O-Versicherung, in: Versicherungsrecht, 2006, S. 605–612 (zit. *Lange* VersR 2006, 605–612)

*Lange, Oliver*, Die D&O-Selbstbehalt-Versicherung, in: Recht und Schaden, 2010, S. 92–100 (zit. *Lange* r+s 2010, 92)

*Lange, Oliver*, D&O-Versicherung und Managerhaftung, Handbuch, München 2014

*Langenbucher, Katja*, Zum Begriff der Insiderinformation nach dem Entwurf für eine Marktmissbrauchsverordnung, in: Neue Zeitschrift für Gesellschaftsrecht, 2013, S. 1401–1406 (zit. *Langenbucher* NZG 2013, 1401)

*Langendorf, Sebastian*, Haftungsfragen bei Anleiheemissionen, Insbesondere vor dem Hintergrund des Comfort Letter, Baden-Baden 2006

*Langheid, Theo/Wandt, Manfred* (Hrsg.), Münchener Kommentar zum Versicherungsvertragsgesetz, Band 1. §§ 1–99, VVG-InfoV, 2. Auflage, München 2016 (zit. *Bearbeiter*, in: Münchener Kommentar zum VVG)

*Langheid, Theo/Wandt, Manfred* (Hrsg.), Münchener Kommentar zum Versicherungsvertragsgesetz, Band 2. §§ 100–216 VVG, 2. Auflage, München 2017 (zit. *Bearbeiter*, in: Münchener Kommentar zum VVG)

*Langheid, Theo/Wandt, Manfred* (Hrsg.), Münchener Kommentar zum Versicherungsvertragsgesetz, Band 3: Nebengesetze, Systematische Darstellungen, 2. Auflage, München 2017 (zit. *Bearbeiter*, in: Münchener Kommentar zum VVG)

*Lattwein, Alois/Krüger, Burkhard*, D&O: Von der Ablehnung wegen Unmoral bis zum Verbandskonzept, Die Entwicklung der Haftpflicht-Versicherung für Manager am deutschen Markt, in: Versicherungswirtschaft, 1997, S. 1366–1373 (zit. *Lattwein/Krüger* VW 1997, 1366)

*Lebherz, Axel*, Publizitätspflichten bei der Übernahme börsennotierter Unternehmen, in: Zeitschrift für Wirtschafts- und Bankenrecht, 2010, S. 154–163 (zit. *Lebherz* WM 2010, 154)

*Leisch, Clemens*, Vorstandshaftung für falsche Ad-hoc-Mitteilungen, ein höchstrichterlichen Beitrag zur Stärkung des Finanzplatzes Deutschland, in: Zeitschrift für Wirtschaftsrecht, 2004, S. 1573–1580 (zit. *Leisch* ZIP 2004, 1573)

*Leuering, Dieter/Rubner, Daniel*, Das claims-made-Prinzip in der D&O-Versicherung, in: Neue Juristische Wochenschrift Spezial, 2016, S. 143–144 (zit. *Leuering/Rubner* NJW Spezial 2016, 143)

*Leyendecker-Langner, Benjamin/Kleinhenz, Holger*, Emittentenhaftung für Insiderwissen im Aufsichtsrat bei fehlender Selbstbefreiung nach § 15 Abs. 3 WpHG, in: Die Aktiengesellschaft, 2015, S. 72–77 (zit. *Leyendecker-Langner/Kleinhenz* AG 2015, 72)

*Linden, Klaus von der*, Das neue Marktmissbrauchsrecht im Überblick, in: Deutsches Steuerrecht, 2016, S. 1036–1041 (zit. *Linden* DStR 2016, 1036)

*Lippe, Lars de*, Probleme wissentlicher Pflichtverletzungen in der D&O-Versicherung, in: Versicherungsrecht, 2021, S. 69–79 (zit. *Lippe* VersR 2021, 69)

*Lotze, Andreas/Smolinski, Sebastian*, Entschärfung der Organhaftung für kartellrechtliche Unternehmensgeldbußen, in: Neue Zeitschrift für Kartellrecht, 2015, S. 254–258 (zit. *Lotze/Smolinski* NZKart 2015, 254)

*Lucks, Kai* (Hrsg.), M&A-Projekte erfolgreich führen, Instrumente und Best Practices, Stuttgart 2013 (zit. *Bearbeiter*, in: Lucks: M&A-Projekte erfolgreich führen)

*Lüneborg, Cäcilie/Resch, André Pierre*, Die Ersatzfähigkeit von Kosten interner Ermittlungen und sonstiger Rechtsberatung im Rahmen der Organhaftung, in: Neue Zeitschrift für Gesellschaftsrecht, 2018, S. 209–217 (zit. *Lüneborg/Resch* NZG 2018, 209)

*Marsch-Barner, Reinhard/Schäfer, Frank* (Hrsg.), Handbuch börsennotierte AG, Aktien- und Kapitalmarktrecht, 4. Auflage, Köln 2018 (zit. *Bearbeiter*, in: Handbuch börsennotierte AG)

*Maume, Philipp/Kellner, Martin*, Directors' Dealings unter der EU-Marktmissbrauchsverordnung, Placebo oder Paradigmenwechsel?, in: Zeitschrift für Unternehmens- und Gesellschaftsrecht, 2017, S. 273–311 (zit. *Maume/Kellner* ZGR 2017, 273)

*Mayer-Uellner, Richard*, From Public to Private: Öffentliche Übernahmen durch Private-Equity-Investoren, in: Die Aktiengesellschaft, 2013, S. 828–839 (zit. *Mayer-Uellner* AG 2013, 828)

*Meixner, Rafael/Schröder, Uwe*, Wirtschaftsprüferhaftung, München 2013

*Mellert, Christofer*, Selbstständige Garantien beim Unternehmenskauf, Auslegungs- und Abstimmungsprobleme, in: Betriebs-Berater, 2011, S. 1667–1674 (zit. *Mellert* BB 2011, 1667)

*Melot de Beauregard, Paul/Gleich, Christian*, Aktuelle Problemfelder bei der D&O-Versicherung, in: Neue Juristische Wochenschrift, 2013, S. 824–829 (zit. *Melot de Beauregard/Gleich* NJW 2013, 824)

*Merkt, Hanno*, Unternehmenspublizität, Offenlegung von Unternehmensdaten als Korrelat der Marktteilnahme, Tübingen 2001

*Messinger, Markus/Müller, Daniel*, W&I-Versicherungen aus Käufer- und Verkäufersicht, Unterschiedliche Interessen bei M&A-Transaktionen verlangen intelligente Versicherungslösungen, in: VentureCapital Magazin Beilage, 2018, S. 12–13 (zit. *Messinger/Müller* VC-Mag Beilage zu Heft Nr. 6 2018, 12)

*Metz, Florian*, Grundzüge der W&I-Insurance beim Unternehmenskauf, in: Neue Juristische Wochenschrift, 2010, S. 813–815 (zit. *Metz* NJW 2010, 813)

*Meyer, Andreas*, Der IDW Prüfungsstandard für Comfort Letters, Ein wesentlicher Beitrag zur Weiterentwicklung des Emissionsgeschäfts in Deutschland, in: Zeitschrift für Wirtschafts- und Bankenrecht, 2003, S. 1745–1756 (zit. *Meyer* WM 2003, 1745)

*Meyer, Andreas/Rönnau, Thomas/Veil, Rüdiger* (Hrsg.), Handbuch zum Marktmissbrauchsrecht, München 2018 (zit. *Bearbeiter*, in: Handbuch zum Marktmissbrauchsrecht)

*Meyer-Sparenberg, Wolfgang/Jäckle, Christof* (Hrsg.), Beck'sches M&A-Handbuch, Planung, Gestaltung, Sonderformen, regulatorische Rahmenbedingungen und Streitbeilegung bei Mergers & Acquisitions, München/Basel 2017 (zit. *Bearbeiter*, in: Beck'sches M&A-Handbuch)

*Middelhoff, Dirk*, Verwendung von digitalen Datenräumen im Rahmen der Due Diligence, in: M&A Review, 2007, S. 278–282 (zit. *Middelhoff* M&A Review 2007, 278)

*Mohamed, Jean*, Ansprüche der Wertpapierinhaber bei einer fehlerhaften Stellungnahme nach § 27 Abs. 1 WpÜG, Haftungsgefahren der Verwaltungsmitglieder und der Zielgesellschaft unter besonderer Berücksichtigung von Schutzzweckerwägungen, in: Deutsches Steuerrecht, 2015, S. 2290–2296 (zit. *Mohamed* DStR 2015, 2290)

*Möller, Jan*, Offenlegungen und Aufklärungspflichten beim Unternehmenskauf, System, Regelungskonzepte und Haftungsrisiken, in: Neue Zeitschrift für Gesellschaftsrecht, 2012, S. 841–846 (zit. *Möller* NZG 2012, 841)

*Möllers, Thomas M. J.*, Verfahren, Pflichten und Haftung, inbesondere der Banken, bei Übernahmeangeboten, in: Zeitschrift für Unternehmens- und Gesellschaftsrecht, 2002, S. 664–696 (zit. *Möllers* ZGR 2002, 664)

*Möllers, Thomas M. J.*, Die unterlassene Ad-hoc-Mitteilung als sittenwidrige Schädigung gem. § 826 BGB, in: Zeitschrift für Wirtschafts- und Bankenrecht, 2003, S. 2393–2398 (zit. *Möllers* WM 2003, 2393)

*Möllers, Thomas M. J.*, Interessenkonflikte von Vertretern des Bieters bei Übernahme eines Aufsichtsratsmandates der Zielgesellschaft, in: Zeitschrift für Wirtschaftsrecht, 2006, S. 1615–1622 (zit. *Möllers* ZIP 2006, 1615)

*Möllers, Thomas M. J./Holzner, Florian*, Die Offenlegungspflichten des Risikobegrenzungsgesetzes (§ 27 II WpHG-E), Defizitäre Rechtsvergleichung und mangelnde Allokationseffizienz, in: Neue Zeitschrift für Gesellschaftsrecht, 2008, S. 166–172 (zit. *Möllers/Holzner* NZG 2008, 166)

*Möllers, Thomas M. J./Leisch, Clemens*, Haftung von Vorständen gegenüber Anlegern wegen fehlerhafter Ad-hoc-Meldungen nach § 826 BGB, in: Zeitschrift für Wirtschafts- und Bankenrecht, 2001, S. 1648–1662 (zit. *Möllers/Leisch* WM 2001, 1648)

*Mülbert, Peter O./Leuschner, Lars*, Haftung organschaftlicher Vertreter für fehlerhafte Informationsangaben, in: JuristenZeitung, 2009, S. 158–161 (zit. *Mülbert/Leuschner* JZ 2009, 158)

*Müller, Klaus*, Gestattung der Due Diligence durch den Vorstand der Aktiengesellschaft, in: Neue Juristische Wochenschrift, 2000, S. 3452–3456 (zit. *Müller* NJW 2000, 3452)

*Müller, Klaus*, Einfluss der due diligence auf die Gewährleistungsrechte des Käufers beim Unternehmenskauf, in: Neue Juristische Wochenschrift, 2004, S. 2196–2199 (zit. *Müller* NJW 2004, 2196)

*Müller, Robert* (Hrsg.), Wertpapierprospektsgesetz, 2. Auflage 2017 (zit. *Bearbeiter*, in: Müller WpPG)

*Olbrich, Carola*, Die D&O-Versicherung, 2. Auflage, Karlsruhe, 2. Aufl. 2007

*Ott, Nicolas*, Anwendungsbereich der Business Judgement Rule aus Sicht der Praxis, Unternehmerische Entscheidungen und Organisationsermessen des Vorstandes, in: Zeitschrift für Unternehmens- und Gesellschaftsrecht, 2017, S. 149–173 (zit. *Ott* ZGR 2017, 149)

*Palandt, Otto* (Hrsg.), Bürgerliches Gesetzbuch, Mit Nebengesetzen insbesondere mit Einführungsgesetz (Auszug) einschließlich Rom I-, Rom II- und Rom III-Verordnungen sowie Haager Unterhaltsprotokoll und EU-Erbrechtsverordnung, Allgemeines Gleichbehandlungsgesetz (Auszug), Wohn- und Betreuungsvertragsgesetz, BGB-Informationspflichten-Verordnung, Unterlassungsklagengesetz, Produkthaftungsgesetz, Erbbaurechtsgesetz, Wohnungseigentumsgesetz, Versorgungsausgleichsgesetz, Lebenspartnerschaftsgesetz, Gewaltschutzgesetz, 78. Auflage, München 2019 (zit. *Bearbeiter*, in: Palandt)

*Pamler, Nikola/Meven, Golo*, Sicher ist sicher, Wie man Fusionen und Übernahmen professionell absichert, in: VentureCapital Magazin Beilage, 2018, S. 6–10 (zit. *Pamler/Meven* VC-Mag Beilage zu Heft Nr. 6 2018, 6)

*Paschos, Nikolaos/Fleischer, Holger* (Hrsg.), Handbuch Übernahmerecht nach dem WpÜG, München 2017 (zit. *Bearbeiter*, in: Paschos/Fleischer Handbuch Übernahmerecht)

*Peltzer, Martin*, Die deutsche D&O-Versicherung und ihr (noch operabler) Geburtsfehler, in: *Aderhold/Grunewald/Klingberg/Paefgen* (Hrsg.), Festschrift für Harm Peter Westermann – Zum 70. Geburtstag, Berlin, Köln 2008 (zit. *Peltzer*, in: *Aderhold/Grunewald/Klingberg u.a.*, FS Westermann)

*Penner, Eduard*, Tod eines Wiedergängers? „Vorsätzliche“ contra „wissentliche“ Pflichtverletzung in der D&O-Versicherung, in: Versicherungsrecht, 2005, S. 1359–1361 (zit. *Penner* VersR 2005, 1359)

*Peppersack, Daniel*, Die Problematik unzureichender Versicherungssummen in der D&O-Versicherung, Modelle und Lösungsansätze, in: Recht und Schaden, 2018, S. 117–124 (zit. *Peppersack* r+s 2018, 117)

*Pluskat, Sorika*, „Investorenmitteilung nach § 27a WpHG – wie viel Beteiligungstransparenz geht noch?“, in: Neue Zeitschrift für Gesellschaftsrecht, 2009, S. 206–210 (zit. *Pluskat* NZG 2009, 206)

*Poelzig, Dörte*, Private enforcement im deutschen und europäischen Kapitalmarktrecht, in: Zeitschrift für Unternehmens- und Gesellschaftsrecht, 2015, S. 801–848 (zit. *Poelzig* ZGR 2015, 801)

*Poelzig, Dörte*, Insider- und Marktmanipulationsverbot im neuen Marktmissbrauchsrecht, in: Neue Zeitschrift für Gesellschaftsrecht, 2016, S. 528–538 (zit. *Poelzig* NZG 2016, 528)

*Rasner, Markus/Liebau, Till/Knorr, Gunnar*, Underwriting 4.0, Erweiterter Deckungsumfang und Auswirkungen auf den Prozess, in: VentureCapital Magazin Beilage, 2018, S. 24–26 (zit. *Rasner/Liebau/Knorr* VC-Mag Beilage zu Heft Nr. 6 2018, 24)

*Rasner, Markus/Möllering, Marie*, Beurkundung von W&I-Policen beim Unternehmenskauf, in: Betriebs-Berater, 2019, S. 2120–2123 (zit. *Rasner/Möllering* BB 2019, 2120)

*Ratz, Peter/Kilian, Tobias*, W&I-Policen – maßgebliche VVG-Bestimmungen, Auslegungsfragen und Haftungsrisiken, in: Betriebs-Berater, 2021, S. 202–211 (zit. *Ratz/Kilian* BB 2021, 202)

*Ratz, Peter/Tachezy, Dorothea Maria*, W&I-Versicherungsprodukte für „Distressed Assets" und identifizierte Steuer-Risiken, Chancen und Risiken für Geschäftsführer und Insolvenzverwalter, in: Betriebs-Berater, 2020, S. 219–225 (zit. *Ratz/Tachezy* BB 2020, 219)

*Rodewald, Jörg/Unger, Ulrike*, Die Haftung des Geschäftsführers oder Vorstands für die Informationserteilung im Rahmen von Unternehmensveräußerungen, in: Der Betrieb, 2007, S. 1627–1631 (zit. *Rodewald/Unger* DB 2007, 1627)

*Rotthege, Georg/Bettag, Ludwig/Bienek, André* (Hrsg.), Unternehmenskauf bei der GmbH, 2. Auflage 2020 (zit. *Bearbeiter*, in: Rotthege/Wassermann, Unternehmenskauf bei der GmbH)

*Rüffer, Wilfried/Halbach, Dirk/Schimikowski, Peter* (Hrsg.), Versicherungsvertragsgesetz, VVG, EGVVG, VVG-InfoV, AltZertG, PflVG, KfzPflVV, Allgemeine Versicherungsbedingungen, Handkommentar, 4. Auflage, Baden-Baden 2020 (zit. *Bearbeiter*, in: HK-VVG)

*Säcker, Franz Jürgen*, Streitfragen zur D&O-Versicherung, in: Versicherungsrecht, 2005, S. 10–15 (zit. *Säcker* VersR 2005, 10)

*Säcker, Franz Jürgen/Rixecker, Roland/Oetker, Hartmut/Limperg, Bettina* (Hrsg.), Münchener Kommentar zum Bürgerlichen Gesetzbuch, Band 3: Schuldrecht Allgemeiner Teil II (§§ 311–432), 8. Auflage, München 2019 (zit. *Bearbeiter*, in: Münchener Kommentar BGB)

*Säcker, Franz Jürgen/Rixecker, Roland/Oetker, Hartmut/Limperg, Bettina* (Hrsg.), Münchener Kommentar zum Bürgerlichen Gesetzbuch: BGB, Band 4: Schuldrecht Besonderer Teil I. §§ 433–534, Finanzierungsleasing, CISG, 8. Auflage, München 2019 (zit. *Bearbeiter*, in: Münchener Kommentar zum BGB)

*Säcker, Franz Jürgen/Rixecker, Roland/Oetker, Hartmut/Limperg, Bettina* (Hrsg.), Münchener Kommentar zum Bürgerlichen Gesetzbuch: BGB,

Band 7: Schuldrecht, Besonderer Teil IV. §§ 705–853, Partnerschaftsgesellschaftsgesetz, Produkthaftungsgesetz, 8. Auflage, München 2019 (zit. *Bearbeiter*, in: Münchener Kommentar zum BGB)

*Sajnovits, Alexander*, Ad-hoc-Publizität und Wissenszurechnung, in: Zeitschrift für Wirtschafts- und Bankenrecht, 2016, S. 765–774 (zit. *Sajnovits* WM 2016, 765)

*Schäfer, Franz/Ortner, Martina*, Verhaltens- und Wissenszurechnung bei M&A-Transaktionen, in: Deutsches Steuerrecht, 2017, S. 1710–1717 (zit. *Schäfer/Ortner* DStR 2017, 1710)

*Scheffler, Eberhard/Lutter, Marcus/Assmann, Heinz-Dieter* (Hrsg.), Handbuch der Konzernfinanzierung, Köln 1998 (zit. *Bearbeiter*, in: Handbuch der Konzernfinanzierung)

*Schenck, Kersten* v., Handlungsbedarf bei der D&O-Versicherung, in: Neue Zeitschrift für Gesellschaftsrecht, 2015, S. 494–501 (zit. *Schenck* NZG 2015, 494)

*Schilken, Eberhard/Klumpp, Steffen/Herrler, Sebastian* (Hrsg.), Staudingers Kommentar BGB §§ 164–240, (Allgemeiner Teil 5). (Stellvertretung, Zustimmung, Fristen, Verjährung, Selbsthilfe, Sicherheitsleistung) 2019 (zit. *Bearbeiter*, in: Staudinger)

*Schimansky, Herbert/Bunte, Hermann-Josef/Lwowski, Hans-Jürgen* (Hrsg.), Bankrechts-Handbuch, 5. Auflage, München 2017 (zit. *Bearbeiter*, in: Bankrechts-Handbuch)

*Schindler, Joachim/Böttcher, Bert/Roß, Norbert*, Bestätigungsvermerke und Bescheinigungen zu Konzernabschlüssen bei Börsengängen an den Neuen Markt, Anmerkungen zu dem Prüfungshinweis IDW PH 9.400.4, in: Die Wirtschaftsprüfung, 2001, S. 477–492 (zit. *Schindler/Böttcher/Roß* WPg 2001, 477)

*Schlitt, Michael/Landschein, Carlos*, Prospekthaftung, Aktuelle Entwicklungen, in: Zeitschrift für Bankrecht und Bankwirtschaft, 2019, S. 103–115 (zit. *Schlitt/Landschein* ZBB 2019, 103)

*Schlitt, Michael/Schäfer, Susanne*, Quick to Market – Aktuelle Rechtsfragen im Zusammenhang mit Block-Trade-Transaktionen, in: Die Aktiengesellschaft, 2004, S. 346–358 (zit. *Schlitt/Schäfer* AG 2004, 346)

*Schlitt, Michael/Schäfer, Susanne*, Finanzmarktkommunikation anlässlich von Kapitalmarkttransaktionen, in: *Grundmann/Haar/Merkt* (Hrsg.), Festschrift für Klaus J. Hopt zum 70. Geburtstag am 24. August 2010 – Unternehmen, Markt und Verantwortung, Berlin 2010, S. 2469–2488 (zit. *Schlitt/Schäfer*, in: *Grundmann/Haar/Merkt*, FS Hopt)

*Schmidt, Karsten/Ebke, Werner F.* (Hrsg.), Münchener Kommentar zum Handelsgesetzbuch, Band 4: Drittes Buch. Handelsbücher §§ 238–342e HGB,

4. Auflage, München 2020 (zit. *Bearbeiter*, in: Münchener Kommentar zum HGB)

*Schmidt, Karsten/Lutter, Marcus* (Hrsg.), Aktiengesetz, Kommentar, 4. Auflage, Saarbrücken/Köln 2020 (zit. *Bearbeiter*, in: K.Schmidt/Lutter)

*Schmitt-Lampe, Barbara*, Fehlinformation des Kapitalmarkts durch fehlerhaften Prospekt; Prospekthaftpflichtversicherung; Vorteilsanrechnung, Anmerkung zum Teilurteil des OLG München, Urteil vom 20. Juli 2016 (7 U 3728/14), in: Wirtschafts- und Bankrecht, 2017, 10, S. 562–566 (zit. *Schmitt-Lampe* WuB 2017, 562)

*Schneider, Uwe H.*, § 25 a WpHG, die dritte Säule im Offenlegungsrecht, in: Die Aktiengesellschaft, 2011, S. 645–654 (zit. *Schneider* AG 2011, 645)

*Schnorbus, York*, Rechtsschutz im Übernahmeverfahren, Teil II, in: Zeitschrift für Wirtschafts- und Bankenrecht, 2003, S. 657–664 (zit. *Schnorbus* WM 2003, 657)

*Scholz, Philipp*, Die existenzvernichtende Haftung von Vorstandsmitgliedern in der Aktiengesellschaft, Eine Untersuchung der Notwendigkeit und Möglichkeiten einer Beschränkung der Vorstandshaftung im geltenden und künftigen Recht, Jena 2014

*Schwab, Brent*, Haftung im Arbeitsverhältnis – 1. Teil: Die Haftung des Arbeitnehmers, in: NZA-Rechtsprechungs-Report Arbeitsrecht, 2016, S. 173–179 (zit. *Schwab* NZA-RR 2016, 173)

*Schwark, Eberhard/Zimmer, Daniel* (Hrsg.), Kapitalmarktrechts-Kommentar, Börsengesetz mit Börsenzulassungsverordnung, Wertpapierprospektgesetz, Verkaufsprospektgesetz mit Vermögensanlagen-Verkaufsprospektverordnung, Wertpapierhandelsgesetz, Wertpapiererwerbs- und Übernahmegesetz, 4. Auflage, München 2010 (zit. *Bearbeiter*, in: Schwark/Zimmer Kapitalmarktrecht (Vorauflage))

*Schwark, Eberhard/Zimmer, Daniel* (Hrsg.), Kapitalmarktrechts-Kommentar, Börsengesetz mit Börsenzulassungsverordnung, Wertpapierprospektgesetz, Wertpapierhandelsgesetz, Wertpapiererwerbs- und Übernahmegesetz, 5. Auflage, München 2020 (zit. *Bearbeiter*, in: Schwark/Zimmer Kapitalmarktrecht)

*Schweitzer, Eva Maria*, Zulässigkeit der Ausschlussklauseln für Vorsatz und wissentliches Handeln in der D&O-Versicherung, Hamburg 2013

*Seibt, Christoph*, 20 Thesen zur Binnenhaftung im Unternehmen im Lichte des reformierten Kapitalmarktsanktionsrechts, in: Neue Zeitschrift für Gesellschaftsrecht, 2015, S. 1097–1103 (zit. *Seibt* NZG 2015, 1097)

*Seibt, Christoph/Cziupka, Johannes*, 20 Thesen zur Compliance-Verantwortung im System der Organhaftung aus Anlass des Siemens/Neubürger-Urteils,

LG München I vom 10.12.2013-5 HK O 1387/10, DB 2014 S. 766, in: Der Betrieb, 2014, S. 1598–1602 (zit. *Seibt/Cziupka* DB 2014, 1598)

*Seibt, Christoph/Raschke, Thorsten/Reiche, Felix*, Rechtsfragen der Haftungsbegrenzung bei Garantien (§ 444 BGB n.F.) und M&A-Transaktionen, in: Neue Zeitschrift für Gesellschaftsrecht, 2002, S. 256–263 (zit. *Seibt/Raschke/Reiche* NZG 2002, 256)

*Seibt, Christoph/Reiche, Felix*, Unternehmens- und Beteiligungskauf nach der Schuldrechtsreform (Teil I), in: Deutsches Steuerrecht, 2002, S. 1135–1141 (zit. *Seibt/Reiche* DStR 2002, 1135)

*Seibt, Christoph/Wollenschläger, Bernward*, Haftungsrisiken für Manager wegen fehlgeschlagener Post Merger Integration, in: Der Betrieb, 2009, S. 1579–1583 (zit. *Seibt/Wollenschläger* DB 2009, 1579)

*Seibt, Christoph/Wollenschläger, Bernward*, Revision des Marktmissbrauchsrechts durch Marktmissbrauchsverordnung und Richtlinie über strafrechtliche Sanktionen für Marktmanipulation, in: Die Aktiengesellschaft, 2014, S. 593–608 (zit. *Seibt/Wollenschläger* AG 2014, 593)

*Seibt, Christoph/Wunsch, Oliver*, Managemengarantien bei M&A-Transaktionen, in: Zeitschrift für Wirtschaftsrecht, 2008, S. 1093–1102 (zit. *Seibt/Wunsch* ZIP 2008, 1093)

*Seibt, Christoph H.* (Hrsg.), Beck'sches Formularbuch Mergers & Acquisitions, 3. Auflage, München 2018 (zit. *Bearbeiter*, in: *Seibt*, BeckFormB M&A)

*Seibt, Christoph H./Saame, Carola*, Geschäftsleiterpflichten bei der Entscheidung über D&O-Versicherungsschutz, in: Die Aktiengesellschaft, 2006, S. 901–913 (zit. *Seibt/Saame* AG 2006, 901)

*Seitz, Björn*, Vorsatzausschluss in der D&O-Versicherung – endlich Licht im Dunkeln!, in: Versicherungsrecht, 2007, S. 1476–1478 (zit. *Seitz* VersR 2007, 1476)

*Singhof, Bernd*, BGH: Haftung für fehlerhaften Prospekt aus § 13 VerkProspG a.F., in: Recht der Finanzinstrumente, 2013, S. 76–77 (zit. *Singhof* RdF 2013, 76)

*Spindler, Gerald/Speier, Torben*, Die neue Ad-hoc-Publizität im Konzern, in: Betriebs-Berater, 2005, S. 2031–2035 (zit. *Spindler/Speier* BB 2005, 2031)

*Spindler, Gerald/Stilz, Eberhard* (Hrsg.), Kommentar zum Aktiengesetz, Band 1. §§ 1–149, 4. Auflage, München 2019 (zit. *Bearbeiter*, in: Spinder/Stilz AktG)

*Starke, Till M.*, Beteiligungstransparenz im Gesellschaft- und Kapitalmarktrecht, Rechtsprobleme der §§ 21 ff. WpHG und des § 20 AktG, Baden-Baden, 1. Aufl. 2002

*Steffek, Felix*, Die Innenhaftung von Vorständen und Geschäftsführern, Ökonomische Zusammenhänge und rechtliche Grundlagen, in: Juristische Schulung, 2010, S. 295–300 (zit. *Steffek* JuS 2010, 295)

*Steinmeyer, Roland* (Hrsg.), WpÜG, Wertpapiererwerbs- und Übernahmegesetz Kommentar, 4. Auflage, Berlin 2019 (zit. *Bearbeiter*, in: Steinmeyer, WpÜG)

*Suchy, Oliver*, Schadensumfang bei Haftung von Vorständen und Geschäftsführern wegen Unternehmensgeldbußen für kartellrechtliche Verstöße, in: Neue Zeitschrift für Gesellschaftsrecht, 2015, S. 591–593 (zit. *Suchy* NZG 2015, 591)

*Sudmeyer, Jan*, Mitteilungs- und Veröffentlichungspflichten nach §§ 21, 22 WpHG, in: Betriebs-Berater, 2002, S. 685–692 (zit. *Sudmeyer* BB 2002, 685)

*Teigelack, Lars/Dolff, Christian*, Kapitalmarktrechtliche Sanktionen nach dem Regierungsentwurf eines Ersten Finanzmarktnovellierungsgesetzes, 1. FimanoG, in: Betriebs-Berater, 2016, S. 387–393 (zit. *Teigelack/Dolff* BB 2016, 387)

*Thoma, Georg/Baums, Theodor* (Hrsg.), WpÜG, Kommentar zum Wertpapiererwerbs- und Übernahmegesetz, 13. Auflage, Köln 2020 (zit. *Bearbeiter*, in: Baums/Thoma WpÜG)

*Thomale, Chris*, Der gespaltene Emittent, Ad-hoc-Publizität, Schadenersatz und Wissenszurechnung, Tübingen 2018

*Thomale, Chris*, Kapitalmarktinformationshaftung ohne Vorstandswissen, in: Neue Zeitschrift für Gesellschaftsrecht, 2018, S. 1007–1013 (zit. *Thomale* NZG 2018, 1007)

*Thomas, Stefan*, Bußgeldregress, Übelszufügung und D&O-Versicherung, in: Neue Zeitschrift für Gesellschaftsrecht, 2015, S. 1409–1419 (zit. *Thomas* NZG 2015, 1409)

*Thomas, Stefan*, Haftungs- und Versicherungsrecht bei Kartellverstößen, in: Versicherungsrecht, 2017, S. 596–601 (zit. *Thomas* VersR 2017, 596)

*Thümmel, Roderich C.*, Haftungsrisiken von Vorständen und Aufsichtsräten bei der Abwehr von Übernahmeversuchen, in: Der Betrieb, 2000, S. 461–465 (zit. *Thümmel* DB 2000, 461)

*Thümmel, Roderich C.*, Persönliche Haftung von Managern und Aufsichtsräten, Haftungsrisiken bei Managementfehlern, Risikobegrenzung und D&O-Versicherung, 5. Auflage, Stuttgart, 5. Auflage 2016

*Unmuß, Karsten* (Hrsg.), Corporate Compliance Checklisten, Rechtliche Risiken im Unternehmen erkennen und vermeiden, 3. Auflage, München 2017 (zit. *Bearbeiter*, in: Unmuß, Corporate Compliance Checklisten)

*van Bühren, Hubert W.* (Hrsg.), Handbuch Versicherungsrecht, 7. Auflage, Bonn 2017 (zit. *Bearbeiter*, in: Handbuch Versicherungsrecht)

*Veil, Rüdiger*, Die Ad-hoc-Publizitätshaftung im System kapitalmarktrechtlicher Informationshaftung, in: Zeitschrift für das gesamte Handelsrecht und Wirtschaftsrecht, 167 (2003), S. 365–402 (zit. *Veil* ZHR 167 (2003), 365)

*Veith, Jürgen/Gräfe, Jürgen/Gebert, Yvonne* (Hrsg.), Der Versicherungsprozess, Ansprüche und Verfahren: Praxishandbuch, 4. Auflage 2020 (zit. *Bearbeiter*, in: Veith/Gräfe/Gebert, Der Versicherungsprozess)

*Vogt, Eva*, Abschlussprüferhaftung gegenüber Dritten in Deutschland und den USA, Baden-Baden, 1. Auflage 2009

*Vothknecht, Michael*, Die wissentliche Pflichtverletzung in der Vermögensschaden-Haftpflicht-/ D&O-Versicherung, in: PHi Haftpflicht international, 2006, S. 52–63 (zit. *Vothknecht* PHi 2006, 52)

*Wackerbarth, Ulrich*, Prospektveranlassung durch Altaktionäre und Einlagenrückgewähr, in: Zeitschrift für Wirtschafts- und Bankenrecht, 2011, S. 193–204 (zit. *Wackerbarth* WM 2011, 193)

*Wagner, Gerhard*, Persönliche Haftung der Unternehmensleitung: die zweite Spur der Produkthaftung, in: Versicherungsrecht, 2001, S. 1057–1063 (zit. *Wagner* VersR 2001, 1057)

*Watchorn, Alena/Williamson, Rachel*, Warranty and indemnity insurance, in: Practical Law, 2019 (zit. *Watchorn/Williamson* Warranty and indemnity insurance, Practical Law 2019)

*Wehrberger, Simone*, Die Dritthaftung für beratende Berufe, in: BRAK-Mitteilungen, 2001, S. 161–163 (zit. *Wehrberger* BRAK-Mitt. 2001, 161)

*Weitnauer, Wolfgang*, Der Unternehmenskauf nach neuem Kaufrecht, in: Neue Juristische Wochenschrift, 2002, S. 2511–2517 (zit. *Weitnauer* NJW 2002, 2511)

*Weitnauer, Wolfgang*, Handbuch Venture Capital, Von der Innovation zum Börsengang, 6. Auflage, München, 6. Auflage 2019

*Werlen, Stephan/Mannsdorfer, Thomas*, Versicherung von Transaktionsrisiken, Ein Überblick über die verschiedenen Arten, Verwendungszwecke und Problemstellungen beim Einsatz von M&A-Versicherungen, in: Schweizerische Zeitschrift für Gesellschafts- und Kapitalmarktrecht sowie Umstrukturierungen, 2013, S. 1–6 (zit. *Werlen/Mannsdorfer* GesKR Heftnummer 3, 2013, 1)

*Werner, Rüdiger*, Sorgfaltspflichten des Geschäftsführers bei Unternehmensakquisitionen, Due Diligence, Informationspflichten und Haftungsrisiken, in: GmbH-Rundschau, 2007, S. 678–682 (zit. *Werner* GmbHR 2007, 678)

*Werner, Rüdiger*, Die zivilrechtliche Haftung des Vorstandes einer AG für gegen die Gesellschaft verhängte Geldbußen gegenüber der Gesellschaft, in: Corporate Compliance Zeitschrift, 2010, S. 143–147 (zit. *Werner* CCZ 2010, 143)

*Werner, Rüdiger*, Haftungsrisiken bei M&A-Projekten (Teil 1), Die Haftung des GmbH-Geschäftsführers bei Unternehmenskäufen, in: Zeitschrift für Wirtschaftsrecht, 2014, S. 169–176 (zit. *Werner* ZWH 2014, 169)

*Werner, Rüdiger*, Haftungsrisiken bei M&A-Projekten (Teil 2), Die Haftung des GmbH-Geschäftsführers bei Unternehmenskäufen, in: Zeitschrift für Wirtschaftsrecht, 2014, S. 209–216 (zit. *Werner* ZWH 2014, 209)

*Werner, Rüdiger*, Die Haftung des GmbH-Geschäftsführers für die Erteilung von Informationen im Rahmen des Verkaufs der GmbH, in: Zeitschrift für Wirtschaftsrecht, 2017, S. 322–327 (zit. *Werner* ZWH 2017, 322)

*Wilsing, Hans-Ulrich/Goslar, Sebastian*, „Daimler, die Dritte", Insiderinformationen i.S. des § 13 Abs. 1 WpHG bei zeitlich gestreckten Vorgängen. Zur Entscheidung des BGH zur Ad-hoc-Publizitätspflicht vom 23.04.2012, II ZB 7/09, in: Deutsches Steuerrecht, 2013, S. 1610–1613 (zit. *Wilsing/Goslar* DStR 2013, 1610)

*Wirth, Christian*, Versicherung von Cyber-Risiken – eine Bestandsaufnahme unter besonderer Berücksichtigung von M&A-Transaktionen, in: Betriebs-Berater, 2018, S. 200–208 (zit. *Wirth* BB 2018, 200)

*Wollny, Paul*, Die directors' and officers' liability insurance in den Vereinigten Staaten von Amerika (D-&-O-Versicherung), Vorbild für eine Aufsichtsratshaftpflichtversicherung in Deutschland?, Frankfurt am Main 1993

*Yun, Chunliang*, Die Strafbarkeitsgründe des Insiderhandelsverbots, Eine Analyse der strafrechtsdogmatischen Grundlagen und des Rechtsgüterschutzes, Baden-Baden, 1. Auflage 2016

*Ziemons, Hildegard*, Neuerungen im Insiderrecht und bei der Ad-hoc-Publizität durch die Marktmissbrauchsrichtlinie und das Gesetz zur Verbesserung des Anlegerschutzes, in: Neue Zeitschrift für Gesellschaftsrecht, 2004, S. 537–543 (zit. *Ziemons* NZG 2004, 537)

*Zimmer, Daniel/Binder, Christian*, Prospekthaftung von Experten? Kritik eines Gesetzesentwurfs, in: Zeitschrift für Wirtschafts- und Bankenrecht, 2005, S. 577–583 (zit. *Zimmer/Binder* WM 2005, 577)

*Zimmermann, Martin*, Kartellrechtliche Bußgelder gegen Aktiengesellschaft und Vorstand: Rückgriffsmöglichkeiten, Schadenumfang und Verjährung, in: Zeitschrift für Wirtschafts- und Bankenrecht, 2008, S. 433–442 (zit. *Zimmermann* WM 2008, 433)

*Zöllner, Wolfgang*, Die sogenannten Gesellschafterklagen im Kapitalgesellschaftsrecht, Referat, in: Zeitschrift für Unternehmens- und Gesellschaftsrecht, 1988, S. 392–440 (zit. *Zöllner* ZGR 1988, 392)

*Zöllner, Wolfgang/Noack, Ulrich* (Hrsg.), Kölner Kommentar zum Aktiengesetz, Band 2/1. §§ 76–94, 3. Auflage, Köln 2010 (zit. *Bearbeiter*, in: Kölner Kommentar zum AktG)

*Zugehör, Horst*, Handbuch der Anwaltshaftung, Herne/Berlin 1999

# A. Einleitung und Zielsetzung der Arbeit

Kapitalmarkt- und M&A-Transaktionen sind das Ergebnis juristischer Präzisionsarbeit und von immenser praktischer Relevanz für die Wirtschaft.[1] Durch Wertpapieremissionen beschaffen sich Unternehmen neues Eigen- oder Fremdkapital von privaten oder institutionellen Anlegern. Der Erwerb und die Veräußerung von Unternehmen sind wesentliche Mittel für die strategische Entwicklung und Ausrichtung des eigenen Unternehmens.[2] Kapitalmarkt- und M&A-Transaktionen haben daher eine fundamentale Bedeutung, um den Konzentrationsprozess in relevanten Branchen zu verwirklichen und die Wettbewerbsfähigkeit von Unternehmen zu erhalten.[3] Im Vordergrund zur Festigung oder Steigerung einer bereits erreichten Marktposition steht dabei oftmals der Wunsch nach Expansion und Diversifizierung oder die Erschließung neuer Märkte, der Ausbau des Kundenstammes sowie die kontinuierliche Weiterentwicklung und Innovation der eigenen Produktpalette. Auch der Abbau von Überkapazitäten sowie die Beschaffung liquider Mittel kann eine Motivation sein.[4]

Kapitalmarkt- und M&A-Transaktionen bieten für die beteiligten Unternehmen und Personen aber nicht nur Chancen, sondern bergen auch Risiken.[5] In Anbetracht der hohen Unternehmensbewertungen drohen den Beteiligten entsprechend hohe Schadensersatzforderungen bei vorwerfbarem Fehlverhalten. Aufgrund der Komplexität der rechtlichen Rahmenbedingungen ist es auf den ersten Blick nahezu verwunderlich, dass transaktionsbezogene Haftungsfragen nicht häufiger Gegenstand eines gerichtlichen Verfahrens sind. Die wenigen Aufsehen erregende Fälle lagen nahezu vollständig im Bereich der Falschbilanzierung oder Kapitalmarktkommunikation, weniger in Problemkreisen der Transaktion selbst. Die geringe Prozessneigung von transaktionsbezogenen Haftungsfragen begründet sich vor allem in dem Umstand, dass die Entscheidung zur Vornahme einer Kapitalmarkt- oder M&A-Transaktion dem Kernbereich unternehmerischen Handelns zuzuordnen ist. Diese Entscheidungsfindung

---

1 *Knott*, in: Knott-Unternehmenskauf, 5. Auflage, 2017, Einführung Rz 1.

2 *Bücker/Kulenkamp*, in: Handbuch Managerhaftung, 3. Auflage, 2017, § 29 Risikobereich und Haftung: M&A Transaktionen Rz 29.1.

3 *Knott*, in: Knott-Unternehmenskauf, 5. Auflage, 2017, Einführung Rz 1.

4 *Bücker/Kulenkamp*, in: Handbuch Managerhaftung, 3. Auflage, 2017, § 29 Risikobereich und Haftung: M&A Transaktionen Rz 29.1.

5 *Klapper* PHi 2016, 41, 42.

geht häufig mit komplexen Einschätzungen, Prognosen sowie Wertungen einher. Fehlentscheidungen sind in diesem geschützten Bereich unternehmerischer Leitung kaum justiziabel. Die Folge einer gravierenden Fehlentscheidung war in der Praxis für lange Zeit mehr die Abberufung als Organmitglied als eine persönliche Haftung.[6]

Eine persönliche Verantwortlichkeit der handelnden Organe ist aber nicht das einzige Haftungsrisiko bei Kapitalmarkt – und M&A-Transaktionen. Auch für die beteiligten Gesellschaften selbst bestehen Haftungsrisiken. So bildet bei privaten M&A-Transaktionen der Abschnitt zum vertraglichen Gewährleistungsregime bestehend aus Garantien und Freistellungen (Representations, Warranties and Indemnities) einen wesentlichen Bestandteil eines jeden Unternehmenskaufvertrages. Dabei versichert der Verkäufer meist die Richtigkeit von Bilanzen, garantiert das Eigentum an den verkauften Geschäftsanteilen oder Aktien sowie die Offenlegung von wichtigen Verträgen.[7] Für den Fall, dass diese Erklärungen unrichtig sind, haftet der Verkäufer gegenüber den Käufern auf den sich hieraus ergebenden Vermögensverlust.[8] Wird ein solches vertragliches Haftungsregime nicht errichtet, müssen sich die Parteien an den gesetzlichen Bestimmungen des allgemeinen und besonderen Schuldrechts, beim Unternehmenskauf insbesondere dem kaufrechtlichen Mängelgewährleistungsrecht (§§ 434 ff. BGB) und den Grundsätzen des Verschuldens bei Vertragsanbahnung (§§ 280 Abs. 1, 311 Abs. 2, 241 Abs. 2 BGB), messen lassen.

Handelt es sich bei mindestens einer der an der Transaktion beteiligten Unternehmen um eine börsennotierte Gesellschaft, können sich aus diesem kapitalmarktrechtlichen Bezug weitere Haftungsrisiken ergeben. Die kapitalmarktrechtliche Informationshaftung zugunsten Dritter hat sich in den letzten Jahrzehnten zu einem Sonderforschungsgebiet entwickelt. In der reichhaltigen Spruchpraxis des Bundesgerichtshofes im Rahmen der Aufarbeitung der Vorgänge am Neuen Markt wurden zahlreiche Grundsätze zur Haftung gegenüber durch Mittel der Kapitalmarktkommunikation irregeführten Anlegern entwickelt. Emittenten und deren Verwaltungsorgane sehen sich daher heutzutage sowohl gegenüber dem Primär- als auch dem Sekundärmarkt einem

---

6 *Bücker/Kulenkamp*, in: Handbuch Managerhaftung, 3. Auflage, 2017, § 29 Risikobereich und Haftung: M&A Transaktionen Rz. 29.2.

7 *Meyer-Sparenberg*, in: Beck'sches M&A-Handbuch, 2017, § 44 Gewährleistungen, Garantien, Aufklärungspflichten Rz. 1.

8 *Meyer-Sparenberg*, in: Beck'sches M&A-Handbuch, 2017, § 44 Gewährleistungen, Garantien, Aufklärungspflichten Rz. 2.

zivilrechtlichen Haftungsrisiko für fehlerhafte Kapitalmarktkommunikationen ausgesetzt.

Die steigende Bedeutung der haftungsrechtlichen Verantwortlichkeit im Kapitalgesellschaftsrecht für Organe, Vertragspartner und Dritte hat zu einem gesteigerten Bedürfnis an Versicherungsschutz geführt. Versicherungen können Risiken absichern und zugleich den Schutzzweck der gesetzlichen oder vertraglich vereinbarten Haftungsmechanismen wahren. Durch Übernahme des Risikos durch die Versicherung ist für die beteiligten Unternehmen und Organe weiterhin die am Markt erforderliche Agilität gewährleistet.[9]

Zur Absicherung der Haftungsrisiken bei Kapitalmarkt- und M&A-Transaktionen haben sich mehrere Versicherungsprodukte am Markt etabliert. Dabei ist zuvorderst die D&O-Versicherung zu nennen, welche die handelnden Verwaltungsorgane ähnlich einer gewöhnlichen Berufshaftpflichtversicherung für Fehlverhalten im Zusammenhang mit ihrer Organtätigkeit schützt. Als besondere Ausgestaltung für Fehler im Zusammenhang bei Wertpapieremissionen wurde die Prospekthaftpflichtversicherung entwickelt, welche zum Schutz sämtlicher Beteiligten vor einer Inanspruchnahme bei fehlerhaften Informationen im Rahmen von Wertpapieremissionen konzipiert wurde. Bei privaten M&A-Transaktionen ist seit einigen Jahren vermehrt der Einsatz von Gewährleistungsversicherungen zu beobachten, welche aufgrund des derzeitigen Verkäufermarktes zur Kompensation der abgeschwächte Verhandlungsposition eines Käufers bei Ausgestaltung der Risikoverteilung bei einer M&A-Transaktion eingesetzt werden.

Diese Arbeit soll in einem ersten Schritt die wesentlichen Haftungsmechanismen im Rahmen von Kapitalmarkt und M&A-Transaktionen identifizieren und untersuchen. Bei Untersuchung der Haftungsrisiken gilt es zwischen kapitalmarktbezogenen, M&A-transaktionsbezogenen und gesellschaftsrechtlichen Haftungsrisiken zu differenzieren. Im Vordergrund steht dabei jeweils die Identifizierung des risikobehafteten Fehlverhaltens sowie der Haftungsadressaten, da insbesondere diese Aspekte im Rahmen Absicherung durch Versicherungen relevant sind. In einem zweiten Schritt werden sodann die bestehenden Versicherungsmöglichkeiten untersucht. Dabei ist zu prüfen, für welche der identifizierten Anspruchsgrundlagen die Versicherungsprodukte konzipiert sind, welche Haftungsadressaten vom Versicherungsschutz umfasst sind und was in der Praxis zur Umsetzung eines möglichst vollumfänglichen

9 *Fleischer*, in: Münchener Kommentar zum GmbHG, 3. Auflage, 2019, § 43 GmbHG. Rn. 374.

Versicherungsschutzes erforderlich ist. Danach sind in einem dritten Schritt die Hintergründe der nicht versicherbaren Risiken zu erörtern. Dabei steht die Frage im Vordergrund, ob ein Haftungsrisiko jeweils aus rechtlichen oder tatsächlichen Gründen nicht versicherbar ist, oder ob eine Versicherung zwar möglich wäre, aber es an einem relevanten Versicherungsbedürfnis fehlt. In einem letzten Schritt sollen die Ergebnisse zusammengeführt werden, um die Möglichkeiten und Grenzen der Versicherbarkeit von Haftungsrisiken bei Kapitalmarkt- und M&A-Transaktionen abschließend zu beurteilen.

# B. Haftungsrisiken bei Kapitalmarkt- und M&A-Transaktionen

## I. Kapitalmarktbezogene Haftungsrisiken

Kapitalmarktbezogene Haftungsrisiken ergeben sich für die Beteiligten aus den mit der (anstehenden) Börsennotierung einhergehenden Publizitäts- und Verhaltenspflichten auf dem Kapitalmarkt. Diese bestehen sowohl bei der erstmaligen Platzierung von Wertpapieren (Primärmarkt), als auch dem laufenden Handel emittierter Wertpapiere (Sekundärmarkt).[10] Aus Perspektive dieser Arbeit sind die wesentlichen Haftungsrisiken und Anspruchsgrundlagen im Kontext von Kapitalmarkt- und M&A-Transaktionen bei Verstößen gegen die Informationspflichten auf dem Primär- und Sekundärmarkt sowie bei sonstigen Verstößen gegen das Marktmissbrauchsrecht zu untersuchen.

### 1. Haftungsrisiken bei fehlerhafter Primärmarktinformation

Die Information des Primärmarktes erfolgt bei prospektpflichtigen Transaktionen anhand eines Wertpapierprospekts.[11] Dieser Prospekt enthält umfangreiche Angaben zu dem zu emittierenden Wertpapier sowie zum Emittenten selbst,[12] welche es dem Anleger ermöglichen sollen, die Risiken der Anlage einzuschätzen und eine überlegte Entscheidung über die Investition zu treffen.[13] Für unrichtige oder unvollständige Angaben in diesem Wertpapierprospekt hat der Gesetzgeber ein spezialgesetzliches Haftungsregime geschaffen (§§ 9 ff. WpPG).[14]

Dieser Wertpapieremission geht zumeist eine Phase der Finanzmarktkommunikation und Vermarktung voran, in welcher sich der Emittent bei Analysten

---

10 *Krämer/Gillessen,* in: Handbuch Managerhaftung, 3. Auflage, 2017, § 32 Risikobereich und Haftung: Kapitalmarktinformationen Rz 32.1.

11 *Krämer/Gillessen,* in: Handbuch Managerhaftung, 3. Auflage, 2017, § 32 Risikobereich und Haftung: Kapitalmarktinformationen Rz 32.6.

12 *Seiler/Geier,* in: Bankrechts-Handbuch, 5. Auflage, 2017, Vor § 104 Rz 80.

13 *Krämer/Gillessen,* in: Handbuch börsennotierte AG, 4. Auflage, 2018, § 10 Due Diligence und Prospekthaftung Rz 10.310.

14 *Krämer/Gillessen,* in: Handbuch Managerhaftung, 3. Auflage, 2017, § 32 Risikobereich und Haftung: Kapitalmarktinformationen Rz 32.21.

und potentiellen Investoren positioniert.[15] Bereits in dieser Phase werden den potentiellen Investoren diverse Informationsmaterialien über die zu emittierenden Wertpapiere zur Verfügung gestellt. Zentrales Vermarktungsinstrument ist dabei die sog. Road-Show.[16] Für diese Form der Vermarktung fehlt es im Gegensatz zur Wertpapieremission selbst an expliziten rechtlichen Vorgaben. Inhalt und Haftung bestimmt sich daher nach den allgemeinen Regelungen, insbesondere dem Konsistenzgebot.[17] Eine besondere Form dieser Vermarktung stellt die Suche nach institutionellen Investoren dar, welche bereits vor Beginn des öffentlichen Angebotes eine bindende Erwerbsverpflichtung (Cornerstone-Investment) eingehen.

Eine weitere Sonderkonstellation der Wertpapieremission stellt die Privatplatzierung dar. Dabei werden die Wertpapiere nur einem ausgewählten Kreis (meist) institutioneller Investoren angeboten.[18] Die Börsenzulassung erfolgt im Anschluss an die abgeschlossenen Privatplatzierung. Erst bei dieser Börsenzulassung wird ein Wertpapierprospekt veröffentlicht (Art. 3 Abs. 3 ProspektVO).[19] Die Privatplatzierung kann unter gewissen Umständen auch prospektfrei emittiert werden. Diese prospektfreie Platzierung an institutionelle Investoren hat den Vorteil, dass die Transaktionsdokumentation deutlich schlanker gestaltet werden kann, da gerade kein Wertpapierprospekt erstellt und veröffentlicht werden muss.[20]

---

15 *Schlitt,* in: Habersack/Mülbert/Schlitt, Handbuch der Kapitalmarktinformation, 3. Auflage, 2020, § 6. Freiwillige Publizität der Primärmarkttransaktion (Investor Relations) Rz 2.

16 *Schlitt/Landschein* ZBB 2019, 103, 111; *Schlitt/Schäfer,* in: *Grundmann/Haar/Merkt,* FS Hopt, 2010, Finanzmarktkommunikation anlässlich von Kapitalmarkttransaktionen, 2469, 2483; *Schlitt,* in: Habersack/Mülbert/Schlitt, Handbuch der Kapitalmarktinformation, 3. Auflage, 2020, § 6. Freiwillige Publizität der Primärmarkttransaktion (Investor Relations) Rz 29.

17 *Schlitt,* in: Habersack/Mülbert/Schlitt, Handbuch der Kapitalmarktinformation, 3. Auflage, 2020, § 6. Freiwillige Publizität der Primärmarkttransaktion (Investor Relations) Rz 24.

18 *Schröder,* in: Grunewald/Schlitt Einführung in das Kapitalmarktrecht, 4. Auflage, 2020, § 11. Prospekt S. 230.

19 *Schlitt/Landschein* ZBB 2019, 103, 110.

20 *Meyer,* in: Handbuch börsennotierte AG, 4. Auflage, 2018, § 8 Übernahme und Platzierung von Aktien Rz 8.180.

### a) *Haftungsrisiken bei prospektpflichtigen Wertpapieremissionen*

Bei prospektpflichtigen Wertpapieremissionen ergeben sich für die Beteiligten Haftungsrisiken bei unrichtigen oder unvollständigen Angaben im Wertpapierprospekt. Diese Haftung begründet sich aus dem typisierten Vertrauen eines potentiellen Anlegers an die Richtigkeit und Vollständigkeit der Angaben im Wertpapierprospekt.[21] Für diesen bildet der Prospekt die wichtigste Grundlage für die Beurteilung des Wertpapiers[22] und tritt insoweit an die Stelle einer individuellen Aufklärung. Sein Inhalt wirkt sich daher typisiert betrachtet maßgeblich auf die Investitionsentscheidung aus,[23] wobei die tatsächliche Kenntnis des Anlegers des Wertpapierprospekts bzw. der fehlerhaften Angabe keine Voraussetzung dieser Haftung ist.[24]

Daraus ergibt sich für die Wertpapierprospektverantwortlichen ein signifikantes Haftungsrisiko.[25] Der Gesetzgeber hat insoweit einen spezialgesetzlichen Haftungsanspruch zugunsten des Anlegers vorgesehen (§§ 9 ff. WpPG).[26] Neben der spezialgesetzlichen Prospekthaftung ist ein Rückgriff auf sonstige vertragliche oder deliktische Ansprüche möglich (§ 16 Abs. 2 WpPG). Dies ist insbesondere für das Rechtsinstitut des Vertrages mit Schutzwirkung zu Gunsten Dritter (§ 328 BGB analog) von Bedeutung, da in dessen Kontext von Wertpapieremissionen ein originärer Haftungsanspruch beruflicher Sachkenner, die für spezifische Einzelangaben im Wertpapierprospekt verantwortlichen sind, zugunsten der Anleger diskutiert wird. Für eine solche Expertenhaftung vertragsfremder Dritter[27] bedarf es stets der Inanspruchnahme eines konkreten Vertrauens, welches zur Grundlage des Willensentschlusses eines Anlegers wird.[28] Das

---

21 *Krämer/Gillessen,* in: Handbuch Managerhaftung, 3. Auflage, 2017, § 32 Risikobereich und Haftung: Kapitalmarktinformationen Rz 32.23.

22 BGH, Urteil vom 31.05.2011 – II ZR 141/09 – NJW 2011, 2719, 2720. Siehe auch BGH, Urteil vom 19.07.2004 – II ZR 218/03 – BGHZ 160, 134, 138 = NJW 2004, 2664.

23 BGH, Urteil vom 31.05.2011 – II ZR 141/09 – NJW 2011, 2719, 2721.

24 *Habersack,* in: Habersack/Mülbert/Schlitt, Handbuch der Kapitalmarktinformation, 3. Auflage, 2020, § 28. Prospekthaftung Rz 35.

25 *Prochazka/Ahrens/Stressenreuter*, IPO-Versicherung (PoSi) erklärt vom Spezialisten MRH Trowe (https://warranty-and-indemnity.com/ma-versicherungen/ipo-versicherung/) (zuletzt abgerufen am 18.07.2021).

26 *Krämer/Gillessen,* in: Handbuch börsennotierte AG, 4. Auflage, 2018, § 10 Due Diligence und Prospekthaftung Rz 10.310.

27 Vgl. insoweit auch BGH, Urteil vom 26.09.2000 – X ZR 94/98 – BGHZ 145, 187; BGH, Urteil vom 08.12.1994 III ZR 175/93 – WM 1995, 298; BGH, Urteil vom 22.03.1979 – VII ZR 259/77 – BGHZ 74, 103.

28 BGH, Urteil vom 14.06.2007 – III ZR 125/06 – NZG 2007, 660.

typisierte Vertrauen, welches ein Prospekt an sich entfaltet, genügt hierfür nicht. Haftungsrisiken ergeben sich zudem aus deliktischen Ansprüchen (§ 823 Abs. 2 BGB und § 826 BGB).

### *aa) Haftung nach spezialgesetzlicher Prospekthaftung (§§ 9 ff. WpPG)*

Haftungsrisiken nach spezialgesetzlicher Prospekthaftung bestehen bei prospektpflichtigen Wertpapieremission für unrichtige oder unvollständige Angaben im Wertpapierprospekt.[29] Die Anforderungen an die Erstellung, Billigung und Verbreitung des Wertpapierprospekts sind in der Verordnung (EU) 2017/1129 (im Folgenden: „ProspektVO")[30] vorgegeben.

#### *(1) Fehlerhaftigkeit des Wertpapierprospekts*

Die Fehlerhaftigkeit von Prospektangaben beurteilt sich ex-ante anhand des Adressatenhorizonts,[31] also einer typisierenden Betrachtung, da die Beurteilung nicht von individuellen Verständnismöglichkeiten des einzelnen Anlegers abhängig sein kann.[32] Der zu erwartende Verständnishorizont des maßgeblichen Publikums bestimmt sich nach dem Kreis der Prospektadressaten.[33] Die Rechtsprechung legt bei dem breiten Spektrum potentieller Anleger einen mittleren Maßstab an und stellt auf einen aufmerksamen Leser und durchschnittlichen Anleger[34] ab, der zwar eine Bilanz lesen kann, aber nicht über weitergehende

---

29 *Krämer/Gillessen,* in: Handbuch börsennotierte AG, 4. Auflage, 2018, § 10 Due Diligence und Prospekthaftung Rz 10.317.

30 Verordnung (EU) 2017/1129 des Europäischen Parlaments und des Rates vom 14.06.2017 über den Prospekt der beim öffentlichen Angebot von Wertpapieren oder bei deren Zulassung zum Handel an einemgeregelten Markt zu veröffentlichen ist.

31 *Heidelbach,* in: Schwark/Zimmer Kapitalmarktrecht, 5. Auflage, 2020, § 9 WpPG Rz 15.

32 BGH, Urteil vom 12.07.1982 – II ZR 175/81 – NJW 1982, 2823, 2824 („durchschnittlicher Anleger"); *Habersack,* in: Habersack/Mülbert/Schlitt, Handbuch der Kapitalmarktinformation, 3. Auflage, 2020, § 28. Prospekthaftung Rz 14; *Mülbert/Steup,* in: Habersack/Mülbert/Schlitt, Unternehmensfinanzierung am Kapitalmarkt, 4. Auflage, 2019, § 41 Haftung für fehlerhafte Kapitalmarktinformation Rz 36 f.

33 BGH, Urteil vom 18.09.2012 – XI ZR 344/11 – NZG 2012, 1262; *Habersack,* in: Habersack/Mülbert/Schlitt, Handbuch der Kapitalmarktinformation, 3. Auflage, 2020, § 28. Prospekthaftung Rz 14; *Mülbert/Steup,* in: Habersack/Mülbert/Schlitt, Unternehmensfinanzierung am Kapitalmarkt, 4. Auflage, 2019, § 41 Haftung für fehlerhafte Kapitalmarktinformation Rz 36 f. (m.w.N.).

34 Siehe dazu auch *Heidelbach,* in: Schwark/Zimmer Kapitalmarktrecht, 5. Auflage, 2020, § 9 WpPG Rz 12 ff.; und zuvor *Schwark,* in: Schwark/Zimmer Kapitalmarktrecht (Vorauflage), 4. Auflage, 2010, §§ 44, 45 BörsG Rz 21 ff.

Fachkenntnisse verfügt.[35] Anderes gilt, wenn der Zugang zu den zu emittierenden Wertpapieren allein qualifizierten Anlegern vorbehalten ist und der Emittent auf dem Prospekt deutlich sichtbar darauf hinweist, dass sich der Prospekt allein an erfahrene und spekulative Anleger richtet.[36]

Eine Fehlerhaftigkeit kann sich im Rahmen von Wertpapieremissionen insbesondere aus dem Konsistenzgebot ergeben, wenn die Emission am Finanzmarkt kommuniziert und vermarktet wurde. Demnach müssen sich alle wesentlichen Aussagen, die im Vorfeld der Wertpapieremission an Dritte weitergegeben wurden, im Wertpapierprospekt wiederfinden.[37]

### *(a) Fehlerhaftigkeit von wesentlichen Angaben*

Die Fehlerhaftigkeit des Wertpapierprospekts kann sich aus der Fehlerhaftigkeit von wesentlichen Angaben ergeben. Angaben sind dabei alle im Prospekt enthaltenen bzw. fehlenden Informationen über äußere und innere Tatsachen.[38] Tatsachen sind unrichtig, wenn sie nicht der Wahrheit entsprechen. Neben diesen Tatsachen sind auch Wertungen und Prognosen in den Prospekt aufzunehmen[39] und nach dem Gebot der Zurückhaltung als solche sprachlich zu kennzeichnen.[40] Wertungen und Prognosen sind zwar nicht dem Beweis zugänglich,

---

35 Zum durchschnittlichen Anleger vgl. BGH, Urteil vom 12.07.1982 – II ZR 175/81 – WM 1982, 862, 865; OLG Frankfurt, Urteil vom 01.02.1994 – 5 U 213/92 – WM 1994, 291, 295; OLG Frankfurt, Urteil vom 06.07.2004 – 5 U 122/03 – WM 2004, 1831, 1835; OLG Frankfurt, Urteil vom 19.07.2005 – 5 U 182/03 – AG 2005, 851, 852.

36 Zum ganzen vgl. *Habersack,* in: Habersack/Mülbert/Schlitt, Handbuch der Kapitalmarktinformation, 3. Auflage, 2020, § 28. Prospekthaftung Rz 14; *Heidelbach,* in Schwark/Zimmer Kapitalmarktrecht, 5. Auflage 2020, § 9 WpPG Rz 15 ff.

37 Zum Konsistenzgebot vgl. *Schlitt,* in: Habersack/Mülbert/Schlitt, Handbuch der Kapitalmarktinformation, 3. Auflage, 2020, § 6. Freiwillige Publizität der Primärmarkttransaktion (Investor Relations) Rz 24.

38 *Assmann,* in: Assmann/Schlitt/von Kopp-Colomb, WpPG, 3. Auflage, 2017, § 21 WpPG Rz 46.

39 BGH, Urteil vom 12.07.1982 – II ZR 175/81 – ZIP 1982, 923, 924; BGH, Urteil vom 27.10.2009 – XI ZR 337/08 – ZIP 2009, 2377, 2378; *Krämer/Gillessen,* in: Handbuch Managerhaftung, 3. Auflage, 2017, § 32 Risikobereich und Haftung: Kapitalmarktinformationen Rz 32.24; *Krämer/Gillessen,* in: Handbuch börsennotierte AG, 4. Auflage, 2018, § 10 Due Diligence und Prospekthaftung Rz 10.321.

40 BGH, Urteil vom 23.04.2012 – II ZR 75/10 – NZG 2012, 789, 790; *Assmann,* in: Assmann/Schlitt/von Kopp-Colomb, WpPG, 3. Auflage, 2017, § 21 WpPG Rz 50; *Groß,* in: Groß, Kapitalmarktrecht, 7. Auflage, 2020, § 9 WpPG Rz 44; *Mülbert/Steup,* in: Habersack/Mülbert/Schlitt, Unternehmensfinanzierung am Kapitalmarkt, 4. Auflage, 2019, § 41 Haftung für fehlerhafte Kapitalmarktinformation 41.43.

können aber in Rahmen ihrer kaufmännischen Vertretbarkeit auf Richtigkeit überprüft werden.[41] Die fehlerhafte Angabe muss zudem wesentlich sein. Dies ist am Einzelfall zu beurteilen und liegt vor, wenn ein durchschnittlicher und verständiger Anleger die Angabe „eher als nicht" bei seiner Anlageentscheidung berücksichtigt.[42]

### *(b) Fehlerhaftigkeit wegen unzutreffendem Gesamteindruck*

Die Fehlerhaftigkeit kann sich zudem aus einem unzutreffenden Gesamteindruck ergeben.[43] Dieser kann sich insbesondere aus ungenauen und zweideutigen Informationen zur finanziellen Situation des Emittenten ergeben, oder wenn der spekulative Charakter bei besonders risikobehafteten Anlagen nicht zum Ausdruck kommt. Dasselbe gilt, wenn Verhältnisse des Emittenten zu positiv, einseitig oder beschönigend dargestellt sind.[44]

---

41 *Assmann,* in: Assmann/Schlitt/von Kopp-Colomb, WpPG, 3. Auflage, 2017, § 21 WpPG Rz 46; *Habersack,* in: Habersack/Mülbert/Schlitt, Handbuch der Kapitalmarktinformation, 3. Auflage, 2020, § 28. Prospekthaftung Rz 16.

42 BGH, Urteil vom 26.09.1991 – VII ZR 376/89 – BGHZ 115, 213; BGH, Urteil vom 18.09.2012 – XI ZR 344/11 – AG 2012, 874, 876; BGH, Urteil vom 21.10.2014 – XI ZB 12/12 – ZIP 2015, 25, 30; *Assmann,* in: Assmann/Schlitt/von Kopp-Colomb, WpPG, 3. Auflage, 2017, § 21 WpPG Rz 47; *Habersack,* in: Habersack/Mülbert/Schlitt, Handbuch der Kapitalmarktinformation, 3. Auflage, 2020, § 28. Prospekthaftung Rz 17; *Kumpan,* in: Baumbach/Hopt HGB, 40. Auflage, 2021, § 9 WpPG Rz 4.

43 BGH, Urteil vom 12.07.1982 – II ZR 175/81 – NJW 1982, 2823, 2824; OLG Frankfurt, Urteil vom 01.02.1994 – 5 U 213/92 – WM 1994, 291, 295; *Assmann,* in: Assmann/Schlitt/von Kopp-Colomb, WpPG, 3. Auflage, 2017, § 21 WpPG Rz 49; *Groß,* in: Groß, Kapitalmarktrecht, 7. Auflage, 2020, § 9 WpPG Rz 44; *Habersack,* in: Habersack/Mülbert/Schlitt, Handbuch der Kapitalmarktinformation, 3. Auflage, 2020, § 28. Prospekthaftung Rz 22; *Krämer/Gillessen,* in: Handbuch Managerhaftung, 3. Auflage, 2017, § 32 Risikobereich und Haftung: Kapitalmarktinformationen Rz 32.24; *Krämer/Gillessen,* in: Handbuch börsennotierte AG, 4. Auflage, 2018, § 10 Due Diligence und Prospekthaftung Rz 10.323.

44 Vertiefend mit Beispielen *Assmann,* in: Assmann/Schlitt/von Kopp-Colomb, WpPG, 3. Auflage, 2017, § 21 WpPG Rz 66; *Groß,* in: Groß, Kapitalmarktrecht, 7. Auflage, 2020, § 9 WpPG Rz 40; *Krämer/Gillessen,* in: Handbuch börsennotierte AG, 4. Auflage, 2018, § 10 Due Diligence und Prospekthaftung Rz 10.323 f.

*(c) Fehlerhaftigkeit wegen Unvollständigkeit*

Die Fehlerhaftigkeit des Wertpapierprospekts kann sich zudem aus der Unvollständigkeit des Prospekts ergeben. Ein Prospekt ist unvollständig[45], wenn nicht alle für den Anlageentschluss wesentlichen Faktoren enthalten sind.[46] Die Artikel 6 bis 9 und 13 bis 19 der ProspektVO (einschließlich Anhängen) enthalten einen gesetzlichen Inhaltskatalog für die jeweils spezifischen Wertpapiere und Angebotsformen. Jedoch kann aus dem Fehlen einer dieser Inhalte nicht zwingend auf die Unvollständigkeit geschlossen werden, da hiervon auch zahlreiche Angaben formaler und technischer Art betroffen sind.[47] Jedoch lässt die Regel den Umkehrschluss zu, dass ein Prospekt, der die in der ProspektVO geforderten Angaben enthält, vollständig ist.[48]

*(d) Fehlerhaftigkeit wegen unterlassener nachträglicher Änderungen wesentlicher Angaben (Prospektaktualität)*

Die Fehlerhaftigkeit und Unvollständigkeit wird grundsätzlich im Zeitpunkt der Veröffentlichung des Prospekts beurteilt (ex-ante-Sicht), doch können nachträglich Veränderungen mit wesentlichem Einfluss auf die Beurteilung der einzuführenden Wertpapiere eintreten.[49] Daher sind neue wesentliche Informationen von den Prospektverantwortlichen durch einen Nachtrag zum Prospekt zu veröffentlichen (Artikel 23 Abs. 1 UAbsS. 1 ProspektVO).[50] Ein Verstoß gegen diese Pflicht zur Aktualisierung führt zur Unrichtigkeit des Prospekts.

---

45 Ausführliche Darstellung von Einzelfällen bei *Krämer/Gillessen,* in: Handbuch börsennotierte AG, 4. Auflage, 2018, § 10 Due Diligence und Prospekthaftung Rz 10.327 ff.

46 *Assmann,* in: Assmann/Schlitt/von Kopp-Colomb, WpPG, 3. Auflage, 2017, § 21 WpPG Rz 55; *Krämer/Gillessen,* in: Handbuch Managerhaftung, 3. Auflage, 2017, § 32 Risikobereich und Haftung: Kapitalmarktinformationen Rz 32.24; *Krämer/Gillessen,* in: Handbuch börsennotierte AG, 4. Auflage, 2018, § 10 Due Diligence und Prospekthaftung Rz 10.326.

47 *Assmann,* in: Assmann/Schlitt/von Kopp-Colomb, WpPG, 3. Auflage, 2017, § 21 WpPG Rz 55; *Krämer/Gillessen,* in: Handbuch börsennotierte AG, 4. Auflage, 2018, § 10 Due Diligence und Prospekthaftung Rz 10.326.

48 *Groß,* in: Groß, Kapitalmarktrecht, 7. Auflage, 2020, § 9 WpPG Rz 45; *Krämer/Gillessen,* in: Handbuch Managerhaftung, 3. Auflage, 2017, § 32 Risikobereich und Haftung: Kapitalmarktinformationen Rz 32.24.

49 *Krämer/Gillessen,* in: Handbuch börsennotierte AG, 4. Auflage, 2018, § 10 Due Diligence und Prospekthaftung Rz 10.332.

50 Dazu ausführlich *Assmann/Kumpan,* in: Assmann/Schütze/Buck-Heeb, Handbuch des Kapitalanlagerechts, 5. Auflage, 2020, § 5 Prospekthaftung Rz 136; *Mülbert/Steup,* in: Habersack/Mülbert/Schlitt, Unternehmensfinanzierung am Kapitalmarkt,

*(e) Unerheblichkeit der Prüfung durch die Aufsichtsbehörde*

Die Überprüfung sowie die Billigung des Prospekts durch die BaFin hat keinen Einfluss auf die Beurteilung der Richtigkeit und Vollständigkeit des Prospekts. Diese Prüfung soll nicht dem Verantwortlichen das Risiko der Haftung abnehmen, sondern nur eine zusätzliche Kontrolle darstellen, dass keine Wertpapiere auf Basis unrichtiger oder unvollständiger Informationen in den Verkehr gebracht werden.[51]

*(2) Anspruchsverpflichteter Personenkreis*

Das Haftungsrisiko für einen fehlerhaften Wertpapierprospekt besteht für diejenigen, die für den Prospekt die Verantwortung übernommen haben (Prospektverantwortliche, § 9 Abs. 1 S. 1 Nr. 1 WpPG) sowie diejenigen, von denen der Erlass des Prospekts ausgeht (Prospektveranlasser, § 9 Abs. 1 S. Nr. 2 WpPG).[52]

*(a) Prospektverantwortliche*

*(aa) Emittent, Emissionsbank und sonstige ausdrücklich genannte Verantwortliche*

Prospektverantwortlicher sind der Emittent und die Konsortialbank (§ 32 Abs. 2 S. 1 BörsG, § 8 S. 3 WpPG) sowie diejenigen, welche explizit als Verantwortliche im Prospekt genannt sind.[53] Somit sind insbesondere Emittenten und Konsortialbank als Prospektverantwortliche Adressat dieses Haftungsrisikos.[54]

*(bb) Organmitglieder des Emittenten*

Organmitglieder des Emittenten als Prospektverantwortliche sind Prospektverantwortliche, wenn diese selbst als natürliche Personen im Prospekt als solche genannt sind.[55] Die Unterzeichnung des Prospekts als Vertreter des Emittenten macht

---

4. Auflage, 2019, § 41 Haftung für fehlerhafte Kapitalmarktinformation 41.33; so auch *Heidelbach*, in: Schwark/Zimmer Kapitalmarktrecht, 5. Auflage, 2020, § 9 WpPG Rz 17.

51 *Krämer/Gillessen*, in: Handbuch börsennotierte AG, 4. Auflage, 2018, § 10 Due Diligence und Prospekthaftung Rz 10.331.

52 *Groß*, in: Groß, Kapitalmarktrecht, 7. Auflage, 2020, § 9 WpPG Rz 30.

53 *Assmann*, in: Assmann/Schlitt/von Kopp-Colomb, WpPG, 3. Auflage, 2017, § 21 WpPG Rz 76; *Krämer/Gillessen*, in: Handbuch börsennotierte AG, 4. Auflage, 2018, § 10 Due Diligence und Prospekthaftung Rz 10.350 f; *Müller*, in: Müller WpPG, 2. Auflage, 2017, § 21 WpPG Rz 16.

54 *Schlitt/Landschein* ZBB 2019, 103, 104.

55 *Seiler/Singhof*, in: Frankfurter Kommentar WpPG/EU-ProspektVO, 2. Auflage, 2017, § 21 WpPG Rz 85.

das Organmitglied selbst nicht zum Prospektverantwortlichen.[56]

*(cc) Prospektbegleitende Experten*

Prospektbegleitende Experten wie Wirtschaftsprüfer, Sachverständige und an der Erstellung des Prospekts beteiligte Rechtsanwälte wirken an Teilen des Prospekts mit. Auch wenn sie in diesem Kontext identifizierbar genannt werden, begründet dies kein Haftungsrisiko als Prospektverantwortlicher, da diese Personen keine Verantwortung für den Prospekt in seiner Gesamtheit übernehmen.[57]

*(b) Prospektveranlasser*

Als Prospektveranlasser[58] (§ 9 Abs. 1 S. 1 Nr. 2 WpPG) haftet ausweislich der Regierungsbegründung[59], wer ein eigenes wirtschaftliches Interesse an der Emission hat und darauf hinwirkt, dass ein fehlerhafter Prospekt veröffentlicht wird.[60]

---

56 *Groß,* in: Groß, Kapitalmarktrecht, 7. Auflage, 2020, § 9 WpPG Rz 38; *Krämer/Gillessen,* in: Handbuch börsennotierte AG, 4. Auflage, 2018, § 10 Due Diligence und Prospekthaftung Rz 10.354; *Mülbert/Steup,* in: Habersack/Mülbert/Schlitt, Unternehmensfinanzierung am Kapitalmarkt, 4. Auflage, 2019, § 41 Haftung für fehlerhafte Kapitalmarktinformation Rz 41.91; *Wackerbarth,* in: Holzborn WpPG, 2. Auflage, 2014, §§ 21–23 WpPG Rz 45.

57 *Assmann,* in: Assmann/Schlitt/von Kopp-Colomb, WpPG, 3. Auflage, 2017, § 21 WpPG Rz 84 f.; *Groß,* in: Groß, Kapitalmarktrecht, 7. Auflage, 2020, § 9 WpPG Rz 36; *Mülbert/Steup,* in: Habersack/Mülbert/Schlitt, Unternehmensfinanzierung am Kapitalmarkt, 4. Auflage, 2019, § 41 Haftung für fehlerhafte Kapitalmarktinformation Rz 81; *Seiler/Singhof,* in: Frankfurter Kommentar WpPG/EU-ProspektVO, 2. Auflage, 2017, § 21 WpPG Rz 97; *Wackerbarth,* in: Holzborn WpPG, 2. Auflage, 2014, §§ 21–23 WpPG Rz 49 Zusammenfassende Darstellung der gefestigen Rechtsprechung bei BGH, Beschluss vom 21.11.2018 – VII ZR 3/18 – BeckRS 2018, 39375 Rz 23 f.

58 In Betracht kommen Konzernmuttergesellschaften, veräußernde oder kontrollierende Großaktionäre sowie Mitglieder der Verwaltungsorange, wenn sie ein über die Organstellung hinausgehendes erhebliches wirtschaftliches Eigeninteresse (bspw. bei erheblicher Incentivierung beim Börsengang) haben. Siehe dazu *Groß,* in: Groß, Kapitalmarktrecht, 7. Auflage, 2020, § 9 WpPG Rz 35; Mit weiteren Beispielen *Müller,* in: Müller WpPG, 2. Auflage, 2017, § 21 WpPG Rz 17.

59 BT-Drucks. 13/8933, S. 54, 78; BGH, Urteil vom 18.09.2012 – XI ZR 344/11 – BGHZ 195, 1; BGH, Urteil vom 07.09.2000 – VII ZR 443/99 – BGHZ 145, 121, 127.

60 BGH, Urteil vom 18.09.2012 – XI ZR 344/11 – ZIP 2012, 2199, 2203; *Assmann,* in: Assmann/Schlitt/von Kopp-Colomb, WpPG, 3. Auflage, 2017, § 21 WpPG Rz 82; *Groß,* in: Groß, Kapitalmarktrecht, 7. Auflage, 2020, § 9 WpPG Rz 35; *Heidelbach,* in: Schwark/Zimmer Kapitalmarktrecht, 5. Auflage, 2020, § 9 WpPG Rz 18; *Krämer/Gillessen,* in: Handbuch börsennotierte AG, 4. Auflage, 2018, § 10 Due Diligence und Prospekthaftung Rz 10.354; *Mülbert/Steup,* in: Habersack/Mülbert/Schlitt,

*(aa) Veräußernde Großaktionäre*

Veräußernde Großaktionäre haben typischerweise ein eigenes wirtschaftliches Interesse an der Emission. Zudem ist grundsätzlich erforderlich, dass diese kraft eigener Steuerungsmacht auf die Erstellung des fehlerhaften Prospekts einwirken.[61] Indessen lies es der Bundesgerichtshof in der „Wohnungsbau Leipzig-West“-Entscheidung[62] in einem besonders gelagerten Fall bereits genügen, wenn der herrschende Aktionär ein erhebliches wirtschaftliches Eigeninteresse an der Emission hat.[63] Eine tatsächliche Einflussnahme auf die Prospekterstellung sei nicht erforderlich, wenn bereits die gesellschaftsrechtliche Stellung eine solche Einflussnahme nahelegt.[64] In dieser Konstellation genüge es, wenn der Hauptaktionär selbst nicht an der Prospekterstellung beteiligt ist, sondern (nur) das Gesamtkonzept kennt.[65] Die Literatur lässt zwar eine Indizierung der Einflussnahme aufgrund der gesellschaftsrechtlichen Stellung zu, verlangt aber, jedenfalls beim nicht herrschenden Großaktionär, überzeugend das Hinzutreten weiterer tatsächlicher Anzeichen für eine aktive Beteiligung an der Prospekterstellung.[66]

Für veräußernde Großaktionäre besteht daher ein Haftungsrisiko bei der Emission von Wertpapieren, wenn beim nicht herrschenden Großaktionär zum wirtschaftlichen Eigeninteresse eine steuernde Einflussnahme auf die Prospekterstellung erfolgt.[67] Beim herrschenden Aktionär begründet hingegen bereits das wirtschaftliche Eigeninteresse an der Emission das Haftungsrisiko.

---

Unternehmensfinanzierung am Kapitalmarkt, 4. Auflage, 2019, § 41 Haftung für fehlerhafte Kapitalmarktinformation 41.80; *Müller*, in: Müller WpPG, 2. Auflage, 2017, § 21 WpPG Rz 17; *Schlitt/Landschein* ZBB 2019, 103, 104; *Schwark*, in: Schwark/Zimmer Kapitalmarktrecht (Vorauflage), 4. Auflage, 2010, §§ 44, 45 BörsG Rz 9.

61 *Seiler/Singhof*, in: Frankfurter Kommentar WpPG/EU-ProspektVO, 2. Auflage, 2017, § 21 WpPG Rz 91 (m.w.N.).

62 BGH, Urteil vom 18.09.2012 – XI ZR 344/11 – BGHZ 195, 1.

63 *Schlitt/Landschein* ZBB 2019, 103, 104 f.

64 *Seiler/Singhof*, in: Frankfurter Kommentar WpPG/EU-ProspektVO, 2. Auflage, 2017, § 21 WpPG Rz 92.

65 BGH, Urteil vom 08.12.2005 – VII ZR 372/03 – WM 2006, 427.

66 *Beck* NZG 2014, 1410, 1411; *Schlitt/Landschein* ZBB 2019, 103, 105; *Seiler/Singhof*, in: Frankfurter Kommentar WpPG/EU-ProspektVO, 2. Auflage, 2017, § 21 WpPG Rz 93; *Singhof* RdF 2013, 76, 77; *Wackerbarth*, in: Holzborn WpPG, 2. Auflage, 2014, §§ 21–23 WpPG Rz 44.

67 *Schlitt/Landschein* ZBB 2019, 103, 105.

### *(bb) Organmitglieder des Emittenten*

Höchstrichterlich ungeklärt ist, unter welchen Umständen Organmitglieder des Emittenten aufgrund wirtschaftlichen Eigeninteresses als Prospektveranlasser haften.[68] Jedenfalls genügt die Organstellung allein nicht zur Annahme des erforderlichen wirtschaftlichen Eigeninteresses.[69] Dieses kann durch eine erhebliche Incentivierung für die Emission begründet werden, oder wenn das Organmitglied nicht unerhebliche Aktienpakete im Rahmen der Emission veräußert,[70] wobei stets eine Vergleichbarkeit des Interesses mit dem des Emittenten erforderlich ist. Eine Beurteilung ist daher nur am konkreten Einzelfall möglich. Grundsätzlich ist aber eine hohe Aufgreifschwelle zu fordern, auch um das Prinzip der Haftungskonzentration (§ 93 Abs. 2 S. 1 AktG)[71] zu wahren.[72]

### *(cc) Prospektbegleitende Experten*

Prospektbegleitende Experten wie Wirtschaftsprüfer, Sachverständige und Rechtsanwälte haften grundsätzlich nicht als Prospektveranlasser. Die Bereitstellung unrichtigen (Teil-)Materials zur Erstellung des Prospekts führt im Gegensatz zu anderen Rechtsordnungen[73] nicht zur Haftung, auch nicht nur für diesen Teil, selbst wenn die Bereitstellung von einem Vergütungsinteresse getragen ist.[74] Eine Haftung als Prospektveranlasser besteht nur, wenn ein eigenes wirtschaftliches Interesse vorliegt, welches über das Vergütungsinteresse hinausgeht.[75]

---

68 *Seiler/Singhof*, in: Frankfurter Kommentar WpPG/EU-ProspektVO, 2. Auflage, 2017, § 21 WpPG Rz 95; *Wackerbarth*, in: Holzborn WpPG, 2. Auflage, 2014, §§ 21–23 WpPG Rz 4.

69 Näher bei *Fleischer* BKR 2003, 608 ff.

70 *Fleischer* BKR 2003, 608; *Seiler/Singhof*, in: Frankfurter Kommentar WpPG/EU-ProspektVO, 2. Auflage, 2017, § 21 WpPG Rz 95; *Wackerbarth*, in: Holzborn WpPG, 2. Auflage, 2014, §§ 21–23 WpPG Rz 45.

71 Dazu unten B.III.

72 *Seiler/Singhof*, in: Frankfurter Kommentar WpPG/EU-ProspektVO, 2. Auflage, 2017, § 21 WpPG Rz 95.

73 Vgl. Sec. 11(a) (4) Securities Act 1933 für die USA. Eine Expertenhaftung für Teile des Prospektes auch im englischen, schweizerischen und österreichischen Recht, vgl. *Seiler/Singhof*, in: Frankfurter Kommentar WpPG/EU-ProspektVO, 2. Auflage, 2017, § 21 WpPG Rz 96.

74 *Seiler/Singhof*, in: Frankfurter Kommentar WpPG/EU-ProspektVO, 2. Auflage, 2017, § 21 WpPG Rz 96 f.

75 *Wackerbarth*, in: Holzborn WpPG, 2. Auflage, 2014, §§ 21–23 WpPG Rz 49.

*(c) Gesamtschuldnerische Haftung*

Mehrere Anspruchsgegner haften als Gesamtschuldner (§§ 421 ff. BGB).[76] Eine interne Haftungsfreistellung des Emittenten gegenüber der Konsortialbank ist rechtlich möglich (Gesamtschuldnerausgleich).[77]

*(3) Verschulden*

Die spezialgesetzliche Prospekthaftung ist eine Verschuldenshaftung (§ 12 Abs. 1 WpPG).[78] Dieses wird vermutet und begründet eine Beweislastumkehr,[79] da die zur Beurteilung maßgeblichen Informationen allein aus der Sphäre der Verantwortlichen stammen (Grundsätze über die Beweislastumkehr nach Gefahrenbereichen).[80] Prospektverantwortliche und Prospektveranlasser haften demnach nicht, wenn nachgewiesen ist, dass sie die Unrichtigkeit oder Unvollständigkeit des Wertpapierprospekts nicht kannten und diese Unkenntnis auch nicht auf Vorsatz oder grober Fahrlässigkeit beruht.[81] Dabei obliegt der Nachweis dieser unverschuldeten Unkenntnis jedem einzelnen Haftungsadressaten selbst.[82]

Das Verschulden Dritter und insbesondere Sachverständiger[83] wird den Prospektverantwortlichen nicht nach § 278 BGB zugerechnet, da diese keine

---

76 *Assmann,* in: Assmann/Schlitt/von Kopp-Colomb, WpPG, 3. Auflage, 2017, § 21 WpPG Rz 86.

77 So *Groß,* in: Groß, Kapitalmarktrecht, 7. Auflage, 2020, § 9 WpPG Rz 18; *Mülbert/Steup,* in: Habersack/Mülbert/Schlitt, Unternehmensfinanzierung am Kapitalmarkt, 4. Auflage, 2019, § 41 Haftung für fehlerhafte Kapitalmarktinformation Rz 41.11; *Wackerbarth* WM 2011, 193, 198 ff. Teilweise kritisch *Bayer,* in: Münchener Kommentar zum AktG, 5. Auflage, 2019, § 57 AktG Rz 82; *Hirte,* in: Handbuch der Konzernfinanzierung, 1998, § 35 Rz 35.35 ff.

78 *Seiler/Singhof,* in: Frankfurter Kommentar WpPG/EU-ProspektVO, 2. Auflage, 2017, § 23 WpPG Rz 3.

79 *Assmann,* in: Assmann/Schlitt/von Kopp-Colomb, WpPG, 3. Auflage, 2017, § 21 WpPG Rz 107; *Groß,* in: Groß, Kapitalmarktrecht, 7. Auflage, 2020, § 9 WpPG Rz 73; *Krämer/Gillessen,* in: Handbuch börsennotierte AG, 4. Auflage, 2018, § 10 Due Diligence und Prospekthaftung Rz 10.334.

80 BT-Drucks. 13/8933, S. 80; *Seiler/Singhof,* in: Frankfurter Kommentar WpPG/EU-ProspektVO, 2. Auflage, 2017, § 23 WpPG Rz 4.

81 *Seiler/Singhof,* in: Frankfurter Kommentar WpPG/EU-ProspektVO, 2. Auflage, 2017, § 23 WpPG Rz 3.

82 Zum Haftungsmaßstab der einzelnen Beteiligten ausführlich *Seiler/Singhof,* in: Frankfurter Kommentar WpPG/EU-ProspektVO, 2. Auflage, 2017, § 23 WpPG Rz 11 ff.

83 Hierzu eingehend *Seiler/Singhof,* in: Frankfurter Kommentar WpPG/EU-ProspektVO, 2. Auflage, 2017, § 23 WpPG Rz 11 ff.

Erfüllungsgehilfen der Prospektverantwortlichen sind.[84] Dessen ungeachtet sind aber im Rahmen des Zumutbaren sehr wohl Plausibilitätskontrollen von Gutachten, Expertisen und Auskünften geboten.[85] Auch kann den Prospektverantwortlichen bei Auswahl der Sachverständigen und Berater ein Auswahlverschulden treffen,[86] welches als eigenes Verschulden zu verantworten ist.[87]

### *(4) Kausalität*

Die Prospekthaftung erfordert haftungsbegründende und haftungsausfüllende Kausalität (§ 12 Abs. 2 Nr. 1 und 2). Die Darlegungs- und Beweislast trifft aufgrund der Beweislastumkehr (§ 12 Abs. 2 Nr. 1 WpPG) den Anspruchsgegner.[88] Die Beweisführung ist aufgrund der Rechtsprechung zur positiven

---

84 *Assmann,* in: Assmann/Schlitt/von Kopp-Colomb, WpPG, 3. Auflage, 2017, § 21 WpPG Rz 111; *Groß,* in: Groß, Kapitalmarktrecht, 7. Auflage, 2020, § 9 WpPG Rz 82; *Mülbert/Steup,* in: Habersack/Mülbert/Schlitt, Unternehmensfinanzierung am Kapitalmarkt, 4. Auflage, 2019, § 41 Haftung für fehlerhafte Kapitalmarktinformation Rz 41.118; *Schwark,* in: Schwark/Zimmer Kapitalmarktrecht (Vorauflage), 4. Auflage, 2010, §§ 44, 45 BörsG Rz 49; *Seiler/Singhof,* in: Frankfurter Kommentar WpPG/EU-ProspektVO, 2. Auflage, 2017, § 23 WpPG Rz 20.

85 BGH, Urteil vom 04.03.1987 – IVa ZR 122/85 – WM 1987, 495, 497; OLG Frankfurt, Urteil vom 17.03.1999 – 21 U 260/97 – ZIP 1999, 1005, 1007; *Groß,* in: Groß, Kapitalmarktrecht, 7. Auflage, 2020, § 9 WpPG Rz 81; *Habersack,* in: Habersack/Mülbert/Schlitt, Handbuch der Kapitalmarktinformation, 3. Auflage, 2020, § 28. Prospekthaftung Rz 41 f; *Mülbert/Steup,* in: Habersack/Mülbert/Schlitt, Unternehmensfinanzierung am Kapitalmarkt, 4. Auflage, 2019, § 41 Haftung für fehlerhafte Kapitalmarktinformation Rz 41.120.

86 *Groß,* in: Groß, Kapitalmarktrecht, 7. Auflage, 2020, § 9 WpPG Rz 81; *Mülbert/Steup,* in: Habersack/Mülbert/Schlitt, Unternehmensfinanzierung am Kapitalmarkt, 4. Auflage, 2019, § 41 Haftung für fehlerhafte Kapitalmarktinformation Rz 41.118; *Seiler/Singhof,* in: Frankfurter Kommentar WpPG/EU-ProspektVO, 2. Auflage, 2017, § 23 WpPG Rz 21.

87 *Assmann,* in: Assmann/Schlitt/von Kopp-Colomb, WpPG, 3. Auflage, 2017, § 21 WpPG Rz 111.

88 *Assmann/Kumpan,* in: Assmann/Schütze/Buck-Heeb, Handbuch des Kapitalanlagerechts, 5. Auflage, 2020, § 5 Prospekthaftung Rz 178; *Assmann,* in: Assmann/Schlitt/von Kopp-Colomb, WpPG, 3. Auflage, 2017, § 21 WpPG Rz 100; *Groß,* in: Groß, Kapitalmarktrecht, 7. Auflage, 2020, § 9 WpPG Rz 70 f.; *Krämer/Gillessen,* in: Handbuch börsennotierte AG, 4. Auflage, 2018, § 10 Due Diligence und Prospekthaftung Rz 10.346; *Heidelbach,* in: Schwark/Zimmer Kapitalmarktrecht, 5. Auflage, 2020, § 9 WpPG Rz 30.

Anlagestimmung[89] typischerweise nur schwer möglich[90]. Hiernach besteht eine widerlegliche Vermutung für einen ursächlichen Zusammenhang zwischen Prospektangabe und Erwerbe, wenn der Erwerb nach Veröffentlichung des Prospekts erfolgte.[91] Es genügt daher nicht allein zu beweisen, dass der Anleger den Prospekt nicht kannte;[92] vielmehr muss darüber hinaus nachgewiesen werden, dass es auch keine positive Anlagestimmung gab oder diese im Zeitpunkt des Erwerbs bereits beendet war.[93]

### *(5) Anspruchsberechtigung*

Anspruchsberechtigt ist jeder, der aufgrund dieses Prospekts zugelassene Wertpapiere innerhalb von sechs Monaten[94] nach der Ersteinführung der Wertpapiere[95] erwirbt[96]. Der Besitz des Wertpapieres ist keine Voraussetzung der

---

89 Grundlegend BGH, Urteil vom 12.07.1982 - II ZR 172/81 - WM 1982, 867 ff.; fortführend BGH, Urteil vom 14.07.1998 - XI ZR 173/97 - BGHZ 139, 225 (m.w.N.); zur Anlagestimmung auch *Kort* AG 1999, 9, 12 ff.

90 Begr. RegE zum 3. Finanzmarktförderungsgesetz, BT-Drucks 13/8933, S. 54, 76, 78. Dazu ausführlich *Groß,* in: Groß, Kapitalmarktrecht, 7. Auflage, 2020, § 9 WpPG Rz 70.

91 *Assmann/Kumpan,* in: Assmann/Schütze/Buck-Heeb, Handbuch des Kapitalanlagerechts, 5. Auflage, 2020, § 5 Prospekthaftung Rz 178; BGH, Urteil vom 12.07.1982 - II ZR 175/81 - WM 1982, 862, 867 f.; BGH, Urteil vom 14.07.1998 - XI ZR 173/97 - BGHZ 225, 233; OLG Frankfurt, Urteil vom 01.02.1994 - 5 U 213/92 - WM 1994, 291, 298; OLG Frankfurt, Urteil vom 27.03.1996 - 21 U 92/95 - WM 1996, 1216, 1218.

92 OLG Saarbrücken, Urteil vom 15.12.2005 - 8 U 330/04-72 - OLG Report Saarbrücken 2006, 448.

93 OLG Frankfurt, Urteil vom 01.02.1994 - 5 U 213/92 - WM 1994, 291, 298; OLG Frankfurt, Urteil vom 27.03.1996 - 21 U 92/95 - WM 1996, 1216, 1218. *Seiler/Singhof,* in: Frankfurter Kommentar WpPG/EU-ProspektVO, 2. Auflage, 2017, § 23 WpPG Rz 27.

94 Entscheidend ist dabei allein das schuldrechtliche Kausalgeschäft, vgl. *Krämer/Gillessen,* in: Handbuch börsennotierte AG, 4. Auflage, 2018, § 10 Due Diligence und Prospekthaftung Rz 10.340 Die Frist beginnt mit Einführung der Wertpapiere an einer inländischen Börse, vgl. *Krämer/Gillessen,* in: Handbuch börsennotierte AG, 4. Auflage, 2018, § 10 Due Diligence und Prospekthaftung 10.340.

95 Dies gilt auch für Wertpapiere, die nach ihren Ausstattungsmerkmalen oder in sonstiger Weise nicht von denjenigen unterschieden werden können, die Gegenstand des fehlerhaften Prospekts sind, vgl. *Assmann,* in: Assmann/Schlitt/von Kopp-Colomb, WpPG, 3. Auflage, 2017, § 21 WpPG Rz 93.

96 „Erwerb" meint grundsätzlich nur das entgeltliche Erwerbsgeschäft. Wohl aber auch bei Schenkungen und Erbfällen. Dazu *Assmann,* in: Assmann/Schlitt/von Kopp-Colomb, WpPG, 3. Auflage, 2017, § 21 WpPG Rz 97; *Krämer/Gillessen,* in: Handbuch börsennotierte AG, 4. Auflage, 2018, § 10 Due Diligence und Prospekthaftung 10.343.

Haftung. Folglich steht der Anspruch im Falle der (mehrfachen) Weiterveräußerung jedem Erwerber zu, wenn sich der Prospekt als fehlerhaft erweist.[97]

*(6) Rechtsfolge: Schadensersatz (§ 9 Abs. 1 S. 1 und 2 und Abs. 2 WpPG)*

Ist der Erwerber noch Inhaber der Wertpapiere, kann dieser Erstattung des Erwerbspreises Zug um Zug gegen Rückgabe der Wertpapiere fordern (§ 9 Abs. 1 S. 1 WpPG). Wurden die Wertpapiere bereits weiterveräußert, besteht ein Schadensersatzanspruch in Geld in Höhe des Differenzbetrages zwischen dem der Höhe nach auf den ersten Ausgabepreis begrenzten Erwerbspreis und dem Veräußerungspreis (§ 9 Abs. 2 WpPG). Der Anspruch umfasst nicht den entgangenen Gewinn.[98]

*(7) Zwischenergebnis: spezialgesetzliche Prospekthaftung*

Die spezialgesetzliche Prospekthaftung begründet im Rahmen einer Emission von Wertpapieren Haftungsrisiken bei fehlerhaften Wertpapierprospekten für Emittent, Konsortialbank sowie veräußernde Großaktionäre und unter Umständen für Organmitglieder des Emittenten. Prospektbegleitende Experten sind typischerweise nicht Haftungsadressat dieser spezialgesetzlichen Prospekthaftung.

*bb) Haftung nach den Grundsätzen der allgemein zivilrechtlichen Prospekthaftung (§§ 280 Abs. 1, 311 Abs. 2, 241 Abs. 2 BGB)*

Zu untersuchen sind Haftungsrisiken nach den Grundsätzen der allgemein zivilrechtlichen Prospekthaftung. Die allgemein zivilrechtliche Prospekthaftung ist ein von der Rechtsprechung insbesondere für den Bereich des Kapitalanlagegeschäfts zur Schließung von Haftungslücken entwickeltes Rechtsinstitut, welches auf den Grundsätzen des Verschuldens bei Vertragsanbahnung, den Grundsätzen zum Vertrag mit Schutzwirkung zu Gunsten Dritter sowie der Haftung aufgrund einer Garantenstellung beruht.[99] Im Anwendungsbereich

---

97 *Krämer/Gillessen*, in: Handbuch börsennotierte AG, 4. Auflage, 2018, § 10 Due Diligence und Prospekthaftung Rz 10.340.

98 *Krämer/Gillessen*, in: Handbuch börsennotierte AG, 4. Auflage, 2018, § 10 Due Diligence und Prospekthaftung Rz 10.362; Ausführlich bei *Assmann*, in: Assmann/Schlitt/von Kopp-Colomb, WpPG, 3. Auflage, 2017, § 21 WpPG Rz 199 ff.; zu den Einzelheiten der Schadensberechnung *Schwark*, in: Schwark/Zimmer Kapitalmarktrecht (Vorauflage), 4. Auflage, 2010, §§ 44, 45 BörsG Rz 64 ff.

99 BGH, Urteil vom 17.04.2008 – III ZR 227/06 – BeckRS 2008, 08093; BGH, Urteil vom 22.05.1980 – II ZR 209/79 – BGHZ 77, 172; BGH, Urteil vom 21.11.1983 – II ZR 27/

der spezialgesetzlichen Prospekthaftung ist ein Rückgriff auf die allgemein zivilrechtliche Prospekthaftung ausgeschlossen, da die Beschränkungen der spezialgesetzlichen Prospekthaftung andernfalls gegenstandslos wären.[100] Bei prospektpflichtigen Wertpapieremissionen ist die allgemein zivilrechtliche Prospekthaftung daher nicht anwendbar.

#### *cc) Haftung aufgrund von vorvertraglicher Pflichtverletzung (§§ 280 Abs. 1, 311 Abs. 2, 241 Abs. 2 BGB)*

Zu untersuchen sind Haftungsrisiken aufgrund von vorvertraglicher Pflichtverletzung (§§ 280 Abs. 1, 311 Abs. 2, 241 Abs. 2 BGB) wegen persönlich in Anspruch genommenen Vertrauens. [101] Voraussetzung ist hierfür, dass eine (vor-)vertragliche Beziehung vorliegt. Dies kommt insbesondere im Verhältnis von Konsortialbank und Anleger in Betracht.[102] Ein Anspruch besteht, wenn der Anleger die Wertpapiere von der Konsortialbank aufgrund eines fehlerhaften Wertpapierprospekts erworben hat und die Konsortialbank die Fehlerhaftigkeit zu vertreten hat.[103]

---

83 – NJW 1984, 865; BGH, Urteil vom 14.04.1986 – II ZR 132/85 – WM 1986, 904; BGH, Urteil vom 31.05.1990 – VII ZR 340/88 BGHZ 111, 314. Vgl. dazu auch *Hartmann/Hartmann,* in: Handbuch Versicherungsrecht, 7. Auflage, 2017, § 10 Haftung und Berufshaftpflichtversicherung des Anwalts Rz 122.

100 So schon BT-Drucks. 13/8933, S. 81 (zu § 48 BörsG a.F.); OLG Frankfurt a.M., Urteil vom 06.07.2004 – 5 U 122/03 – ZIP 2004, 1411, 1415; OLG Frankfurt a.M., Beschluss vom 14.02.2003 – 5 W 34/02 – NZG 2003, 329, 331; OLG Frankfurt a.M., Urteil vom 17.12.1996 – 5 U 178/95 – ZIP 1997, 107; aus dem Schrifttum *Assmann,* in: Assmann/Schlitt/von Kopp-Colomb, WpPG, 3. Auflage, 2017, § 25 WpPG Rz 7; *Emmerich,* in: Münchener Kommentar BGB, 8. Auflage, 2019, § 311 BGB Rz 143; *Groß,* in: Groß, Kapitalmarktrecht, 7. Auflage, 2020, § 9 WpPG Rz 92; *Klöhn* WM 2012, 97, 106; *Kort* AG 1999, 9, 19; *Meixner/Schröder*, Wirtschaftsprüferhaftung, 2013, S. 266 f.; *Mülbert/Steup,* in: Habersack/Mülbert/Schlitt, Unternehmensfinanzierung am Kapitalmarkt, 4. Auflage, 2019, § 41 Haftung für fehlerhafte Kapitalmarktinformation Rz 41.155; *Schlitt/Landschein* ZBB 2019, 103, 110; *Seiler/Singhof,* in: Frankfurter Kommentar WpPG/EU-ProspektVO, 2. Auflage, 2017, § 25 WpPG Rz 6. **A.A.** bei *Zimmer/Binder* WM 2005, 577; **Offengelassen** in OLG München, Endurteil vom 10.01.2018 – 20 U 516/17 – AG 2018, 492 f.

101 *Assmann/Kumpan,* in: Assmann/Schütze/Buck-Heeb, Handbuch des Kapitalanlagerechts, 5. Auflage, 2020, § 5 Prospekthaftung Rz 213; *Groß,* in: Groß, Kapitalmarktrecht, 7. Auflage, 2020, § 9 WpPG Rz 92.

102 *Kort* AG 1999, 9, 18.

103 *Assmann/Kumpan,* in: Assmann/Schütze/Buck-Heeb, Handbuch des Kapitalanlagerechts, 5. Auflage, 2020, § 5 Prospekthaftung Rz 213; *Mülbert/Steup,* in: Habersack/

### dd) *Haftung von beruflichen Sachkennern nach den Grundsätzen des Vertrages mit Schutzwirkung zugunsten Dritter (§ 328 BGB analog)*

Berufliche Sachkenner haften wie zuvor dargestellt weder als Prospektverantwortlicher noch als Prospektveranlasser, jedoch unterstützen sie bei der Erstellung des Wertpapierprospekts durch ihre Fachkunde. Wertpapierprospekte enthalten daher Angaben, welche von diesen Experten bereitgestellt und von den Anlegern zur Grundlage ihrer Anlageentscheidung gemacht werden. Sind diese Angaben fehlerhaft, kommt eine Haftung Betracht.[104] Zu untersuchen sind daher die Haftungsrisiken von beruflichen Sachkennern nach den Grundsätzen des Vertrages mit Schutzwirkung zugunsten Dritter (§ 328 BGB analog[105]).[106]

Die Grundsätze des Vertrages mit Schutzwirkung zugunsten Dritter sind ein von der Rechtsprechung entwickeltes Rechtsinstitut, bei dem der Anspruch auf die Hauptleistung zwar allein dem Gläubiger zusteht, der anspruchsstellende Dritter aber dergestalt in die vertraglichen Sorgfalts- und Obhutspflichten bei der Leistungserbringung einbezogen ist, dass er bei deren Verletzung eigene vertragliche Schadensersatzansprüche geltend machen kann.[107] Die Einbeziehung des Dritten in den Schutzbereich des zugrundliegenden schuldrechtlichen

---

Mülbert/Schlitt, Unternehmensfinanzierung am Kapitalmarkt, 4. Auflage, 2019, § 41 Haftung für fehlerhafte Kapitalmarktinformation Rz 41.156.

104 Beispielhaft für den Rechtsanwalt bei *Hartmann/Hartmann,* in: Handbuch Versicherungsrecht, 7. Auflage, 2017, § 10 Haftung und Berufshaftpflichtversicherung des Anwalts Rz 188 ff. Vgl. insoweit auch BGH, Urteil vom 17.04.2008 – III ZR 227/06 – BeckRS 2008, 08093; BGH, Urteil vom 22.05.1980 – II ZR 209/79 – BGHZ 77, 172; BGH, Urteil vom 21.11.1983 – II ZR 27/83 – NJW 1984, 159; BGH, Urteil vom 14.04.1986 – II ZR 132/85 – WM 1986, 904; BGH, Urteil vom 31.05.1990 – VII ZR 340/88 BGHZ 111, 314.

105 Die Rechtsgrundlage dieses Haftungsinstitutes ist umstritten. Der Streit ist aber rein akademischer Natur. Vgl. insoweit BGH, Urteil vom 11.01.1977 – VI ZR 261/75 – NJW 1977, 2073, 2074.

106 Diskutiert wird daneben auch eine Haftung aus selbstständigem Auskunftsvertrag (dazu BGH, Urteil vom 15.06.1993 – XI ZR 111/92 – NJW 1993, 3073, 3075; *Zugehör,* Handbuch der Anwaltshaftung, 1999, Rz 1439), ein Vertrag zugunsten Dritter (dazu BGH, Urteil vom 14.04.1986 – II ZR 123/85 – NJW-RR 1986, 1158; BGH, Urteil vom 01.12.1994 – III ZR 93/93 – WM 1995, 344, 345) sowie eine Sachwalterhaftung (dazu *Wehrberger* BRAK-Mitt. 2001, 161, 162). Übersichtlich dargestellt bei *Hartmann/Hartmann, in: Handbuch Versicherungsrecht, 7. Auflage, 2017, § 10 Haftung und Berufshaftpflichtversicherung des Anwalts Rz 124 f.*

107 BGH Urteil vom 08.06.2004 – X ZR 283/02, WM 2004, 1896, 1870; BGH, Urteil vom 14.06.2012 – IX ZR 145/11, WM 2012, 1369; *Fischer* ZAP 2018, 631, 645.

Verhältnisses kann sich aus einer ausdrücklichen Regelung der Vertragspartner[108] oder im Wege einer (ergänzenden) Auslegung des schuldrechtlichen Verhältnisses[109] nach den Grundsätzen von Treu und Glauben ergeben.[110] Eine Haftung des Schuldners gegenüber dem Dritten besteht, wenn der Dritte mit der Hauptleistung des Schuldners bestimmungsgemäß in Berührung kommt (Leistungsnähe), ein schutzwürdiges Interesse in Gestalt eines besonderen Vertrauens an der Einbeziehung des Dritten in den Schutzbereich des Vertrages besteht, diese Einbeziehung für den Schuldner erkennbar ist und dem Dritten keine inhaltsgleichen vertraglichen Ansprüche zur Verfügung stehen.[111]

In diesem Zusammenhang wird insbesondere eine Haftung des Wirtschaftsprüfers gegenüber Anlegern und Konsortialbank diskutiert. Der Wirtschaftsprüfer tritt bei Wertpapieremissionen häufig durch die Erstellung von Prospektprüfungsgutachten, einem sog. Comfort Letter oder durch Erteilung eines Testates auf. Insbesondere die Erstellung eines Comfort Letter ist zum Standard geworden.

Der Comfort Letter ist eine schriftliche Bestätigung betreffend die Bilanzen, Gewinn- und Verlustrechnungen sowie Kapitalabflussrechnungen der letzten Geschäftsjahre und anderer Finanzzahlen.[112] Für die Anfertigung ist in Deutschland vom Institut der Wirtschaftsprüfer („IDW") ein Prüfungsstandard – IDW PS 910 – entwickelt worden. Grund für die Erstellung ist regelmäßig das Interesse der Konsortialbank an einer unabhängigen Einschätzung, ob die aufgestellten Jahresabschlüsse und Zwischenbilanzen des Emittenten den gesetzlichen Regelungen entsprechen und ob insgesamt ein zutreffendes Gesamtbild von der Vermögens-, Finanz- und Ertragslage des Emittenten vermittelt wird.[113]

Regelmäßig verlangt die beteiligte Konsortialbank einen Comfort Letter bereits als Voraussetzung für ihre Beteiligung an der Emission,[114] da dieser der

---

108 BGH, Urteil vom 21.07.2016 – IX ZR 252/15 – BGHZ 211, 25.

109 BGH, Urteil vom 07.12.2017 – IX ZR 25/17 – WM 2018, 378 Rz 24; BGH, Urteil vom 10.12.2015 – IX ZR 56/15 – DB 2016, 523 Rz 26; BGH, Urteil vom 14.06.2012 – IX ZR 145/11, WM 2012, 1369 Rz 14.

110 *Fischer* ZAP 2018, 631, 645.

111 *Fischer* ZAP 2018, 631, 646 (m.w.N.).

112 *Krämer/Gillessen,* in: Handbuch börsennotierte AG, 4. Auflage, 2018, § 10 Due Diligence und Prospekthaftung Rz 10.209.

113 *Krämer/Gillessen,* in: Handbuch börsennotierte AG, 4. Auflage, 2018, § 10 Due Diligence und Prospekthaftung Rz 10.212.

114 *Ebke/Siegel* WM 2001, Sonderbeilage Nr. 2, 1, 3; *Hutter/Leppert* NJW 2002, 2208, 2211; *Meyer* WM 2003, 1745, 1746; *Schindler/Böttcher/Roß* WPg 2001, 477, 478.

Konsortialbank als Abwehr gegen Prospekthaftungsansprüche von Anlegern dient (sog. *due-diligence-defense*).[115] Die Überprüfung der im Prospekt enthaltenen Finanzdaten durch einen Wirtschaftsprüfer steht der Annahme grober Fahrlässigkeit typischerweise entgegen.[116] Im Falle der festgestellten Außenhaftung ermöglicht das dem Comfort Letter zugrundeliegende Rechtsverhältnis zudem einen Rückgriffanspruch der Konsortialbank gegen den Wirtschaftsprüfer.[117]

### *(1) Haftungsrisiken gegenüber den Anlegern*

Von besonderer praktischer Relevanz sind Außenhaftungsansprüche von Anlegern gegen den Wirtschaftsprüfer bei Wertpapieremissionen. In einer Reihe von Entscheidung haben sich Instanzgerichte[118] sowie der Bundesgerichtshof[119] mit dieser Haftung auseinandergesetzt und im Ergebnis teilweise angenommen.[120]

### *(a) Vertragsnähe (Leistungsnähe)*

Zu untersuchen ist, ob das Vertragsverhältnis zwischen Wirtschaftsprüfer und Auftraggeber (Emittent bzw. Konsortialbanken) Drittschutz zugunsten der Anleger entfaltet. Dafür ist erforderlich, dass der Anleger als Dritter typischerweise mit der geschuldeten Leistung in Berührung kommt.[121] Hierfür bedarf es einer Untersuchung der geschuldeten Leistung des Wirtschaftsprüfers im Rahmen der Prüfung eines Wertpapierprospekts. Dabei ist zwischen der Erstellung eines sog. Comfort Letters einerseits sowie der der Erstellung eines Prüfungsgutachtens bzw. der Erteilung eines Testates andererseits zu differenzieren.

---

115 *Schlitt/Landschein* ZBB 2019, 103, 105.

116 *Schlitt/Landschein* ZBB 2019, 103, 105.

117 *Krämer/Gillessen,* in: Handbuch börsennotierte AG, 4. Auflage, 2018, § 10 Due Diligence und Prospekthaftung Rz 10.219; *Schlitt/Landschein* ZBB 2019, 103, 106. Dazu auch *Kunold,* in: Habersack/Mülbert/Schlitt, Unternehmensfinanzierung am Kapitalmarkt, 4. Auflage, 2019, § 34 Comfort Letter Rz 3 f., die die einzelnen Funktion des Comfort Letters näher beleuchtet.

118 OLG Dresden, Urteil vom 30.06.2011 – 8 U 1603/08 – DStR 2012, 2098; LG Hamburg, Urteil vom 12.06.2013 – 309 O 425/08 (unveröffentlicht).

119 BGH, Urteil vom 21.02.2013 – III ZR 139/12 – WM 2013, 689; BGH, Urteil vom 24.04.2014 – III ZR 156/13 – NZG 2014, 741.

120 *Seiler/Singhof,* in: Frankfurter Kommentar WpPG/EU-ProspektVO, 2. Auflage, 2017, § 21 WpPG Rz 98.

121 *Gottwald,* in: Münchener Kommentar BGB, 8. Auflage, 2019, § 328 BGB Rz 184.

### *(aa) Comfort Letter*

Die Leistungsnähe des Anlegers zum Leistungsobjekt Comfort Letter ist zu verneinen, soweit dieser entsprechend dem Standard des IDS PS 910 gestaltet ist.[122] Danach enthalten Comfort Letter einen Hinweis auf deren Verwendungszweck. Sie dienen demnach allein der Information des Adressaten sowie der Unterstützung bei der Durchführung und Dokumentation ihrer eigenen Untersuchungen bei der Emission der Wertpapiere.[123] Der Comfort Letter darf auch nicht weitergegeben oder offengelegt werden.[124] Vor allem aber erfolgt in aller Regel auch der Hinweis, dass der Comfort Letter einen Anleger nicht vor nachteiligen Investitionen schützen soll.[125] Aufgrund der eindeutigen Zweckbestimmung kommt der Anleger nicht, wie es für die Annahme eines Vertrages mit Schutzwirkung zu Gunsten Dritter Voraussetzung ist, bestimmungsgemäß mit der Leistung in Gestalt des Comfort Letter in Berührung.[126]

### *(bb) Prospektprüfungsgutachten und freiwillig erteilte Testate*

Eine andere Beurteilung ergibt sich, wenn der Anleger bestimmungsgemäß mit Leistung des Wirtschaftsprüfers in Kontakt kommt. Dies kommt bei Prospektprüfungsgutachten[127] oder freiwillig erteilten Testaten in Betracht.[128] Der Bundesgerichtshof[129] hat dies in einer Entscheidung zur freiwilligen Prüfung von Gewinnprognosen und Gewinneinschätzungen in einem Wertpapierprospekt angenommen. Denn „erst und nur dann“[130], wenn sich „der Emittent, um sein Angebot für die Kunden besonders attraktiv zu machen, entschließt,

---

122 *Meixner/Schröder*, Wirtschaftsprüferhaftung, 2013, S. 299.

123 IDW PS 910, Anm. 106.

124 IDW PS 910, Anm. 107.

125 *Meixner/Schröder*, Wirtschaftsprüferhaftung, 2013, Rz 746.

126 *Landmann*, Die Haftung für Comfort Letters bei der Neuemission von Aktien, 2007, S. 237.

127 Dazu *Meixner/Schröder*, Wirtschaftsprüferhaftung, 2013, S. 246.

128 Vgl. insoweit BGH, Urteil vom 24.04.2014 - III ZR 156/13 - NZG 2014, 741; BGH, Urteil vom 17.04.2008 - III ZR 227/06 - BeckRS 2008, 08093; BGH, Urteil vom 15.12.2005 - III ZR 424/04 - WM 2006, 423; BGH, Urteil vom 08.06.2004 - X ZR 283/02 - WM 2004, 1869; BGH, Urteil vom 26.09.2000 - X ZR 94/98 - BGHZ 145, 187; BGH, Urteil vom 31.05.1990 - VII ZR 340/88 BGHZ 111, 314; BGH, Urteil vom 21.11.1983 - II ZR 27/83 - NJW 1984, 865; BGH, Urteil vom 14.04.1986 - II ZR 132/85 - WM 1986, 904; BGH, Urteil vom 22.05.1980 - II ZR 209/79 - BGHZ 77, 172.

129 BGH, Urteil vom 24.04.2014 - III ZR 156/13 - NZG 2014, 741.

130 BGH, Urteil vom 24.04.2014 - III ZR 156/13 - NZG 2014, 741, 743 (Rz 21).

Gewinnerwartungen in den Prospekt aufzunehmen“[131], „sollen diese zum Schutz der Anleger[132] durch einen Wirtschaftsprüfer kontrolliert und das Ergebnis der Prüfung den Anlegern über die Veröffentlichung im Prospekt zugänglich gemacht werden“[133].[134] Auch wenn diese Entscheidung im Schrifttum differenziert beurteilt wird,[135] besteht in der Praxis für den Wirtschaftsprüfer das Risiko einer Außenhaftung gegenüber den Anlegern bei der Erteilung von freiwilligen Testaten.

*(b) Schutzwürdiges Interesse des Anlegers (Gläubigernähe)*

Eine Haftung nach den Grundsätzen des Vertrages mit Schutzwirkung zugunsten Dritter erfordert weiter, dass beim anspruchsberechtigten Dritten ein schutzwürdiges Interesse in Gestalt eines besonderen Vertrauens vorliegt.

*(aa) Comfort Letter*

Beim Comfort Letter fehlt es neben der Leistungsnähe auch am schutzwürdigen Interesse, da für den Anleger erkennbar ist, dass der Comfort Letter seiner Natur nach nicht für ihn, sondern allein für die Prospektverantwortlichen bestimmt ist.[136]

*(bb) Prospektprüfungsgutachten und freiwillig erteilte Testate*

Ein Prospektprüfungsgutachten oder ein freiwillig erteiltes Testat kann ein solch schützenswertes Vertrauen hingegen begründen. Dabei kommt es im Rahmen der Expertenhaftung darauf an, dass der Anleger von der Experteneinschätzung

---

131 BGH, Urteil vom 24.04.2014 – III ZR 156/13 – NZG 2014, 741, 743 (Rz 21).

132 Im Sinne der Grundsätze zum Vertrag mit Schutzwirkung zu Gunsten Dritter.

133 BGH, Urteil vom 24.04.2014 – III ZR 156/13 – NZG 2014, 741, 743 (Rz 21).

134 Verneinend, aber ohne weitere Relevanz für diese Arbeit, für den gesetzlichen Abschlussprüfer BGH, Urteil vom 02.04.1998 – III ZR 245/96 – BGHZ 138, 257; BGH, Urteil vom 06.04.2006 – III ZR 256/04 – BGHZ 167, 155. Die Rechtslage ist insoweit streitig. Übersichtliche und ausführliche Darstellung bei *Ebke,* in: Münchener Kommentar zum HGB, 4. Auflage, 2020, § 323 HGB Rz 132 ff.

135 Kritisch mit dem Verweis auf den fehlenden persönlichen Kontakt *Fölsing* WP Praxis 2014, 202, 204; *Schlitt/Landschein* ZBB 2019, 103, 107; *Seiler/Singhof,* in: Frankfurter Kommentar WpPG/EU-ProspektVO, 2. Auflage, 2017, § 21 WpPG Rz 101; zuvor bereits *Meyer* WM 2003, 1745, 1747.

136 *Ebke/Siegel* WM 2001, Sonderbeilage Nr. 2; *Landmann,* Die Haftung für Comfort Letters bei der Neuemission von Aktien, 2007, S. 238; *Meixner/Schröder,* Wirtschaftsprüferhaftung, 2013, S. 299.

Gebrauch macht und daraus ein konkretes Vertrauen erwächst, welches Grundlage seines Willensentschluss wird.[137] Die Anknüpfung an das typisierte Vertrauen ist insoweit nicht ausreichend.[138]

#### *(c) Erkennbarkeit des geschützten Personenkreises für den Schuldner*

Der Kreis der geschützten Dritten muss für den Schuldner erkennbar sein. Dies ist für Testate anzunehmen, da deren Weitergabe an die Anleger – durch Aufnahme in den Prospekt und die Verwendung des Prospekts bei der Emission – gerade die Grundlage des Prüfungsauftrages an den Wirtschaftsprüfer darstellt.[139]

#### *(d) Schutzbedürftigkeit des Anlegers*

Ein Anspruch der Anleger aus Vertrag mit Schutzwirkung zugunsten Dritter scheitert auch nicht daran, dass diesen zudem Ansprüche aus spezialgesetzlicher Prospekthaftung (§§ 9 ff. WpPG) gegen die Prospektverantwortlichen und -veranlasser zustehen. Zwar ist eine Schutzbedürftigkeit des Dritten und damit einhergehend ein Anspruch nach den Grundsätzen des Vertrages mit Schutzwirkung zugunsten Dritter abzulehnen, wenn diesem eigene vertragliche Ansprüche mit gleichwertigen Inhalt zustehen würden.[140] Prospekthaftungsansprüche gegen Prospektverantwortliche sind (als deliktische Ansprüche) aber nach allgemeiner Auffassung gegenüber vertraglichen Ansprüchen gegen den Wirtschaftsprüfer nicht gleichwertig.[141] Dies folgt nicht zuletzt aus der unterschiedlichen Zielrichtung der beiden Ansprüche. Sinn des Prospekthaftungsanspruches ist es, die Prospektverantwortlichen im Interesse des Kapitalanlegerschutzes zu einer wahrheitsgemäßen und vollständigen Aufklärung über das Risiko einer Investition anzuhalten. Es handelt sich bei der Prospekthaftung mithin um eine Haftung für Vollständigkeit und Richtigkeit von Werbeaussagen.[142] Die

---

137 *Meixner/Schröder*, Wirtschaftsprüferhaftung, 2013, S. 249.

138 BGH, Urteil vom 14.06.2007 – III ZR 125/06 – NZG 2007, 660, 662.

139 BGH, Urteil vom 24.04.2014 – III ZR 156/13 – WM 2014, 934, 936.

140 BGH, Urteil vom 15.02.1978 – VIII ZR 47/77 – BGHZ 70, 327, 330; BGH, Urteil vom 02.07.1996 – X ZR 104/94 – BGHZ 133, 168, 173 f.; BGH, Urteil vom 22.07.2004 – IX ZR 132/03 – NJW 2004, 3630, 3632.

141 BGH, Urteil vom 24.04.2014 – III ZR 156/13 – WM 2014, 935, 938 (m.w.N.); *Grüneberg*, in: Palandt, 78. Auflage, 2019, § 328 BGB Rz 18; *Gottwald*, in: Münchener Kommentar BGB, 8. Auflage, 2019, § 328 BGB Rz 191.

142 *Meixner/Schröder*, Wirtschaftsprüferhaftung, 2013, S. 249; BGH, Urteil vom 08.06.2004 – X ZR 283/02 – NJW 2004, 3420; OLG Düsseldorf, Beschluss vom 19.07.2010 – I-17 W 14/10 – GWR 2010, 405.

Schadensersatzpflicht wegen Vertrages mit Schutzwirkung zugunsten Dritter ist hingegen keine Haftung für die Fehlerhaftigkeit einer bestimmten Aussage, sondern dafür, dass der Wirtschaftsprüfer einer fehlerhaften Aussage durch seinen Prüfungsbericht die Unbedenklichkeit bescheinigt und der Aussage hiermit besondere Glaubwürdigkeit verleiht.[143] Hierdurch erhöht dieser die vom fehlerhaften Prospekt ausgehende Gefahr für die Anleger.[144] Zwischen den Ansprüchen besteht mithin eine Anspruchsgrundlagenkonkurrenz.[145]

*(e) Übertragbarkeit der Grundsätze auf andere berufliche Sachkenner*

Diese Grundsätze können auf andere berufliche Sachkenner übertragen werden.[146] So kann dies auch für einen emissionsbegleitenden Rechtsanwalt, einen Steuerberater oder öffentlich bestellte und vereidigte Sachverständige zutreffen, wenn ein entsprechender Hinweis, der ein dem freiwilligen Gewinntestat vergleichbares konkretes Vertrauen hervorruft, im Prospekt aufgenommen wird.[147]

*(2) Haftungsrisiken gegenüber der Konsortialbank*

Zu prüfen sind Ansprüche der Konsortialbank gegen den Wirtschaftsprüfer, da diese im Außenverhältnis gegenüber den Wertpapiererwerbern für fehlerhafte Finanzangaben haftet. Die partielle Prospektverantwortlichkeit in den USA[148] und anderen Jurisdiktionen hat zur Folge, dass dem Comfort Letter in diesen Rechtsordnungen keine haftungsbegründende Funktion zukommt. Soweit Finanzangaben im Prospekt fehlerhaft sind und die der Rechtsordnung entsprechenden Sorgfaltsmaßstäbe bei Erstellung des Comfort Letters verletzt wurden,

143 *Meixner/Schröder*, Wirtschaftsprüferhaftung, 2013, S. 249.

144 *Meixner/Schröder*, Wirtschaftsprüferhaftung, 2013, S. 249; BGH, Urteil vom 08.06.2004 – X ZR 283/02 – NJW 2004, 3420.

145 *Assmann/Kumpan*, in: Assmann/Schütze/Buck-Heeb, Handbuch des Kapitalanlagerechts, 5. Auflage, 2020, § 5 Prospekthaftung Rz 163; *Meixner/Schröder*, Wirtschaftsprüferhaftung, 2013, S. 249; BGH, Urteil vom 08.06.2004 – X ZR 283/02 – NJW 2004, 3420.

146 *Schlitt/Landschein* ZBB 2019, 103, 108.

147 *Hartmann/Hartmann*, in: Handbuch Versicherungsrecht, 7. Auflage, 2017, § 10 Haftung und Berufshaftpflichtversicherung des Anwalts Rz 123. Zu sonstigen Experten und Dritten auch *Schlitt/Landschein* ZBB 2019, 103, 107 f.

148 Dazu *Castellon/Diessl* SAS 72 letters: seeking comfort, Practical Law Publishing 2013, 34 ff.

besteht für den Anleger ein Direktanspruch gegen den Wirtschaftsprüfer.[149] Daher kommt dem Comfort Letter dort auch nur Entlastungsfunktion zu Gunsten der Konsortialbanken zu.[150]

Aufgrund des Gesamtverantwortungsprinzips wird in Deutschland eine Haftungsfunktion des Comfort Letters für Regressansprüchen der Konsortialbank gegen den Wirtschaftsprüfer diskutiert.[151] Soweit der Vertragsschluss zur Anfertigung des Comfort Letters direkt zwischen der Konsortialbank und dem Wirtschaftsprüfer geschlossen wurde, richten sich Schadensersatzansprüche nach werkrechtlichem Gewährleistungsrecht (§§ 631, 634 Nr. 4, 280 ff. BGB). Da aber der Emittent regelmäßig selbst den Wirtschaftsprüfer beauftragt, kann die Konsortialbank Schadensersatzansprüche nur in Verbindung mit Zurechnungsgrundsätzen geltend machen. Die rechtliche Basis für diesen Regressanspruch ist in der Literatur im Einzelnen umstritten.[152] Im Wesentlichen werden drei Anspruchsgrundlagen diskutiert[153]: Haftung aus (selbstständigem) Auskunftsvertrag[154], Haftung aus Vertrag zugunsten eines Dritten[155] sowie Haftung aus Vertrag mit Schutzwirkung zugunsten Dritter[156].

Jedenfalls ein Vertrag mit Schutzwirkung zu Gunsten Dritter ist zu bejahen.[157] Die erforderliche Leistungsnähe ergibt sich daraus, dass die Konsortialbank

---

149 In den USA gem. nach Sec. 11(a)(4) Securities Act 1993. Dazu auch *Seiler/Singhof,* in: Frankfurter Kommentar WpPG/EU-ProspektVO, 2. Auflage, 2017, § 21 WpPG Rz 96.

150 *Krämer/Gillessen,* in: Handbuch börsennotierte AG, 4. Auflage, 2018, § 10 Due Diligence und Prospekthaftung Rz 10.229.

151 *Krämer/Gillessen,* in: Handbuch börsennotierte AG, 4. Auflage, 2018, § 10 Due Diligence und Prospekthaftung Rz 10.230.

152 Vgl. dazu *Ebke/Siegel* WM 2001, Sonderbeilage Nr. 2, 1, 15 ff.; *Meyer* WM 2003, 1745, 1749 und 1754 bei Fn. 84.

153 Dazu ausführlich *Langendorf,* Haftungsfragen bei Anleiheemissionen, 2006, 3. Kap., § 1 I 4. und 5.; *Ebke/Siegel* WM 2001, Sonderbeilage Nr. 2, 1, 14 ff. Übersichtlich dargestellt bei *Krämer/Gillessen,* in: Handbuch börsennotierte AG, 4. Auflage, 2018, § 10 Due Diligence und Prospekthaftung Rz 10.231 ff.

154 So *Krämer/Gillessen,* in: Handbuch börsennotierte AG, 4. Auflage, 2018, § 10 Due Diligence und Prospekthaftung Rz 10.245 Ein Rechtsbindungswille (der konkludenten Willenserklärung) wird nach dieser Auffassung insbesondere mit der besonderen Sachkunde und der erheblichen Bedeutung des Comfort Letters begründet.

155 Im Ergebnis aber ablehnend *Meixner/Schröder*, Wirtschaftsprüferhaftung, 2013, S. 294.

156 *Ebke/Siegel* WM 2001, Sonderbeilage Nr. 2, 1, 15 ff.; *Meixner/Schröder*, Wirtschaftsprüferhaftung, 2013, S. 294 f.

157 So auch *Ebke/Siegel* WM 2001, Sonderbeilage Nr. 2.

zum einen (neben dem Emittenten) Adressat des Comfort Letters ist[158] und zum anderen bereits im Vorfeld der Beauftragung des Wirtschaftsprüfers den wesentlichen Inhalt der noch vorzunehmenden Prüfung mit dem Emittenten abstimmt. Insbesondere letzteres zeigt den Willen des Emittenten, die Konsortialbank in den Schutzbereich einzubeziehen (Gläubigernähe). Die Erkennbarkeit der Drittbezogenheit ergibt sich aufgrund der eindeutigen Funktion des Comfort Letter und mangels eigener vertraglicher Schadensersatzansprüche ist die Konsortialbank auch schutzbedürftig.[159]

#### *(3) Zwischenergebnis: Haftungsrisiken beruflicher Sachkenner*

Für berufliche Sachkenner bestehen Haftungsrisiken im Außenverhältnis nach den Grundsätzen des Vertrages mit Schutzwirkung zugunsten Dritter. Eine solche Außenhaftung von beruflichen Sachkennern und Lieferanten von Teilmaterial des Prospekts gegenüber den Anlegern droht, wenn der Prospekt freiwillige Stellungnahmen enthält, welche dazu geeignet ist, ein besonderes Vertrauen beim Wertpapiererwerber hervorzurufen. Für den Wirtschaftsprüfer besteht gegenüber der Konsortialbank zudem das Risiko einer Inanspruchnahme für Fehler im Comfort Letter, da diese in den Schutzbereich des Prüfungsvertrages einzubeziehen ist.

### *ee) Regresshaftungsrisiken von beruflichen Sachkennern nach werkrechtlichem Sachmängelgewährleistungsrecht (§§ 631, 634, 280 ff. BGB)*

Neben einer unmittelbaren Außenhaftung gegenüber den Anlegern besteht für die beruflichen Sachkenner zudem ein Regresshaftungsrisiko gegenüber denjenigen, die aufgrund der Fehlinformation im Außenverhältnis gegenüber den Anlegern verantwortlich sind. Die Haftungsrisiken des Wirtschaftsprüfers gegenüber dem Emittenten für diese Regressansprüche aufgrund von Fehlern im Comfort Letter richtet sich nach dem Prüfungsvertrag. Dabei handelt es sich um einen entgeltlichen Geschäftsbesorgungsvertrag mit überwiegend Werkvertragscharakter.[160]

---

158 IDS PS 910, Anm. 2.

159 *Meixner/Schröder*, Wirtschaftsprüferhaftung, 2013, S. 295.

160 LG Düsseldorf, Urteil vom 12.11.2010 – 16 O 454/09 – GI aktuell 2011, 125; BGH, Urteil vom 01.02.2000 – X ZR 198/97 – NJW 2000, 1107; *Böcking/Gros/Rabenhorst*, in: Ebenroth/Boujong/Joost/Strohn, HGB, 4. Auflage, 2020, § 318 Rz 11; *Meixner/Schröder*, Wirtschaftsprüferhaftung, 2013, S. 282.

Die konkrete Anspruchsgrundlage für Fehler bei Erstellung des Comfort Letter ist abhängig vom konkreten Schadensposten, richtet sich aber nach den allgemeinen Bestimmungen des werkrechtlichen Gewährleistungsrechts (§§ 631, 634 Nr. 4, 280 ff. BGB).[161] Diese Haftung beurteilt sich dann in der Rechtsfolge nach den allgemeinen Grundsätzen (§§ 249 ff. BGB) und erstreckt sich gerade auch auf Mangelfolgeschäden, wie die Inanspruchnahme des Emittenten oder der Konsortialbank[162] durch den Anleger (§§ 9 ff. WpPG).

#### *ff) Haftung wegen Verletzung eines Schutzgesetzes (§ 823 Abs. 2 BGB)*

Eine Haftung nach § 823 Abs. 2 BGB bei der prospektpflichtigen Emission von Wertpapieren erfordert die Verletzung eines Schutzgesetzes.[163] Dieses Schutzgesetz muss dabei gerade die Veröffentlichung eines fehlerhaften Wertpapierprospekts pönalisieren. Eine Haftung kommt daher in Betracht, wenn die Handlung zugleich als unrichtige Darstellung (§ 400 AktG), Betrug (§ 263 StGB) oder Kapitalanlagebetrug (§ 264a StGB) qualifiziert.[164]

#### *gg) Haftung wegen vorsätzlicher, sittenwidriger Schädigung (§ 826 BGB)*

Eine Haftung wegen vorsätzlicher sittenwidriger Schädigung[165] gemäß § 826 BGB erfordert ein besonders verwerfliches Verhalten der beteiligten, natürlichen

161 *Meixner/Schröder*, Wirtschaftsprüferhaftung, 2013, S. 291.

162 Diese Haftung besteht wie zuvor dargestellt nach den Grundsätzen des Vertrages mit Schutzwirkung zugunsten Dritter auch zugunsten der Kosortialbank.

163 Die hM ist sehr zurückhaltend bei der Charakterisierung von Bestimmungen des Aktien- und Kapitalmarktrechts als Schutzgesetz, da diese vorrangig die Funktionsfähigkeit des Kapitalmarktes sicherstellen sollen. Vgl. dazu *Krämer/Gillessen,* in: Handbuch Managerhaftung, 3. Auflage, 2017, § 32 Risikobereich und Haftung: Kapitalmarktinformationen Rz 32.40. Zur Doppelfunktion des § 5 WpPG in diesem Kontext, vgl. BGH, Urteil vom 05.07.1993 – II ZR 194/92 – BGHZ 123, 106, 112 f.; *Habersack,* in: Habersack/Mülbert/Schlitt, Handbuch der Kapitalmarktinformation, 3. Auflage, 2020, § 28. Prospekthaftung Rz 58.

164 *Habersack,* in: Habersack/Mülbert/Schlitt, Handbuch der Kapitalmarktinformation, 3. Auflage, 2020, § 28. Prospekthaftung Rz 58; *Heidelbach,* in: Schwark/Zimmer Kapitalmarktrecht, 5. Auflage, 2020, § 9 WpPG Rz 45.

165 Aufgrund der zahlreichen Rechtsprechung zur Anwendung des § 826 BGB bei fehlerhaften Ad-hoc-Meldungen und der Anwendbarkeit auf die fehlerhafte Primärmarktinformation, vgl. insoweit auch die untenstehenden Ausführungen bei B.I.2.a) dd). Vgl. zur Anwendung des § 826 BGB bei der Kapitalmarktfehlinformation auch BGH, Urteil vom 04.06.2007 – II ZR 147/05 „ComRoad IV" – AG 2007, 620, 622 f; BGH, Urteil vom 07.01.2008 – II ZR 229/05 „ComRoad VI" – WM 2008, 395; BGH,

Personen und kann sich bei Wertpapieremission aus unrichtigen Angaben im Prospekt oder fehlerhaften Testaten ergeben.[166] Dabei ist eine Gesamtbewertung am Einzelfall vorzunehmen, wobei sich die besondere Verwerflichkeit gerade aus dem verfolgten Ziel, den eingesetzten Mitteln, der zutage getretenen Gesinnung oder den eingetretenen Folgen ergeben muss.

### *(1) Haftung von Emittent, Konsortialbank und den jeweiligen Organmitglieder*

In der Praxis haben sich für die Haftung von Emittent, Konsortialbank sowie deren Organmitgliedern wegen vorsätzlicher, sittenwidriger Schädigung zwei Fallgruppen herausgebildet. Die erste Fallgruppe zur Annahme einer Sittenwidrigkeit ist die bewusst unrichtige Auskunft. Dies liegt vor, wenn die handelnde natürliche Person den unrichtigen Prospekt im vollen Bewusstsein seiner Fehlerhaftigkeit im Primärmarkt veröffentlicht, dieser für die Anleger bei deren Anlageentscheidung von besonderer Bedeutung ist und sich in einem Vermögensschaden manifestiert.[167] Dabei muss der Handelnde bewusst auf die Veröffentlichung des fehlerhaften Prospekts hingewirkt haben.[168] Dies kann auch verwirklicht werden, indem eine bestehende Nachtragspflicht bewusst nicht erfüllt wird, um Anleger nicht auf die Fehlerhaftigkeit des ursprünglichen Prospekts aufmerksam zu machen.[169] Die Haftung nach § 826 BGB ist dabei nach denselben Grundsätzen zu beurteilen wie bei fehlerhaften Ad-hoc-Mitteilungen[170], da der Bundesgerichtshof diese Rechtsprechung auf die fehlerhafte Primärmarktinformation ausgedehnt hat.[171]

---

Urteil vom 03.03.2008 – II ZR 310/06 „ComRoad VIII" – AG 2008, 377, 379; sowie *Veil* ZHR 167 (2003), 365, 386.

166 Dazu BGH, Urteil vom 28.06.2016 – VI ZR 541/15 – BeckRS 2016, 17389; BGH, Urteil vom 28.02.2005 – II ZR 13/03 – WM 2005, 736; BGH, Urteil vom 03.03.2008 – II ZR 310/06 (ComROAD VIII) – WM 2008, 790, 791; *Assmann,* in: Assmann/Schlitt/von Kopp-Colomb, WpPG, 3. Auflage, 2017, § 21 WpPG Rz 142; *Förster,* in: BeckOK BGB, 2019, § 826 BGB Rz 160; *Spindler,* in: beckOGK, 2019, § 826 BGB Rz 91.

167 *Krämer/Gillessen,* in: Handbuch Managerhaftung, 3. Auflage, 2017, § 32 Risikobereich und Haftung: Kapitalmarktinformationen Rz 32.46.

168 *Krämer/Gillessen,* in: Handbuch Managerhaftung, 3. Auflage, 2017, § 32 Risikobereich und Haftung: Kapitalmarktinformationen Rz 32.47.

169 *Heidelbach,* in Schwark/Zimmer Kapitalmarktrecht, 5. Auflage 2020, § 9 WpPG Rz 17.

170 Dazu unten B.I.2.a)dd).

171 BGH, Urteil vom 07.01.2008 – II ZR 229/05 – AG 2008, 252 („Comroad VI").

Die zweite Fallgruppe zur Begründung der Sittenwidrigkeit im Sinne des § 826 BGB ist die leichtfertige Irreleitung Dritter durch Fehlinformation.[172] Demnach liegt Sittenwidrigkeit vor, wenn die Fehlinformation leichtfertig erfolgt und für den Handelnden erkennbar war, dass der Inhalt der Erklärung für den Empfänger von besonderer Bedeutung sein muss. Dafür genügen Angaben „ins Blaue hinein". Die Leichtfertigkeit begründet aber nur den objektiven Sittenverstoß. Der im Rahmen des § 826 BGB erforderliche Schädigungsvorsatz muss zusätzlich und gesondert festgestellt werden.[173] Für Emittent, Konsortialbank und die jeweiligen Organmitglieder besteht somit ein Haftungsrisiko nach § 826 BGB.

### *(2) Haftung des Wirtschaftsprüfers*

Auch für den emissionsbegleitenden Wirtschaftsprüfer kommt ein Haftungsrisiko gemäß § 826 BGB in Betracht, wenn ein fehlerhaftes Testat „gewissenlos" abgegeben wurde,[174] also wenn der Wirtschaftsprüfer, der mit Rücksicht auf sein Ansehen und seinen Beruf eine Vertrauensstellung einnimmt, bei Erteilung des Testates in besonderem Maße leichtfertig handelt.[175] Dies ist anzunehmen, wenn dieser sich leichtfertig und gewissenlos über erkannte Bedenken hinwegsetzt, bewusst auf eine unerlässliche eigene Prüfung verzichtet oder sich grob fahrlässig der Einsicht in die Unrichtigkeit seines Bestätigungsvermerkes verschließt.[176] Dies kann auch darin liegen, dass Prüfungsergebnisse ungeprüft übernommen werden.[177] Für den Wirtschaftsprüfer besteht somit ein Haftungsrisiko nach § 826 BGB.

---

172 Hierzu *Möllers/Leisch* WM 2001, 1648, 1653 ff.

173 *Krämer/Gillessen,* in: Handbuch Managerhaftung, 3. Auflage, 2017, § 32 Risikobereich und Haftung: Kapitalmarktinformationen Rz 32.48; *Möllers/Leisch,* in: Kölner Komm WpHG, 2. Auflage, 2014, §§ 37b, 37c WpHG Rz 450.

174 OLG Dresden, Urteil vom 30.06.2011 – 8 U 1603/08 – DStR 2012, 2098; *Seiler/Singhof,* in: Frankfurter Kommentar WpPG/EU-ProspektVO, 2. Auflage, 2017, § 21 WpPG Rz 99.

175 OLG Dresden, Urteil vom 30.06.2011 – 8 U 1603/08 – DStR 2012, 2098; BGH, Urteil vom 26.11.1986 – Iva ZR 86/85 – NJW 1987, 1758 ff.; BGH, Urteil vom 15.12.2005 – III ZR 424/04 – NJW-RR 2006, 612, 615; BGH, Urteil vom 26.09.2000 – X ZR 94/98 – BGHZ 145, 187, 202; *Vogt,* Abschlussprüferhaftung gegenüber Dritten in Deutschland und den USA, 1. Auflage, 2009, S. 174.

176 OLG Dresden, Urteil vom 30.06.2011 – 8 U 1603/08 – DStR 2012, 2098, juris Rz 31 (m.w.N.).

177 *Ebke,* in: Münchener Kommentar zum HGB, 4. Auflage, 2020, § 323 HGB Rz 105.

### b) *Haftungsrisiken bei freiwilliger Finanzmarktkommunikation von Wertpapieremissionen (Investor Relations)*

Einer Wertpapieremission geht für die Zwecke der Finanzkommunikation häufig eine Vermarktungsphase voran, in welcher potenziellen Anlegern und Investoren im Vorfeld der Emission gewisse Informationen über den Emittenten zur Verfügung gestellt werden.[178] Diese Phase ist auf Haftungsrisiken zu untersuchen.

Bei dieser freiwilligen Finanzmarktkommunikation stehen insbesondere Veranstaltungen zur Emissionsvermarktung im Vordergrund.[179] Diese Vermarktung einer Wertpapieremission durch einen Emittenten und die Konsortialbank ist gesetzlich reguliert (Art. 22 ProspektVO), um die Anleger in zeitlicher Nähe zu einer Emission bei ihrer Anlageentscheidung vor einer unangemessenen Beeinflussung zu schützen.[180]

Die Roadshow stellt dabei das zentrale Vermarktungsinstrument dar.[181] Dabei führt der Vorstand des Emittenten bei institutionellen Investoren Marketingveranstaltungen durch, in deren Rahmen das Geschäftsmodell und -konzept anhand von Präsentationen und anschließenden Fragerunden vorgestellt wird. Diese Vorstellung erfolgt entweder vor einer Vielzahl an Investoren oder findet im Rahmen individueller Gespräche mit Vertretern einzelner Investoren statt.[182] Die hierfür verwendete Präsentation wird vorab erstellt und den Investoren zugänglich gemacht.[183] Eine Haftung kommt in Betracht, wenn die in

---

178 *Schlitt,* in: Habersack/Mülbert/Schlitt, Handbuch der Kapitalmarktinformation, 3. Auflage, 2020, § 6. Freiwillige Publizität der Primärmarkttransaktion (Investor Relations) Rz 1.

179 *Mülbert/Steup,* in: Habersack/Mülbert/Schlitt, Unternehmensfinanzierung am Kapitalmarkt, 4. Auflage, 2019, § 41 Haftung für fehlerhafte Kapitalmarktinformation Rz 41.294; *Schlitt/Landschein* ZBB 2019, 103, 111.

180 *Singhof/Weber,* in: Habersack/Mülbert/Schlitt, Unternehmensfinanzierung am Kapitalmarkt, 4. Auflage, 2019, § 3 Börsengang Rz 3.44.

181 *Schlitt/Landschein* ZBB 2019, 103, 111; *Schlitt/Schäfer,* in: *Grundmann/Haar/Merkt,* FS Hopt, 2010, Finanzmarktkommunikation anlässlich von Kapitalmarkttransaktionen, 2469, 2483.

182 *Singhof/Weber,* in: Habersack/Mülbert/Schlitt, Unternehmensfinanzierung am Kapitalmarkt, 4. Auflage, 2019, § 3 Börsengang Rz 3.43; *Schlitt/Schäfer,* in: *Grundmann/Haar/Merkt,* FS Hopt, 2010, Finanzmarktkommunikation anlässlich von Kapitalmarkttransaktionen, 2469, 2483 f.

183 *Singhof/Weber,* in: Habersack/Mülbert/Schlitt, Unternehmensfinanzierung am Kapitalmarkt, 4. Auflage, 2019, § 3 Börsengang Rz 3.43.

den Vermarktungsmaterialien enthaltenen Informationen unrichtig bzw. irreführend sind oder den Angaben im Wertpapierprospekt widersprechen (Konsistenzgebot),[184] oder wenn die Veranstalter bei den Investoren im Rahmen der Roadshow durch mündliche Erklärungen einen unzutreffenden Eindruck von den Verhältnissen des Emittenten erwecken. Dabei ist zunächst die Frage nach dem anwendbaren Haftungsregime zu untersuchen.

*aa) Haftung nach spezialgesetzlicher Prospekthaftung (§§ 9 ff. WpPG)*

Die spezialgesetzliche Prospekthaftung knüpft an das Vorliegen eines Wertpapierprospektes an. Eine Anwendung auf Vermarktungsdokumente im Vorfeld der Emission ist daher nicht möglich.[185] Allerdings ergeben sich in dieser Phase Haftungsrisiken aus dem Konsistenzgebot. Demnach müssen sich alle wesentlichen Aussagen, die im Rahmen der Road-Show-Präsentation getroffen wurden, im abschließend zu veröffentlichenden Wertpapierprospekt wiederfinden.[186] Andernfalls ist der Wertpapierprospekt fehlerhaft und begründet zuvor dargestellte Prospekthaftungsansprüche.

*bb) Haftung nach §§ 97, 98 WpHG analog*

In §§ 97, 98 WpHG hat der Gesetzgeber eine spezialgesetzliche Anspruchsgrundlage für Schadensersatzansprüche gegen den Emittenten bei fehlerhaften Ad-hoc-Mitteilungen geregelt.[187] Diese Vorschriften sind nach höchstrichterlicher Rechtsprechung mangels planwidriger Regelungslücke nicht analog auf Äußerungen bei Präsentation, Analystenbesprechung oder Hauptversammlungen

---

184 *Berrar,* in: Frankfurter Kommentar WpPG/EU-ProspektVO, 2. Auflage, 2017, § 15 WpPG Rz 32 ff.; *Schlitt,* in: Habersack/Mülbert/Schlitt, Handbuch der Kapitalmarktinformation, 3. Auflage, 2020, § 6. Freiwillige Publizität der Primärmarkttransaktion (Investor Relations) Rz 7; siehe auch LG Hamburg, Urteil vom 27.04.2007 – 406 O 24/07 – WM 2007, 1738.

185 *Mülbert/Steup,* in: Habersack/Mülbert/Schlitt, Unternehmensfinanzierung am Kapitalmarkt, 4. Auflage, 2019, § 41 Haftung für fehlerhafte Kapitalmarktinformation Rz 41.23; *Schlitt/Landschein* ZBB 2019, 103, 111; *Schlitt,* in: Habersack/Mülbert/Schlitt, Handbuch der Kapitalmarktinformation, 3. Auflage, 2020, § 6. Freiwillige Publizität der Primärmarkttransaktion (Investor Relations) Rz 31.

186 *Schlitt,* in: Habersack/Mülbert/Schlitt, Handbuch der Kapitalmarktinformation, 3. Auflage, 2020, § 6. Freiwillige Publizität der Primärmarkttransaktion (Investor Relations) Rz 24.

187 Dazu unten B.I.2.a)aa).

anzuwenden.[188] Der Gesetzgeber hat bewusst davon abgesehen, eine Anspruchsgrundlage für Schäden aufgrund jeglicher Form der Fehlinformation des Kapitalmarktes zu schaffen. Vielmehr sollte gezielt an die Ad-hoc-Mitteilung angeknüpft werden.[189] Somit resultiert aus dieser Anspruchsgrundlage kein Haftungsrisiko für eine Fehlerinformation bei Werbemaßnahmen im Vorfeld einer Wertpapieremission.

#### *cc) Haftung nach den Grundsätzen der allgemein zivilrechtlichen Prospekthaftung (§§ 280 Abs. 1, 311 Abs. 2, 241 Abs. 2 BGB)*

Eine Haftung nach den Grundsätzen der allgemein zivilrechtlichen Prospekthaftung kommt für Vermarktungspublikationen in Betracht, da ihr Anwendungsbereich in diesem Stadium der Emission noch nicht durch die spezialgesetzliche Prospekthaftung gesperrt ist. Dabei müssten die im Rahmen der Vermarktung verwendeten Dokumente einen Prospekt im Sinne dieser Grundsätze darstellen. Für welche Vermarktungsmittel dies gilt, ist noch nicht abschließend geklärt.[190]

Die Definition des Prospekts im Sinne der allgemein zivilrechtlichen Prospekthaftung erfordert, dass es sich um schriftliche Publikationen handelt, die an einen größeren Anlegerkreis gerichtet sind und den Eindruck erwecken, für die Beurteilung des Wertpapiers wesentliche Angaben zu enthalten.[191] Die strikte Beschränkung auf Schriftstücke ist im Zeitalter moderner Massenkommunikationstechnik nicht mehr angemessen,[192] zumal Emittenten bereits heutzutage vermehrt auf eine Onlinevermarktung der Emission zurückgreifen.[193] Dabei erscheint es interessengerecht, sich bezüglich der Form des Vermarktungsmittels an der zivilrechtlichen Textform (§ 126b BGB) zu orientieren. Damit können bloße mündliche Äußerungen bei Kommunikationsanlässen wie Bilanz- oder

---

188 BGH, Urteil vom 13.12.2011 – XI ZR 51/10 – NZG 2012, 263, 264; *Weitnauer*, Handbuch Venture Capital, 6. Auflage, 2019, Teil I Rz 194.

189 BGH, Urteil vom 13.12.2011 – XI ZR 51/10 – NZG 2012, 263, 264.

190 *Siol*, in: Bankrechts-Handbuch, 5. Auflage, 2017, § 45 Rz 47.

191 BGH, Urteil vom 19.07.2004 – II ZR 402/02 – WM 2004, 1721, 1722; BGH, Urteil vom 17.11.2011 – III ZR 103/10 – WM 2012, 19, 12; *Grumann* BKR 2002, 310, 316; *Mülbert/Steup*, in: Habersack/Mülbert/Schlitt, Unternehmensfinanzierung am Kapitalmarkt, 4. Auflage, 2019, § 41 Haftung für fehlerhafte Kapitalmarktinformation Rz 41.160; *Siol*, in: Bankrechts-Handbuch, 5. Auflage, 2017, § 45 Rz 49.

192 *Siol*, in: Bankrechts-Handbuch, 5. Auflage, 2017, § 45 Rz 47.

193 *Singhof/Weber*, in: Habersack/Mülbert/Schlitt, Unternehmensfinanzierung am Kapitalmarkt, 4. Auflage, 2019, § 3 Börsengang Rz 3.43.

Analystenkonferenzen, Roadshows oder Interviews die Voraussetzungen dieses Prospektbegriffs aufgrund ihrer Flüchtigkeit nicht erfüllen.[194]

Zur Anwendbarkeit der allgemein zivilrechtlichen Prospekthaftung bei Roadshow-Präsentation liegt noch keine höchstrichterliche Rechtsprechung vor. Es liegen aber höchstrichterliche Entscheidung in ähnlichen Fallkonstellationen vor, in denen sich der Bundesgerichtshof mit dem Anwendungsbereich der allgemein zivilrechtlichen Prospekthaftung bei fehlerhaften Werbematerialien im Zusammenhang mit einer Kapitalmarktinformation auseinandergesetzt hat. Die Übertragbarkeit dieser Leitlinien auf Roadshow-Präsentationen ist zu untersuchen.[195]

#### *(1) Die Entscheidung Rupert-Scholz*

In der Entscheidung Rupert-Scholz[196] hat sich der III. Zivilsenat mit der Frage auseinandergesetzt, ob ein 80-seitiges Produktinformationsblatt, welches Bestandteil eines Anlageprospekts war, eigenständiger Gegenstand der allgemein zivilrechtlichen Prospekthaftung sein kann. Im Rahmen einer Gesamtbetrachtung hat der Senat dies bejaht, obwohl rechtstechnische, steuerliche und finanzmathematische Gesichtspunkte in dem Dokument ausgespart waren, da das Produktinformationsblatt den Konzern, die handelnden Personen sowie die angebotenen Produkte umfangreich ergänzend zum Emissionsprospekt selbst darstellte. Auf diese Weise wurde der Eindruck einer umfassenden und informierenden Beschreibung der Anlage im Sinne der Definition eines Prospekts vermittelt. An dieser Beurteilung vermochte auch der abschließende Hinweis, es handele sich gerade um kein Emissionsprospekt, nichts ändern. Vielmehr wertete der Senat dies sogar als Indiz für die Prospekteigenschaft im Sinne der allgemein zivilrechtlichen Prospekthaftung.[197]

#### *(2) Die Entscheidung Lehmann-Anleihen*

Hingegen hat derselbe Senat die Prospekteigenschaft einer beim Vertrieb von Lehmann-Anleihen verwendeten 19-seitigen Werbebroschüre verneint,[198]

---

194 *Mülbert/Steup,* in: Habersack/Mülbert/Schlitt, Unternehmensfinanzierung am Kapitalmarkt, 4. Auflage, 2019, § 41 Haftung für fehlerhafte Kapitalmarktinformation Rz 41.167 (m.w.N.).; *Siol,* in: Bankrechts-Handbuch, 5. Auflage, 2017, § 45 Rz 47.

195 *Schlitt/Landschein* ZBB 2019, 103, 111.

196 BGH, Urteil vom 17.11.2011 – III ZR 103/10 – BGHZ 191, 310 = NJW 2012, 758.

197 BGH, Urteil vom 17.11.2011 – III ZR 103/10 – NJW 2012, 758, 760. Hierzu auch *Hebrant* ZBB 2011, 451; *Klöhn* WM 2012, 97 ff.; *Schlitt/Landschein* ZBB 2019, 103, 111.

198 BGH, Urteil vom 21.03.2013 – III ZR 182/12 – NJW 2013, 2343.

welche ebenfalls den Hinweis enthielt, dass sie keinen Prospekt im Sinne des WpPG darstelle, diesen auch nicht ersetze und sich die für Anlage wesentlichen Informationen aus dem Prospekt selbst ergäben sowie eine Angabe, wo man sich diesen Prospekt beschaffen könne. Dieser umfassende Hinweis machte ausreichend deutlich, dass es sich (nur) um eine bloße Werbeschrift (Art. 22 Abs. 2, 3 ProspektVO.) handele.[199] Zudem hatte die 19-seitige Schrift erkennbar werbenden und nicht informativen Charakter.[200] Ferner wurde die Werbeschrift auch nicht gemeinsam mit dem eigentlichen Wertpapierprospekt als „Gesamtpaket" eingesetzt, was den wesentlichen Unterschied zur Entscheidung Rupert-Scholz darstellt.[201] Die Voraussetzungen eines Prospekts waren mithin nicht gegeben.[202]

### *(3) Anwendung der Leitlinien auf Roadshow-Präsentationen*

Unter Anwendung dieser Leitlinien auf Roadshow-Präsentation ist für die Prüfung einer Haftung nach allgemein zivilrechtlicher Prospekthaftung entscheidend, ob den Informationen in den Roadshow-Präsentationsunterlagen qualitativ und quantitativ Prospektcharakter zukommt.[203] In quantitativer Hinsicht ist dies der Fall, wenn die Präsentation als vollständige Zusammenfassung des Wertpapierprospekts anzusehen ist. Dabei sollten Unterlagen, welche einen Umfang von 50 Seiten nicht überschreiten, im Grundsatz als unbedenklich zu beurteilen sein.[204] In qualitativer Hinsicht sollte der Detailgrad der Roadshow-Präsentation nicht so ausgeprägt wie bei einem Wertpapierprospekt ausgestaltet sein, um den Eindruck zu vermeiden, die Präsentation solle eine umfassende Information des Anlegers ermöglichen.[205]

Letztlich überzeugt die in der Literatur vertretene Ansicht, dass der Hinweis darauf, dass es sich bei den verwendeten Unterlagen nicht um einen Prospekt handele, die Risiken einer Haftung aus allgemein zivilrechtlicher Prospekthaftung verringert. Dies gilt umso mehr, wenn zusätzlich auf einen vorhandenen Wertpapierprospekt verwiesen wird.[206] Ein solch ausdrücklicher Hinweis, dass

---

199 BGH, Urteil vom 21.03.2013 – III ZR 182/12 – NJW 2013, 2343, 2344.

200 BGH, Urteil vom 21.03.2013 – III ZR 182/12 – NJW 2013, 2343, 2344.

201 BGH, Urteil vom 21.03.2013 – III ZR 182/12 – NJW 2013, 2343, 2344.

202 Hierzu auch *Schlitt/Landschein* ZBB 2019, 103, 111 f.

203 *Schlitt/Landschein* ZBB 2019, 103, 112.

204 *Schlitt/Landschein* ZBB 2019, 103, 112.

205 *Schlitt/Landschein* ZBB 2019, 103, 112.

206 *Groß*, in: Groß, Kapitalmarktrecht, 7. Auflage, 2020, § 16 WpPG Rz 7; *Schlitt/Landschein* ZBB 2019, 103, 112; *Seiler/Singhof*, in: Frankfurter Kommentar WpPG/EU-ProspektVO, 2. Auflage, 2017, § 25 WpPG Rz 11.

die Anlageentscheidung gerade nicht auf die vorliegende Unterlage gestützt werden soll, vermag wohl die Schutzbedürftigkeit eines Anlegers entfallen lassen.[207]

### *(4) Haftungsadressaten*

Bei freiwilliger Finanzmarktkommunikation zur Vermarktung der Emission besteht somit ein Haftungsrisiko nach den Grundsätzen der allgemein zivilrechtlichen Prospekthaftung. Dieser Haftung unterliegen die Prospektherausgeber und für die Prospekterstellung Verantwortlichen, maßgebliche Hintermänner sowie Garanten kraft beruflicher oder wirtschaftlicher Stellung.[208] Als Prospektherausgeber haftet neben der werbenden Gesellschaft auch, wer als das Management bildende oder beherrschenden Initiator, Gestalter oder Gründer für die Prospekterstellung verantwortlich ist.[209] Bezüglich der maßgeblichen Hintermänner und Garanten ist auf die Ausführung zu Prospektveranlassern und beruflichen Sachkennern im Rahmen der spezialgesetzlichen Prospekthaftung zu verweisen.[210]

---

207 *Schlitt/Landschein* ZBB 2019, 103, 112.

208 *Assmann/Kumpan,* in: Assmann/Schütze/Buck-Heeb, Handbuch des Kapitalanlagerechts, 5. Auflage, 2020, § 5 Prospekthaftung Rz 71.

209 BGH, Urteil vom 24.04.1978 – II ZR 172/76 – BGHZ 71, 284, 287; BGH, Urteil vom 16.11.1978 – II ZR 94/77 – BGHZ 72, 382, 384 f.; BGH, Urteil vom 22.03.1979 – VII ZR 259/77 – BGHZ 74, 103, 108 f.; BGH, Urteil vom 22.05.1980 – II ZR 209/79 – BGHZ 77, 172, 175; BGH, Urteil vom 06.10.1980 – II ZR 60/80 – BGHZ 79, 337, 340 f.; BGH, Urteil vom 22. 03.1982 – II ZR 114/81 – BGHZ 83, 222, 223; BGH, Urteil vom 21.11.1983 – II ZR 27/83 – WM 1984, 19; BGH, Urteil vom 17.02.1986 – II ZR 238/84 – BGH WM 1986, 583, 584; BGH, Urteil vom 30.03.1987 – II ZR 163/86 – BGH WM 1987 – 811 f.; BGH, Urteil vom 31.05.1990 – VII ZR 340/88 – BGHZ 111, 314, 317 f.; BGH, Urteil vom 31.05.1990 – VII ZR 341/88 – WM 1990, 1658, 1659; BGH, Urteil vom 25.02.1991 – II ZR 60/90 – WM 1991, 637, 638; BH, Urteil vom 17.06.1991 – II ZR 121/90 – WM 1991, 1543; BGH, Urteil vom 26.09.1991 – VII ZR 376/89 – BGHZ 214, 218; BGH, Urteil vom 31.03.1992 – XI ZR 70/91 – WM 1992, 901, 906 f.; BGH, Urteil vom 05.07.1993 – II ZR 194/92 – WM 1993, 1787, 1788; BGH, Urteil vom 01.06.1994 – VIII ZR 36/93 – WM 1994, 1371, 1372; BGH, Urteil vom 01.12.1994 – III ZR 93/93 – NJW 1995, 1025; BGH, Urteil vom 12.02.2004 – III ZR 359/02 – WM 2004, 631, 633; BGH, Urteil vom 21.02.2013 – III ZR 139/12 – NJW 2013, 1877, 1878 Rz 12.

210 Dazu oben B.I.1.a)aa)(2)(b).

#### dd) *Haftung aufgrund von vorvertraglichen Pflichtverletzungen bei Inanspruchnahme besonderen persönlichen Vertrauens (§§ 280 Abs. 1, 311 Abs. 2, 241 Abs. 2 BGB)*

Eine persönliche Haftung organschaftlicher Vertreter aus Verschulden bei Vertragsschluss aufgrund der Inanspruchnahme besonderen persönlichen Vertrauens wird im Vorfeld einer Wertpapieremission relevant, wenn die organschaftlichen Vertreter eines Emittenten den Anlageninteressenten persönlich mit dem Anspruch gegenübertreten, sie über die Anlageentscheidung wesentliche Umstände zu informieren.[211] Für die Pflichten, die sich auf die Prospektpflicht beziehen, ist aber erneut die Sperrwirkung der spezialgesetzlichen Prospekthaftung zu beachten.[212]

Eine persönliche Haftung nach den Grundsätzen der vorvertraglichen Pflichtverletzung kommt im Vorfeld einer Wertpapieremission für Publikationen und Maßnahmen in Betracht, die nicht als Prospekte im Sinne der spezialgesetzlichen oder der allgemein zivilrechtlichen Prospekthaftung zu qualifizieren sind.[213] Dabei rücken unmittelbar gegenüber Anlegern erteilte mündliche Informationen unrichtigen oder unvollständigen Inhalts in den Vordergrund. Der Bundesgerichtshof hat eine solche Außenhaftung nach den Grundsätzen des Verschuldens bei Vertragsschluss bereits angenommen,[214] als zwei Vorstandsmitglieder einer nicht börsennotierten AG bei einer Investorenveranstaltung wahrheitswidrige Angaben zu „Finanzpolstern" machten, eine überholte „*Equity-Story*"[215] vorstellten und einen Businessplan erläuterten, der ebenfalls Unrichtigkeiten aufwies. Für die Außenhaftung führte der Bundesgerichtshof einen Erst-Recht-Schluss zur allgemein zivilrechtlichen Prospekthaftung an. Denn auch wenn im konkreten Fall kein Prospekt in diesem Sinne vorlag, müsse ein tatsächlich in Anspruch genommenes besonderes, persönliches Vertrauen eine Haftung rechtfertigen können, wenn bereits ein typisiertes Vertrauen der

---

211 *Assmann,* in: Assmann/Schlitt/von Kopp-Colomb, WpPG, 3. Auflage, 2017, § 21 WpPG Rz 142.

212 Dazu bereits oben B.I.1; OLG Frankfurt, Urteil vom 06.07.2004 – 5 U 122/03 – ZIP 2004, 1411, 1415; BT-Drucks. 13/8933, S. 81.

213 *Mülbert/Steup,* in: Habersack/Mülbert/Schlitt, Unternehmensfinanzierung am Kapitalmarkt, 4. Auflage, 2019, § 41 Haftung für fehlerhafte Kapitalmarktinformation Rz 41.159.

214 BGH, Urteil vom 02.06.2008 – II ZR 210/06 – AG 2008, 662, 663.

215 Dabei handelt es sich um die Zusammenfassung des Unternehmens, typischerweise beinhaltend die Schlüsselkompetenzen, Erfolgsfaktoren sowie Perspektiven des Unternehmens.

Anleger in einen Prospekt im Rahmen der allgemein zivilrechtlichen Prospekthaftung eine solche persönliche Haftung begründet.[216]

Auch wenn die Entscheidung zunächst nur für Risikokapital gilt, verdeutlicht es die grundsätzliche Bereitschaft der Rechtsprechung, Organmitglieder bei der Inanspruchnahme persönlichen Vertrauens eines (potenziellen) Anlegers unmittelbar im Außenverhältnis zu verantworten. Dabei ließ das Gericht offen, welche Anlageklassen konkret von der Entscheidung erfasst sein sollen.[217]

In diesem Zusammenhang ist insbesondere hervorzuheben, dass für die Haftung aufgrund vorvertraglicher Pflichtverletzung bereits eine leicht fahrlässige Verursachung zur Haftungsbegründung ausreicht (§ 276 Abs. 1 BGB).[218] Eine Haftungsbeschränkung auf grobe Fahrlässigkeit, wie sie sowohl im Bereich der spezialgesetzlichen Prospekthaftung sowie der allgemein zivilrechtlichen Prospekthaftung typisch ist, hat der Bundesgerichtshof in dieser Entscheidung nicht vorgenommen. Verzichtet hat der Bundesgerichtshof in diesem Zusammenhang auch auf eine ausdrückliche Begrenzung der Haftung auf Äußerungen auf dem Primärmarkt, oder solche, die in unmittelbarer körperlicher Gegenwart der betroffenen Investoren abgegeben werden. Damit rücken auch andere freiwillige Elemente einer Kapitalmarktkommunikation in den Fokus, welche sich zu einem bestimmten Verwaltungsmitglied zurückverfolgen lassen.[219] Dazu gehören insbesondere Interviews oder Bilanzpressekonferenzen im TV oder Angaben auf der Homepage des Unternehmens und Analystenkonferenzen.[220]

Aufgrund der diametral anderweitigen Rechtsauffassung zur Außenhaftung bei fehlerhaften Ad-hoc-Mitteilungen ist davon auszugehen, dass der Bundesgerichtshof die Verschärfung der Haftung allein bei persönlichem Kontakt mit Investoren bei bereits an der Börse zugelassenen Aktien und nicht für Fälle der Kapitalmarktkommunikation an einen potentiell unbegrenzten Personenkreis angewandt wissen will.[221] Mangels expliziter Klarstellung besteht aufgrund

---

216 *Krämer/Gillessen*, in: Handbuch Managerhaftung, 3. Auflage, 2017, § 32 Risikobereich und Haftung: Kapitalmarktinformationen Rz 32.36.

217 *Krämer/Gillessen*, in: Handbuch Managerhaftung, 3. Auflage, 2017, § 32 Risikobereich und Haftung: Kapitalmarktinformationen Rz 32.36.

218 *Mülbert/Steup*, in: Habersack/Mülbert/Schlitt, Unternehmensfinanzierung am Kapitalmarkt, 4. Auflage, 2019, § 41 Haftung für fehlerhafte Kapitalmarktinformation Rz 41.177.

219 *Mülbert/Leuschner* JZ 2009, 158, 159.

220 *Krämer/Gillessen*, in: Handbuch Managerhaftung, 3. Auflage, 2017, § 32 Risikobereich und Haftung: Kapitalmarktinformationen Rz 32.37.

221 *Krämer/Gillessen*, in: Handbuch Managerhaftung, 3. Auflage, 2017, § 32 Risikobereich und Haftung: Kapitalmarktinformationen Rz 32.37.

dieser Rechtsprechung dennoch ein Haftungsrisiko für Verwaltungsorgane bei fehlerhafter Primärmarktinformation außerhalb des Anwendungsbereichs der Prospekthaftung.

### *ee) Haftung wegen Verletzung eines Schutzgesetzes (§ 823 Abs. 2 BGB)*

Auch im Vorfeld einer Wertpapieremission bestehen Haftungsrisiken nach § 823 Abs. 2 BGB[222] aufgrund der Verletzung eines Schutzgesetzes. Für die Begründung einer persönlichen Haftung im Außenverhältnis, muss das verletzte Schutzgesetz jedoch gerade Pflichten für die Mitglieder der Verwaltungsorgane und nicht nur für den Emittenten selbst[223] begründen.[224] Im Vorfeld einer Wertpapieremission rücken dabei insbesondere die §§ 263, 264a StGB,[225] § 400 Abs. 1 Nr. 1 AktG[226] und § 82 Abs. 2 Nr. 2 GmbHG[227] in den Fokus.[228] Die Vorschriften zur Werbung von Wertpapieremissionen (Art. 22 ProspektVO) haben hingegen keinen Schutzgesetzcharakter.[229]

---

222 Zu den allgemeinen Voraussetzungen eines Schutzgesetzes vgl. *Wagner,* in: Münchener Kommentar zum BGB, 8. Auflage, 2019, § 823 BGB Rz 498 ff. und Rz 504 ff. (m.w.N.).

223 Im Allgemeinen äußert sich der BGH und ihm folgend die herrschende Literatur sehr zurückhaltend zur Charakterisierung der meisten Bestimmungen des Aktien- und Kapitalmarktrechts als Schutzgesetz, da diese vorrangig die Funktionsfähigkeit des Kapitalmarktes sicherstellen sollen. Vgl. dazu *Krämer/Gillessen,* in: Handbuch Managerhaftung, 3. Auflage, 2017, § 32 Risikobereich und Haftung: Kapitalmarktinformationen Rz 32.40. Zur Doppelfunktion des § 5 WpPG in diesem Kontext, vgl. BGH, Urteil vom 05.07.1993 – II ZR 194/92 – BGHZ 123, 106, 112 f.; *Habersack,* in: Habersack/Mülbert/Schlitt, Handbuch der Kapitalmarktinformation, 3. Auflage, 2020, § 28. Prospekthaftung Rz 58.

224 *Krämer/Gillessen,* in: Handbuch Managerhaftung, 3. Auflage, 2017, § 32 Risikobereich und Haftung: Kapitalmarktinformationen Rz 32.29.

225 Dazu OLG München, Urteil vom 18.07.2007 – 20 U 2052/07 – ZBB 2007, 510.

226 BGH, Urteil vom 19.07.2004 – II ZR 218/03 – BGHZ 160, 134, 140; BGH, Urteil vom 17.09.2001 – II ZR 178/99 – BGHZ 149, 10.

227 Zum Prospekt als Tatmittel des § 82 Abs. 2 Nr. 2 GmbHG vgl. *Rönnau,* in: Scholz, GmbHG, 12. Auflage, 2018, § 82 GmbHG Rz 164.

228 *Mülbert/Steup,* in: Habersack/Mülbert/Schlitt, Unternehmensfinanzierung am Kapitalmarkt, 4. Auflage, 2019, § 41 Haftung für fehlerhafte Kapitalmarktinformation 41.178.

229 *Schlitt,* in: Habersack/Mülbert/Schlitt, Handbuch der Kapitalmarktinformation, 3. Auflage, 2020, § 6. Freiwillige Publizität der Primärmarkttransaktion (Investor Relations) Rz 31.

### *ff) Haftung wegen vorsätzlicher, sittenwidriger Schädigung (§ 826 BGB)*

Eine Haftung nach § 826 BGB erfordert eine vorsätzliche sittenwidrige Schädigung fremden Vermögens. Die Haftung nach § 826 BGB[230] kommt aus kapitalmarktrechtlicher Perspektive im Vorfeld einer Wertpapieremission im Wesentlichen ebenfalls in zwei Fallgruppen in Betracht:[231] bei einer bewusst unrichtigen Auskunft[232] oder einer leichtfertigen Irreleitung Dritter durch Fehlinformation[233]. Eine Außenhaftung von Gesellschaft und Organmitgliedern gemäß § 826 BGB wird in der Literatur insbesondere bei Interviews oder Vorträgen diskutiert, wobei stets eine einzelfallorientierte Betrachtungsweise vorzunehmen ist.[234] Dabei handelt es sich aber im Kern um dieselbe Problematik, für welche der Bundesgerichtshof eine Anwendbarkeit der Grundsätze des Verschuldens bei Vertragsschluss (§ 280 Abs. 1, 311 Abs. 2, 241 Abs. 2 BGB) angenommen hat.[235] Dabei wird von einem bedingt vorsätzlichen Handeln regelmäßig auszugehen sein. Den Beteiligten ist bewusst, dass Äußerungen im

230 Aufgrund der zahlreichen Rechtsprechung zur Anwendung des § 826 BGB bei fehlerhaften Ad-hoc-Meldungen und der Anwendbarkeit auf die fehlerhafte Primärmarktinformation, vgl. insoweit auch die untenstehenden Ausführungen bei B.I.2.a)dd). Vgl. zur Anwendung des § 826 BGB bei der Kapitalmarktfehlinformation auch BGH, Urteil vom 04.06.2007 – II ZR 147/05 „ComRoad IV" – AG 2007, 620, 622 f; BGH, Urteil vom 07.01.2008 – II ZR 229/05 „ComRoad VI" – WM 2008, 395; BGH, Urteil vom 03.03.2008– II ZR 310/06 „ComRoad VIII" – AG 2008, 377, 379; sowie *Veil* ZHR 167 (2003), 365, 386.

231 Zum Ganzen ausführlich bei *Krämer/Gillessen,* in: Handbuch Managerhaftung, 3. Auflage, 2017, § 32 Risikobereich und Haftung: Kapitalmarktinformationen Rz 32.38 ff.

232 Dazu BGH, Urteil vom 07.01.2008 – II ZR 229/05 „ComRoad VI" – WM 2008, 395; *Krämer/Gillessen,* in: Handbuch Managerhaftung, 3. Auflage, 2017, § 32 Risikobereich und Haftung: Kapitalmarktinformationen Rz 32.37.

233 Dazu *Krämer/Gillessen,* in: Handbuch Managerhaftung, 3. Auflage, 2017, § 32 Risikobereich und Haftung: Kapitalmarktinformationen Rz 32.48; *Möllers/Leisch* WM 2001, 1648, 1653 ff.

234 *Fleischer,* in: Assmann/Schütze/Buck-Heeb, Handbuch des Kapitalanlagerechts, 5. Auflage, 2020, § 6 Haftung für fehlerhafte Kapitalmarktkommunikation Rz 64; *Fuchs,* in: Fuchs WpHG, 2. Auflage, 2016, Vor §§ 37b, 37c WpHG Rz 35; *Krämer/Gillessen,* in: Handbuch Managerhaftung, 3. Auflage, 2017, § 32 Risikobereich und Haftung: Kapitalmarktinformationen Rz 32.91; *Mülbert/Steup,* in: Habersack/Mülbert/Schlitt, Unternehmensfinanzierung am Kapitalmarkt, 4. Auflage, 2019, § 41 Haftung für fehlerhafte Kapitalmarktinformation Rz 41.290.

235 Dazu oben B.I.1.b)dd).

Vorfeld einer Wertpapieremission für Anlageentscheidung eines Marktteilnehmers von besonderer Relevanz sind.[236]

### c) *Haftungsrisiken beim Abschluss von Vorfeld-Vereinbarungen mit Investoren (Cornerstone-Investments)*

Zur Gewährleistung eines erhöhten Maßes an Transaktionssicherheit bei Wertpapieremissionen greifen Emittenten und Konsortialbanken bei Wertpapieremissionen in einem schwierigen Marktumfeld zuweilen auf Cornerstone-Investment-Strukturen zurück.[237] Hierbei werden institutionelle Kerninvestoren identifiziert und frühzeitig in die Vermarktung eingebunden. Diese Investoren verpflichten sich bereits im Vorfeld der öffentlichen Vermarktung verbindlich zur Zeichnung und genießen in Bezug auf diesen Teil des Emissionsvolumens in der Folge auch Zuteilungssicherheit. Die Einbindung der institutionellen Kerninvestoren fördert das Vertrauen anderer Anleger in den Emittenten und wird daher auch in den Wertpapierprospekt aufgenommen,[238] so dass der Vermarktungsprozess aufgrund eines positiven Momentums insgesamt reibungsloser abgewickelt werden kann.[239]

#### aa) *Haftung nach spezialgesetzlicher Prospekthaftung (§§ 9 ff. WpPG)*

Angesichts der Nähe der Cornerstone-Investment-Struktur zur Wertpapieremission drängt sich die Frage auf, ob fehlerhaftes Informationsmaterial, welches den Cornerstone-Investoren zur Verfügung gestellt wurde, eine Haftung nach spezialgesetzlicher Prospekthaftung (9 ff. WpPG) begründet. Problematisch ist in diesem Zusammenhang, dass die betroffenen Investoren ihre Erwerbszusagen bereits vor der Billigung des Wertpapierprospekts abgeben und ihre Anlageentscheidung bereits auf Grundlage eines Entwurfes des Wertpapierprospekts treffen.[240]

---

236 Dazu auch *Mülbert/Steup,* in: Habersack/Mülbert/Schlitt, Unternehmensfinanzierung am Kapitalmarkt, 4. Auflage, 2019, § 41 Haftung für fehlerhafte Kapitalmarktinformation Rz 41.294.

237 *Schlitt/Landschein* ZBB 2019, 103, 108.

238 *Schäcker/Wohlgefahrt/Johannson,* in: Habersack/Mülbert/Schlitt, Unternehmensfinanzierung am Kapitalmarkt, 4. Auflage, 2019, § 2 Aktienemissionen aus Sicht der Investmentbank Rz 2.14.

239 *Schlitt/Landschein* ZBB 2019, 103, 109.

240 *Schlitt/Landschein* ZBB 2019, 103, 109.

Die herrschende Auffassung legt den Gesetzeswortlaut „aufgrund eines Prospekts“ dahingehend aus, dass das schuldrechtliche Verpflichtungsgeschäft nach der Veröffentlichung des Wertpapierprospekts stattfinden muss.[241] Andere Stimmen aber verweisen auf die konkrete Zeichnungsmöglichkeit, die erst am ersten Tag der Zeichnungsfrist (und damit nach Veröffentlichung des Wertpapierprospekts) gegeben ist.[242] Die Investorenvereinbarung im Vorfeld der Zeichnungsfrist ist nach dieser Auffassung lediglich als Vorvertrag zu interpretieren, der lediglich zu einem späteren Erwerb verpflichte. Mangels höchstrichterlicher Rechtsprechung kann diese Frage für die Praxis nicht rechtssicher beantwortet werden, jedenfalls aber besteht das Risiko, dass die Prospektverantwortlichen auch gegenüber Cornerstone-Investoren nach den Regeln der spezialgesetzlichen Prospekthaftung haftbar sind.

#### *bb) Haftung nach den Grundsätzen der allgemein zivilrechtlichen Prospekthaftung (§§ 280 Abs. 1, 311 Abs. 2, 241 Abs. 2 BGB)*

Eine Haftung nach den Grundsätzen der allgemein zivilrechtlichen Prospekthaftung (§§ 280 Abs. 1, 311 Abs. 2, 241 Abs. 2 BGB) hängt davon ab, inwiefern eine Haftung nach spezialgesetzlicher Prospekthaftung besteht. Sofern man die Anwendbarkeit der spezialgesetzlichen Prospekthaftung zugunsten der Cornerstone-Investoren mit der herrschenden Auffassung ablehnt, dürften die den Cornerstone-Investoren zur Verfügung gestellten, weitestgehend finalisierten Prospektentwürfe, nach der Rechtsprechung des Bundesgerichtshofes[243] als Prospekte im Sinne dieser allgemein zivilrechtlichen Prospekthaftung anzusehen sein.[244] Folgt man dieser Auffassung, besteht gegenüber den

---

241 *Assmann,* in: Assmann/Schlitt/von Kopp-Colomb, WpPG, 3. Auflage, 2017, § 21 WpPG Rz 92; *Ellenberger*, Prospekthaftung im Wertpapierhandel, 2001, S. 41; *Groß,* in: Groß, Kapitalmarktrecht, 7. Auflage, 2020, § 9 WpPG Rz 71; *Habersack,* in: Habersack/Mülbert/Schlitt, Handbuch der Kapitalmarktinformation, 3. Auflage, 2020, § 28. Prospekthaftung Rz 36; *Krämer/Gillessen,* in: Handbuch börsennotierte AG, 4. Auflage, 2018, § 10 Due Diligence und Prospekthaftung Rz 10.340; *Mülbert/Steup,* in: Habersack/Mülbert/Schlitt, Unternehmensfinanzierung am Kapitalmarkt, 4. Auflage, 2019, § 41 Haftung für fehlerhafte Kapitalmarktinformation Rz 41.100; *Schwark,* in: Schwark/Zimmer Kapitalmarktrecht (Vorauflage), 4. Auflage, 2010, §§ 44, 45 BörsG Rz 38. Anknüpfend an die Einführung der Wertpapiere nun *Heidelbach,* in: Schwark/Zimmer Kapitalmarktrecht, 5. Auflage, 2020, § 9 WpPG Rz 25.

242 *Seiler/Singhof,* in: Frankfurter Kommentar WpPG/EU-ProspektVO, 2. Auflage, 2017, § 21 WpPG Rz 33; dem folgend *Schlitt/Landschein* ZBB 2019, 103, 109.

243 BGH, Urteil vom 17.11.2011 – III ZR 103/10 – BGHZ 191, 310.

244 *Schlitt/Landschein* ZBB 2019, 103, 109.

Cornerstone-Investoren ein Haftungsrisiko nach den Grundsätzen der allgemein zivilrechtlichen Prospekthaftung. Bezüglich der Haftungsadressaten ist auf die Ausführungen zur allgemein zivilrechtlichen Prospekthaftung bei freiwilliger Finanzmarktkommunikation zu verweisen.[245] Nimmt man hingegen eine Anwendbarkeit der spezialgesetzlichen Prospekthaftung bei Cornerstone-Investment-Vereinbarungen an, scheidet eine Anwendbarkeit der allgemein zivilrechtlichen Prospekthaftung aufgrund des Subsidiaritätsprinzips aus, um eine Aushöhlung der bewussten gesetzgeberischen Beschränkungen des Adressatenkreises und des Verschuldensmaßstabes im Rahmen der spezialgesetzlichen Vorschriften zu vermeiden.[246]

#### *cc) Vertragliche Regelung des Haftungsregimes*

Zur Schaffung von Rechtssicherheit zwischen dem Emittenten und der Konsortialbank einerseits sowie der Cornerstone-Investoren andererseits wird die Frage der Haftung für fehlerhafte Informationen im Vorfeld der Cornerstone-Investment-Vereinbarung in der Praxis regelmäßig vertraglich geregelt. Dabei werden dem Investor ausdrücklich die Ansprüche nach spezialgesetzlicher Prospekthaftung zugesprochen. Ansprüche aus allgemein zivilrechtlicher Prospekthaftung werden ausgeschlossen.[247]

### *d) Haftungsrisiken bei Privatplatzierungen mit anschließender Börsenzulassung*

Neben Cornerstone-Investments stellen Privatplatzierungen mit anschließender Börsenzulassung eine weitere Sonderkonstellation für eine Wertpapieremission dar. Bei diesen Privatplatzierungen findet anders als bei der Börsenzulassung zunächst kein öffentliches Angebot an ein breites Investorenpublikum statt.[248] Vielmehr werden die Wertpapiere nur einem ausgewählten Kreis institutioneller Investoren angeboten.[249] Die Börsenzulassung erfolgt im Anschluss an der abgeschlossenen Privatplatzierung. Erst bei dieser Börsenzulassung wird dann ein Wertpapierprospekt veröffentlicht (Art. 3 Abs. 3 ProspektVO).[250] Die

---

245 Dazu oben B.I.1.b)cc)(4).

246 *Schlitt/Landschein* ZBB 2019, 103, 110 Hierzu bereits oben B.I.1.a)bb).

247 Hierzu und zur Frage der Wirksamkeit des Ausschluss in Anbetracht der §§ 305 ff. BGB *Schlitt/Landschein* ZBB 2019, 103, 110.

248 *Schlitt/Landschein* ZBB 2019, 103, 110.

249 *Schröder*, in: Grunewald/Schlitt Einführung in das Kapitalmarktrecht, 4. Auflage, 2020, § 11. Prospekt S. 230.

250 *Schlitt/Landschein* ZBB 2019, 103, 110.

Privatplatzierung kann in unterschiedlichen Gestaltungsformen durchgeführt werden.[251] Für die Frage einer Haftung bei fehlerhafter Information der Investoren können die verschiedenen Gestaltungsformen dahinstehen.

*aa) Haftung nach spezialgesetzlicher Prospekthaftung (§§ 9 ff. WpPG)*

Für fehlerhafte Angaben im Rahmen der Privatplatzierung kommt eine Haftung nach der spezialgesetzlichen Prospekthaftung (§§ 9 ff. WpPG) in Betracht. Ähnlich wie im Rahmen des Cornerstone-Investments erfolgt die Verpflichtung zur Zeichnung der Anteile durch den Investor aufgrund von Prospektentwürfen, Unternehmenspräsentation oder sonstigen Vermarktungsdokumenten.[252] Jedoch ist zu beachten, dass anders als beim Cornerstone-Investment die schuldrechtliche Verpflichtung zur Zeichnung der Aktien durch den Investor bereits im Übernahmevertrag im Rahmen der Privatplatzierung begründet wird und nicht erst bei der anschließenden Börsenzulassung. Insofern kann an dieser Stelle (anders als bei Cornerstone-Investments) nicht argumentiert werden, der Übernahmevertrag der Privatplatzierung sei lediglich ein Vorvertrag und das schuldrechtliche Verpflichtungsgeschäft zur Zeichnung der Aktien erfolge nach der Prospektveröffentlichung im Rahmen der Börsenzulassung. Bei der Privatplatzierung besteht mithin kein Raum für eine Haftung aufgrund des später veröffentlichten Börsenzulassungsprospekts nach den Regelungen der spezialgesetzlichen Prospekthaftung. Erfolgt jedoch im Anschluss an die Privatplatzierung eine Börsenzulassung, gilt für diesen Vorgang die spezialgesetzliche Prospekthaftung.

*bb) Haftung nach den Grundsätzen der allgemein zivilrechtlichen Prospekthaftung (§§ 280 Abs. 1, 311 Abs. 2, 241 Abs. 2 BGB)*

Bei Privatplatzierungen kommt eine Haftung nach den Grundsätzen der allgemein zivilrechtlichen Prospekthaftung (§§ 280 Abs. 1, 311 Abs. 2, 241 Abs. 2 BGB) in Betracht. Die Beurteilung dieses Haftungsrisikos hängt maßgeblich davon ab, welche Informationen den Investoren der Privatplatzierung zur Verfügung gestellt werden und ob nach einer Gesamtbetrachtung der jeweiligen Dokumente anzunehmen ist, dass die aufgenommenen Informationen qualitativ und quantitativ Prospektcharakter aufweisen.[253] Werden an die Investoren bereits weitgehend finalisierte Prospektentwürfe verteilt, bei denen lediglich

251 Hierzu ausführlich *Schlitt/Schäfer* AG 2004, 346.
252 *Schlitt/Landschein* ZBB 2019, 103, 110 f.
253 *Schlitt/Landschein* ZBB 2019, 103, 112.

konkrete Angebotsangaben ergänzt werden müssen, so dürften die Voraussetzungen an einen Prospekt im Sinne der allgemein zivilrechtlichen Prospekthaftung erfüllt sein.[254]

### *cc) Vertragliche Regelung des Haftungsregimes*

Allerdings werden die Haftungsvoraussetzungen der allgemein zivilrechtlichen Prospekthaftung nicht den Gegebenheiten einer Privatplatzierung gerecht, da insoweit eine Haftung bereits für einfache Fahrlässigkeit ohne Möglichkeit einer Exkulpation durch Nachweis einer dem Markstandard entsprechenden Due Diligence besteht.[255] Daher wird eine Haftung für die allgemein zivilrechtliche Prospekthaftung im Übernahmevertrag typischerweise ausgeschlossen. Im Gegenzug wird ein vertragliches Haftungsregime geschaffen. In diesen vertraglichen Abreden wird typischerweise vereinbart, dass sich die Gewährleistungsrechte nach den Regeln zur spezialgesetzlichen Prospekthaftung (§§ 9 ff. WpPG) richten. Die Investoren werden damit so gestellt werden, als seien die Platzierungsaktien aufgrund des Prospekts erworben worden.[256]

## *e) Haftungsrisiken bei nicht-prospektpflichtigen Wertpapieremissionen*

Zu untersuchen sind Haftungsrisiken bei nicht-prospektpflichtigen („undokumentierten") Wertpapieremissionen.[257] Eine Wertpapieremission erfordert grundsätzlich die Veröffentlichung eines Wertpapierprospekts (Art. 3 Abs. 1, 3 ProspektVO). Diese Prospektpflicht wird dadurch eingeschränkt, dass gewisse Erscheinungsformen einer Wertpapieremission prospektfrei möglich sind (Art. 1 Abs. 3–5 ProspektVO).[258] Wichtigster Anwendungsfall in der Praxis ist die Möglichkeit der prospektfreien Börsenzulassung von Wertpapieren bis zu einem Volumen von 20 % der Zahl bereits am Handel am selben Markt zugelassenen

---

254 So im Zusammenhang mit Cornerstone-Investments *Schlitt/Landschein* ZBB 2019, 103, 109.

255 *Schlitt/Landschein* ZBB 2019, 103, 111.

256 *Schlitt/Landschein* ZBB 2019, 103, 111.

257 Dazu *Meyer*, in: Handbuch börsennotierte AG, 4. Auflage, 2018, § 8 Übernahme und Platzierung von Aktien Rz 8.180 ff.; *Schlitt/Landschein* ZBB 2019, 103, 112.

258 *Schlitt*, in: Habersack/Mülbert/Schlitt, Handbuch der Kapitalmarktinformation, 3. Auflage, 2020, § 3. Prospektpflicht für Wertpapiere Rz 46; *Schlitt/Landschein* ZBB 2019, 103, 112.

Wertpapiere (Art. 1 Abs. 5 lit. a) ProspektVO).[259] Diese Möglichkeit der prospektfreien Wertpapieremission wird in der Praxis typischerweise mit der Möglichkeit des vereinfachten Ausschlusses des Bezugsrechts bei Kapitalerhöhungen bis zu 10 % des Grundkapitals (§ 186 Abs. 3 S. 4 AktG) kombiniert[260] und im Wege der Privatplatzierung an einen ausgewählten Kreis institutioneller Investoren durchgeführt.[261]

Ausgenommen von der Prospektpflicht sind zudem Angebote, bei denen pro EU-Mitgliedsstaat weniger als 150 natürliche oder juristische Person angesprochen werden, die nicht qualifizierte Anleger (Art. 1 Abs. 4 lit. b ProspektVO) sind.[262] Diese Feststellung geht in der Praxis mit erheblichen Schwierigkeiten einher, weshalb bei Privatplatzierung typischerweise eine Beschränkung des Angebots auf qualifizierte Anleger häufig ist.[263]

### *aa) Haftung nach spezialgesetzlicher Prospekthaftung (§§ 9 ff. WpPG)*

Mangels Veröffentlichung eines Wertpapierprospekt bei nicht-prospektpflichtigen Kapitalmarkttransaktionen greifen die Haftungstatbestände der gesetzlichen Prospekthaftung (§§ 9 ff. WpPG) grundsätzlich nicht ein.[264] Allerdings steht es Emittenten frei, freiwillig einen solchen Prospekt zu erstellen und zu veröffentlichen, selbst wenn der Anwendungsbereich der Prospektpflicht grundsätzlich nicht eröffnet ist oder Ausnahmen eingreifen und die Prospektpflicht entfällt (Art. 4 Abs. 1 ProspektVO). Voraussetzung für diese optionale Erstellung eines freiwilligen Prospekts ist, dass ein Wertpapier vorliegt und dieses öffentlich angeboten oder zum Handel an einem geregelten Markt zugelassen werden soll.

---

259 *Meyer,* in: Handbuch börsennotierte AG, 4. Auflage, 2018, § 8 Übernahme und Platzierung von Aktien Rz 8.180.

260 *Meyer,* in: Handbuch börsennotierte AG, 4. Auflage, 2018, § 7 Das Konzept von Börsennotierung und Aktienplatzierungen Rz 7.86; *Schlitt,* in: Habersack/Mülbert/Schlitt, Handbuch der Kapitalmarktinformation, 3. Auflage, 2020, § 3. Prospektpflicht für Wertpapiere Rz 46.

261 *Meyer,* in: Handbuch börsennotierte AG, 4. Auflage, 2018, § 8 Übernahme und Platzierung von Aktien Rz 8.180; *Ries,* in: Grunewald/Schlitt Einführung in das Kapitalmarktrecht, 4. Auflage, 2020, § 8. Übernahmevertrag S. 185.

262 *Schlitt,* in: Habersack/Mülbert/Schlitt, Handbuch der Kapitalmarktinformation, 3. Auflage, 2020, § 3. Prospektpflicht für Wertpapiere Rz 47.

263 *Kunold/Schlitt* BB 2004, 501, 504; *Schlitt,* in: Habersack/Mülbert/Schlitt, Handbuch der Kapitalmarktinformation, 3. Auflage, 2020, § 3. Prospektpflicht für Wertpapiere Rz 47.

264 *Meyer,* in: Handbuch börsennotierte AG, 4. Auflage, 2018, § 7 Das Konzept von Börsennotierung und Aktienplatzierungen Rz 7.87.

Aus einem solchen freiwillig erstellten Prospekt ergeben sich dieselben Rechte und Pflichten wie aus einem Prospekt, der nach der ProspektVO verpflichtend zu veröffentlichen ist (Art. 4 Abs. 2 ProspektVO). Sofern Emittenten bei nicht-prospektpflichtigen Wertpapieremissionen von dieser Option Gebrauch machen und einen freiwilligen Wertpapierprospekt veröffentlichen, besteht ein Haftungsrisiko nach Maßgabe der spezialgesetzlichen Prospekthaftung (§§ 9 ff. WpPG).

#### *bb) Haftung nach den Grundsätzen der allgemein zivilrechtlichen Prospekthaftung (§§ 280 Abs. 1, 311 Abs. 2, 241 Abs. 2 BGB)*

Zu untersuchen sind Haftungsrisiken nach den Grundsätzen der allgemein zivilrechtlichen Prospekthaftung (§§ 280 Abs. 1, 311 Abs. 2, 241 Abs. 2 BGB) bei nicht-prospektpflichtigen Kapitalmarkttransaktionen. Auch bei der prospektfreien Emission von Wertpapieren an institutionelle Investoren im Wege der Privatplatzierung werden bestimmte Vertriebsunterlagen verwendet, welche die wesentlichen Daten der Platzierung und des Emittenten enthalten (sog. Term Sheets bzw. Informationsmemoranden).[265] Eine Haftung ist jedenfalls nicht bereits deshalb ausgeschlossen, dass sich die Platzierung lediglich an institutionelle Investoren richtet,[266] da auch in deren Person ein Informationsdefizit hinsichtlich der angebotenen Anlage vorliegen kann.[267] Vielmehr beurteilen sich die Haftungsrisiken in diesem Zusammenhang nach dem jeweils konkret verwendeten Schriftstück, und ob dieses für die Beurteilung der Anlage wesentliche Angaben enthält oder den Eindruck eines solchen Inhalts erwecken soll.[268] Jedenfalls sollten die in der Praxis typischerweise verwendeten Kurzexposés, die offenkundig nicht den Eindruck der Vollständigkeit erwecken sollen[269] oder

265 *Meyer,* in: Handbuch börsennotierte AG, 4. Auflage, 2018, § 7 Das Konzept von Börsennotierung und Aktienplatzierungen Rz 7.87.

266 *Assmann/Kumpan,* in: Assmann/Schütze/Buck-Heeb, Handbuch des Kapitalanlagerechts, 5. Auflage, 2020, § 5 Prospekthaftung Rz 91.

267 BGH, Urteil vom 17.05.1984 – II ZR 199/83 – WM 1984, 960; *Meyer,* in: Handbuch börsennotierte AG, 4. Auflage, 2018, § 7 Das Konzept von Börsennotierung und Aktienplatzierungen Rz 7.87 *Schlitt/Landschein* ZBB 2019, 103, 112; eine Aufklärungspflicht gegenüber institutionellen Investoren aber ablehnend bei *Schlitt/Schäfer* AG 2004, 346, 351 f.

268 BT-Drucks. 10/318 S. 23; *Groß,* in: Groß, Kapitalmarktrecht, 7. Auflage, 2020, § 16 WpPG Rz 5.

269 *Meyer,* in: Handbuch börsennotierte AG, 4. Auflage, 2018, § 7 Das Konzept von Börsennotierung und Aktienplatzierungen Rz 7.87.

sogar einen expliziten Hinweis auf den fehlenden Prospektcharakter enthalten,[270] nicht als Prospekt im haftungsrechtlichen Sinn qualifizieren.[271]

Damit bietet diese Form der Privatplatzierung den Vorteil eines geringeren Haftungsrisikos im Vergleich zu Privatplatzierungen mit anschließender Börsenzulassung bzw. öffentlichen Platzierungen. Auch wenn bei dieser Form der Privatplatzierung ein Haftungsrisiko nach allgemein zivilrechtlicher Prospekthaftung rechtlich besteht, sollten sich dieses in der Praxis nicht realisieren, da die insoweit typischerweise verwendeten Schriftstücken nicht als Prospekt im Sinne dieser Haftung anzusehen sind.

#### *cc) Vertragliche Regelung des Haftungsregimes*

Mangels gesetzlicher Anspruchsgrundlagen wird bei nicht prospektpflichtigen Wertpapieremissionen in der Praxis ein vertragliches Haftungsregime zugunsten der Investoren im Übernahmevertrag errichtet. Da es bei nichtprospektpflichtigen Kapitalmarkttransaktionen keinen Wertpapierprospekt gibt, an welchen für die Zwecke der Informationshaftung angeknüpft werden kann, wird ein Haftungsregime bestehend aus selbstständigen Garantieerklärungen[272] geschaffen.[273] Diese Gewährleistungen betreffen insbesondere die Richtigkeit und Aktualität der im Rahmen der Privatplatzierung zur Verfügung gestellten Informationen und Jahresabschlüsse, Kapitalmarktcompliance sowie Wirksamkeit von Ausgabe und freie Übertragbarkeit der platzierten Aktien.[274] Im Falle der Verletzung einer Garantie wird dem Investor das Recht zum Rücktritt bzw. auf Schadensersatz gegen den Emittenten zugestanden.[275] Haftungsadressat ist damit allein der Emittent.

---

270 *Schlitt/Landschein* ZBB 2019, 103, 112.

271 *Meyer,* in: Handbuch börsennotierte AG, 4. Auflage, 2018, § 7 Das Konzept von Börsennotierung und Aktienplatzierungen Rz 7.87.

272 Zur Haftung für Garantien und Freistellungen im Detail unten B.II.2.c).

273 *Meyer,* in: Handbuch börsennotierte AG, 4. Auflage, 2018, § 8 Übernahme und Platzierung von Aktien Rz 8.181.

274 *Meyer,* in: Handbuch börsennotierte AG, 4. Auflage, 2018, § 8 Übernahme und Platzierung von Aktien Rz 8.181; *Ries,* in: Grunewald/Schlitt Einführung in das Kapitalmarktrecht, 4. Auflage, 2020, § 8. Übernahmevertrag S. 186.

275 *Meyer,* in: Handbuch börsennotierte AG, 4. Auflage, 2018, § 8 Übernahme und Platzierung von Aktien Rz 8.182.

### *f) Ergebnis: Haftungsrisiken bei fehlerhafter Primärmarktinformation*

Haftungsrisiken gegenüber den Anlegern bei fehlerhafter Primärmarktinformation ergeben sich insbesondere bei der Emission von Wertpapieren aufgrund eines fehlerhaften Wertpapierprospektes für den Emittenten, dessen Verwaltungsmitglieder und Großaktionäre sowie für die Konsortialbanken. Begleitende berufliche Sachkenner wie Wirtschaftsprüfer, Steuerberater und Rechtsanwälte haften zwar gegenüber den Anlegern regelmäßig nicht nach der spezialgesetzlichen Prospekthaftung, aber auch sie sehen sich einem Haftungsrisiko ausgesetzt. Dieses ergibt sich zum einen aus den Grundsätzen des Vertrages mit Schutzwirkung zu Gunsten Dritter. Zum anderen ergeben sich Haftungsrisiken aufgrund von Regressansprüchen der im Außenverhältnis Verantwortlichen basierend auf Beratungsfehlern. Dabei bestehen diese Haftungsrisiken bei der Emission selbst, aber auch bei Vorbereitungsmaßnahmen wie der Vermarktung der Emission sowie beim Abschluss von Cornerstone-Investments oder Privatplatzierungen mit Investoren mit anschließender Börsenzulassung. Bei Privatplatzierungen ohne anschließende Börsenzulassung richten sich die Haftungsrisiken nach dem vertraglich vereinbarten Haftungsregime im Übernahmevertrag.

## 2. Haftungsrisiken bei fehlerhafter Sekundärmarktinformation

Kapitalmarkt- und M&A-Transaktionen können Informationspflichten gegenüber dem Sekundärmarkt begründen. Diese Informationspflichten gegenüber dem Sekundärmarkt folgen seit Inkrafttreten der Marktmissbrauchsverordnung[276] (im Folgenden: „MAR“) aus der MAR, dem Wertpapierhandelsgesetz (WpHG) und dem Wertpapiererwerbs- und Übernahmegesetz (WpÜG).[277] Dabei gilt es Verstöße gegen die typischerweise mit Kapitalmarkt- und M&A-Transaktionen einhergehenden Informationspflichten auf Haftungsrisiken für die Beteiligten zu untersuchen.

Solche Haftungsrisiken können sich aus einem Verstoß gegen die Ad-hoc-Publizitätspflicht ergeben. Diese Pflicht findet ihre rechtliche Grundlage in Art. 17 MAR.[278] Hiernach sind börsennotierte Unternehmen dazu verpflichtet, den Kapitalmarkt unverzüglich über kursrelevante Informationen des eigenen

---

276 Verordnung (EU) Nr. 596/2014 vom 16.04.2014.

277 *Krämer/Gillessen*, in: Handbuch Managerhaftung, 3. Auflage, 2017, § 32 Risikobereich und Haftung: Kapitalmarktinformationen Rz 32.8.

278 *Krämer/Gillessen*, in: Handbuch Managerhaftung, 3. Auflage, 2017, § 32 Risikobereich und Haftung: Kapitalmarktinformationen Rz 32.10.

Unternehmens zu informieren. Hierdurch sollen Informationsasymmetrien abgebaut (Publizitätsfunktion)[279] und der Anreiz sowie die Möglichkeit von Insidergeschäften erschwert und unterbunden werden (Präventionsfunktion).[280] Zwar ist der Emittent auf dem Sekundärmarkt nicht mehr selbst Partei der geschützten Markttransaktion, doch fungiert er auf diesem als Garant und Informationslieferant.[281]

Haftungsrisiken können sich zudem aus einem Verstoß gegen andere Meldepflichten ergeben. Das Wertpapierhandelsrecht statuiert Mitteilungs- und Veröffentlichungspflichten für börsennotierte Gesellschaften bei Über- oder Unterschreitung bestimmter Stimmrechtsschwellenwerte (§ 33 WpHG). Hierdurch soll die Transparenz bezüglich der Veränderung wesentlicher Beteiligungen erreicht werden, um die Investitionsbereitschaft (auch) ausländischer Geldgeber zur Beteiligung an deutschen Unternehmen zu erhöhen, die Attraktivität des Finanzplatzes Deutschland zu fördern sowie das Vertrauen der Anleger in die Funktionsfähigkeit des Kapitalmarktes zu stärken.[282] Meldepflichtig ist dabei sowohl der betroffene Anteilsinhaber als auch der Emittent.

### *a) Haftungsrisiken bei unterlassener oder fehlerhafter Information des Sekundärmarktes über Kapitalmarkt- oder M&A-Transaktionen nach Art. 17 MAR*

Bei Kapitalmarkt und M&A-Transaktionen können Haftungsrisiken aus unterlassener oder fehlerhafter Information des Sekundärmarktes resultieren. Kapitalmarkt- und M&A-Transaktionen sind zu publizieren, da diese Transaktionen typischerweise von erheblicher Bedeutung für die strategische Ausrichtung und damit die zukünftige Entwicklung der Unternehmen sind.[283] Der Markt hat somit ein ausgeprägtes Interesse an der frühzeitigen Veröffentlichung der

---

279 *Schäfer,* in: Handbuch börsennotierte AG, 4. Auflage, 2018, § 15 Ad-hoc-Publizität Rz 15.4.

280 Dazu *Fülbier,* Regulierung der Ad-hoc-Publizität, 1998, S. 107 ff.; *Schlitt,* in: Habersack/Mülbert/Schlitt, Unternehmensfinanzierung am Kapitalmarkt, 4. Auflage, 2019, § 38 Kapitalmarktrechtliche Folgepflichten eines börsennotierten Unternehmens Rz 38.69.

281 *Thomale* NZG 2018, 1007, 1008.

282 BT-Drucks. 12/6679, S. 52; BT-Drucks. 18/5010 S. 36, 44; *Bayer,* in: Münchener Kommentar zum AktG, 5. Auflage, 2019, § 33 WpHG Rz 1; *Herfs,* in: Beck'sches M&A-Handbuch, 2017, § 21 Mitteilungspflichten Rz 108.

283 *Klöhn,* in: Klöhn MAR, 2018, Art. 7 MAR Rz 372.

Information. Von dieser Publizitätspflicht ist bei Kapitalmarkttransaktionen insbesondere der Emittent betroffen. Bei M&A-Transaktionen ist die Publizitätspflicht abhängig von der Börsennotierung und kann die Zielgesellschaft und/oder den Erwerber/Bieter bzw. Veräußerer verpflichten.

*aa) Spezialgesetzliche Haftung für falsche und unterlassene Kapitalmarktinformation (§§ 97, 98 WpHG)*

Die §§ 97, 98 WpHG bilden die spezialgesetzliche Haftungsgrundlage für unterlassene, verspätete oder unrichtige Ad-hoc-Veröffentlichungen von Insiderinformationen.[284] Diese Veröffentlichungspflicht besteht, wenn die Kapitalmarkt- oder M&A-Transaktion eine Insiderinformation darstellt.

*(1) Kapitalmarkt- oder M&A-Transaktionen als Insiderinformation*

Die Insiderinformation als „Grundbegriff des Marktmissbrauchsrechts“[285] wird in Art. 7 Abs. 1 MAR als nicht öffentlich bekannte präzise Information,[286] die Finanzinstrumente oder deren Emittenten betrifft und geeignet ist, den Kurs erheblich zu beeinflussen, legaldefiniert. Dabei ist im Ausgangspunkt festzustellen, dass es sich bei einer Kapitalmarkt- oder M&A-Transaktion um einen gestreckten Geschehensablauf handelt.[287] Eine Transaktion wird als Endereignis über eine Reihe von Zwischenschritten, wie etwa Vorverhandlungen, dem Abschluss einer Vertraulichkeitsvereinbarung, der Durchführung einer Due Diligence, verschiedener Organbeschlüsse und gegebenenfalls der Kontrolle durch Behörden, erreicht.[288]

Dabei kann nicht nur die Transaktion als gesamtheitlicher Vorgang, sondern auch jeder der hierfür erforderlichen Zwischenschritte, die mit der Herbeiführung oder Hervorbringung dieses zukünftigen Umstands oder Ereignisses verbunden sind, für sich genommen eine eigenständig ad-hoc-publizitätspflichtige

---

284 *Mülbert/Steup,* in: Habersack/Mülbert/Schlitt, Unternehmensfinanzierung am Kapitalmarkt, 4. Auflage, 2019, § 41 Haftung für fehlerhafte Kapitalmarktinformation Rz 41.180.

285 *Klöhn,* in: Klöhn MAR, 2018, Art. 7 MAR Rz 1.

286 Beachte insoweit: EuGH, Urteil vom 11.03.2015 – C-628/13 – NZG 2015, 432.

287 Ausführlich und anschaulich zu gestreckten Vorgängen aus Perspektive des Insiderrechts *Kumpan,* in: VGR, Gesellschaftsrecht in der Diskussion 2018, 2019, Gestreckte Vorgänge und Insiderrecht.

288 *Kumpan,* in: VGR, Gesellschaftsrecht in der Diskussion 2018, 2019, Gestreckte Vorgänge und Insiderrecht Rz 1.

Insiderinformation darstellen (Art. 7 Abs. 2 S. 2, Abs. 3 MAR).[289] Bei der Untersuchung von Ad-hoc-Publizitätspflichten ist somit zwischen dem Zustandekommen der Transaktion als Endereignis und den jeweiligen (selbstständigen) Zwischenschritten als Anknüpfungspunkt für das Vorliegen einer Insiderinformation zu differenzieren.[290] Diese Zwischenschritte können dabei für sich genommen insiderrechtliche Relevanz haben oder diese aus der Transaktion als Endereignis ableiten.[291]

Damit sind Kapitalmarkt- oder M&A-Transaktionen ad-hoc-publizitätspflichtig, sobald ein Stadium erreicht ist, in dem die Transaktion als zukünftiges Endereignis eine „präzise" Information ist, oder wenn ein gegenwärtiger Zwischenschritt (der stets eine „präzise" Information ist)[292] eigenständig Kurserheblichkeit aufweist.[293] Die Transaktion als (zukünftiges) Endereignis ist eine „präzise" Information, wenn der Abschluss der Transaktion vernünftigerweise erwartet werden kann (Art. 7 Abs. 2 S. 1 MAR). Hierfür genügt eine überwiegende Wahrscheinlichkeit.[294]

Die erforderliche Kurserheblichkeit liegt (sowohl bezüglich des Endereignisses als auch bezüglich des selbstständigen Zwischenschrittes) vor, wenn ein verständiger Anleger die Information wahrscheinlich als Teil der Grundlage für seine Entscheidung zur Anlage nutzen wird.[295] Bei Beurteilung dieser Kursrelevanz können bei selbstständigen Zwischenschritten sowohl die Wahrscheinlichkeit als auch die Auswirkungen (Chancen und Risiken) der Transaktion als zukünftiges Ereignis herangezogen werden, selbst wenn ihr Zustandekommen

---

289 *Klöhn,* in: Klöhn MAR, 2018, Art. 7 MAR Rz 383; *Hopt/Kumpan* ZGR 2017, 765, 776.

290 *Kumpan,* in: VGR, Gesellschaftsrecht in der Diskussion 2018, 2019, Gestreckte Vorgänge und Insiderrecht Rz 19.

291 BaFin, Emittentenleitfaden, Modul C Stand 25. März 2020 (S. 13)

292 *Kumpan,* in: VGR, Gesellschaftsrecht in der Diskussion 2018, 2019, Gestreckte Vorgänge und Insiderrecht Rz 24.

293 *Herfs,* in: Beck'sches M&A-Handbuch, 2017, § 21 Mitteilungspflichten Rz 36.

294 BaFin, Emittentenleitfaden, Modul C Stand 25. März 2020 (S. 10); Für das Ausreichen einer mehr als 50%igen Wahrscheinlichkeit *Hopt/Kumpan* ZGR 2017, 765, 775; *Hopt/Kumpan,* in: Bankrechts-Handbuch, 5. Auflage, 2017, § 107 Rz 52; *Klöhn* AG 2016, 423, 428; *Poelzig* NZG 2016, 528, 532 Die anderen bis dahin vertretenen Ansätze „hohe Wahrscheinlichkeit" und „Probability/Magnitute-Test" ablehnend EuGH, Urteil vom 28.06.2012 – C-19/11 – AG 2012, 555 („Geltl"); und BGH, Beschluss vom 23.04.2013 – II ZB 7/09 – AG 2013, 518 („Geltl").

295 *Poelzig* NZG 2016, 528, 532; *Langenbucher* NZG 2013, 1401, 1402.

noch nicht überwiegend wahrscheinlich ist (keine „Sperrwirkung auf Kursrelevanzebene“[296]).[297]

Publizitätspflichten treten bei (kursrelevanten) Kapitalmarkt- oder M&A-Transaktion somit dann auf, sobald die Transaktion überwiegend wahrscheinlich zustande kommt oder ein Zwischenschritt dieser Transaktion selbst kurserheblich ist. Bei Beurteilung der Wahrscheinlichkeit für das Zustandekommen der Transaktion sind stets die Umstände des Einzelfalles zu berücksichtigen, weshalb eine rechtssichere Untersuchung dieser Frage abstrakt nicht möglich ist.[298] Unter Anwendung dieser Grundsätze können aber Leitlinien entwickelt werden. Dabei gilt es zwischen Kapitalmarkt und M&A-Transaktionen zu differenzieren.

### *(2) Veröffentlichungspflichten des Emittenten bei Kapitalmarkttransaktionen*

Kapitalmarkttransaktion können für den Emittenten Ad-hoc-Publizitätspflichten begründen.

### *(a) Kapitalmaßnahmen*

Zu prüfen sind Publizitätspflichten bei Kapitalmaßnahmen des Emittenten. Dazu gehören insbesondere Kapitalerhöhung, Kapitalherabsetzung und Fremdkapitalaufnahme.[299]

### *(aa) Kursrelevanz von Kapitalmaßnahmen*

Die Kursrelevanz einer Finanzierungsmaßnahme kann sich aus zwei Aspekten ergeben.[300] Einerseits können diese Maßnahmen zu Verwässerungs- oder Steuereffekten oder zu einer Senkung oder Erhöhung der Finanzierungskosten führen.[301] Andererseits kann in der konkreten Kapitalmaßnahme eine Einschätzung des Managements über den Fundamentalwert des Emittenten gesehen werden, welcher durch die Wahl der Transaktionsstruktur als Signal an den Kapitalmarkt

296 *Klöhn,* in: Klöhn MAR, 2018, Art. 17 MAR Rz 393.

297 BGH, Beschluss vom 23.04.2013 – II ZB 7/09 – AG 2013, 518 („Geltl“); *Herfs,* in: Beck’-sches M&A-Handbuch, 2017, § 21 Mitteilungspflichten Rz 38.

298 *Herfs,* in: Beck’sches M&A-Handbuch, 2017, § 21 Mitteilungspflichten Rz 91.

299 *Klöhn,* in: Klöhn MAR, 2018, Art. 7 MAR Rz 391.

300 *Krause,* in: Handbuch zum Marktmissbrauchsrecht, 2018, § 6 Begriff der Insiderinformation Rz 143.

301 *Krause,* in: Handbuch zum Marktmissbrauchsrecht, 2018, § 6 Begriff der Insiderinformation Rz 143.

gesendet wird.[302] Kapitalerhöhungen werden dabei typischerweise als Signal verstanden, dass das Management den Emittenten für überbewertet hält; die Aufnahme von Fremdkapital kann signalisieren, dass das Management den Emittenten für unterbewertet hält.[303] Diese Beurteilung ist aber nicht zwingend, da die Wahl der Finanzierungsstruktur oftmals auch aus unternehmensbezogenen Gründen, etwa zur Verbesserung der Kapitalstruktur, zur Refinanzierung von Fremdverbindlichkeiten oder zur Finanzierung von Investitionen bzw. Akquisitionen, erfolgt.[304]

### *(bb) Zustandekommen der Transaktion als zukünftiger Umstand*

Eine überwiegende Wahrscheinlichkeit für das Zustandekommen der Kapitalmaßnahme liegt typischerweise nicht vor, bis der Vorstand hierüber beschlossen hat.[305] Insbesondere die vorhergehende gezielte Ansprache ausgewählter Investoren zur Evaluierung der Möglichkeit einer Kapitalmaßnahme (sog. *pilot fishing*) begründet noch keine überwiegende Wahrscheinlichkeit für das Zustandekommen der Transaktion. Eine überwiegende Wahrscheinlich ist aber typischerweise anzunehmen, wenn der Vorstand einen zustimmenden Beschluss gefasst hat.[306]

### *(cc) Zwischenschritt der Transaktion als gegenwärtiger Umstand*

Zwischenschritte zur Umsetzung einer Kapitalmaßnahme sind dann eigenständig kursrelevante Informationen, wenn sie die Gesamtheit aller öffentlich bekannten Informationen so ändern, dass sich die Einschätzung eines verständigen Anlegers von den Finanzinstrumenten des Emittenten ändert.[307] Bei dieser Bewertung kann die spätere Kapitalmaßnahme bereits berücksichtigt werden, auch wenn deren Eintritt noch nicht vernünftigerweise erwartet werden kann.[308] Daher kann bei Kapitalmaßnahmen mit Auswirkungen auf den fundamentalen

---

302 *Klöhn,* in: Klöhn MAR, 2018, Art. 7 MAR Rz 391.

303 *Klöhn,* in: Klöhn MAR, 2018, Art. 7 MAR Rz 391.

304 *Krause,* in: Handbuch zum Marktmissbrauchsrecht, 2018, § 6 Begriff der Insiderinformation Rz 143.

305 *Klöhn,* in: Klöhn MAR, 2018, Art. 7 MAR Rz 393; *Krause,* in: Handbuch zum Marktmissbrauchsrecht, 2018, § 6 Begriff der Insiderinformation Rz 141.

306 *Klöhn,* in: Klöhn MAR, 2018, Art. 7 MAR Rz 393.

307 *Klöhn,* in: Klöhn MAR, 2018, Art. 7 MAR Rz 395.

308 *Klöhn,* in: Klöhn MAR, 2018, Art. 7 MAR Rz 395 Zum bisherigen Recht *Bingel* AG 2012, 685, 691 f.

Wert der Wertpapiere bereits sehr früh im Prozess eine publizitätspflichtige Insiderinformation vorliegen.[309]

### *(b) Delisting und Downlisting*

Der (bevorstehende) Antrag eines Emittenten auf Rückzug von der Börse (Downlisting) oder vom regulierten Markt in den Freiverkehr (Downlisting) sowie jeder diesbezügliche Zwischenschritt bis zu diesem Ziel kann als gegenwärtiger oder zukünftiger Umstand kurserheblich und folglich Gegenstand einer Insiderinformation sein.[310] Beim Delisting kann die Kursrelevanz für den Fundamentalwert der Aktien und damit verbundenen Finanzinstrumente aus der abnehmenden Handelbarkeit abgeleitet werden.[311] Beim Downlisting kann sich die Kursrelevanz daraus ergeben, dass bestimmte Anleger ihre Finanzinstrumente abstoßen, etwa weil im Freiverkehr ein geringeres Niveau an Transparenz herrscht als im regulierten Markt oder weil sich die Anlagestrategie auf Aktien konzentriert, die auf einem regulierten Markt handelbar sind.[312]

### *(3) Veröffentlichungspflicht bei M&A-Transaktionen*

M&A-Transaktionen können für die Beteiligten veröffentlichungspflichtig sein. Als publizitätspflichtige Transaktionen kommen dabei öffentliche Übernahmen sowie Paketerwerbe und andere außerbörsliche M&A-Transaktionen in Betracht. Bei Untersuchung der Publizitätspflichten ist zwischen Zielgesellschaft und Erwerber/Bieter bzw. Veräußerer zu unterscheiden.

### *(a) Veröffentlichungspflichten börsennotierter Zielgesellschaften bei einer öffentlichen Übernahme*

Zu untersuchen sind Publizitätspflichten der Zielgesellschaft bei öffentlichen Übernahmen.

---

309 *Klöhn,* in: Klöhn MAR, 2018, Art. 7 MAR Rz 396.

310 *Krause,* in: Handbuch zum Marktmissbrauchsrecht, 2018, § 6 Begriff der Insiderinformation Rz 135.

311 *Krause,* in: Handbuch zum Marktmissbrauchsrecht, 2018, § 6 Begriff der Insiderinformation Rz 135.

312 *Klöhn,* in: Klöhn MAR, 2018, Art. 7 MAR Rz 385; *Krause,* in: Handbuch zum Marktmissbrauchsrecht, 2018, § 6 Begriff der Insiderinformation Rz 135.

### *(aa) Allgemeine Gerüchte einer möglichen Übernahme*

Allgemeine Gerüchte einer möglichen Übernahem führen für die Zielgesellschaft nicht zu einer Veröffentlichungspflicht.[313] Weder sind allgemeine Gerüchte noch ist die mögliche Abgabe eines Übernahmeangebotes für sich genommen kurserheblich. In diesem Stadium ist zudem das Zustandekommen der (kurserheblichen) Übernahme noch nicht mit überwiegender Wahrscheinlichkeit zu erwarten.

### *(bb) Konkrete Anhaltspunkte einer möglichen Übernahme*

Etwas anderes gilt, wenn die Zielgesellschaft konkrete Kenntnis zu einem möglichen Übernahmeangebot erhält bzw. dieses bereits konkret angekündigt wurde.[314] Diese Information ist kurserheblich, weil die Abgabe eines öffentlichen Übernahmeangebotes für die Zielgesellschaft in aller Regel von außerordentlicher Bedeutung ist (angesichts der strategischen Auswirkungen bei Erfolg des Übernahmeversuchs) und da vom Bieter typischerweise ein Aufpreis auf den Aktienkurs gezahlt wird, weshalb bereits die Ankündigung der öffentlichen Übernahme häufig den Wert der von der Zielgesellschaft emittierten Finanzinstrumente steigen lässt.[315] Zudem enthält die konkrete Übernahmeabsicht auch den Informationsgehalt, dass ein anderer Marktteilnehmer den wahren Wert des Finanzinstruments höher einschätzt als der Markt und der Wertpapierinhaber die Gelegenheit haben wird, diesen Wert zu realisieren.[316] Publizitätspflichten können daher für Zielgesellschaften bereits in einem sehr frühen Stadium auftreten, gegebenenfalls auch früher als beim Bieter, wenn die konkreten Vorbereitungsmaßnahmen des Bieters, welche für diesen noch nicht veröffentlichungspflichtig ist (dazu unten), zur Kenntnis der Zielgesellschaft erlangt.[317]

### *(cc) Vorbereitung von Verteidigungsmaßnahmen*

Die Vorbereitung von spezifischen Verteidigungsmaßnahmen gegen ein bevorstehendes Übernahmeangebot ist für die Zielgesellschaft, ebenso wie eine

---

313 *Hopt/Kumpan* ZGR 2017, 765, 818.

314 BaFin, Emittentenleitfaden, Modul C Stand 25. März 2020 (S. 12); *Herfs,* in: Beck'sches M&A-Handbuch, 2017, § 21 Mitteilungspflichten Rz 96.

315 *Herfs,* in: Beck'sches M&A-Handbuch, 2017, § 21 Mitteilungspflichten Rz 96.

316 *Klöhn,* in: Klöhn MAR, 2018, Art. 7 MAR Rz 372; *Kumpan/Misterek,* in: Schwark/Zimmer Kapitalmarktrecht, 5. Auflage, 2020, Art. 7 MAR Rz 275.

317 *Bingel* AG 2012, 685, 698; *Herfs,* in: Beck'sches M&A-Handbuch, 2017, § 21 Mitteilungspflichten Rz 96.

vorbereitete, noch nicht veröffentlichte Stellungnahme von Vorstand und Aufsichtsrat (§ 27 WpÜG),[318] nicht ad-hoc-publizitätspflichtig. Hier geht das spezielle Übernahmerecht (insbesondere § 27 WpÜG) dem Insiderrecht der MAR vor.[319]

### *(dd) Externe Vorbereitungen auf ein bevorstehendes Übernahmeangebot*

Die Mandatierung externer Berater durch die Zielgesellschaft sowie die Führung von unverbindlichen Vorgesprächen mit dem potentiellen Bieter ist nicht ad-hoc-publizitätspflichtig.[320] Diese Zwischenschritte sind selbstständig nicht kurserheblich und genügen auch nicht der Annahme einer überwiegenden Wahrscheinlichkeit des Zustandekommens der Transaktion.[321]

#### *(α) Gewährung, Durchführung und zufriedenstellender Abschluss einer Due Diligence*

Die Gewährung und Durchführung einer Due Diligence[322] reicht ohne das Hinzutreten weiterer Umstände aufgrund des ungewissen Ausgangs typischerweise nicht aus, um eine überwiegende Wahrscheinlichkeit des Zustandekommens der Transaktion annehmen zu können.[323] Sofern die Due Diligence aber

---

318 Wohl anders *Pfüller,* in: Fuchs WpHG, 2. Auflage, 2016, § 15 WpHG Rz 247.

319 *Hopt/Kumpan* ZGR 2017, 765, 817.

320 *Herfs,* in: Beck'sches M&A-Handbuch, 2017, § 21 Mitteilungspflichten Rz 95.

321 Dabei ist es anders als früher unerheblich, dass die Information nicht aus dem Tätigkeitsbereich der Gesellschaft kommt, sondern von außen. Vgl. Schleswig-Holsteinisches Oberlandesgericht, Urteil vom 16.12.2004 – 5 U 50/04 – WM 2005, 696, 697 vor dem AnSVG.

322 Zu den wesentlichen Grundlagen der Due Diligence vgl. *Krämer/Gillessen,* in: Handbuch börsennotierte AG, 4. Auflage, 2018, § 10 Due Diligence und Prospekthaftung Rz 10.2 ff.

323 *Assmann,* in: Assmann/Schneider/Mülbert Wertpapierhandelsrecht, 7. Auflage, 2019, Art. 17 MAR Rz 214; *Frowein/Berger,* in: Habersack/Mülbert/Schlitt, Handbuch der Kapitalmarktinformation, 3. Auflage, 2020, § 10. Pflicht zur Veröffentlichung von Insiderinformationen (Art. 17 MAR) Rz 26; *Hopt/Kumpan,* in: Bankrechts-Handbuch, 5. Auflage, 2017, § 107 Rz 146; *Zimmer/Kruse,* in: Schwark/Zimmer Kapitalmarktrecht (Vorauflage), 4. Auflage, 2010, § 15 WpHG Rz 43; Etwas anderes gilt im Falle einer confirmatory due diligence bei bereits bestehender Einigkeit der Eckpunkte der Transaktion. Allgemein zur Ad-hoc-Publizitätspflicht bei einer due diligence vgl. *Frowein/Berger,* in: Habersack/Mülbert/Schlitt, Handbuch der Kapitalmarktinformation, 3. Auflage, 2020, § 10. Pflicht zur Veröffentlichung von Insiderinformationen (Art. 17 MAR) Rz 26; *Hemeling* ZHR 169 (2005), 274, 285 f. **A.A.** bei *Pfüller,* in: Fuchs WpHG, 2. Auflage, 2016, § 15 WpHG Rz 248.

zufriedenstellend abgeschlossen wird, ist von diesem Zeitpunkt das Vorliegen einer Insiderinformation regelmäßig anzunehmen, da mit zufriedenstellendem Abschluss der Due Diligence der Abschluss der Transaktion überwiegend wahrscheinlich ist.[324]

#### *(β) Abschluss eines Letter of Intent*

Sofern die Parteien im Letter of Intent bereits konkrete Abreden mit Bindungswirkung treffen und lassen diese auf den beiderseitigen (verbindlichen) Willen zum Abschluss der Transaktion schließen, kann eine überwiegende Wahrscheinlichkeit des Zustandekommens der Transaktion angenommen werden. Solche Abreden können sich auf die Gewährung von Exklusivität oder auf konkrete Eckpunkte der Transaktion, wie z.B. eine Preisspanne oder das weitere Vorgehen beziehen.[325] Eine überwiegende Wahrscheinlichkeit für das Zustandekommen der Transaktion kann jedenfalls spätestens dann angenommen werden, wenn die in einem detaillierten Letter of Intent erklärte Erwerbsabsicht durch eine positiv verlaufene Due Diligence bestätigt wird.[326]

#### *(γ) Veröffentlichungspflicht bei Weitergabe von Insiderinformation im Rahmen einer Due Diligence*

Publizitätspflichten treten ferner auf, wenn Insiderinformationen betreffend die Zielgesellschaft im Rahmen der Due Diligence aufgedeckt und damit an den potentiellen Erwerber weitergegeben werden.[327] Diese Weitergabe kann im Transaktionsprozess erforderlich sein, da der Erwerber sich ein möglichst vollständiges Bild von der rechtlichen, finanziellen und wirtschaftlichen Lage des Zielunternehmens machen möchte. Möglich ist zudem, dass der Emittent

---

324 BaFin, Emittentenleitfaden, Modul C Stand 25. März 2020 (S. 19); *Bingel* AG 2012, 685, 696; *Hopt/Kumpan,* in: Bankrechts-Handbuch, 5. Auflage, 2017, § 107 Rz 146; *Hopt/Kumpan* ZGR 2017, 765, 797; *Kumpan/Misterek,* in: Schwark/Zimmer Kapitalmarktrecht, 5. Auflage, 2020, Art. 7 MAR Rz 272.

325 BaFin, Emittentenleitfaden, Modul C Stand 25. März 2020 (S. 19); *Bachmann* ZHR 172 (2008), 597, 606; *Bingel* AG 2012, 685–594 f.; *Hopt/Kumpan,* in: Bankrechts-Handbuch, 5. Auflage, 2017, § 107 Rz 146; *Hopt/Kumpan* ZGR 2017, 765, 797; *Kumpan/Misterek,* in: Schwark/Zimmer Kapitalmarktrecht, 5. Auflage, 2020, Art. 7 MAR Rz 273.

326 *Hopt/Kumpan* ZGR 2017, 765, 819.

327 *Beisheim/Kruse/Waldheim* CB 2020, 236, 238; *Weber,* in: Handbuch Unternehmenskauf, 9. Auflage, 2019, Kapitel 9: Der Unternehmens- und Beteiligungskaufvertrag Rz 9.10.

die Insiderinformation als solche bei Weitergabe nicht erkennt.[328] Grundsätzlich müssen Insiderinformationen unverzüglich ad-hoc-publiziert werden, sobald diese an Dritte gelangt sind und die Zielgesellschaft davon Kenntnis hat (Art. 7 Abs. 8 S. 1 MAR). Dies gilt nicht, wenn der Informationsempfänger zur Vertraulichkeit verpflichtet ist (Art. 17 Abs. 18 S. 2 MAR). In der Praxis werden daher stets Vertraulichkeitsvereinbarungen zwischen Zielgesellschaft und Bieter vor der Weitergabe von Insiderinformation im Rahmen einer Due Diligence abgeschlossen.[329] Im Zeitpunkt der Genehmigung der Transaktion oder der Annahme des Angebots durch die Anteilseigner der Zielgesellschaft müssen aber sämtliche Insiderinformationen ad-hoc-publiziert werden, wenn die Information ihren Charakter als Insiderinformation nicht auf andere Weise verloren hat (Art. 9 Abs. 4 MAR).[330]

*(ee) Tatsächliches Übernahmeangebot*

Die Abgabe des Übernahmeangebotes ist für die Zielgesellschaft grundsätzlich eine ad-hoc-publizitätspflichtige Insiderinformation. Allerdings ist dieser Schritt bereits vom Bieter zu veröffentlichen (§§ 10 Abs. 6, 35 Abs. 1 S. 4 WpÜG). Aufgrund der damit einhergehenden öffentlichen Bekanntheit ist diese Information im Zeitpunkt des Erhalts typischerweise keine Insiderinformation mehr. Sofern die Mitteilung des Bieters aber nicht die erforderliche Bereichsöffentlichkeit erreicht, ist die Information zudem von der Zielgesellschaft ad-hoc zu veröffentlichen.[331]

*(ff) Zwischenergebnis: Zielgesellschaft*

Für die Zielgesellschaft kann eine öffentliche Übernahme bereits in einem sehr frühen Stadium Ad-hoc-Publizitätspflichten begründen, da die konkrete Übernahmeabsicht des potentiellen Bieters als selbstständige und gegenwärtige Information nicht unerhebliche Auswirkungen auf den Kurs der von der Zielgesellschaft emittierten Finanzinstrumente hat. Auch das Zustandekommen der Transaktion als zukünftiger Umstand ist für die Zielgesellschaft ad-hoc-publizitätspflichtig, sobald diese überwiegend wahrscheinlich zustande kommt.

---

328 *Hensel/Dörstling* DStR 2021, 170, 175.

329 Zum ganzen *Herfs*, in: Beck'sches M&A-Handbuch, 2017, § 21 Mitteilungspflichten Rz 46.

330 Zum insiderrechtlichen Offenlegungs- und Nutzungsverboten bei im Rahmen der Due Diligence aufgedeckten Insiderinformationen unten B.I.3.b).

331 *Strehle*, in: Beck'sches M&A-Handbuch, 2017, § 58 Öffentliche Übernahmen aus Sicht der Zielgesellschaft Rz 59.

Dies ist typsicherweise ab zufriedenstellendem Abschluss der Due Diligence anzunehmen.

### *(b) Veröffentlichungspflichten börsennotierter Zielgesellschaften bei nicht dem WpÜG unterfallenden M&A-Transaktionen*

#### *(aa) Paketerwerbe und andere außerbörsliche Anteilserwerbe*

Paketerwerbe und andere außerbörsliche Anteilserwerbe können auch für die Zielgesellschaft Veröffentlichungspflichten begründen, selbst wenn diese an der Transaktion nicht unmittelbar beteiligt ist. Dies ist anzunehmen, wenn die Änderung in der Beteiligungsstruktur zu einer strategischen Neuausrichtung bei der Zielgesellschaft führt[332] oder im Beteiligungserwerb indirekt die Aussagen enthalten ist, dass der Investor die Aktien für unterbewertet hält und ihnen einen anderen als den bislang vorherrschenden Marktwert zumisst.[333]

Eine strategische Neuausrichtung aufgrund eines Beteiligungserwerbs liegt vor, wenn die von den fraglichen Vorgängen ausgehende Veränderung in der Gesellschafterstruktur die Zielgesellschaft unmittelbar betrifft.[334] Somit hat eine Zielgesellschaft etwa eine (nicht-öffentlich bekannte) Transaktion zu veröffentlichen, wenn sie um die Gewährung einer Due-Diligence-Prüfung in Bezug auf von ihr emittierter Wertpapiere ersucht wird und die Durchführung der Transaktion überwiegend wahrscheinlich ist. Für die Beurteilung der Wahrscheinlichkeit des Zustandekommens sind auch bei diesem Paketerwerb die oben im Rahmen der Veröffentlichungspflicht bei öffentlichen Übernahmen beschriebenen Kriterien anzulegen.[335] Eine Insiderinformation liegt daher typischerweise ab zufriedenstellendem Abschluss der Due Diligence vor. Dabei ist es für die Zielgesellschaft irrelevant, ob die Transaktion im Auktionsverfahren oder im Direktverfahren durchgeführt wird, sobald es überwiegend wahrscheinlich ist,

---

332 *Assmann,* in: Assmann/Schneider/Mülbert Wertpapierhandelsrecht, 7. Auflage, 2019, Art. 17 MAR Rz 219 f.; *Bingel* AG 2012, 685, 697; *Klöhn,* in: Kölner Komm WpHG, 2. Auflage, 2014, § 15 WpHG Rz 71 f., 84; *Krause,* in: Handbuch zum Marktmissbrauchsrecht, 2018, § 6 Begriff der Insiderinformation Rz 137; *Herfs,* in: Beck'sches M&A-Handbuch, 2017, § 21 Mitteilungspflichten Rz 96.

333 *Krause,* in: Handbuch zum Marktmissbrauchsrecht, 2018, § 6 Begriff der Insiderinformation Rz 138.

334 *Assmann,* in: Assmann/Schneider/Mülbert Wertpapierhandelsrecht, 7. Auflage, 2019, Art. 17 MAR Rz 219.

335 *Bingel* AG 2012, 685, 696 f.; *Herfs,* in: Beck'sches M&A-Handbuch, 2017, § 21 Mitteilungspflichten Rz 96.

dass die Transaktion erfolgt, auch wenn noch nicht sicher ist, wer die Anteile letztlich erwerben wird.[336]

### *(bb) Squeeze-out, Unternehmensverträge und andere Strukturmaßnahmen*

Die abfindungspflichtige Entscheidungen eines Hauptaktionärs zur Durchführung eines Squeeze-out oder einer Verschmelzung oder zum Abschluss eines Beherrschungs- und Gewinnabführungsvertrages können aufgrund der einhergehenden Folgen für die Aktionärsstruktur des Emittenten als (künftiger) Umstand zu einer Veröffentlichungspflicht führen.[337] Ebenfalls kann jeder Zwischenschritt, wie etwa der maßgebliche Organbeschluss, für sich genommen veröffentlichungspflichtig sein.[338] Bei Beurteilung der Kursrelevanz ist dabei zu berücksichtigen, inwieweit die Höhe der Abfindungszahlung bereits im Rahmen des Übernahmeangebots bekanntgegeben wurde und somit im Börsenkurs reflektiert ist.[339] Diese Grundsätze können auf alle weiteren Strukturmaßnahmen, wie den Abschluss eines Beherrschungs- und Gewinnabführungsvertrages, übertragen werden.[340]

### *(c) Veröffentlichungspflichten börsennotierter Bieter und Veräußerer bei einer öffentlichen Übernahme*

Zu untersuchen sind Veröffentlichungspflichten des Erwerbers/Bieters bzw. Veräußerers bei öffentlichen Übernahmen.

---

336 *Hopt/Kumpan* ZGR 2017, 765, 820.

337 Vgl. BaFin, Emittentenleitfaden, Modul C Stand 25. März 2020 (S. 22, 33); *Assmann,* in: Assmann/Schneider/Mülbert Wertpapierhandelsrecht, 7. Auflage, 2019, Art. 17 MAR Rz 223; *Frowein/Berger,* in: Habersack/Mülbert/Schlitt, Handbuch der Kapitalmarktinformation, 3. Auflage, 2020, § 10. Pflicht zur Veröffentlichung von Insiderinformationen (Art. 17 MAR) Rz 38 *Hopt/Kumpan,* in: Bankrechts-Handbuch, 5. Auflage, 2017, § 107 Rz 147; *Klöhn,* in: Kölner Komm WpHG, 2. Auflage, 2014, § 15 WpHG Rz 133; *Klöhn,* in: Klöhn MAR, 2018, Art. 17 MAR Rz 400, 402; *Pfüller,* in: Fuchs WpHG, 2. Auflage, 2016, § 15 WpHG Rz 252. **A.A.** bei *Zimmer/Kruse,* in: Schwark/Zimmer Kapitalmarktrecht (Vorauflage), 4. Auflage, 2010, § 15 WpHG Rz 44.

338 *Krause,* in: Handbuch zum Marktmissbrauchsrecht, 2018, § 6 Begriff der Insiderinformation Rz 133.

339 *Krause,* in: Handbuch zum Marktmissbrauchsrecht, 2018, § 6 Begriff der Insiderinformation Rz 134.

340 BaFin, Emittentenleitfaden, Modul C Stand 25. März 2020 (S. 22, 33); *Klöhn,* in: Klöhn MAR, 2018, Art. 17 MAR Rz 401.

### *(aa) Publizitätspflichten nach dem WpÜG*

Im Anwendungsbereich des WpÜG sind Ad-hoc-Publizitätspflichten ausgeschlossen (§ 10 Abs. 6 WpÜG).[341] Die Abgabe des Angebotes ist für den Bieter daher nicht nach Art. 17 MAR ad-hoc-publizitätspflichtig,[342] sondern nach Maßgabe des § 10 WpÜG zu publizieren.[343] Entsprechendes gilt, wenn der Bieter die Kontrolle über die Zielgesellschaft erlangt hat und deshalb zur Abgabe eines Pflichtangebots verpflichtet ist (§§ 35 Abs. 1 S. 4, 10 Abs. 6 WpÜG).[344] Diese Bereichsausnahme gilt nur für den engen sachlichen Anwendungsbereich. Alle anderen Insiderinformationen vor und nach der Entscheidung zur Abgabe des Angebots können nach Art. 17 MAR ad-hoc-publizitätspflichtig sein.[345]

### *(bb) Vorbereitungshandlungen*

Im Rahmen von Vorbereitungshandlungen bis zur Abgabe des Übernahmeangebotes gelten für Bieter und Veräußerer grundsätzlich dieselben Leitlinien wie für die Zielgesellschaft. Hingegen werden Maßnahmen im Vorbereitungsstadium für Bieter den Bieter, insbesondere dessen Entschluss eine öffentliche Übernahme konkret zu prüfen, allein nur in Ausnahmenfällen bereits eine kursrelevante Information darstellen. Diese Informationen wirken sich nicht vergleichbar auf den Kurs der vom Bieter emittierten Wertpapiere aus wie bei der Zielgesellschaft. Im Stadium von Vorbereitungen liegt für Bieter und Veräußerer typischerweise noch keine Insiderinformation vor.

Dies ist dann anders zu beurteilen, wenn mit der Transaktion ein grundlegender Strategiewechsel oder die Manifestierung einer wirtschaftlichen Misslage auf Seiten des Bieters/Veräußerers einhergeht.[346] In diesem Fall ist bei richtiger

---

341 Dies ergibt sich aber wohl schon aus dem Vorrang des Europarechts, *Klöhn,* in: Klöhn MAR, 2018, Art. 17 MAR Rz 49.

342 *Hopt/Kumpan,* in: Bankrechts-Handbuch, 5. Auflage, 2017, § 107 Rz 146.

343 Zur Frage, ob bei Verstößen gegen Publizitätspflichten nach dem WpÜG dennoch eine Haftung nach §§ 97, 98 WpHG bestehen kann, siehe unten B.II.1.a)aa).

344 *Hopt/Kumpan* ZGR 2017, 765, 815; *Klöhn,* in: Klöhn MAR, 2018, Art. 17 MAR Rz 49; *Veil/Brüggemeier,* in: Handbuch zum Marktmissbrauchsrecht, 2018, § 10 Veröffentlichungen von Insiderinformationen Rz 14.

345 *Hopt/Kumpan* ZGR 2017, 765, 815; *Hopt/Kumpan,* in: Bankrechts-Handbuch, 5. Auflage, 2017, § 107 Rz 146; *Santelmann/Steinhardt,* in: Steinmeyer, WpÜG, 4. Auflage, 2019, § 10 WpÜG Rz 50 ff.

346 *Brellochs* ZIP 2013, 1171, 1172; *Kumpan,* in: VGR, Gesellschaftsrecht in der Diskussion 2018, 2019, Gestreckte Vorgänge und Insiderrecht Rz 44; *Wilsing/Goslar* DStR 2013, 1610, 1612.

Betrachtung aber nicht die Einleitung des M&A-Prozesses selbst die maßgebliche Information. Vielmehr sind die zugrundeliegenden, strategischen Erwägungen des Unternehmens, welche zur Einleitung der Transaktion führen, als relevanter Anknüpfungspunkt für die Insiderinformation zu sehen.[347]

Eine geplante Übernahme stellt für den Bieter aber eine ihn unmittelbar betreffende Insiderinformation dar, sobald diese überwiegend wahrscheinlich zustande kommt und an sich kurserheblich ist. Dieses Stadium überwiegender Wahrscheinlichkeit wird typischerweise mit zufriedenstellendem Abschluss der Due Diligence bzw. dem Abschluss eines Letter of Intent vorliegen.[348]

### *(cc) Nacherwerbsphase*

Sofern es in der Nacherwerbsphase aufgrund von Integrationsmaßnahmen im Zusammenhang mit der durchgeführten Übernahme zu Insiderinformationen kommt, die nicht von der Bekanntgabe des Abgabe des Übernahmeangebotes gedeckt sind (§ 10 Abs. 6 WpÜG), können diese nach Art. 17 MAR ad-hoc-publizitätspflichtig sein.[349] Als ad-hoc-publizitätspflichtige Integrationsmaßnahmen kommen dabei insbesondere die Durchführung eines Squeeze-Out sowie der Abschluss eines Beherrschungs- und Gewinnabführungsvertrages in Betracht. Für die Beurteilung der Kursrelevanz ist allein maßgeblich, welche Auswirkungen diese Maßnahmen auf die Finanzinstrumente des Bieters erwarten lassen.[350]

### *(d) Veröffentlichungspflichten börsennotierter Erwerber oder Veräußerer bei nicht dem WpÜG unterfallenden M&A-Transaktionen*

Bei privaten M&A-Transaktionen außerhalb des Anwendungsbereichs des WpÜG gelten grundsätzlich dieselben Leitlinien wie im Rahmen öffentlicher Übernahmen. Von den bereits angesprochenen Ausnahmefällen abgesehen, berücksichtigt ein verständiger Anleger einen geplanten M&A-Prozess erst dann bei seiner Kauf- bzw. Verkaufsentscheidung, wenn sich Auswirkungen der Transaktion präzisieren.[351] Ein ad-hoc-publizitätspflichtiges

347 *Herfs,* in: Beck'sches M&A-Handbuch, 2017, § 21 Mitteilungspflichten Rz 93.

348 Dazu oben B.I.2.a)aa)(3)(a)(dd).

349 *Assmann,* in: Assmann/Schneider/Mülbert Wertpapierhandelsrecht, 7. Auflage, 2019, Art. 17 MAR Rz 223; *Fehling/Arens* AG 2010, 735, 736; *Hopt/Kumpan* ZGR 2017, 765, 817; *Klöhn,* in: Kölner Komm WpHG, 2. Auflage, 2014, § 15 WpHG Rz 133.

350 *Klöhn,* in: Klöhn MAR, 2018, Art. 17 MAR Rz 402.

351 *Herfs,* in: Beck'sches M&A-Handbuch, 2017, § 21 Mitteilungspflichten Rz 94.

Stadium ist regelmäßig mit zufriedenstellendem Abschluss einer Due Diligence gegeben.[352]

#### *(e) Abweichende Beurteilung bei Durchführung der außerbörslichen Transaktion im Auktionsverfahren*

Erfolgt die M&A-Transaktion im Auktionsverfahren ist im Hinblick auf Ad-hoc-Publizitätspflichten erneut zwischen der Zielgesellschaft und dem Bieter zu differenzieren. Im Auktionsverfahren ist bis zuletzt ungewiss, wer letztlich den Zuschlag erhält, jedoch steht für die Zielgesellschaft bereits fest, dass sie letztlich veräußert werden wird. Für den Bieter stellt eine solche Auktion folglich mangels überwiegender Wahrscheinlichkeit des Zustandekommens der Transaktion keine publizitätspflichtige Insiderinformation dar, solange zwischen den Parteien keine Exklusivität vereinbart worden ist.[353]

#### *(4) Kenntnis der Insiderinformation und Wissenszurechnung bei unterlassener oder verspäteter Ad-hoc-Publizität*

Eine Haftung für unterlassene oder verspätete Ad-hoc-Publizität nach § 97 WpHG ist an die Kenntnis des Emittenten von der Insiderinformation geknüpft.[354] Dabei stellt sich das zivil- und gesellschaftsrechtliche Grundsatzproblem des

352 *Assmann,* in: Assmann/Schneider/Mülbert Wertpapierhandelsrecht, 7. Auflage, 2019, Art. 17 MAR Rz 220; *Hopt/Kumpan* ZGR 2017, 765, 820; *Pfüller,* in: Fuchs WpHG, 2. Auflage, 2016, § 15 WpHG Rz 257.

353 So BaFin, Emittentenleitfaden, Modul C Stand 25. März 2020 (S. 19); *Pfüller,* in: Fuchs WpHG, 2. Auflage, 2016, § 15 WpHG Rz 258 Zurückhaltender *Lebherz* WM 2010, 154, 157.

354 Wobei umstritten ist, ob bereits die Ad-hoc-Publizitätspflicht nach Art. 17 MAR selbst eine Kenntnis von Insiderinformation erfordert (oder ob diese erst auf Ebene des Schadenserstzanspruches nach § 97 WpHG relevant ist), was die **hL** bejaht. Vgl. *Assmann,* in: Assmann/Schneider/Mülbert Wertpapierhandelsrecht, 7. Auflage, 2019, Art. 17 MAR Rz 50; *Buck-Heeb* CCZ 2009, 18, 20; *Buck-Heeb* AG 2015, 801; *Ekkenga* NZG 2013, 1081, 1085; *Habersack* DB 2016, 1551, 1554; *Ihrig* ZHR 181 (2017), 381, 385, 412; *Klöhn,* in: Kölner Komm WpHG, 2. Auflage, 2014, § 15 WpHG Rz 98; *Leyendecker-Langner/Kleinhenz* AG 2015, 72, 76; *Pfüller,* in: Fuchs WpHG, 2. Auflage, 2016, § 15 WpHG Rz 328; *Sajnovits* WM 2016, 765 f. Nach der **a.A.** kommt es hingegen allein auf das objektive Vorliegen der Insiderinformation an, vgl. *Klöhn* NZG 2017, 1285 ff.; *Klöhn,* in: Klöhn MAR, 2018, Art. 17 MAR Rz 105; *Schäfer,* in: Handbuch börsennotierte AG, 4. Auflage, 2018, § 15 Ad-hoc-Publizität Rz 15.20; *Spindler/Speier* BB 2005, 2031, 2032; *Thomale* NZG 2018, 1007, 1008 ff.; *Ziemons* NZG 2004, 537, 541.

Wissens juristischer Personen und sonstiger Gesellschaften.[355] Das Wissen des Emittenten als juristische Person ist ausschließlich rechtlich konstruierbar und beurteilt sich nach normativer Zurechnung, deren Grundsätze auf dem Gleichstellungsprinzip mehrerer Leitentscheidungen des Bundesgerichtshofes beruhen, wonach eine Angleichung der Rechtspositionen von juristischen und natürlichen Personen[356] durch eine Ausgleichung der Vorteile arbeitsteiligen Verhaltens zu erfolgen hat.[357] Dieses Gleichstellungsprinzip führt auf Ebene der Wissenszurechnung zu einer Pflicht zur ordnungsgemäßen Organisation der gesellschaftsinternen Kommunikation.[358] Hieraus folgen Informationsabfragepflichten seitens der Gesellschaft und Informationsweiterleitungspflichten auf Seiten der Mitglieder der Verwaltungsorgane und der sonstigen Vertreter.[359] Erfolgt diese Wissensorganisation nicht ordnungsgemäß, wird die juristische Person so behandelt, als hätte er das obliegenheitsgemäße Wissen tatsächlich erlangt.[360] Im Rahmen von Kapitalmarkt- und M&A-Transaktionen treten in diesem Zusammenhang typischerweise keine Unklarheiten auf, da die maßgebliche Führungsebene stets in diese Prozesse eingebunden ist.

### *(5) Aufschub der Ad-hoc-Publizität (Art. 17 Abs. 4 MAR)*

Haftungsrisiken für eine fehlerhafte Ad-hoc-Publizierung der Kapitalmarkt oder M&A-Transaktion wird in der Praxis durch einen selbstbefreienden, rechtmäßigen Aufschub der Offenlegung begegnet (Art. 17 Abs. 4 MAR). In Anbetracht

355 Grundlegend *Buck-Heeb*, Wissen und juristische Person, 2001. Zum Debattenstand generell *Thomale*, Der gespaltene Emittent, 2018, S. 5 ff.; mit Bezug zur Haftung für unterlassene Ad-hoc-Publizität *Thomale* NZG 2018, 1007, 1010.

356 BGH, Urteil vom 02.02.1996 – V ZR 239/94 – BGHZ 132, 30, 38; BGH, Urteil vom 08.12.1989 – V ZR 246/87 – BGHZ 109, 327, 332.

357 *Thomale* NZG 2018, 1007, 1010.

358 BGH, Urteil vom 02.02.1996 – V ZR 239/94 – BGHZ 132, 30, 37; *Thomale* NZG 2018, 1007, 1010.

359 BGH, Urteil vom 02.02.1996 – V ZR 239/94 – BGHZ 132, 30, 37; *Thomale* NZG 2018, 1007, 1010.

360 Generell zum Gleichstellungsprinzip und zu Wissensorganisationsobliegenheiten bei juristischen Personen *Thomale* NZG 2018, 1007, 1010. Die **hL** nimmt eine Anwendbarkeit der Wissenszurechnung aufgrund von Wissensorganisationsobliegenheiten auch im Kontext der Ad-hoc-Publizität an. Vgl. etwa *Möllers/Leisch*, in: Kölner Komm WpHG, 2. Auflage, 2014, §§ 37b, 37c WpHG Rz 176 f.; *Zimmer/Steinhaeuser*, in: Schwark/Zimmer Kapitalmarktrecht, 5. Auflage, 2020, §§ 97–98 WpHG Rz 67; **A.A.** mit Verweis auf ordnungssystematische und normspezifische Gründe *Thomale* NZG 2018, 1007, 1011.

der dargestellten Bedeutung von Kapitalmarkt- und M&A-Transaktionen für die Unternehmensbewertung und die strategische Ausrichtung der beteiligten Unternehmen sind sowohl die Anteilseigner als auch andere Marktteilnehmer regelmäßig an einer möglichst frühen Information interessiert. Andererseits bedroht eine frühzeitige Veröffentlichung oftmals den Erfolg der Transaktion. Aus diesem Grund ist die Aufschubmöglichkeit zur Veröffentlichung von Insiderinformationen bei Kapitalmarkt- und M&A-Transaktionen von besonderer praktischer Relevanz.[361]

Voraussetzung für den rechtmäßigen Aufschub ist, dass eine unverzügliche Offenlegung zu einer Beeinträchtigung der berechtigten Interessen des Emittenten führt, die Aufschiebung keine Irreführung der Öffentlichkeit darstellt und die Information auch faktisch geheim gehalten werden kann.[362] Bei Kapitalmarkt- oder M&A-Transaktionen als zeitlich gestreckten Vorgängen müssen diese Voraussetzungen bei jedem Zwischenschritt erfüllt sein, dessen Veröffentlichung aufgeschoben werden soll (Art. 17 Abs. 4 Unterabs. 2 MAR).[363]

Sowohl die europäische Aufsichtsbehörde ESMA[364] als auch zuvor die BaFin erkennen den erfolgreichen Abschluss einer Kapitalmarkt- oder M&A-Transaktion[365] als berechtigtes Interesse der Beteiligten an einem Aufschub der Veröffentlichung an.[366] Angesichts der wenig klaren Richtlinien, wann bei einer solchen Transaktion eine Veröffentlichungspflicht konkret entsteht, wird in der Praxis zur Vermeidung von Haftungsrisiken typischerweise frühzeitig von der Selbstbefreiung Gebrauch gemacht.[367]

### *(a) Aufschubmöglichkeiten der (Ziel-)Gesellschaft*

Die (Ziel-)Gesellschaft ist berechtigt, die Ad-hoc-Publizitätspflichten bei Kapitalmarkt oder M&A-Transaktionen aufzuschieben, wenn hierfür ein eigenes berechtigtes Interesse besteht (Art. 17 Abs. 4 MAR). Dabei können insbesondere

361 *Hopt/Kumpan* ZGR 2017, 765, 780.

362 *Hopt/Kumpan* ZGR 2017, 765, 782.

363 *Hopt/Kumpan* ZGR 2017, 765, 783.

364 European Securities and Markets Authority.

365 Die ESMA nennt insoweit "mergers, acquisitions, splits and spinoffs, purchases or disposals of major assets or branches of corporate activity, restructurings and reorganisations". Siehe ESMA, Guidelines on the Market Abuse Regulation, ESMA/2016/1130, 3.2.1 (S. 14, Rz 56) und 5.1 (S. 63, Rz 94).

366 ESMA, Guidelines on the Market Abuse Regulation, ESMA/2016/1130, 5.1 (S. 63, Rz 94).

367 *Herfs*, in: Beck'sches M&A-Handbuch, 2017, § 21 Mitteilungspflichten Rz 62.

Interessen des Bieters (einschließlich des Interesses eine Kurssteigerung durch vorzeitige Publizierung zu vermeiden) oder Interessen der Aktionäre (einschließlich des Interesses zur Erzielung eines hohen Übernahmepreises) nicht herangezogen werden.[368]

Entscheidend sind die eigenen Interessen der Gesellschaft. Dieses liegt bei Kapitalmarkttransaktionen unmittelbar in der erfolgreichen Emission der Wertpapiere sowie der damit einhergehenden Signalwirkung an den Finanzmarkt. Bei M&A-Transaktionen kann ein eigenes Interesse der Zielgesellschaft vorliegen, wenn die erfolgreiche Durchführung der Transaktion im unternehmerischen Interesse der Zielgesellschaft liegt, insbesondere wenn diese sich hiervon Synergieeffekte erhofft. Andere unternehmerische Interessen können in der Vermeidung einer Verunsicherung von Mitarbeitern, Kunden oder Lieferanten bzw. der Gefährdung von Refinanzierungen oder befürchteten Reaktionen von Wettbewerbern liegen. Auch besteht ein Geheimhaltungsinteresse, wenn die Zielgesellschaft im Falle einer feindlichen Übernahme spezifische Verteidigungsmaßnahmen vorbereitet.[369]

#### *(b) Aufschubmöglichkeiten von Erwerber/Bieter und Veräußerer*

Bei M&A-Transaktionen liegt das Interesse von Erwerber/Bieter bzw. Veräußerer an der Geheimhaltung typischerweise im erfolgreichen Abschluss der Transaktion. Zudem kann die Veröffentlichung der Übernahmeabsicht mittelbar den Übernahmepreis beeinflussen. Das Bekanntwerden der Übernahmeabsicht führt typischerweise zu einem Anstieg des Aktienkurses.

#### *(6) Unmittelbare Betroffenheit des Emittenten*

Ad-hoc-Publizitätspflichten bestehen nur für Insiderinformationen, die den Emittenten unmittelbar betreffen (Art. 17 Abs. 1 Unterabs. 1 MAR). Jeder Transaktionsbeteiligte ist nur für die Erfüllung der eigenen Publizitätspflichten verantwortlich.[370]

---

368 *Klöhn,* in: Klöhn MAR, 2018, Art. 17 MAR Rz 391; *Pfüller,* in: Fuchs WpHG, 2. Auflage, 2016, § 15 WpHG Rz 249.

369 *Pfüller,* in: Fuchs WpHG, 2. Auflage, 2016, § 15 WpHG Rz 249.

370 *Assmann,* in: Assmann/Schneider/Mülbert Wertpapierhandelsrecht, 7. Auflage, 2019, Art. 17 MAR Rz 48, 217; *Hopt/Kumpan* ZGR 2017, 765, 814; *Klöhn,* in: Kölner Komm WpHG, 2. Auflage, 2014, § 15 WpHG Rz 122; *Klöhn,* in: Klöhn MAR, 2018, Art. 17 MAR Rz 92.

### *(7) Unverzügliche Veröffentlichung der Insiderinformation*

Insiderinformation, die den Emittenten betreffen, sind von diesem unverzüglich[371] zu veröffentlichen (Art. 17 Abs. 1 MAR). Dabei wird von Emittenten verlangt, für Vorgänge, auf die planvoll hingearbeitet wird, Ad-hoc-Mitteilungen so weit vorbereitet, dass nur noch Details und konkrete Zahlen eingefügt werden müssen.[372]

### *(8) Verschulden*

Das Haftungsrisiko wegen fehlerhafter bzw. unterlassener Ad-hoc-Publizität nach §§ 97, 98 WpHG erfordert ein Verschulden, wobei dieses vermutet wird und so eine Beweislastumkehr begründet. Die Veröffentlichungspflicht richtet sich allein an den Emittenten (Art. 17 MAR).[373] Damit liegt ein Fall der unternehmensbezogenen Pflichtverletzung vor. Maßgeblich ist das Verschulden des Emittenten selbst und nicht das der Mitglieder seiner Verwaltungsorgane.[374] Der erforderliche Pflichtenmaßstab bestimmt sich somit anhand des jeweiligen Deliktstatbestandes und nicht nach gesellschaftsrechtlichen Grundsätzen.[375] Die konkreten Verschuldensanforderungen folgen daher Sinn und Zweck von Art. 17 MAR. Nach der Rechtsprechung des EuGH ist die Personengruppe, dessen Handlungen dem Emittenten zugerechnet werden können, nach einem funktionalen Ansatz zu ermitteln.[376] Bei dieser Betrachtung sind als relevante Personen für Pflichtverletzungen nach §§ 97, 98 WpHG allein diejenigen Personen maßgeblich, die mit Veröffentlichungspflichten von Insiderinformationen betraut sind.[377]

---

371 Zur Frage der Auslegung des Begriffs „unverzüglich" in diesem Kontext, insbesondere, ob er Raum für eine Verschuldensanforderung lässt, vgl. EuGH, Urteil vom 22.04.1997 – C180/95 – NJW 1997, 1839. Dazu auch *Hellgardt,* in: Assmann/Schneider/Mülbert Wertpapierhandelsrecht, 7. Auflage, 2019, § 97 WpHG Rz 87 (m.w.N.).

372 OLG München, Beschluss vom 15.12.2014 – KAP 3/10 – juris Rz 510 (insoweit nicht in OLG München, Beschluss vom 15.12.2014 – NZG 2015, 399 abgedruckt); *Hellgardt,* in: Assmann/Schneider/Mülbert Wertpapierhandelsrecht, 7. Auflage, 2019, § 97 WpHG Rz 88; *Zimmer/Steinhaeuser,* in: Schwark/Zimmer Kapitalmarktrecht, 5. Auflage, 2020, §§ 97–98 WpHG Rz 41.

373 *Hellgardt* WM 2006, 1514, 1516 f.

374 *Hellgardt,* in: Assmann/Schneider/Mülbert Wertpapierhandelsrecht, 7. Auflage, 2019, § 97 WpHG Rz 108; *Hellgardt,* Kapitalmarktdeliktsrecht, 2008, S. 420.

375 *Hellgardt,* Kapitalmarktdeliktsrecht, 2008, S. 420.

376 EuGH, Urteil vom 18.07.2013 – C-501/11 – Celex-Nr. 62011CJ0501 Rz 101 f.

377 *Hellgardt,* in: Assmann/Schneider/Mülbert Wertpapierhandelsrecht, 7. Auflage, 2019, § 97 WpHG Rz 109.

*(9) Haftungsadressat*

Haftungsadressat ist ausschließlich der Emittent.[378] Eine analoge Anwendung auf die beteiligten Organmitglieder scheidet mangels planwidriger Regelungslücke aus.[379] Der Gesetzgeber hat sich bewusst gegen eine direkte Außenhaftung der Organe entschieden.[380] Dies führt nicht zu einem generellen Ausschluss der Organaußenhaftung. Vielmehr beurteilt sich diese nach den zivilrechtlichen Grundsätzen.[381]

*bb) Haftung aufgrund von vorvertraglichen Pflichtverletzungen bei Inanspruchnahme besonderen persönlichen Vertrauens (§§ 280 Abs. 1, 311 Abs. 2, 241 Abs. 2 BGB)*

Im Rahmen der fehlerhaften Primärmarktinformation hat der Bundesgerichtshof in einer – umstrittenen – Entscheidung[382] eine Haftung von Organmitgliedern nach den Grundsätzen der culpa in contrahendo bei Inanspruchnahme besonderen persönlichen Vertrauens durch einen persönlichen Kontakt angenommen.[383] Im Fall waren Organmitglieder einer kapitalsuchenden Gesellschaft persönlich auf einen beschränkten Kreis an Investoren zugegangen und hatten eine persönliche Anlegerpräsentation vorgetragen. Ein Prospekt war mangels öffentlichen Angebots nicht zu erstellen. In der Entscheidung wurde die Haftung (für falsche/veraltete Informationen in der Präsentation) mit dem persönlichen Gegenübertreten begründet.

Nach diesen Grundsätzen besteht eine Haftung bereits für einfache Fahrlässigkeit und unterläuft damit die im Kapitalmarktinformationsrecht typische Haftungsbegrenzung auf Vorsatz und grobe Fahrlässigkeit.[384] Wendet man diese Rechtsprechung auf den Sekundärmarkt an, bestehen Haftungsrisiken für

---

378 *Hellgardt*, in: Assmann/Schneider/Mülbert Wertpapierhandelsrecht, 7. Auflage, 2019, § 97 WpHG Rz 61.

379 *Doğan*, Ad-hoc-Publizitätshaftung, 2005, S. 171; *Hellgardt*, Kapitalmarktdeliktsrecht, 2008, S. 429; *Hellgardt*, in: Assmann/Schneider/Mülbert Wertpapierhandelsrecht, 7. Auflage, 2019, § 97 WpHG Rz 171; *Schäfer*, in: Handbuch börsennotierte AG, 4. Auflage, 2018, § 17 Haftung für unterlassene und fehlerhafte Ad-hoc-Publizität Rz 17.6.

380 *Hellgardt*, in: Assmann/Schneider/Mülbert Wertpapierhandelsrecht, 7. Auflage, 2019, § 97 WpHG Rz 171.

381 *Hellgardt*, in: Assmann/Schneider/Mülbert Wertpapierhandelsrecht, 7. Auflage, 2019, § 97 WpHG Rz 171.

382 BGH, Urteil vom 02.06.2008 – II ZR 210/06 – AG 2008, 662, 663.

383 Dazu oben B.I.1.b)dd).

384 *Fleischer* NJW 2009, 2337, 2341.

Organmitglieder, die Investoren und Anlegern fahrlässig im Wege persönlichen Kontakts fehlerhafte Informationen über mögliche Kapitalmarkt oder M&A-Transaktionen zutragen.

Ob der Bundesgerichtshof diese Rechtsprechung auf den Sekundärmarkt ausdehnen wird, ist unklar.[385] Im Grundsatz ist dies nicht zu erwarten, da dies im diametralen Gegensatz zur restriktiven Rechtsprechung bei der Außenhaftung für fehlerhafte Sekundärmarktinformation stünde.[386] Im Übrigen läge eine solche Anwendung auch nicht im Interesse des Kapitalmarktes, da dies zu einer sinkenden Informationsbereitschaft von Geschäftsleitern mit Nachteilen für die Kapitalmarkteffizienz führen würde.[387] Es ist somit nicht davon auszugehen, dass Emittenten und deren Organmitglieder bei fehlerhafter Information über mögliche Kapitalmarkt- oder M&A-Transaktionen bereits für einfache Fahrlässigkeit nach den Grundsätzen der vorvertraglichen Pflichtverletzung in Anspruch genommen werden.

#### *cc) Haftung wegen Verletzung eines Schutzgesetzes (§ 823 Abs. 2 BGB)*

Eine Haftung nach § 823 Abs. 2 BGB bei unterlassener oder fehlerhafter Information des Sekundärmarktes erfordert die Verletzung eines Schutzgesetzes. Hierfür ist erforderlich, dass es sich bei Art. 17 MAR um ein Schutzgesetz handelt. Die Qualifizierung von Art. 17 MAR als Schutzgesetz ist nach überzeugender Auffassung abzulehnen. Normzweck der Ad-hoc-Publizität ist die Sicherung der Funktionsfähigkeit des Kapitalmarktes und nicht der Schutz von Individualinteressen der Anleger.[388] Hierfür spricht bereits die Präambel der MAR, wonach deren Schutzzweck auf die Sicherstellung der Integrität der Finanzmärkte sowie

---

385 *Krämer/Gillessen,* in: Handbuch Managerhaftung, 3. Auflage, 2017, § 32 Risikobereich und Haftung: Kapitalmarktinformationen Rz 32.91.

386 *Krämer/Gillessen,* in: Handbuch Managerhaftung, 3. Auflage, 2017, § 32 Risikobereich und Haftung: Kapitalmarktinformationen Rz 32.91.

387 Beispielhaft für die Kritik im Schrifttum *Fleischer* NJW 2009, 2337, 2341.

388 *Assmann,* in: Assmann/Schneider/Mülbert Wertpapierhandelsrecht, 7. Auflage, 2019, Art. 17 MAR Rz 11 und 308 ff.; *Klöhn,* in: Klöhn MAR, 2018, Art. 17 MAR Rz 5; *Zimmer/Steinhaeuser,* in: Schwark/Zimmer Kapitalmarktrecht, 5. Auflage, 2020, §§ 97–98 WpHG Rz 125; **A.A.**, wenn Organwalter die Pflichtverletzung begangen hat, um sich persönliche Vorteile zu verschaffen, bei *Hellgardt,* in: Assmann/Schneider/Mülbert Wertpapierhandelsrecht, 7. Auflage, 2019, § 97 WpHG Rz 172.

auf die Verhinderung des Verlustes von Vertrauen der Anleger in Wertpapiere und Derivate durch Marktmissbrauch[389] gerichtet ist.[390]

Die strafrechtlichen Tatbestände des Kapitalanlagebetruges nach § 264a StGB und des Betruges nach § 263 StGB sind zwar nach allgemeiner Auffassung als Schutzgesetz zu qualifizieren, jedoch wird deren Tatbestand typischerweise nicht bereits allein aufgrund der fehlerhaften Ad-hoc-Mitteilungen erfüllt sein.[391] Eine Haftung kommt aber unter dem Gesichtspunkt des § 400 AktG als Schutzgesetz in Betracht, wenn die fehlerhafte Ad-hoc-Mitteilung zu anstehenden oder geplanten Kapitalmarkt- oder M&A-Transaktionen inhaltlich als Darstellung über den Vermögensgegenstand bewertet werden kann.[392] Dies ist anzunehmen, wenn die Mitteilung den Vermögensgegenstand des Unternehmens derart wiedergibt, dass ein Gesamtbild über die wirtschaftliche Lage des Unternehmens ermöglicht und der Eindruck der Vollständigkeit erweckt wird.[393]

### *dd) Haftung wegen vorsätzlicher, sittenwidriger Schädigung (§ 826 BGB)*

Für eine fehlerhafte Publizierung einer Kapitalmarkt- oder M&A-Transaktion drohen dem Emittenten sowie den Mitgliedern der Verwaltungsorgane Außenhaftungsrisiken wegen vorsätzlicher, sittenwidriger Schädigung (§§ 826, 31 BGB). Schadensersatzansprüche von Anlegern gegen Emittenten oder Organmitglieder wegen fehlerhafter Ad-hoc-Publizität auf Grundlage des § 826 BGB sind fester Bestandteil der deutschen Rechtspraxis, auch weil die zivilrechtliche Aufarbeitung

---

389 Auch Art. 12 MAR entfaltet keinen Individualschutz, vgl. *Krämer/Gillessen*, in: Handbuch börsennotierte AG, 4. Auflage, 2018, § 10 Due Diligence und Prospekthaftung Rz 32.61.

390 Siehe hierzu Prämbel (2) und (2) der MAR. Soweit die Rechtssicherheit für Marktteilnehmer angesprochen wird (18), ist dies nur als logisch aus dem Schutzzweck folgender Schluss anzusehen.

391 So auch BGH, Urteil vom 19.07.2004 – II ZR 218/03 (Infomatec I) – BGHZ 160, 134, 141 f.; *Zimmer/Steinhaeuser*, in: Schwark/Zimmer Kapitalmarktrecht, 5. Auflage, 2020, §§ 97–98 WpHG Rz 130; Ausführlich zu den Schutzgesetzen im Einzelnen *Mülbert/Steup*, in: Habersack/Mülbert/Schlitt, Unternehmensfinanzierung am Kapitalmarkt, 4. Auflage, 2019, § 41 Haftung für fehlerhafte Kapitalmarktinformation Rz 41.247 ff.

392 *Mülbert/Steup*, in: Habersack/Mülbert/Schlitt, Unternehmensfinanzierung am Kapitalmarkt, 4. Auflage, 2019, § 41 Haftung für fehlerhafte Kapitalmarktinformation Rz 41.249; *Weitnauer*, Handbuch Venture Capital, 6. Auflage, 2019, Teil I Rz. 194 So bei der Veröffentlichung bei Halbjahreszahlen in der EM.TV-Entscheidung BGH, Urteil vom 09.05.2005 – II ZR 287/02 – NJW 2005, 2450, 2451.

393 BGH, Urteil vom 19.07.2004 – II ZR 218/03 – NJW 2004, 2664 f.; *Weitnauer*, Handbuch Venture Capital, 6. Auflage, 2019, Teil I Rz. 194.

der Vorgänge des Neuen Marktes, bei dessen Einbruch die Unternehmensführungen mehrerer Gesellschaften entschieden hatten, die Anleger durch gezielte Falschmitteilungen irrezuführen, am Maßstab des § 826 BGB erfolgte. Im Ergebnis wurde Anlegern, die durch eine inhaltlich falsche Mitteilung gezielt in die Irre geführt wurden, ein Schadensersatzanspruch zugesprochen. Keinen Schutz erhielten Anleger, deren Schäden auf unterlassener Ad-hoc-Publizität beruhten.[394]

### *(1) Sittenwidrigkeit*

Eine Haftung nach § 826 BGB erfordert zunächst einen Verstoß gegen die guten Sitten, wobei allein der bewusste Rechtsverstoß und die bewusste Schädigung Dritter für sich allein noch nicht genügen.[395] Vielmehr bedarf es der gesonderten Feststellung einer besonderen Verwerflichkeit.[396]

Nach einem spezifisch kapitalmarktrechtlichen Ansatz ist Sittenwidrigkeit indiziert, wenn wissentlich grob unrichtige Informationen durch missbräuchliche Ad-hoc-Mitteilungen veröffentlicht werden,[397] um einen Wissensvorsprung zu Lasten der Anleger auszunutzen.[398] Umstritten ist, ob auch eine unterlassene Pflichtmitteilung zu einer Sittenwidrigkeit führen kann. Die Rechtsprechung nimmt dies an, wenn das geforderte Tun einem sittlichen Gebot entspricht; allgemeine Rechtspflichten (wie nach Art. 17 MAR) genügen hierfür nicht.[399] Eine andere Beurteilung ist nach der herrschenden Ansicht in der Literatur nur angezeigt, wenn zu dem rechtswidrigen Schweigen eine verwerfliche Motivation, etwa in Gestalt eines

---

394 *Thomale* NZG 2018, 1007, 1008.

395 *Seulen,* in: Habersack/Mülbert/Schlitt, Handbuch der Kapitalmarktinformation, 3. Auflage, 2020, § 29. Haftung für fehlerhafte Sekundärmarktpublizität Rz 169.

396 Ausführlich mit besonderem Augenmerk auf fehlerhafte Ad-hoc-Mitteilungen bei *Hellgardt,* in: Assmann/Schneider/Mülbert Wertpapierhandelsrecht, 7. Auflage, 2019, § 97 WpHG Rz 161.

397 *Fuchs,* in: Fuchs WpHG, 2. Auflage, 2016, Vor §§ 37b, 37c WpHG Rz 34; *Seulen,* in: Habersack/Mülbert/Schlitt, Handbuch der Kapitalmarktinformation, 3. Auflage, 2020, § 29. Haftung für fehlerhafte Sekundärmarktpublizität Rz 169.

398 BGH, Urteil vom 19.07.2004 – II ZR 402/02 – BGHZ 160, 149, 157; BGH, Urteil vom 19.07.2004 – II ZR 217/03 – NJW 2004, 2668, 2670; *Fleischer,* in: Assmann/Schütze/Buck-Heeb, Handbuch des Kapitalanlagerechts, 5. Auflage, 2020, § 6 Haftung für fehlerhafte Kapitalmarktkommunikation Rz 20; *Goette* DStR 2005, 561, 563; *Leisch* ZIP 2004, 1573, 1576; *Seulen,* in: Habersack/Mülbert/Schlitt, Handbuch der Kapitalmarktinformation, 3. Auflage, 2020, § 29. Haftung für fehlerhafte Sekundärmarktpublizität Rz 169.

399 BGH, Urteil vom 10.07.2001 – VI ZR 160/00 – NJW 2001, 3702.

intendierten Eigennutzes, hinzutritt.[400] Hierbei ist allerdings Zurückhaltung geboten, da nach der Systematik des Deliktsrechts klare Strukturen zur Eingrenzung der offenen Norm des § 826 BGB verlangt ist.[401]

### *(2) Vorsatz*

Der erforderliche, aber ausreichende, Eventualvorsatz liegt vor, wenn das handelnde Organmitglied die Fehlerhaftigkeit der Ad-hoc-Mitteilungen kennt.[402] Bereits mit dieser Kenntnis weiß der Handelnde, dass die Anleger ihre Transaktionen zum „falschen" Preis ausführen oder Transaktionen vornehmen, die sie sonst überhaupt nicht eingegangen wären.[403] Nicht erforderlich ist hingegen, dass der Anspruchsverpflichtete weiß, welcher Personenkreis im Einzelnen geschädigt wird. Es genügt, dass die Möglichkeit und die Umstände eines Schadenseintritts vorausgesehen und billigend in Kauf genommen werden.[404]

### *(3) Kausalität*

Erforderlich ist das Vorliegen einer Transaktionskausalität, was der Anspruchssteller vollumfänglich darzulegen und zu beweisen hat.[405] Dabei kommen ihm nach der Rechtsprechung des Bundesgerichtshofes in den *ComROAD*-Entscheidungen

---

400 *Fleischer* DB 2004, 2031, 2034; *Krause* ZGR 2002, 799, 824; *Möllers* WM 2003, 2393, 2394; *Mülbert/Steup,* in: Habersack/Mülbert/Schlitt, Unternehmensfinanzierung am Kapitalmarkt, 4. Auflage, 2019, § 41 Haftung für fehlerhafte Kapitalmarktinformation Rz 243.

401 *Seulen,* in: Habersack/Mülbert/Schlitt, Handbuch der Kapitalmarktinformation, 3. Auflage, 2020, § 29. Haftung für fehlerhafte Sekundärmarktpublizität Rz 175; *Wagner,* in: Münchener Kommentar zum BGB, 8. Auflage, 2019, § 826 BGB Rz 3, 5.

402 BGH, Urteil vom 19.07.2004 – II ZR 402/02 – BGHZ 160, 149, 154 f. (Infomatec II).

403 So auch *Goette* DStR 2005, 561, 563; *Krämer/Gillessen,* in: Handbuch Managerhaftung, 3. Auflage, 2017, § 32 Risikobereich und Haftung: Kapitalmarktinformationen Rz 32.66; *Leisch* ZIP 2004, 1573, 1575 f.; *Seulen,* in: Habersack/Mülbert/Schlitt, Handbuch der Kapitalmarktinformation, 3. Auflage, 2020, § 29. Haftung für fehlerhafte Sekundärmarktpublizität Rz 167.

404 BGH, Urteil vom 19.07.2004 – II ZR 402/02 – BGHZ 160, 149, 155 f. (Infomatec II); *Fleischer,* in: Assmann/Schütze/Buck-Heeb, Handbuch des Kapitalanlagerechts, 5. Auflage, 2020, § 6 Haftung für fehlerhafte Kapitalmarktkommunikation Rz 23.

405 BGH, Urteil vom 04.06.2007 – II ZR 147/05 – NZG 2007, 708, 709 (ComROAD IV); BGH, Urteil vom 07.01.2008 – II ZR 229/05 – NZG 2008, 382 sowie 385 und 387 (ComROAD VI, VII, VIII); BGH, Urteil vom 15.02.2006 – II ZR 246/04 – ZIP 2007, 679 (ComROAD II); BGH, Urteil vom 28.11.2005 – II ZR 80/04 – ZIP 2007, 681, 682 (ComROAD I); BGH, Urteil vom 28.11.2005 – II ZR 246/04 – BB 2007, 960, 961.

auch bei besonders groben Verstößen gegen die Ad-hoc-Publizitätspflicht nicht die Grundsätze des Anscheinsbeweises zu Hilfe,[406] sofern nicht durch eine Serie von Ad-hoc-Mitteilungen eine Art Anlagestimmung erzeugt wird.[407]

#### *(4) Ersatzfähige Schadenspositionen*

In der Rechtsfolge kann der Anleger aber aufgrund der Anwendbarkeit der allgemeinen Bestimmungen (§§ 249 ff. BGB) nicht nur den Differenzschaden geltend machen, sondern auch die Rückgängigmachung des Transaktionsgeschäftes (Naturalrestitution) verlangen.[408] Altanleger, welche aufgrund der unerlaubten Handlung der Unternehmensführung von einem fest beabsichtigten Verkauf Abstand genommen haben, können nach der *EM.TV*-Entscheidung aufgrund der Naturalrestitution den hypothetischen Verkaufspreis zum geplanten Verkaufstermin beanspruchen.[409]

### *ee) Bußgeldbewehrung (§ 120 Abs. 15 und 18 WpHG)*

Nach § 120 Abs. 15 Nr. 6–10 sind bestimmte Verstöße gegen die Ad-hoc-Publizitätspflichten nach Art. 17 MAR bußgeldbewehrt. Dabei können gemäß § 120 Abs. 18 S. 1 WpHG gegenüber natürlichen Personen Bußgelder von bis zu EUR 1 Mio. verhängt werden, wenn im Zusammenhang mit der Kapitalmarkt- oder M&A-Transaktionen fehlerhafte Ad-hoc-Mitteilungen publiziert werden. Gegenüber juristischen Personen beträgt der Bußgeldrahmen bis zu EUR 2,5 Mio. oder – falls höher – bis zu zwei Prozent des Gesamtumsatzes des vorangegangenen Geschäftsjahres.[410] Der Bußgeldandrohung unterliegen alle für den Emittenten handelnde Leitungspersonen. Dem Emittenten wird deren deliktisches Verhalten nach § 30 OWiG zugerechnet.[411]

---

406 BGH, Urteil vom 19.07.2004 - II ZR 218/03 - BGHZ 160, 134, 145 ff. (Infomatec); BGH, Urteil vom 04.06.2007 - II ZR 147/05 - NZG 2007, 708, 709 f. (ComROAD IV); BGH, Urteil vom 07.01.2008 - II ZR 229/05 - NZG 2008, 382, 385 (ComROAD VI); **A.A.** *Baums* ZHR 167 (2003), 139, 180 ff.; *Fleischer* BB 2002, 1869, 1874.

407 Wobei sich selbst dann schematische Betrachtungsweisen verbieten. Vgl. BGH, Urteil vom 04.06.2007 – II ZR 147/05 – NZG 2007, 708, 709 (ComROAD IV); BGH, Urteil vom 07.01.2008 – II ZR 229/05 – NZG 2008, 382, 385 (ComROAD VI); *Seulen*, in: Habersack/Mülbert/Schlitt, Handbuch der Kapitalmarktinformation, 3. Auflage, 2020, § 29. Haftung für fehlerhafte Sekundärmarktpublizität Rz 172 (m.w.N.).

408 BGH, Urteil vom 13.12.2011 – XI ZR 51/10 – NZG 2012, 263, 268 f. (IKB); *Weitnauer*, Handbuch Venture Capital, 6. Auflage, 2019, Teil I Rz 195.

409 BGH, Urteil vom 09.05.2005 – II ZR 287/02 – NZG 2005, 672, 675; *Fleischer*, in: Assmann/Schütze/Buck-Heeb, Handbuch des Kapitalanlagerechts, 5. Auflage, 2020, § 6 Haftung für fehlerhafte Kapitalmarktkommunikation Rz 34.

410 *Klöhn*, in: Klöhn MAR, 2018, Art. 17 MAR Rz 582 f.

411 *Klöhn*, in: Klöhn MAR, 2018, Art. 17 MAR Rz 586 f.

#### *ff) Haftung der Organmitglieder wegen Sorgfaltspflichtverstoß (§ 93 Abs. 2 S. 1, 116 S. 1 AktG)*

Wird ein Emittent für eine fehlerhafte oder unterlassene Ad-hoc-Mitteilung im Außenverhältnis in Anspruch genommen, kommt ein Regress des Emittenten gegen das verantwortliche Organmitglied in Betracht (§ 93 Abs. 2 S. 1, 116 S. 1 AktG). Die hierfür erforderliche Pflichtverletzung im Innenverhältnis kann entweder daraus resultieren, dass der betroffene Geschäftsleiter selbst persönlich gegen die Pflichten aus Art. 17 MAR verstoßen hat, indem er einen Umstand nicht oder falsch publiziert hat, oder indem er es versäumt hat, im Unternehmen eine hinreichende Wissensorganisation einzurichten bzw. seine Compliance-Pflichten verletzt hat und hierdurch ein Verstoß gegen Art. 17 MAR ermöglicht wurde.[412] Der Regressanspruch kann im Voraus nicht erlassen oder ermäßigt werden (§§ 97 Abs. 5, 98 Abs. 5 WpHG).[413]

### *b) Haftungsrisiken beim Beteiligungsaufbau und -abbau aufgrund von fehlerhaften Stimmrechtsmitteilungen nach § 33 WpHG*

Zu untersuchen sind Haftungsrisiken beim Erwerb oder der Veräußerung einer Beteiligung an einer börsennotierten Gesellschaft. Beim Auf- und Abbau einer Beteiligung an einem börsennotierten Unternehmen besteht bei Über- oder Unterschreitung bestimmter Schwellenwerte die Pflicht, dies sowohl dem Emittenten als auch der BaFin offenzulegen.[414] Dabei wird die Frage nach der Haftung für fehlerhafte Stimmrechtsmitteilungen kontrovers diskutiert, wobei stets zwischen der Mitteilungspflicht des Anteilsinhabers (§§ 33 ff., 43 WpHG) und der Mitteilungspflicht des Emittenten (§ 40 WpHG) zu unterscheiden ist.[415] Ein spezialgesetzlicher Haftungstatbestand ist vom Gesetzgeber für Verstöße gegen diese Mitteilungs- und Veröffentlichungspflichten nicht vorgesehen, weshalb sich die Haftung in diesem Zusammenhang nach den allgemeinen Grundsätzen des Deliktsrechts beurteilt.

#### *aa) Haftungsrisiken des Anteilsinhabers nach § 823 Abs. 2 BGB*

Eine Haftung nach § 823 Abs. 2 BGB bei unterlassener oder fehlerhafter Information des Sekundärmarktes erfordert die Verletzung eines Schutzgesetzes. Hierfür ist

---

412 *Hellgardt,* in: Assmann/Schneider/Mülbert Wertpapierhandelsrecht, 7. Auflage, 2019, § 97 WpHG Rz 167; *Zimmer/Steinhaeuser,* in: Schwark/Zimmer Kapitalmarktrecht, 5. Auflage, 2020, §§ 97–98 WpHG Rz 144.

413 *Hellgardt,* in: Assmann/Schneider/Mülbert Wertpapierhandelsrecht, 7. Auflage, 2019, § 97 WpHG Rz 167.

414 *Herfs,* in: Beck'sches M&A-Handbuch, 2017, § 21 Mitteilungspflichten Rz 108.

415 *Krämer/Gillessen,* in: Handbuch Managerhaftung, 3. Auflage, 2017, § 32 Risikobereich und Haftung: Kapitalmarktinformationen Rz 32.81.

erforderlich, dass es sich bei §§ 33 ff. WpHG um Schutzgesetze handelt. Die Qualifizierung von §§ 33 ff. WpHG als Schutzgesetz wird differenziert beurteilt, wobei der Meinungsstand insoweit als ausgewogen bezeichnet werden kann.[416] Für einen Schutzgesetzcharakter der §§ 33 ff. WpHG wird insbesondere der „Gesamtzusammenhang des Normgefüges“[417] angeführt. Dabei wird insbesondere auf eine Parallele zu §§ 20, 21 AktG verwiesen und ein Umkehrschluss aus § 26 Abs. 3 WpHG gezogen.[418]

Nach richtiger Auffassung ist bei Umsetzung der Transparenzrichtlinie[419] aber nur die Funktionsfähigkeit der Wertpapiermärkte in den Schutzbereich der §§ 33 ff. WpHG einbezogen worden, weshalb die Vermittlung eines Individualschutzes abzulehnen ist. Bei den §§ 33 ff. WpHG handelt es sich um aufsichtsrechtliche Regelungen, aus denen weder individuelle Erfüllungs- noch Schadensersatzansprüche geltend gemacht werden können.[420] Dasselbe gilt im Rahmen von § 43 WpHG.[421]

Mangels höchstrichterlicher Rechtsprechung hierzu ist es aber nicht ausgeschlossen, dass ein mitteilungspflichtiger Gesellschafter bei Verstößen gegen Stimmrechtsmitteilungen nach § 33 ff. WpHG haftbar gemacht werden kann. Dies kommt in Betracht, wenn Schäden daraus resultieren, dass eine

416 *Krämer/Gillessen,* in: Handbuch Managerhaftung, 3. Auflage, 2017, § 32 Risikobereich und Haftung: Kapitalmarktinformationen Rz 32.83.

417 *Bayer,* in: Münchener Kommentar zum AktG, 5. Auflage, 2019, § 33 WpHG Rz 2.

418 *Bayer,* in: Münchener Kommentar zum AktG, 5. Auflage, 2019, § 44 WpHG Rz 75; *Hellgardt*, Kapitalmarktdeliktsrecht, 2008, S. 267 (der mehr auf das kapitalmarktrechtliche Sonderrechtsverhältnis abstellt); *Holzborn/Foelsch* NJW 2002, 932, 937; *Merkt*, Unternehmenspublizität, 2001, S. 285; *Schneider,* in: Assmann/Schneider/Mülbert Wertpapierhandelsrecht, 7. Auflage, 2019, § 44 WpHG Rz 101; *Starke*, Beteiligungstransparenz im Gesellschaft- und Kapitalmarktrecht, 1. Aufl., 2002, S. 261.

419 RL der Komission Nr. 2006/111/EG vom 16.11.2006, ABl. 2007 L 318/17.

420 *Fleischer* DB 2009, 1353–1340; *Herfs,* in: Beck'sches M&A-Handbuch, 2017, § 21 Mitteilungspflichten Rz 177; *Krämer/Gillessen,* in: Handbuch Managerhaftung, 3. Auflage, 2017, § 32 Risikobereich und Haftung: Kapitalmarktinformationen Rz 32.83; *Petersen,* in: Spinder/Stilz AktG, 4. Auflage, 2019, Anh. § 22 AktG Rz 16; *Schäfer,* in: Handbuch börsennotierte AG, 4. Auflage, 2018, § 18 Mitteilungs- und Veröffentlichungspflichten von Stimmrechtsanteilen 18.63; *Schwark,* in: Schwark/Zimmer Kapitalmarktrecht (Vorauflage), 4. Auflage, 2010, Vor §§ 21–30 WpHG Rz 4; *Sudmeyer* BB 2002, 685, 691; *Zimmermann,* in: Fuchs WpHG, 2. Auflage, 2016, Vor §§ 21–30 WpHG Rz 22; *Zimmermann,* in: Fuchs WpHG, 2. Auflage, 2016, § 28 WpHG Rz 54.

421 *Fleischer* AG 2008, 873, 882; *Krämer/Gillessen,* in: Handbuch Managerhaftung, 3. Auflage, 2017, § 32 Risikobereich und Haftung: Kapitalmarktinformationen 32.84; *Pluskat* NZG 2009, 206, 210; **A.A.** wie im Kontext von § 33 WpHG *Bayer,* in: Münchener Kommentar zum AktG, 5. Auflage, 2019, § 43 WpHG Rz 23 (m.w.N.).

Anfechtungsklage gegen einen Hauptversammlungsbeschluss deshalb Erfolg hat, weil die Aktien des pflichtwidrig handelnden Anteilsinhabers aufgrund der fehlenden Mitteilung bei der Abstimmung ausgeschlossen waren.[422]

#### *bb) Haftungsrisiken des Emittenten nach § 823 Abs. 2 BGB*

Für das Haftungsrisiko des Emittenten nach § 823 Abs. 2 BGB wegen Verstößen gegen die eigene Mitteilungspflicht aus § 40 WpHG gilt die entsprechende Problematik. Auch hier ist nach richtiger Auffassung ein Schutzgesetzcharakter abzulehnen.[423]

#### *cc) Haftung wegen vorsätzlicher, sittenwidriger Schädigung (§ 826 BGB)*

Eine Haftung nach § 826 BGB erfordert eine vorsätzliche sittenwidrige Schädigung fremden Vermögens. Ein solcher Anspruch ist zwar denkbar, dürfte aber in der Praxis jedoch mit erheblichen Beweisproblemen verbunden sein.[424] Eine Verletzung des § 43 WpHG wird von subjektiven Merkmalen dominiert. Einer Beweiserleichterung dürfte die Rechtsprechung ähnlich skeptisch gegenüberstehen wie im Rahmen der fehlerhaften Ad-hoc-Publizität.[425] Dieser Anspruch dürfte sich in der Praxis nur in Ausnahmefällen realisieren.

#### *dd) Bußgeldbewehrung (§ 120 Abs. 2 und 17 WpHG)*

Die fehlerhafte Stimmrechtsmitteilung begründet eine Ordnungswidrigkeit nach § 120 Abs. 2 Nr. 2 lit. d und e WpHG und kann nach § 120 Abs. 17 WpHG mit einer Geldbuße von bis zu EUR 2 Mio. gegenüber natürlichen Personen oder bis EUR 10 Mio. bzw. 5 % des Gesamtumsatzes gegenüber juristischen Personen sanktioniert werden.[426]

---

422 *Bayer*, in: Münchener Kommentar zum AktG, 5. Auflage, 2019, § 33 WpHG Rz 75; *Burgard* AG 1992, 41, 47 ff.

423 Zur Diskussion siehe oben B.I.2.b)aa).

424 *Bayer*, in: Münchener Kommentar zum AktG, 5. Auflage, 2019, § 43 WpHG Rz 23; *Bülow/Stephanblome* ZIP 2008, 1797, 1804; *Fleischer* ZGR 2008, 185, 210; *Möllers/Holzner* NZG 2008, 166, 170; *Schneider*, in: Assmann/Schneider/Mülbert Wertpapierhandelsrecht, 7. Auflage, 2019, § 43 WpHG Rz 30.

425 *Krämer/Gillessen*, in: Handbuch Managerhaftung, 3. Auflage, 2017, § 32 Risikobereich und Haftung: Kapitalmarktinformationen 32.84.

426 *Schäfer*, in: Handbuch börsennotierte AG, 4. Auflage, 2018, § 18 Mitteilungs- und Veröffentlichungspflichten von Stimmrechtsanteilen Rz 18.51.

#### c) *Ergebnis: Haftungsrisiken bei fehlerhafter Sekundärmarktinformation*

Zivilrechtliche Haftungsrisiken ergeben sich bei fehlerhafter Kommunikation der Kapitalmarkt- und M&A-Transaktion an den Sekundärmarkt insbesondere aus den spezialgesetzlichen Bestimmungen des Wertpapierhandelsrechts (§§ 97, 98 WpHG) und bei besonders groben Verstößen nach Deliktsrecht wegen vorsätzlicher, sittenwidriger Schädigung (§ 826 BGB). Diese Haftungsrisiken bestehen für den Emittenten selbst sowie für die Mitglieder seiner Verwaltungsorgane. Hingegen begründen Verstöße gegen Mitteilungspflichten beim Beteiligungsaufbau und -abbau typischerweise keine zivilrechtlichen Haftungsrisiken.

### 3. Haftungsrisiken bei (sonstigen) Verstößen gegen das Marktmissbrauchsrecht im Zusammenhang mit Kapitalmarkt- und M&A-Transaktionen

Haftungsrisiken können sich bei Kapitalmarkt- und M&A-Transaktionen auch aus (sonstigen) Verstößen gegen das Marktmissbrauchsrecht ergeben. Im Zusammenhang mit Kapitalmarkt- und M&A-Transaktionen sind hierbei insbesondere die Vorschriften zur Meldung und Veröffentlichung von Eigengeschäften von Führungskräften, sowie die Bestimmungen zum Insiderrecht und zur Marktmanipulation zu beachten. Verstöße gegen diese Regelungen sind auf Haftungsrisiken zu untersuchen.

#### a) *Haftungsrisiken von Führungskräften bei fehlerhafter Meldung oder Veröffentlichung von Eigengeschäften (Managers' Transactions)*

Zu prüfen sind Haftungsrisiken bei fehlerhafter Meldung oder Veröffentlichung von Eigengeschäften von Führungskräften (Managers' Transactions). Diese kapitalmarktbezogene Publizitätspflicht wird in Art. 19 MAR statuiert. Demnach hat ein Inlandsemittent Informationen über Eigengeschäfte von Führungskräften unverzüglich zu veröffentlichen,[427] da der Anlageentscheidung von Organmitgliedern und anderen Führungskräften aufgrund deren Wissensvorsprungs Signalwirkung für andere Marktteilnehmer zukommen kann.[428] Diese Personen

---

427 *Krämer/Gillessen*, in: Handbuch Managerhaftung, 3. Auflage, 2017, § 32 Risikobereich und Haftung: Kapitalmarktinformationen Rz 32.11.

428 *Schlitt*, in: Habersack/Mülbert/Schlitt, Unternehmensfinanzierung am Kapitalmarkt, 4. Auflage, 2019, § 38 Kapitalmarktrechtliche Folgepflichten eines börsennotierten Unternehmens Rz 38.99.

sind daher verpflichtet, dem Emittenten und der Aufsichtsbehörde BaFin eigene Geschäfte mit Wertpapieren des Emittenten unverzüglich, spätestens aber drei Geschäftstage nach dem Abschluss des Wertpapiergeschäfts, zu melden.[429] Diese Meldung ist vom Emittenten unverzüglich zu veröffentlichen.[430]

Zweck dieser Melde- und Veröffentlichungspflicht ist die Verhinderung von Marktmissbrauch, wobei durch die erhöhte Transparenz bei Geschäften von Führungspersonen insbesondere Insidergeschäfte verhindert und vereinfacht entdeckt werden sollen.[431] Flankiert wird diese Pflicht von Aufklärungspflichten und einem Handelsverbot zu besonders sensiblen Zeiträumen (Art. 19 Abs. 5 und 11 MAR).[432] Somit besteht für Organmitglieder, sonstige Führungspersonen und mit diesen eng verbundenen Personen sowie für den Emittenten ein Haftungsrisiko, wenn betreffende Eigengeschäfte gemäß Art. 19 Abs. 7 und 10 MAR nicht korrekt gemeldet oder veröffentlicht werden.

Dabei hat der Gesetzgeber von der Schaffung eines spezialgesetzlichen Haftungstatbestandes bei Verstößen gegen die Meldepflicht und das Handelsverbot[433] bei Eigengeschäften von Führungskräften abgesehen.[434] In Betracht kommt daher eine Haftung nach den allgemeinen Grundsätzen des Deliktsrechts.

### *aa) Haftung wegen Verletzung eines Schutzgesetzes (§ 823 Abs. 2 BGB)*

Eine Haftung nach § 823 Abs. 2 BGB für Verstöße gegen die Pflicht zur Veröffentlichung von Eigengeschäften von Führungskräften erfordert die Verletzung eines Schutzgesetzes. Hierfür ist erforderlich, dass es sich bei Art. 19 MAR um ein Schutzgesetz handelt. Die Qualifizierung von Art. 19 MAR als Schutzgesetz wird von der ganz überwiegenden Meinung mit Verweis auf die gesetzgeberische Entscheidung zu Ad-hoc-Publizitätspflicht nach Art. 17 MAR in § 26 Abs. 3 WpHG entsprechend auch für die Pflicht zur Veröffentlichung von Eigengeschäften von

---

429 *Bücker/Kulenkamp,* in: Handbuch Managerhaftung, 3. Auflage, 2017, § 29 Risikobereich und Haftung: M&A Transaktionen Rz 29.72.

430 *Schäfer,* in: Handbuch börsennotierte AG, 4. Auflage, 2018, § 16 Directors' Dealings Rz 16.20.

431 *Semrau,* in: Klöhn MAR, 2018, Art. 19 MAR Rz 4.

432 *Schlitt,* in: Habersack/Mülbert/Schlitt, Unternehmensfinanzierung am Kapitalmarkt, 4. Auflage, 2019, § 38 Kapitalmarktrechtliche Folgepflichten eines börsennotierten Unternehmens 38.99.

433 Zu den zivilrechtlichen Haftungsfragen bei Verstößen gegen das in diesem Zusammenhang nicht relevante Handelsverbot siehe ausführlich *Commandeur* ZBB 2018, 114, 123 ff.

434 *Commandeur* ZBB 2018, 114, 123.

Führungskräften abgelehnt.[435] Diese Veröffentlichungspflicht dient dem Schutz der Transparenz und der Funktionsfähigkeit des Kapitalmarktes. Der Schutz von Individualinteressen sei lediglich Reflex dieser Wirkung.[436]

Die Gegenauffassung[437] vertritt, dass sich in den Erwägungsgründen zur MAR sehr wohl Hinweise auf einen spezifischen Schutz von Individualinteressen finden. Insbesondere hält Erwägungsgrund 58 S. 2 MAR neben der Verhinderung von Marktmissbrauch für die Transparenz bei Eigengeschäften von Führungskräften fest, dass die Bekanntgabe dieser Geschäfte zumindest auf individueller Basis auch eine höchst wertvolle Informationsquelle für Anleger darstellen kann. In Erwägungsgrund 58 S. 6 wird dies bekräftigt, wonach diese Form der Transparenz eine Voraussetzung für das Vertrauen der Marktteilnehmer ist. Auch in Erwägungsgrund 59 S. 1 MAR bestätigt der Gesetzgeber, dass Meldungen nach Art. 19 MAR eine wertvolle Information für Markteilnehmer darstellen können. Es obliegt daher der Auslegung des EuGH nach Art. 267 Abs. 1 lit. b AEUV, ob Art. 19 als Schutzgesetz im Sinne des § 823 Abs. 2 BGB einzuordnen ist.[438]

Aus Perspektive dieser Arbeit ist festzuhalten, dass nach dem Vorstehenden jedenfalls für Verstöße gegen die Meldepflichten nach Art. 19 Abs. 1 und

---

435 *Göres,* in: Habersack/Mülbert/Schlitt, Handbuch der Kapitalmarktinformation (Vorauflage), 2. Auflage, 2013, § 32. Haftung für sonstige fehlerhafte Informationsversorgung Rz 86; *Kumpan* AG 2016, 446, 458; *Maume/Kellner* ZGR 2017, 273, 292 f.; *Mülbert/Steup,* in: Habersack/Mülbert/Schlitt, Unternehmensfinanzierung am Kapitalmarkt, 4. Auflage, 2019, § 41 Haftung für fehlerhafte Kapitalmarktinformation Rz 41.292; *Paul,* in: *Drinhausen/Eckstein,* BeckHdB-AG, 3. Auflage, 2018, § 21, Rz 107; *Schäfer,* in: Handbuch börsennotierte AG, 4. Auflage, 2018, § 16 Directors' Dealings Rz 16.24; *Schlitt,* in: Habersack/Mülbert/Schlitt, Unternehmensfinanzierung am Kapitalmarkt, 4. Auflage, 2019, § 38 Kapitalmarktrechtliche Folgepflichten eines börsennotierten Unternehmens Rz 38.99; *Sethe/Hellgardt,* in: Assmann/Schneider/Mülbert Wertpapierhandelsrecht, 7. Auflage, 2019, Art. 19 MAR Rz 204; zweifelnd *Fleischer* NJW 2002, 2977, 2978.

436 *Mülbert/Steup,* in: Habersack/Mülbert/Schlitt, Unternehmensfinanzierung am Kapitalmarkt, 4. Auflage, 2019, § 41 Haftung für fehlerhafte Kapitalmarktinformation Rz 41.292.

437 *Foerster,* in: Habersack/Mülbert/Schlitt, Handbuch der Kapitalmarktinformation, 3. Auflage, 2020, § 31. Haftung für sonstige fehlerhafte Informationsversorgung Rz 54 ff; *Wolf/Wink,* in: Handbuch zum Marktmissbrauchsrecht, 2018, § 31 Privatrechtliche Haftung Rz 95;*Seibt/Wollenschläger* AG 2014, 593, 607.

438 Ausführlich bei *Foerster,* in: Habersack/Mülbert/Schlitt, Handbuch der Kapitalmarktinformation, 3. Auflage, 2020, § 31. Haftung für sonstige fehlerhafte Informationsversorgung Rz 55 f.

2 MAR, die Veröffentlichungspflicht nach Art. 19 Abs. 3 MAR sowie die Belehrungspflicht nach Art. 19 Abs. 5 MAR ein Haftungsrisiko besteht. Dieses besteht für den jeweilig Verpflichteten für Verstöße, welche kausal zu einem Schaden geführt haben.[439] In der Praxis wird diese Kausalität nur schwer darlegbar und beweisbar sein.

#### *bb) Haftung wegen vorsätzlicher, sittenwidriger Schädigung (§ 826 BGB)*

Eine Haftung nach § 826 BGB erfordert eine vorsätzliche sittenwidrige Schädigung fremden Vermögens. In der Praxis wird dieser Anspruch regelmäßig daran scheitern, dass Anleger einen kausalen Schaden nur schwer darlegen und beweisen können, da die Auswirkungen der unterlassenen Meldung auf den Kurs des Wertpapiers nur schwer zu überprüfen sind.[440]

#### *cc) Bußgeldbewehrung (§ 120 Abs. 18 und Abs. 24 WpHG)*

Vorsätzliche oder leichtfertige Verstöße[441] gegen die Meldepflichten nach Art. 19 MAR stellen eine Ordnungswidrigkeit dar (§ 120 Abs. 15 Nr. 17 WpHG). Dabei drohen natürlichen Personen Mindestgeldbußen in Höhe von bis zu EUR 500.000 und juristischen Personen und Personenvereinigungen bis zu EUR 1 Mio. Ferner können Ordnungswidrigkeiten mit Geldbußen bis zum Dreifachen des aus dem Verstoß erlangten finanziellen Vorteils sanktioniert werden. Umsatzbezogene Bußgelder sind hingegen nicht vorgesehen.[442]

### *b) Haftungsrisiken von Transaktionsbeteiligten für Verstöße gegen Insiderverbote im Zusammenhang mit Kapitalmarkt und M&A-Transaktionen*

Zu untersuchen sind Haftungsrisiken von Transaktionsbeteiligten bei Verstößen gegen Insiderverbote (Art. 8, 14 MAR). Dabei sind Kapitalmarkt- und M&A-Transaktionen für Insidergeschäfte besonders verlockend, insbesondere

---

439 Zur Frage des Verschuldens siehe *Foerster,* in: Habersack/Mülbert/Schlitt, Handbuch der Kapitalmarktinformation, 3. Auflage, 2020, § 31. Haftung für sonstige fehlerhafte Informationsversorgung Rz 6, 27.

440 *Sethe/Hellgardt,* in: Assmann/Schneider/Mülbert Wertpapierhandelsrecht, 7. Auflage, 2019, Art. 19 MAR Rz 204 Zur parallenen Situation bei einem vorsätzlichen Missbrauch der Ad-hoc-Publizitätspflicht bereits oben B.I.2.a)dd).

441 Dazu *Sethe/Hellgardt,* in: Assmann/Schneider/Mülbert Wertpapierhandelsrecht, 7. Auflage, 2019, Art. 19 MAR Rz 146.

442 *Paul,* in: Drinhausen/Eckstein, BeckHdB-AG, 3. Auflage, 2018, § 21, Rz 108.

da diese Transaktionen selbst Insiderinformationen darstellen können[443] und da die Beteiligten speziell bei M&A-Transaktionen auf den Austausch von sensiblen Informationen angewiesen sind[444]. Hohe praktische Bedeutung hat das Insiderhandelsverbot daher im Rahmen von M&A-Transaktionen sowie beim Beteiligungsaufbau.[445]

Das Verbot von Insidergeschäften ergibt sich aus Art. 14 MAR und umfasst drei Grundtatbestände: Das Verbot, Insidergeschäfte zu tätigen oder dies zu versuchen (sog. *Insiderhandelsverbot*), einem Dritten ein Insidergeschäft zu empfehlen oder ihn dazu zu verleiten (sog. *Empfehlungs- und Verleitungsverbot*) sowie das Verbot unrechtmäßiger Offenlegung von Insiderinformationen (sog. *Offenlegungsverbot*).[446] Zentrales Tatbestandsmerkmal ist in diesem Kontext das Vorliegen einer Insiderinformation. Dies beurteilt sich für eine Kapitalmarkt- oder M&A-Transaktion auch im Rahmen des Insiderhandelsverbotes nach den Grundsätzen, die im Zusammenhang der Ad-hoc-Publizität dargestellt wurden.[447] Zusätzlich sind die Ausnahmetatbestände gemäß Art. 9 und 10 MAR sowie die allgemeinen Grundsätze der Spector-Rechtsprechung[448] anzuwenden.[449] Letztere gelten dabei nur für das Insiderhandels- sowie das Empfehlungs- und Verleitungsverbot, nicht aber für das Offenlegungsverbot.[450]

Haftungsrisiken im Zusammenhang mit verbotenen Insidergeschäften ergeben sich bei M&A-Transaktionen insbesondere für den Erwerber, welcher im Rahmen der Due Diligence von Insiderinformationen betreffend die Zielgesellschaft Kenntnis erlangt. Im Rahmen einer öffentlichen Übernahme darf der Bieter die gewonnenen Insiderinformationen nur nutzen, wenn die Nutzung ausschließlich zur Weiterführung des öffentlichen Angebotes erfolgt und

443 Dazu oben B.I.2.a)aa).

444 *Hopt/Kumpan* ZGR 2017, 765, 772.

445 *Klöhn,* in: Klöhn MAR, 2018, Art. 8 MAR Rz 165.

446 *Bücker/Kulenkamp,* in: Handbuch Managerhaftung, 3. Auflage, 2017, § 29 Risikobereich und Haftung: M&A Transaktionen Rz 29.3; *Klöhn,* in: Klöhn MAR, 2018, Art. 14 MAR Rz 1.

447 Dazu oben B.I.2.a)aa)(1).

448 Dazu detailliert *Klöhn* WM 2017, 2085, 2088 ff. Eine Vermutung für die Nutzung einer Insiderinformation ist danach bei drei Fallgruppen widerlegt: (i) fehlende Kausalität zwischen Insiderinformation und durchgeführtem Geschäft, (ii) fehlende Auswirkung der Insiderinformation auf den Preis des Geschäfts und (iii) fehlende Auswirkung des Insidervorteils auf die Konditionen des Geschäfts, vgl. *Klöhn* WM 2017, 2085, 2092.

449 *Klöhn,* in: Klöhn MAR, 2018, Art. 8 MAR Rz 168.

450 *Klöhn* WM 2017, 2085, 2092.

die Insiderinformation zum Zeitpunkt der Annahme des Angebotes durch die Anteilseigner ad-hoc-publiziert worden ist (Art. 9 Abs. 4 MAR).

Dasselbe gilt nach der Masterplan-Theorie mangels Kausalität für den Beteiligungserwerb und Unternehmensübernahmen außerhalb des Anwendungsbereichs des WpÜG ebenfalls, wenn der Erwerber den Entschluss zur Akquisition bereits vor Kenntniserlangung der betreffenden Insiderinformation gefasst hat und die durchgeführte Due Diligence diese Akquisitionsentscheidung lediglich bestätigt hat.[451] Untersagt ist hingegen, wenn der Erwerber über seinen ursprünglichen Plan hinaus zusätzliche Wertpapiere erwirbt (sog. *alongside purchases*).[452]

### *aa) Haftung wegen Verletzung eines Schutzgesetzes (§ 823 Abs. 2 BGB)*

Eine Haftung nach § 823 Abs. 2 BGB für Verstöße gegen das Insiderrecht erfordert die Verletzung eines Schutzgesetzes. Die Qualifizierung von Art. 14 MAR als Schutzgesetz ist umstritten. Dabei erscheint es auch an dieser Stelle überzeugend der MAR sowie dem Insiderverbot gemäß Art. 8, 14 MAR im speziellen allein eine marktschützende Funktion zuzusprechen.[453] Mangels höchstrichterlicher Rechtsprechung besteht aber jedenfalls für die Praxis das Risiko der zivilrechtlichen Inanspruchnahme eines an der Transaktion Beteiligten aufgrund eines Verstoßes gegen das Insiderrecht.

Ferner kommt eine Haftung aufgrund der Verletzung des allgemein als Schutzgesetz anerkannten § 263 StGB in Betracht. Einem Anspruch nach § 823 Abs. 2 BGB i.V.m. § 263 StGB steht aber die mangelnde Aufklärungspflicht des Insiders gegenüber dem Anleger entgegen.[454]

---

451 BaFin, Emittentenleitfaden, Modul C Stand 25. März 2020 (S. 60); *Hensel/Dörstling* DStR 2021, 170, 176; *Meyer,* in: Handbuch zum Marktmissbrauchsrecht, 2018, § 8 Offenlegungsverbot Rz 35; *Veil,* in: Handbuch zum Marktmissbrauchsrecht, 2018, § 7 Insiderhandelsverbot Rz 89.

452 *Meyer,* in: Handbuch zum Marktmissbrauchsrecht, 2018, § 8 Offenlegungsverbot Rz 35.

453 So auch *Assmann,* in: Assmann/Schneider/Mülbert Wertpapierhandelsrecht, 7. Auflage, 2019, Art. 14 MAR Rz 12; *Buck-Heeb,* Kapitalmarktrecht, 10. Auflage, 2019, Rz 390; *Klöhn,* in: Klöhn MAR, 2018, Art. 14 MAR Rz 9, 22, 122; *Schäfer,* in: Handbuch börsennotierte AG, 4. Auflage, 2018, § 14 Insiderrecht Rz 14.107; *Veil,* in: Handbuch zum Marktmissbrauchsrecht, 2018, § 7 Insiderhandelsverbot Rz 103; im Ergebnis mit anderer Begründung auch *Hopt/Kumpan,* in: Bankrechts-Handbuch, 5. Auflage, 2017, § 107 Rz 173 f.; **A.A.** *Beneke/Thelen* BKR 2017, 12, 14.

454 *Assmann,* in: Assmann/Schneider/Mülbert Wertpapierhandelsrecht, 7. Auflage, 2019, Art. 14 MAR Rz 12.

Ferner kommt eine Haftung aufgrund der Verletzung des allgemein als Schutzgesetz anerkannten § 404 AktG in Betracht. Dieser Anspruch besteht gegenüber der Gesellschaft und ihren Aktionären bei unrechtmäßiger Offenlegung von Insiderinformationen, wenn diese eine Offenbarung eines Geheimnisses im Sinne des § 404 AktG darstellt.[455] Als unzulässig offengelegte Informationen kommen in diesem Zusammenhang einerseits die noch nicht publizierte Transaktion als solche und andererseits Insiderinformationen, welche im Rahmen der Transaktion aufgedeckt werden, in Betracht.

#### *bb) Haftung wegen vorsätzlicher, sittenwidriger Schädigung (§ 826 BGB)*

Eine Haftung nach § 826 BGB erfordert eine vorsätzliche sittenwidrige Schädigung fremden Vermögens. Dieser Anspruch ist jedoch allein bei Transaktionen im Zwei-Personen-Verhältnis (*face-to-face*-Geschäft) denkbar. Die Veräußerung oder Erwerb von Wertpapieren über Handelsmärkte vermag allein wegen des Verstoßes gegen das Insiderrecht keine Sittenwidrigkeit zu begründen.[456]

#### *cc) Bußgeldbewehrung (§ 120 Abs. 14, 18 WpHG)*

Der leichtfertige Verstoß gegen die Verbotstatbestände nach Art. 14 lit. a–c MAR ist nach §§ 120 Abs. 14, 119 Abs. 3 Nr. 1 bis 3 WpHG bußgeldbewehrt. Es drohen nach § 120 Abs. 18 WpHG Geldbußen von bis zu EUR 5.000.000 für natürliche Personen und gegenüber juristischen Personen bis zum höheren der Beträge von EUR 15 Mio. oder 15 % des Gesamtumsatzes. Der vorsätzliche Verstoß ist zudem strafbewehrt nach § 119 Abs. 3 WpHG. Das tateinheitliche Zusammentreffen von Straftaten und Ordnungswidrigkeiten beurteilt sich dann nach § 21 OWiG.[457]

---

455 *Assmann,* in: Assmann/Schneider/Mülbert Wertpapierhandelsrecht, 7. Auflage, 2019, Art. 14 MAR Rz 13; hierzu ausführlich *Kaiser* WM 1997, 1557, 1561 f.

456 *Assmann,* in: Assmann/Schneider/Mülbert Wertpapierhandelsrecht, 7. Auflage, 2019, Art. 14 MAR Rz 14; *Klöhn,* in: Kölner Komm WpHG, 2. Auflage, 2014, § 15 WpHG Rz 521; *Klöhn,* in: Klöhn MAR, 2018, Art. 14 MAR Rz 122; *Schäfer,* in: Handbuch börsennotierte AG, 4. Auflage, 2018, § 14 Insiderrecht Rz 14.109; **A.A.** bei *Kaiser* WM 1997, 1557, 1560 ff.; *Yun,* Die Strafbarkeitsgründe des Insiderhandelsverbots, 1. Auflage, 2016, S. 209.

457 *Spoerr,* in: Assmann/Schneider/Mülbert Wertpapierhandelsrecht, 7. Auflage, 2019, § 120 WpHG Rz 424.

### c) *Haftungsrisiken von Transaktionsbeteiligten bei Verstößen gegen das Marktmanipulationsverbot*

Zu untersuchen sind Haftungsrisiken von Transaktionsbeteiligten bei Verstößen gegen das Marktmanipulationsverbot. Als Auffangtatbestand verbietet Art. 15 MAR Marktmanipulationen und den Versuch hierzu.[458] Nach Art. 12, 15 MAR sind demnach Täuschungshandlungen verboten, die dazu geeignet sind, sich auf den Preis eines an einem regulierten Markt oder im Freiverkehr handelbaren Wertpapiers auszuwirken.[459] Dieses Verbot schützt die ordnungsgemäßen Preis- und Referenzwertbildung an den Finanzmärkten und das Vertrauen der Anleger in diese Wertbildung.[460] Ein solcher Verstoß kann sich im Rahmen einer Kapitalmarkt- oder M&A-Transaktion insbesondere dann ergeben, wenn ein potentieller Käufer oder Bieter versucht, zur Verringerung des Kaufpreises des Börsenkurses der Anteile der Zielgesellschaft durch Fehlinformation des Marktes zu senken oder wenn eine ad-hoc-publizitätspflichtige Transaktion fehlerhaft veröffentlicht wird.

#### aa) *Spezialgesetzliche Haftung für fehlerhafte Kapitalmarktinformation (§ 98 WpHG)*

Eine zivilrechtliche Haftung für Marktmanipulationsverstöße kann sich aus fehlerhafter Kapitalmarktkommunikation (§ 98 WpHG) ergeben, wenn eine informationsgestützte Marktmanipulation nach Art. 12 Abs. 1 lit. c MAR zugleich die Veröffentlichung einer unwahren Insiderinformation in einer Ad-hoc-Mitteilung nach Art. 17 MAR darstellt. Im Übrigen müssen die weiteren Voraussetzungen des § 98 WpHG erfüllt sein. Das Unterlassen der unverzüglichen Veröffentlichung einer Insiderinformation nach § 97 WpHG stellt hingegen keine Marktmanipulation dar, weshalb eine zivilrechtliche Haftung insoweit ausscheidet.[461]

---

458 *Schlitt,* in: Habersack/Mülbert/Schlitt, Unternehmensfinanzierung am Kapitalmarkt, 4. Auflage, 2019, § 38 Kapitalmarktrechtliche Folgepflichten eines börsennotierten Unternehmens Rz 38.137.

459 Hierzu ausführlich *Linden* DStR 2016, 1036, 1040.

460 *Schlitt,* in: Habersack/Mülbert/Schlitt, Unternehmensfinanzierung am Kapitalmarkt, 4. Auflage, 2019, § 38 Kapitalmarktrechtliche Folgepflichten eines börsennotierten Unternehmens Rz 38.137; *Schmolke,* in: Klöhn MAR, 2018, Vor Art. 12 MAR Rz 33.

461 *Mülbert,* in: Assmann/Schneider/Mülbert Wertpapierhandelsrecht, 7. Auflage, 2019, Art. 15 MAR Rz 50.

#### *bb) Haftung nach § 823 Abs. 1 BGB*

Bei Marktmanipulationen kommt ein deliktischer Schadensersatzanspruch des Emittenten wegen eines Eingriffs in den eingerichtet und ausgeübten Gewerbebetrieb[462] nach § 823 Abs. 1 BGB in Betracht, sofern die durch Manipulation gesteigerte Volatilität die Kapitalkosten des Emittenten erhöht.[463]

#### *cc) Haftung wegen Verletzung eines Schutzgesetzes (§ 823 Abs. 2 BGB)*

Eine Haftung nach § 823 Abs. 2 BGB für Verstöße gegen das Marktmanipulationsverbot erfordert die Verletzung eines Schutzgesetzes. Hierfür ist erforderlich, dass es sich bei Art. 15 i.V.m. Art. 12 MAR um ein Schutzgesetz handelt. Für die Vorgängervorschrift § 20a WpHG (a.F.) wurde dies mit höchstrichterlich bestätigter herrschender Auffassung[464] abgelehnt.[465] Eine verbreitete Ansicht in der Literatur interpretiert Art. 15 MAR mit Verweis auf das primärrechtliche Effektivitätsgebot nach Art. 4 Abs. 3 EUV als Schutzgesetz.[466] Eine andere Auffassung lehnt dies im Hinblick auf die Entscheidung des europarechtlichen Gesetzgebers, welcher sich bei Erlass der MAR explizit auf verwaltungsrechtliche (und strafrechtliche) Sanktionen beschränkt hat, ab.[467] Es bleibt abzuwarten, wie der EuGH diese Frage gegebenenfalls entscheiden wird. Bis dahin ist einstweilen davon auszugehen, dass deutsche Gerichte der bisherigen Rechtsprechung zu

---

462 *Ekkenga* ZIP 2004, 781, 782.

463 *Mülbert,* in: Assmann/Schneider/Mülbert Wertpapierhandelsrecht, 7. Auflage, 2019, Art. 15 MAR Rz 51.

464 Anstatt vieler BGH, Urteil vom 13.12.2011 – XI ZR 51/10 – WM 2012, 303; *Mülbert/Steup,* in: Habersack/Mülbert/Schlitt, Unternehmensfinanzierung am Kapitalmarkt, 4. Auflage, 2019, § 41 Haftung für fehlerhafte Kapitalmarktinformation Rz 41.290 (m.w.N.).

465 Ausführlich bei *Mülbert,* in: Assmann/Schneider/Mülbert Wertpapierhandelsrecht, 7. Auflage, 2019, Art. 15 MAR Rz 45 ff.; *Schmolke,* in: Klöhn MAR, 2018, Art. 15 MAR Rz 101; *Wagner,* in: Münchener Kommentar zum BGB, 8. Auflage, 2019, § 823 BGB Rz 509.

466 *Hellgardt* AG 2012, 154, 165; *Poelzig* ZGR 2015, 801, 829; *Seibt/Wollenschläger* AG 2014, 593, 607.

467 *Buck-Heeb,* Kapitalmarktrecht, 10. Auflage, 2019, S. 212 f.; *Giering* CCZ 2016, 214, 219; *Schlitt,* in: Habersack/Mülbert/Schlitt, Unternehmensfinanzierung am Kapitalmarkt, 4. Auflage, 2019, § 38 Kapitalmarktrechtliche Folgepflichten eines börsennotierten Unternehmens Rz 38.3, 38.152; *Schmolke,* in: Klöhn MAR, 2018, Art. 15 MAR Rz 121; *Teigelack/Dolff* BB 2016, 387, 393.

§ 20a WpHG (a.F.) folgen und eine Schutzgesetzeigenschaft von Art. 15 MAR ablehnen werden.[468]

#### *dd) Haftung wegen vorsätzlicher, sittenwidriger Schädigung (§ 826 BGB)*

Eine Haftung nach § 826 BGB erfordert eine vorsätzliche sittenwidrige Schädigung fremden Vermögens. Hierfür bedarf es objektiv insbesondere der Verletzung einer sittlichen Verkehrspflicht zum Schutz fremden (individuellen) Vermögens. Das Marktmanipulationsverbot aber dient gerade nicht dem Schutz solchen fremden, individuellen Vermögens, weshalb allein der Verstoß gegen das Marktmanipulationsverbot nicht genügt, um einen Anspruch nach § 826 BGB zu begründen. Vielmehr muss sich die besondere Verwerflichkeit des Verhaltens aus dem verfolgten Ziel, den eingesetzten Mitteln, der zutage tretenden Gesinnung oder den eingetretenen Folgen ergeben.[469] Eine Haftung nach § 826 BGB kommt somit nur bei besonders schwerwiegenden Fällen der Marktmanipulation gegenüber einem individualisierbaren Kreis von Anlegern in Betracht.

#### *ee) Bußgeldbewehrung (§ 120 Abs. 15 Nr. 2 WpHG)*

Ein vorsätzlicher oder leichtfertiger Verstoß gegen Art. 15 MAR begründet eine Ordnungswidrigkeit und kann gemäß § 120 Abs. 15 Nr. 2, Abs. 18, 23 WpHG mit einer Geldbuße bis zu EUR 5 Mio. gegenüber natürlichen Personen und gegenüber juristischer Personen oder Personenvereinigungen bis zum höheren der Beträge von EUR 15 Mio. und 15 % des Gesamtumsatzes des vorausgegangenen Geschäftsjahres sanktioniert werden.[470]

## II. M&A-transaktionsbezogene Haftungsrisiken

Haftungsrisiken resultieren bei M&A-Transaktionen aus der Verletzung gesetzlicher oder vertraglicher Gewährleistungsregelungen. Jedoch bereitet bei M&A-Transaktionen bereits die Bestimmung des gesetzlichen Rahmens Schwierigkeiten, da das anwendbare, gesetzliche Haftungsregime einer M&A-Transaktion von der Transaktionsstruktur abhängt. So hat der Gesetzgeber für

468 *Schmolke,* in: Klöhn MAR, 2018, Art. 15 MAR Rz 121.

469 *Mülbert,* in: Assmann/Schneider/Mülbert Wertpapierhandelsrecht, 7. Auflage, 2019, Art. 15 MAR Rz 49 So auch der BGH im IKB-Urteil: BGH, Urteil vom 13.12.2011 – XI ZR 51/10 – BGHZ 192, 90, 101 f. Vgl. auch Informatec II: BGH, Urteil vom 19.07.2004 – II ZR 402/02 – BGHZ 160, 149, 157.

470 *Schmolke,* in: Klöhn MAR, 2018, Art. 15 MAR Rz 108 ff.

öffentliche Übernahmen umfassend spezifische Haftungsgrundlagen geschaffen (wobei es sich hier im Kern ebenfalls um einen Kauf handelt), wohingegen bei privaten Unternehmens- und Beteiligungskäufen auf die allgemeinen Bestimmungen des BGB zurückzugreifen ist. Haftungsrisiken können im Rahmen von M&A-Transaktionen daher nicht abstrakt bestimmt werden. Vielmehr bedarf es einer transaktionsspezifischen Betrachtung.

Das Spektrum an möglichen Transaktionsstrukturen erschöpft sich aber nicht mit öffentlichen Übernahmen und privaten Unternehmens- und Beteiligungskäufen. Vielmehr gehören hierzu auch sämtliche Maßnahmen nach dem Umwandlungsgesetz, Unternehmenskooperation wie Joint Ventures oder strategische Allianzen sowie Investments in Unternehmen, entweder als Risikokapital im Bereich Venture Capital oder für Private Equity Transaktionen im weiteren Sinne (die zugrundeliegende Vertragsdokumentation im Folgenden jeweils als „M&A-Vertrag").

Mit Festlegung des gesetzlichen Rahmens gilt es zu untersuchen, inwieweit diese gesetzlichen Regelungen zur vertraglichen Disposition der Transaktionsbeteiligten stehen und welche Haftungsrisiken sich aus denen am Markt etablierten vertraglichen Regelungen zur Risikoallokation zwischen den Parteien ergeben.

## 1. Haftungsrisiken bei öffentlichen Übernahmen

Eine öffentliche Übernahme nach dem WpÜG erfolgt, indem genügend Anteilseigner einer börsennotierten Zielgesellschaft ein öffentliches Angebot des Bieters zur Übernahme ihrer Anteile an der Zielgesellschaft annehmen. Obwohl diese Transaktionsstruktur erheblich von kaufvertraglichen Elementen geprägt ist, ist das kaufrechtliche Mängelgewährleistungsrecht (§§ 434 ff. BGB) nicht anwendbar. Vielmehr hat der Gesetzgeber ein spezifisches Haftungsregime geschaffen, welches (anders als das Kaufrecht des BGB) nicht den Vertragsgegenstand in den Vordergrund stellt, sondern sich vielmehr am Schutzbedürfnis der Beteiligten orientiert.

Dieses Schutzbedürfnis wiederum unterscheidet sich in den verschiedenen Phasen einer öffentlichen Übernahme, weshalb sich in diesen unterschiedlichen Phasen unterschiedliche Haftungsrisiken ergeben.

### *a) Haftungsrisiken bei fehlerhafter Veröffentlichung der Entscheidung zur Abgabe eines Übernahmeangebotes (§ 10 WpÜG)*

Der Bieter ist verpflichtet, die von ihm getroffene Entscheidung zur Abgabe eines öffentlichen Angebots unverzüglich im Rahmen einer Ad-hoc-Mitteilung zu veröffentlichen (§ 10 Abs. 1 WpÜG).[471] Zu untersuchen sind die mit Verstößen einhergehenden Haftungsrisiken.

### *aa) Haftung für unterlassene Kapitalmarktinformation (§ 97 WpHG)*

In Betracht kommt eine Haftung wegen unterlassener Kapitalmarktinformation (§ 97 WpHG). Die haftungsbegründende Pflichtverletzung findet ihre Grundlage in der Überlegung, dass die Entscheidung zur Abgabe eines öffentlichen Übernahmeangebotes eine ad-hoc-publizitätspflichtige Insiderinformation darstellt. Verzögert oder unterlässt der Bieter als Emittent die Veröffentlichung dieser Entscheidung, kommt eine Haftung gegenüber den Personen in Betracht, die in dem relevanten Zeitraum Finanzinstrumente erwerben oder veräußern. Dieses Haftungsrisiko besteht aber nur für Vermögensminderung aufgrund eines Wertverlustes der Wertpapiere des Bieters. Eine Haftung gegenüber den Wertpapierinhabern der Zielgesellschaft scheidet aus.[472]

### *bb) Haftung wegen Verletzung eines Schutzgesetzes (§ 823 Abs. 2 BGB)*

Eine Haftung nach § 823 Abs. 2 BGB bei fehlerhafter Veröffentlichung der Entscheidung zur Abgabe eines Übernahmeangebotes erfordert die Verletzung eines Schutzgesetzes. Hierfür ist erforderlich, dass es sich bei § 10 WpÜG um ein Schutzgesetz handelt. Die Qualifizierung von § 10 WpÜG als Schutzgesetz ist nach überzeugender Auffassung abzulehnen.[473] Diese Verpflichtung dient allein der Funktionsfähigkeit des Kapitalmarktes und schützt ausschließlich das öffentliche Interesse.[474] Der Verstoß gegen die Verpflichtung zur unverzüglichen Veröffentlichung dieser Entscheidung allein führt mithin nicht zur Haftung.

---

471 *Geibel/Louven,* in: Angerer/Geibel/Süßmann, WpÜG, 3. Auflage, 2017, § 10 WpÜG Rz 4.

472 *Assmann,* in: Assmann/Pötzsch/Schneider, WpÜG, 3. Auflage, 2020, § 10 WpÜG Rz 94 f.; *Santelmann/Steinhardt,* in: Steinmeyer, WpÜG, 4. Auflage, 2019, § 10 WpÜG Rz 87. **A.A.** *Hirte,* in: KölnKomm. WpÜG, 2. Auflage, 2010, § 10 WpÜG Rz 46; *Thoma,* in: Baums/Thoma WpÜG, 13. Auflage, 2020, § 10 WpÜG Rz 121.

473 *Assmann,* in: Assmann/Pötzsch/Schneider, WpÜG, 3. Auflage, 2020, § 10 WpÜG Rz 95; *Geibel/Louven,* in: Angerer/Geibel/Süßmann, WpÜG, 3. Auflage, 2017, § 10 WpÜG Rz 128; *Noack/Holzborn,* in: Schwark/Zimmer Kapitalmarktrecht, 5. Auflage, 2020, § 10 WpÜG Rz 48; *Thoma,* in: Baums/Thoma WpÜG, 13. Auflage, 2020, § 10 WpÜG Rz 120; *Walz,* in: Frankfurter Kommentar WpÜG, 3. Auflage, 2008, § 10 WpÜG Rz 3, 68; **A.A.** bei *Wackerbarth,* in: Münchener Kommentar zum AktG, 5. Auflage, 2021, § 10 WpÜG Rz 105.

474 *Santelmann/Steinhardt,* in: Steinmeyer, WpÜG, 4. Auflage, 2019, § 10 WpÜG Rz 86.

#### *cc) Bußgeldbewehrung (§ 60 Abs. 1 Nr. 1–4 WpÜG)*

Der vorsätzliche und leichtfertige Verstoß gegen die Verpflichtung zur unverzüglichen Veröffentlichung der Entscheidung zur Abgabe eines Übernahmeangebots ist eine Ordnungswidrigkeit (§ 60 Abs. 1 Nr. 1–4 WpÜG) und abhängig vom konkreten Verstoß mit einer Geldbuße von bis zu EUR 5 Mio. gegen den Bieter geahndet werden (§ 60 Abs. 3 WpÜG).[475]

### *b) Haftungsrisiken bei Abgabe eines öffentlichen Übernahmeangebotes*

Eine Haftung des Bieters kommt in Betracht, wenn die bei der BaFin eingereichte und veröffentlichte Angebotsunterlage unvollständig oder auf sonstige Weise fehlerhaft ist und denjenigen, die das Angebot angenommen haben, hierdurch ein Schaden entstanden ist.

#### *aa) Spezialgesetzliche Haftung bei fehlerhafter Angebotsunterlage (§ 12 WpÜG)*

Der Gesetzgeber hat das Schutzbedürfnis eines Wertpapierinhabers im Zusammenhang mit öffentlichen Übernahmen erkannt und einen spezifischen Rechtsrahmen samt Haftungsregel geschaffen.[476] Danach haften für eine fehlerhafte Angebotsunterlage, wer für diese die Verantwortung übernommen hat, oder von wem die Angebotsunterlagen ausgeht, gegenüber denjenigen, die das Angebot angenommen haben und hierdurch einen Schaden erleiden (§ 12 Abs. 1 WpÜG).[477] Die Haftung ist der spezialgesetzlichen Prospekthaftung (§§ 9 ff. WpPG)[478] nachgebildet.[479] Daher ist an vielen Stellen auf obige Ausführungen zu verweisen.[480]

---

475 *Santelmann/Steinhardt,* in: Steinmeyer, WpÜG, 4. Auflage, 2019, § 10 WpÜG Rz 84.

476 BT-Drucks. 14/7034, S. 1.

477 *Drinkuth,* in: Handbuch börsennotierte AG, 4. Auflage, 2018, § 60 Öffentliche Übernahme börsennotierter Unternehmen Rz 60.88.

478 Dazu oben B.I.1.a)aa).

479 BT-Drucks. 14/7034, S. 43.

480 Zur spezialgesetzlichen Prospekthaftung nach § 9 ff. WpPG oben B.I.1.

### *(1) Fehlerhafte Angebotsunterlage*

Erforderlich ist die Fehlerhaftigkeit der von der BaFin gemäß § 14 Abs. 2 WpÜG gebilligten und tatsächlich veröffentlichten Angebotsunterlage.[481] Die Ausführungen zur spezialgesetzlichen Prospekthaftung gelten für die Fehlerhaftigkeit entsprechend.[482] Der wesentliche Inhalt einer Angebotsunterlage ist an § 11 WpÜG i.V.m. § 2 AngebotsVO zu beurteilen.

### *(2) Anspruchsverpflichteter Personenkreis*

Das Haftungsrisiko für Abgabe eines fehlerhaften Übernahmeangebotes besteht für die Angebotsverantwortlichen (§ 12 Abs. 1 WpÜG Nr. 1), sowie die Angebotsveranlasser (§ 12 Abs. 1 WpÜG Nr. 2).[483] Angebotsverantwortlicher ist der Bieter als Unterzeichner (§ 11 Abs. 1 S. 5 WpÜG) sowie jeder andere, der die Verantwortung für Angebotsunterlage übernommen hat (§ 11 Abs. 3 WpÜG).[484] Zu den Angebotsveranlassern gehören entsprechend den Auslegungsgrundsätzen zur Wertpapierprospekthaftung[485] alle „Hintermänner" und Mitglieder der „Leitungsgruppe" des Bieters, die an der Übernahme ein eigenes wirtschaftliches Interesse haben oder die Angebotsverantwortlichen nur vorgeschoben haben, um sich der Verantwortung zu entziehen.[486] Bei öffentlichen Übernahmen unter Beteiligung von Private-Equity-Investoren gehören zu den Angebotsveranlassern meist auch Muttergesellschaften des Bietervehikels.[487] Ein gesetzlicher Durchgriff auf Konzernmuttergesellschaften ist also ausnahmsweise anhand des Maßstabes des Angebotsveranlassers möglich.[488]

---

481 Ausführlich bei *Assmann,* in: Assmann/Pötzsch/Schneider, WpÜG, 3. Auflage, 2020, § 12 WpÜG Rz 6 ff.; *Thoma,* in: Baums/Thoma WpÜG, 13. Auflage, 2020, § 12 WpÜG Rz 10 ff.

482 Siehe dazu B.I.1.a)aa)(1).

483 *Louven,* in: Angerer/Geibel/Süßmann, WpÜG, 3. Auflage, 2017, § 12 WpÜG Rz 17; *Thoma,* in: Baums/Thoma WpÜG, 13. Auflage, 2020, § 12 WpÜG Rz 48.

484 *Louven,* in: Angerer/Geibel/Süßmann, WpÜG, 3. Auflage, 2017, § 12 WpÜG Rz 18; *Thoma,* in: Baums/Thoma WpÜG, 13. Auflage, 2020, § 12 WpÜG Rz 49.

485 Dazu oben B.I.1.a)aa)(2)(b)

486 *Assmann,* in: Assmann/Pötzsch/Schneider, WpÜG, 3. Auflage, 2020, § 12 WpÜG Rz 37; *Assmann* AG 2002, 153, 157; *Thoma,* in: Baums/Thoma WpÜG, 13. Auflage, 2020, § 12 WpÜG Rz 50.

487 *Louven,* in: Angerer/Geibel/Süßmann, WpÜG, 3. Auflage, 2017, § 12 WpÜG Rz 19; *Mayer-Uellner* AG 2013, 828, 837.

488 *Wackerbarth,* in: Münchener Kommentar zum AktG, 5. Auflage, 2021, § 12 WpÜG Rz 23.

Bei der Erstellung der Angebotsunterlagen wirken regelmäßig Investmentbanken, Rechtsanwälte und Wirtschaftsprüfer mit. Soweit deren Sachkunde Einklang in die Angebotsunterlagen findet, sind diese dennoch nicht als Urheber der gesamten Angebotsunterlagen anzusehen, da sich der insofern gegebene Einfluss auf ein jeweiliges Fachgebiet beschränkt.[489] Es besteht mithin keine Haftung nach Abs. 1 Nr. 2.[490] Aufgrund der anderweitigen Beurteilung im Rahmen der Wertpapierprospekthaftung sei darauf hingewiesen, dass die begleitende und finanzierende Bank nicht zwingend als Angebotsverantwortliche nach § 12 Abs. 1 S. 1 WpÜG haftet.[491]

#### *(3) Anspruchsberechtigung*

Anspruchsberechtigt ist jeder Wertpapierinhaber, der das Angebot angenommen hat (§ 12 Abs. 1 WpÜG). Nicht geschützt ist entsprechend der Prospekthaftung hingegen, wer das Angebot aufgrund der Fehlerhaftigkeit nicht angenommen hat.[492]

#### *(4) Haftungsbegründende Kausalität*

Die Haftung scheidet aus, wenn zwischen der fehlerhaften Angabe und der Annahmeentscheidung des Anspruchsberechtigten keine Kausalität gegeben ist (haftungsbegründende Kausalität).[493] Das Vorliegen der haftungsbegründenden Kausalität wird dabei entsprechend der Wertpapierprospekthaftung widerleglich vermutet (§ 12 Abs. 3 Nr. 1 WpÜG).[494] Die Rechtsprechung zur „allgemeinen

---

489 *Thoma,* in: Baums/Thoma WpÜG, 13. Auflage, 2020, § 12 WpÜG Rz 54.

490 *Louven,* in: Angerer/Geibel/Süßmann, WpÜG, 3. Auflage, 2017, § 12 WpÜG Rz 20; *Wackerbarth,* in: Münchener Kommentar zum AktG, 5. Auflage, 2021, § 12 WpÜG Rz 23.

491 *Louven,* in: Angerer/Geibel/Süßmann, WpÜG, 3. Auflage, 2017, § 12 WpÜG Rz 21; *Wackerbarth,* in: Münchener Kommentar zum AktG, 5. Auflage, 2021, § 12 WpÜG Rz 23.

492 *Louven,* in: Angerer/Geibel/Süßmann, WpÜG, 3. Auflage, 2017, § 12 WpÜG Rz 13; *Möllers,* in: KölnKomm. WpÜG, 2. Auflage, 2010, § 12 WpÜG Rz 83; *Thoma,* in: Baums/Thoma WpÜG, 13. Auflage, 2020, § 12 WpÜG Rz 47; *Wackerbarth,* in: Münchener Kommentar zum AktG, 5. Auflage, 2021, § 12 WpÜG Rz 11 Zur Frage des bewusst unattraktiven, fehlerhaften Pflichtangebotes vgl. *Möllers,* in: KölnKomm. WpÜG, 2. Auflage, 2010, § 12 WpÜG Rz 83 f.

493 *Louven,* in: Angerer/Geibel/Süßmann, WpÜG, 3. Auflage, 2017, § 12 WpÜG Rz 32.

494 *Assmann,* in: Assmann/Pötzsch/Schneider, WpÜG, 3. Auflage, 2020, § 12 WpÜG Rz 45; *Wackerbarth,* in: Münchener Kommentar zum AktG, 5. Auflage, 2021, § 12 WpÜG Rz 11.

Anlagestimmung" gilt insoweit für eine „allgemeine Verkaufsstimmung"[495] entsprechend.[496]

Der Anspruch ist demnach ausgeschlossen, wenn der Angebotsadressat die Unrichtigkeit oder Unvollständigkeit kannte (grob fahrlässige Unkenntnis ist unschädlich).[497] Dasselbe gilt, wenn der Bieter die Fehlerhaftigkeit bemerkt und noch vor Abgabe der Annahmeerklärung durch den Wertpapierinhaber berichtigt. Bereits entstandene Ansprüche bleiben hiervon unberührt.[498]

#### *(5) Kausaler Schaden*

Durch die Annahme des Angebots muss dem Anspruchssteller ein kausaler Schaden entstanden sein. Hierbei gelten die allgemeinen Grundsätze (§§ 249 ff. BGB),[499] wobei ein Mitverschulden des Anspruchsstellers nur in Bezug auf den Schadensumfang zu berücksichtigen ist (Umkehrschluss § 12 Abs. 3 Nr. 2 WpÜG).[500] Der Schadensersatzanspruch ist auf das negative Interesse begrenzt.[501]

#### *(6) Verschulden*

Die Haftung entfällt, wenn der Anspruchsverpflichtete nachweist, dass er die Fehlerhaftigkeit nicht gekannt hat und diese Unkenntnis nicht auf grober Fahrlässigkeit beruht (§ 12 Abs. 2 WpÜG). Die Regelung ist der Prospekthaftung (§ 12 WpPG) nachgebildet.[502] Insoweit ist auf obige Ausführungen zu verweisen.[503]

---

495 *Hamann* ZIP 2001, 2249, 2257; *Möllers* ZGR 2002, 664, 673; *Möllers,* in: KölnKomm. WpÜG, 2. Auflage, 2010, § 12 WpÜG Rz 111b („Annahmestimmung").

496 *Thoma,* in: Baums/Thoma WpÜG, 13. Auflage, 2020, § 12 WpÜG Rz 61.

497 BT-Drucks. 14/7034, S. 43; *Louven,* in: Angerer/Geibel/Süßmann, WpÜG, 3. Auflage, 2017, § 12 WpÜG Rz 34.

498 BT-Drucks. 14/7034, S. 43; *Möllers,* in: KölnKomm. WpÜG, 2. Auflage, 2010, § 12 WpÜG Rz 122; *Thoma,* in: Baums/Thoma WpÜG, 13. Auflage, 2020, § 12 WpÜG Rz 64.

499 *Thoma,* in: Baums/Thoma WpÜG, 13. Auflage, 2020, § 12 WpÜG Rz 76.

500 *Assmann,* in: Assmann/Pötzsch/Schneider, WpÜG, 3. Auflage, 2020, § 12 WpÜG Rz 65; *Möllers,* in: KölnKomm. WpÜG, 2. Auflage, 2010, § 12 WpÜG Rz 140.

501 *Assmann,* in: Assmann/Pötzsch/Schneider, WpÜG, 3. Auflage, 2020, § 12 WpÜG Rz 57; *Louven,* in: Angerer/Geibel/Süßmann, WpÜG, 3. Auflage, 2017, § 12 WpÜG Rz 15.

502 *Louven,* in: Angerer/Geibel/Süßmann, WpÜG, 3. Auflage, 2017, § 12 WpÜG Rz 27.

503 Dazu oben B.I.1.a)aa)(3). Im Rahmen der Haftung für fehlerhafte Angaben Dritter wird für § 12 WpÜG teilweise eine Zurechnung über § 278 BGB bejaht, vgl. insoweit und zum Meinungsstand *Assmann,* in: Assmann/Pötzsch/Schneider, WpÜG, 3. Auflage, 2020, § 12 WpÜG Rz 52.

Abweichend hiervon ist den Verantwortlichen nach überwiegender Auffassung eine grob fahrlässige Unkenntnis ihrer Erfüllungsgehilfen zuzurechnen (§ 278 S. 1 BGB).[504]

*(7) Konkurrenzen*

Weitergehende Ansprüche nach den Vorschriften des Bürgerlichen Gesetzbuches aufgrund von Verträgen oder vorsätzlichen unerlaubten Handlungen bleiben unberührt (§ 12 Abs. 6 WpÜG). Im Umkehrschluss sind alle anderen Ansprüche im Anwendungsbereich der Haftung für fehlerhafte Angebotsunterlagen im Zuge eines öffentlichen Angebots ausgeschlossen. Dies gilt insbesondere die allgemein zivilrechtliche Prospekthaftung.[505]

*bb) Haftung nach den Grundsätzen der allgemein zivilrechtlichen Prospekthaftung (§§ 280 Abs. 1, 311 Abs. 2, 241 Abs. 2 BGB)*

Eine Haftung nach den Grundsätzen der allgemein zivilrechtlichen Prospekthaftung (§§ 280 Abs. 1, 311 Abs. 2, 241 Abs. 2 BGB) ist im Anwendungsbereich der spezialgesetzlichen Haftung bei fehlerhafter Angebotsunterlage ausgeschlossen (§ 12 Abs. 6 WpÜG).[506]

*cc) Haftung wegen Verletzung eines Schutzgesetzes (§ 823 Abs. 2 BGB)*

Eine Haftung nach § 823 Abs. 2 BGB bei Abgabe eines öffentlichen Übernahmeangebotes erfordert die Verletzung eines Schutzgesetzes. Hierfür ist erforderlich, dass es sich bei § 11 WpÜG um ein Schutzgesetz handelt. Die Qualifizierung von § 11 WpÜG als Schutzgesetz ist nach überzeugender Auffassung abzulehnen. Zweck der Norm ist nach der Gesetzesbegründung, die Angebotsadressaten, die Öffentlichkeit sowie die Aufsichtsbehörde über den Inhalt des Angebotes und über die mit dem Angebot verfolgten Ziele zu informieren. Nur sekundär wird eine ausreichende Informationsgrundlage für die Entscheidung über die

---

504 Strittig. Wie hier *Möllers,* in: KölnKomm. WpÜG, 2. Auflage, 2010, § 12 WpÜG Rz 107; *Steinhardt,* in: Steinmeyer, WpÜG, 4. Auflage, 2019, § 12 WpÜG Rz 32; *Thoma,* in: Baums/Thoma WpÜG, 13. Auflage, 2020, § 12 WpÜG Rz 74; *Wackerbarth,* in: Münchener Kommentar zum AktG, 5. Auflage, 2021, § 12 WpÜG Rz 28; **a.A.** *Louven,* in: Angerer/Geibel/Süßmann, WpÜG, 3. Auflage, 2017, § 12 WpÜG Rz 30; wohl auch *Assmann,* in: Assmann/Pötzsch/Schneider, WpÜG, 3. Auflage, 2020, § 12 WpÜG Rz 52 f.

505 *Steinhardt,* in: Steinmeyer, WpÜG, 4. Auflage, 2019, § 12 WpÜG Rz 55.

506 *Steinhardt,* in: Steinmeyer, WpÜG, 4. Auflage, 2019, § 12 WpÜG Rz 55.

Annahme oder Ablehnung des Angebots der betroffenen Wertpapierinhaber verfolgt.[507] Gegen die Annahme eines Schutzgesetzes spricht zudem entscheidend, dass ein solcher Haftungsmechanismus zu einer Haftung für fehlerhafte Kapitalmarktinformation für (leichte) Fahrlässigkeit führen würde, welche dem kapitalmarktrechtlichen Haftungssystem gerade fremd ist und nicht wünschenswert erscheint.[508]

#### *dd) Haftung wegen vorsätzlicher, sittenwidriger Schädigung (§ 826 BGB)*

Eine Haftung nach § 826 BGB erfordert, dass die Mängel in der Angebotsunterlage im Einzelfall eine vorsätzliche sittenwidrige Schädigung fremden (individuellen) Vermögens begründen. Unter Beachtung und Zugrundelegung der Rechtsprechung zur fehlerhaften Ad-hoc-Mitteilung kommt dies vor allem dann in Betracht, wenn das Verhalten des Bieters gegen die Mindestanforderungen im Rechtsverkehr auf dem Kapitalmarkt verstößt.[509]

### *c) Haftungsrisiken bei Abgabe einer fehlerhaften Stellungnahme nach § 27 WpÜG*

Unverzüglich nach Veröffentlichung der Angebotsunterlagen (§ 14 WpÜG) sind Vorstand und Aufsichtsrat der Zielgesellschaft verpflichtet, eine begründete Stellungnahme zur Schaffung von Markttransparenz für alle Beteiligten des Angebotsverfahrens[510] abzugeben (§ 27 Abs. 1 S. 1 WpÜG).[511] Die Stellungnahme von Vorstand und Aufsichtsrat stellt für die Wertpapierinhaber der Zielgesellschaft eine wichtige Informationsquelle dar, um eine möglichst umfassend informierte Entscheidung über das Angebot treffen zu können und stellt hinsichtlich des informativen Aspekts das funktionale Äquivalent der Zielgesellschaft zur

---

507 BT-Drucks. 14/7034, S. 41; *Wackerbarth,* in: Münchener Kommentar zum AktG, 5. Auflage, 2021, § 11 WpÜG Rz 1.

508 *Schnorbus* WM 2003, 657, 663; *Thoma,* in: Baums/Thoma WpÜG, 13. Auflage, 2020, § 12 WpÜG Rz 85 **A.A.** bei *Aha* AG 2002, 160, 161 f.; *Paschos/Goslar,* in: Paschos/Fleischer Handbuch Übernahmerecht, 2017, § 14 Angebotsunterlage Rz 203.

509 *Paschos/Goslar,* in: Paschos/Fleischer Handbuch Übernahmerecht, 2017, § 14 Angebotsunterlage Rz 202 ff. (m.w.N.).

510 *Hippeli/Hofmann* NZG 2014, 850, 851.

511 *Illert/Weiß,* in: *Illert/Ghassemi-Tabar/Cordes,* Handbuch Vorstand und Aufsichtsrat, 2018, § 12 M&A und öffentliche Übernahmen, Rz 88.

Angebotsunterlage des Bieters dar.[512] Hinsichtlich des Inhalts hat die Stellungnahme insbesondere auf die Angemessenheit der Art und Höhe der Gegenleistung, auf die voraussichtlichen Folgen eines erfolgreichen Angebots für die Zielgesellschaft, ihre Arbeitnehmer, die Beschäftigungsbedingungen und die Standorte sowie auf die Absicht der Organmitglieder, die selbst Anteilen halten, das Angebot anzunehmen, einzugehen.[513] Die Stellungnahme muss eine konkrete Handlungsempfehlung an die Wertpapierinhaber aussprechen, welche entweder zustimmend oder ablehnend ist. Hierzu wird in der Praxis typischerweise eine Fairness Opinion[514] eingeholt.[515]

Das WpÜG enthält keine ausdrückliche Haftungsregelung für fehlerhafte Stellungnahmen. Die haftungsrechtlichen Folgen sind in der Literatur umstritten.[516] Rechtsprechung zu zivilrechtlichen Haftungsfragen ist nicht vorhanden.[517]

#### *aa) Haftungsrisiken der Mitglieder des Vorstandes und des Aufsichtsrates der Zielgesellschaft*

Haftungsrisiken der Mitglieder des Vorstandes und des Aufsichtsrates sind sowohl im Außenverhältnis gegenüber den Wertpapierinhabern der Zielgesellschaft als Adressaten der fehlerhaften Stellungnahme als auch im Innenverhältnis zur Zielgesellschaft zu prüfen.

##### *(1) Haftung der Organmitglieder wegen Sorgfaltspflichtverstoß (§ 93 Abs. 2 S. 1, 116 S. 1 AktG)*

Vorstand und Aufsichtsrat handeln bei Abgabe einer begründeten Stellungnahme im Rahmen ihrer organschaftlichen Pflichten. Daher greifen im Innenverhältnis die aktienrechtlichen Bestimmungen zur Organhaftung (§§ 93 Abs. 2 S. 1, 116 S. 1 AktG).[518] Auch wenn man die Veröffentlichung einer fehlerhaften

---

512 *Krause/Pötzsch,* in: Assmann/Pötzsch/Schneider, WpÜG, 3. Auflage, 2020, § 27 WpÜG Rz 18; *Noack/Holzborn,* in: Schwark/Zimmer Kapitalmarktrecht, 5. Auflage, 2020, § 10 WpÜG Rz 1.

513 *Müller-Michaels,* in: Handbuch Unternehmenskauf, 9. Auflage, 2019, Kapitel 13: Börsennotierte Unternehmen Rz 13.143.

514 Hierzu *Goslar,* in: Paschos/Fleischer Handbuch Übernahmerecht, 2017, § 22 Die begründete Stellungnahme nach § 27 WpÜG Rz 70 f.

515 *Bücker/Kulenkamp,* in: Handbuch Managerhaftung, 3. Auflage, 2017, § 29 Risikobereich und Haftung: M&A Transaktionen Rz 29.53.

516 Zum Streitstand *Hirte,* in: KölnKomm. WpÜG, 2. Auflage, 2010, § 27 WpÜG Rz 27 Fn. 69.

517 *Mohamed* DStR 2015, 2290.

518 Dazu unten B.III.1.a).

Stellungnahme als organschaftliche Pflichtverletzung ansieht, wird es in der Praxis regelmäßig an einer ersatzfähigen Schadensposition der Zielgesellschaft selbst fehlen.[519] Zu denken wäre in diesem Zusammenhang an Vermögenseinbußen aufgrund von ausbleibenden Synergieeffekten, welche auf dem Scheitern der Übernahme beruhen.[520] Der erforderliche Nachweis, dass das Scheitern der Übernahme gerade auf der fehlerhaften Stellungnahme der Verwaltung beruht, wird sich aber in aller Regel kaum führen lassen.[521] Daneben kommen als ersatzfähige Schadenpositionen noch Ersatzansprüche der Wertpapierinhaber gegen die Gesellschaft (i.V.m. § 31 BGB analog) oder Bußgelder, die gegen die Gesellschaft verhängt werden, in Betracht.[522] Der Schaden, der den Aktionären durch eine aufgrund der fehlerhaften Stellungnahme veranlassten Veräußerung bzw. Nichtveräußerung ihrer Anteile entsteht, ist aber über den Binnenregress nicht ersatzfähig.[523]

#### *(2) Haftung nach § 117 Abs. 1 S. 1 und 2, Abs. 2 S. 1, Abs. 3 AktG*

In Betracht kommt eine Haftung wegen Verletzung der Integrität der Verwaltungsorgane und deren Handelns (§ 117 AktG). Bei fehlerhaften Stellungnahmen kommt eine solche Haftung in Betracht, wenn der Haftungsverpflichtete die (anderen) Verwaltungsmitglieder zur Veröffentlichung einer fehlerhaften Stellungnahme vorsätzlich bestimmt und daraus eine ersatzfähige Schadensposition entsteht. Anspruchsberechtigt ist die Zielgesellschaft selbst oder ihre Wertpapierinhaber. Nicht ersatzfähig sind hingegen reine Reflexschäden wie die Wertminderung der Wertpapiere aufgrund der Schädigungshandlung.[524] Somit

519 *Friedl* NZG 2004, 448, 449.

520 *Goslar,* in: Paschos/Fleischer Handbuch Übernahmerecht, 2017, § 22 Die begründete Stellungnahme nach § 27 WpÜG Rz 126.

521 *Röh,* in: Frankfurter Kommentar WpÜG, 3. Auflage, 2008, § 27 WpÜG Rz 83 Fn. 158; *Steinmeyer,* in: Steinmeyer, WpÜG, 4. Auflage, 2019, § 27 WpÜG Rz 69.

522 *Drinkuth,* in: Handbuch börsennotierte AG, 4. Auflage, 2018, § 60 Öffentliche Übernahme börsennotierter Unternehmen Rz 60.168; *Harbarth,* in: Baums/Thoma WpÜG, 13. Auflage, 2020, § 27 WpÜG Rz 154; *Krause/Pötzsch,* in: Assmann/Pötzsch/Schneider, WpÜG, 3. Auflage, 2020, § 27 WpÜG Rz 155.

523 *Harbarth,* in: Baums/Thoma WpÜG, 13. Auflage, 2020, § 27 WpÜG Rz 154; *Krause/Pötzsch,* in: Assmann/Pötzsch/Schneider, WpÜG, 3. Auflage, 2020, § 27 WpÜG Rz 155.

524 *Mohamed* DStR 2015, 2290, 2294.

entfallen alle Positionen, in denen der Schaden des Wertpapierinhabers in der Nichtannahme eines günstigen Angebots besteht.[525]

Vielmehr kommt ein ersatzfähiger Schaden nur dann in Betracht, wenn der Fehler in der Stellungnahme in einem kausalen Vermögensschaden in der eigenen Sphäre des Wertpapierinhabers realisiert hat.[526] Dabei kommen aus praktischer Sicht allein zwei Konstellation in Betracht: Zum einen, wenn Anteile aufgrund der fehlerhaften Stellungnahme unter Wert verkauft wurden und dies bei richtiger Stellungnahme nicht erfolgt wäre,[527] und zum anderen, wenn das Angebot aufgrund der fehlerhaften Stellungnahme nicht angenommen wurde, es bei zutreffender Stellungnahme angenommen worden wäre und diese Annahme zu einer Veräußerung zum Angebotspreis geführt hätte (also im Übrigen erfolgreich gewesen wäre).[528]

### *(3) Haftung aus (vor-)vertraglichem Schuldverhältnis (§ 280 Abs. 1, §§ 311 Abs. 2 und 3, 241 Abs. 2 BGB)*

Ansprüche aus vertraglichen oder vorvertraglichen Schuldverhältnissen bestehen nicht. (Quasi-)Vertragliche Ansprüche können nur bestehen, wenn die fehlerhafte Stellungnahme die Verletzung einer Pflicht begründet würde, deren Schutzwirkung sich auf die Aktionäre entfaltet. Eine solche Schutzwirkung wird von der herrschenden Auffassung verneint.[529]

### *(4) Haftung nach § 12 WpÜG analog*

Die Stellungnahme nach § 27 WpÜG bildet das funktionale Äquivalent zur Angebotsunterlage des Bieters.[530] Daher ist eine analoge Anwendung der Angebotshaftungsregelungen zu prüfen.[531] Trotz entsprechender Überlegungen hat der Gesetzgeber nur eine spezialgesetzliche Haftung für eine fehlerhafte Angebotsunterlage geregelt, und auf eine entsprechende Regelung im Rahmen der

---

525 *Friedl* NZG 2004, 448, 450; *Krause/Pötzsch,* in: Assmann/Pötzsch/Schneider, WpÜG, 3. Auflage, 2020, § 27 WpÜG Rz 147; *Steinmeyer,* in: Steinmeyer, WpÜG, 4. Auflage, 2019, § 27 WpÜG Rz 70.

526 *Steinmeyer,* in: Steinmeyer, WpÜG, 4. Auflage, 2019, § 27 WpÜG Rz 71.

527 *Friedl* NZG 2004, 448, 450; *Mohamed* DStR 2015, 2290, 2294.

528 *Steinmeyer,* in: Steinmeyer, WpÜG, 4. Auflage, 2019, § 27 WpÜG Rz 71.

529 *Habersack*, Die Mitgliedschaft, 1996, S. 205; *Harbarth,* in: Baums/Thoma WpÜG, 13. Auflage, 2020, § 27 WpÜG Rz 134; *Krause/Pötzsch,* in: Assmann/Pötzsch/Schneider, WpÜG, 3. Auflage, 2020, § 27 WpÜG Rz 141; *Zöllner* ZGR 1988, 392, 408 f.

530 *Steinmeyer,* in: Steinmeyer, WpÜG, 4. Auflage, 2019, § 27 WpÜG Rz 76.

531 *Mohamed* DStR 2015, 2290, 2292.

Stellungnahme verzichtet. Damit fehlt es an der erforderlichen planwidrigen Regelungslücke und eine analoge Anwendung des § 12 WpÜG scheidet aus.[532]

### *(5) Haftung nach den Grundsätzen der allgemein zivilrechtlichen Prospekthaftung (§§ 280 Abs. 1, 311 Abs. 2, 241 Abs. 2 BGB)*

Ein Teil der Literatur befürwortet die Anwendung der Grundsätze der allgemein zivilrechtlichen Prospekthaftung auf die fehlerhafte Stellungnahme nach § 27 WpÜG,[533] wobei zum Teil für eine Anwendung der Haftungsbeschränkung entsprechend der spezialgesetzlichen Angebotshaftung (§ 12 WpÜG) auf Fälle von grober Fahrlässigkeit und Vorsatz plädiert wird.[534] Die Anwendung der Grundsätze der allgemein zivilrechtlichen Prospekthaftung wird aber von der zutreffenden Ansicht in der Literatur abgelehnt.[535] Ein Prospekt im Sinne der zivilrechtlichen Prospekthaftung ist jede marktbezogene, an eine bestimmte Zahl von Personen gerichtete schriftliche Erklärung, die für die Beurteilung einer Anlage erhebliche Angaben enthält oder den Eindruck eines solchen Inhalts

---

532 *Goslar,* in: Paschos/Fleischer Handbuch Übernahmerecht, 2017, § 22 Die begründete Stellungnahme nach § 27 WpÜG Rz 119; *Harbarth,* in: Baums/Thoma WpÜG, 13. Auflage, 2020, § 27 WpÜG Rz 135 f.; *Krause/Pötzsch,* in: Assmann/Pötzsch/Schneider, WpÜG, 3. Auflage, 2020, § 27 WpÜG Rz 143; *Mohamed* DStR 2015, 2290, 2292 f.; *Röh,* in: Frankfurter Kommentar WpÜG, 3. Auflage, 2008, § 27 WpÜG Rz 85; *Steinmeyer,* in: Steinmeyer, WpÜG, 4. Auflage, 2019, § 27 WpÜG Rz 76 Unklar bei *Friedl* NZG 2004, 448, 452 f.

533 *Ekkenga,* in: Ehricke/Ekkenga/Oechsler, WpÜG, 2003, § 27 WpÜG Rz 44; *Hirte,* in: KölnKomm. WpÜG, 2. Auflage, 2010, § 27 WpÜG Rz 27; *Noack/Holzborn,* in: Schwark/Zimmer Kapitalmarktrecht, 5. Auflage, 2020, § 27 WpÜG Rz 36; *Röh,* in: Frankfurter Kommentar WpÜG, 3. Auflage, 2008, § 27 WpÜG Rz 86 ff., 95.

534 *Hirte,* in: KölnKomm. WpÜG, 2. Auflage, 2010, § 27 WpÜG Rz 27; *Röh,* in: Frankfurter Kommentar WpÜG, 3. Auflage, 2008, § 27 WpÜG Rz 90.

535 *Drinkuth,* in: Handbuch börsennotierte AG, 4. Auflage, 2018, § 60 Öffentliche Übernahme börsennotierter Unternehmen Rz 60.169; *Friedl* NZG 2004, 448, 453; *Goslar,* in: Paschos/Fleischer Handbuch Übernahmerecht, 2017, § 22 Die begründete Stellungnahme nach § 27 WpÜG Rz 120; *Harbarth,* in: Baums/Thoma WpÜG, 13. Auflage, 2020, § 27 WpÜG Rz 139; *Krause/Pötzsch,* in: Assmann/Pötzsch/Schneider, WpÜG, 3. Auflage, 2020, § 27 WpÜG Rz 145; *Steinmeyer,* in: Steinmeyer, WpÜG, 4. Auflage, 2019, § 27 WpÜG Rz 78; *Strehle,* in: Beck'sches M&A-Handbuch, 2017, § 58 Öffentliche Übernahmen aus Sicht der Zielgesellschaft Rz 112; *Wackerbarth,* in: Münchener Kommentar zum AktG, 5. Auflage, 2021, § 27 WpÜG Rz 17.

erwecken soll.[536] Die Stellungnahme unterscheidet sich dabei in vielfacher Hinsicht von einem Prospekt. Zum einen stellt die Stellungnahme im Gegensatz zum Prospekt nicht die wichtigste Grundlage der Entscheidung über eine (Des-)Investition dar, sondern die Angebotsunterlage des Bieters. Des Weiteren stehen dem Wertpapierinhaber auch andere Informationsquellen zur Verfügung, um seine Entscheidung zu treffen. Zuletzt wird die Stellungnahme auch nicht von Personen abgeben, die sich in einer Verkaufs- oder Werbesituation befinden und durch den Prospekt über das von ihnen vertriebene Produkt informieren wollen, um dessen Absatz zu fördern.[537] Mithin liegt kein Prospekt vor.[538] Unabhängig von einer rechtspolitischen Bewertung ist der Rechtsanwender an das Fehlen einer ausdrücklichen Haftungsnorm im Zusammenhang mit fehlerhaften Stellungnahmen gebunden.[539]

#### *(6) Haftung nach § 823 Abs. 1 BGB*

Eine Haftung nach § 823 Abs. 1 BGB scheidet mangels geschützter Rechtsposition aus. Als solche käme zwar das durch das Wertpapier verkörperte Mitgliedschaftsrecht als „sonstiges Recht" in Betracht. Die Mitgliedschaft selbst wird durch die Verbreitung einer fehlerhaften Stellungnahme jedoch nicht beeinträchtigt. Beeinträchtigt wird allein das Vermögen des Wertpapierinhabers, welches aber nicht von § 823 Abs. 1 BGB geschützt ist.[540]

---

536 *Berg/Stöcker* WM 2002, 1569, 1580; *Harbarth,* in: Baums/Thoma WpÜG, 13. Auflage, 2020, § 27 WpÜG Rz 138; *Krause/Pötzsch,* in: Assmann/Pötzsch/Schneider, WpÜG, 3. Auflage, 2020, § 27 WpÜG Rz 144; *Mohamed* DStR 2015, 2290, 2293.

537 *Ebke,* in: *Erle/Goette/Kleindiek u.a.,* FS Hommelhoff, 2012, Die zivilrechtliche Haftung von Vorstand und Aufsichtsrat für fehlerhafte Stellungnahmen nach § 27 WpÜG, 161, 172; *Friedl* NZG 2004, 448, 453; *Goslar,* in: Paschos/Fleischer Handbuch Übernahmerecht, 2017, § 22 Die begründete Stellungnahme nach § 27 WpÜG Rz 120; *Harbarth,* in: Baums/Thoma WpÜG, 13. Auflage, 2020, § 27 WpÜG Rz 139; *Krause/Pötzsch,* in: Assmann/Pötzsch/Schneider, WpÜG, 3. Auflage, 2020, § 27 WpÜG Rz 145; z *Louven,* in: Angerer/Geibel/Süßmann, WpÜG, 3. Auflage, 2017, § 27 WpÜG Rz 55; *Steinmeyer,* in: Steinmeyer, WpÜG, 4. Auflage, 2019, § 27 WpÜG Rz 78; *Strehle,* in: Beck'sches M&A-Handbuch, 2017, § 58 Öffentliche Übernahmen aus Sicht der Zielgesellschaft Rz 112.

538 *Krause/Pötzsch,* in: Assmann/Pötzsch/Schneider, WpÜG, 3. Auflage, 2020, § 27 WpÜG Rz 145.

539 *Harbarth,* in: Baums/Thoma WpÜG, 13. Auflage, 2020, § 27 WpÜG Rz 139.

540 *Steinmeyer,* in: Steinmeyer, WpÜG, 4. Auflage, 2019, § 27 WpÜG Rz 80.

### *(7) Haftung wegen Verletzung eines Schutzgesetzes (§ 823 Abs. 2 BGB)*

Eine Haftung nach § 823 Abs. 2 BGB bei Abgabe einer fehlerhaften Stellungnahme erfordert die Verletzung eines Schutzgesetzes. Hierfür ist erforderlich, dass es sich bei § 27 WpÜG um ein Schutzgesetz handelt. Die Qualifizierung von § 27 WpÜG als Schutzgesetz ist nach überzeugender Auffassung abzulehnen. Zugunsten des Bieters ist dies allgemeine Auffassung[541] und hinsichtlich der Wertpapierinhaber der Zielgesellschaft entspricht dieses Ergebnis der herrschenden Meinung.[542] Die überzeugt, da die Stellungnahme die Informationsbasis des Wertpapierinhabers verbreitern soll.[543] Ein Vermögensschutz wird damit nicht angestrebt.[544]

### *(8) Haftung wegen vorsätzlicher, sittenwidriger Schädigung (§ 826 BGB)*

Eine Haftung nach § 826 BGB erfordert eine vorsätzliche sittenwidrige Schädigung fremden Vermögens. Dies ist anzunehmen, wenn die Vorstandsmitglieder ihre Pflicht zur Abgabe einer Stellungnahme sittenwidrig mit dem Vorsatz verletzen, die Angebotsadressaten zu schädigen.[545] In der Literatur wird verschiedentlich das Beispiel hervorgebracht, dass ein Organmitglied die Wertpapierinhaber durch eine bewusst unrichtige Stellungnahme in die Irre führt und sie auf diese Weise zu einer unzutreffenden Beurteilung der Angebotsunterlagen verleitet.[546] Der Schaden der Wertpapierinhaber kann darin bestehen, dass diese ein angemessenes Angebot nicht angenommen haben oder ihre Anteile aufgrund der fehlerhaften Stellungnahme unter Wert veräußert haben.[547]

---

541 *Steinmeyer,* in: Steinmeyer, WpÜG, 4. Auflage, 2019, § 27 WpÜG Rz 81 (m.w.N.).

542 Ausführlich bei *Harbarth,* in: Baums/Thoma WpÜG, 13. Auflage, 2020, § 27 WpÜG Rz 141 ff. (m.w.N.).

543 *Steinmeyer,* in: Steinmeyer, WpÜG, 4. Auflage, 2019, § 27 WpÜG Rz 5.

544 *Friedl* NZG 2004, 448, 450; *Krause/Pötzsch,* in: Assmann/Pötzsch/Schneider, WpÜG, 3. Auflage, 2020, § 27 WpÜG Rz 150; *Steinmeyer,* in: Steinmeyer, WpÜG, 4. Auflage, 2019, § 27 WpÜG Rz 81.

545 *Goslar,* in: Paschos/Fleischer Handbuch Übernahmerecht, 2017, § 22 Die begründete Stellungnahme nach § 27 WpÜG Rz 125.

546 *Friedl* NZG 2004, 448, 452; *Harbarth,* in: Baums/Thoma WpÜG, 13. Auflage, 2020, § 27 WpÜG Rz 153; *Krause/Pötzsch,* in: Assmann/Pötzsch/Schneider, WpÜG, 3. Auflage, 2020, § 27 WpÜG Rz 157.

547 *Ebke,* in: *Erle/Goette/Kleindiek u.a.,* FS Hommelhoff, 2012, Die zivilrechtliche Haftung von Vorstand und Aufsichtsrat für fehlerhafte Stellungnahmen nach § 27 WpÜG, 161, 180 f.; *Krause/Pötzsch,* in: Assmann/Pötzsch/Schneider, WpÜG, 3. Auflage, 2020, § 27 WpÜG 153 f., 157, 161.

In Anbetracht der Rechtsprechung des Bundesgerichtshof, wonach ein Handelnder, der Kraft Stellung oder Sachkunde ein besonderes Vertrauen genießt, bei Außerachtlassung der im Verkehr erforderlichen Sorgfalt in einem nach § 826 BGB als gewissenlos zu wertenden Maße leichtfertig handelt, dürfte eine Haftung nach § 826 BGB in weitaus mehr Fällen in Betracht kommen.[548] Dabei muss sich die Unrichtigkeit oder Unvollständigkeit aber jedenfalls auf wesentlichen Angaben in der Stellungnahme beziehen.[549] Es besteht mithin ein Haftungsrisiko der Beteiligten bei Abgabe einer fehlerhaften Stellungnahme nach § 826 BGB.

### *(9) Zwischenergebnis*

Ein Außenhaftungsanspruch der Mitglieder des Vorstands und des Aufsichtsrates für eine fehlerhafte Stellungnahme scheidet gegenüber den Wertpapierinhabern der Zielgesellschaft nach überzeugender Auffassung mangels Anspruchsgrundlage[550] aus.[551] Neben der von einer Mindermeinung für anwendbar befundenen allgemein zivilrechtlichen Prospekthaftung kommt allenfalls eine deliktische Haftung in Betracht. Als Gläubiger im Außenverhältnis kommen dabei die Wertpapierinhaber sowie der Bieter[552] selbst in Betracht.[553] Daneben bestehen Risiken für Regressansprüche im Binnenverhältnis.

---

548 *Ebke*, in: *Erle/Goette/Kleindiek u.a.*, FS Hommelhoff, 2012, Die zivilrechtliche Haftung von Vorstand und Aufsichtsrat für fehlerhafte Stellungnahmen nach § 27 WpÜG, 161, 180 ff.; *Goslar*, in: Paschos/Fleischer Handbuch Übernahmerecht, 2017, § 22 Die begründete Stellungnahme nach § 27 WpÜG Rz 125.

549 *Goslar*, in: Paschos/Fleischer Handbuch Übernahmerecht, 2017, § 22 Die begründete Stellungnahme nach § 27 WpÜG Rz 125.

550 Ausführliche Darstellung bei *Ebke*, in: *Erle/Goette/Kleindiek u.a.*, FS Hommelhoff, 2012, Die zivilrechtliche Haftung von Vorstand und Aufsichtsrat für fehlerhafte Stellungnahmen nach § 27 WpÜG, 161 ff.

551 *Illert/Weiß*, in: *Illert/Ghassemi-Tabar/Cordes*, Handbuch Vorstand und Aufsichtsrat, 2018, § 12 M&A und öffentliche Übernahmen, Rz 92.

552 Zu den (konzernrechtlichen) Haftungsrisiken des Bieters und seiner gesetzlichen Vertreter für eine fehlerhafte Stellungnahme der Zielgesellschaft siehe *Steinmeyer*, in: Steinmeyer, WpÜG, 4. Auflage, 2019, § 27 WpÜG Rz 73 ff.

553 *Krause/Pötzsch*, in: Assmann/Pötzsch/Schneider, WpÜG, 3. Auflage, 2020, § 27 WpÜG Rz 140.

#### bb) *Haftungsrisiken der Zielgesellschaft nach §§ 823 Abs. 2, 826, 31 BGB*

Die identifizierten, deliktsrechtlichen Haftungsrisiken bestehen auch für die Zielgesellschaft (§ 31 BGB analog). Dies ist unabhängig davon zu bejahen, dass die Verpflichtungen des § 27 Abs. 1 WpÜG allein die Organe und nicht die Zielgesellschaft binden, da diese begründete Stellungnahme von den Wertpapierinhabern auch als Stellungnahme der Zielgesellschaft selbst wahrgenommen wird.[554]

#### cc) *Haftungsrisiken sachverständiger Dritter (§ 280 Abs. 1 BGB i.V.m. den Grundsätzen des Vertrages mit Schutzwirkung zugunsten Dritter)*

Sofern die Geschäftsleiter der Zielgesellschaft für ihre Stellungnahme den Rat externer Sachverständiger einholen, kommt eine Haftung dieser Experten in Betracht. Dabei besteht eine Haftung gegenüber der Zielgesellschaft aus dem zugrundeliegenden Beratungsvertrag. Unter Beachtung der Rechtsprechung des Bundesgerichtshofes zur Haftung sachverständiger Dritter gegenüber Anlegern bei fehlerhaften Wertpapierprospekten[555] kann sich aber auch eine Haftung gegenüber den Angebotsadressaten oder dem Bieter ergeben.[556] Dies wird nach ständiger Rechtsprechung angenommen, wenn eine Person aufgrund ihrer beruflichen und wirtschaftlichen Stellung oder aufgrund von Fachkunde eine Art Garantenstellung einnimmt und mittels der Gestaltung des Prospektes nach außen hin in Erscheinung tritt.[557] Diese Beurteilung erfolgt entsprechend den im Rahmen der Prospekthaftung dargestellten Grundsätzen.[558]

---

554 *Drinkuth,* in: Handbuch börsennotierte AG, 4. Auflage, 2018, § 60 Öffentliche Übernahme börsennotierter Unternehmen Rz 60.168; *Krause/Pötzsch,* in: Assmann/Pötzsch/Schneider, WpÜG, 3. Auflage, 2020, § 27 WpÜG 162.

555 Dazu oben B.I.1.a)dd).

556 *Röh,* in: Frankfurter Kommentar WpÜG, 3. Auflage, 2008, § 27 WpÜG Rz 88.

557 BGH, Urteil vom 21.02.2013 – III ZR 139/12 – NJW 2013, 1877; BGH, Urteil vom 17.11.2011 – III ZR 103/10 – BGHZ 191, 310; BGH, Urteil vom 12.02.2004 – III ZR 359/02 – BGHZ 158, 110; BGH, Urteil vom 22.05.1980 – II ZR 209/79 – BGHZ 77, 172; *Goslar,* in: Paschos/Fleischer Handbuch Übernahmerecht, 2017, § 22 Die begründete Stellungnahme nach § 27 WpÜG Rz 132.

558 Siehe dazu B.I.1.a)dd).

#### *dd) Bußgeldbewehrung (§ 60 Abs. 1 Nr. 1 und 2 WpÜG)*

Die vorsätzliche oder leichtfertige Zuwiderhandlung gegen die Stellungnahmepflicht (Abs. 3 S. 1) kann mit einer Geldbuße von bis zu 2,5 Millionen Euro geahndet werden (§ 60 Abs. 1 Nr. 1 lit. b Var. 4, Abs. 3 WpÜG) und ein entsprechender Verstoß gegen die Übermittlungspflicht (Abs. 3 S. 2) mit einer Geldbuße von bis zu einer Million Euro (§ 60 Abs. 1 Nr. 2 lit. c, Abs. 3 a.E. WpÜG). Gegen juristische Personen oder Personenvereinigungen kann die Geldbuße bis fünf Millionen Euro oder zwei Prozent des Gesamtumsatzes (der jeweils höhere Betrag maßgeblich) betragen (§ 60 Abs. 4 WpÜG).[559] Inhaltlich falsche Stellungnahmen sind aufgrund des exklusiven Verweises auf § 27 Abs. 3 WpÜG aber nicht bußgeldbewehrt.

### *d) Haftungsrisiken bei Verstößen gegen das Verhinderungsverbot nach § 33 WpÜG*

Dem Vorstand der Zielgesellschaft ist es untersagt, Maßnahmen zu ergreifen, die den Erfolg des Übernahmeangebotes verhindern könnten (§ 33 WpÜG).[560] Von diesem Verbot sind explizite Ausnahmen vorgesehen (§ 33 Abs. 1 S. 2 und Abs. 2 WpÜG). Hierzu gehören Handlungen, die ein ordentlicher und gewissenhafter Geschäftsleiter ebenfalls vorgenommen hätte, die Suche nach einem konkurrierenden Angebot, Maßnahmen mit Zustimmung des Aufsichtsrats, Handlungen aufgrund eines wirksamen Vorratsbeschlusses der Hauptversammlung sowie Maßnahmen aufgrund eines Abwehrbeschlusses.[561]

#### *aa) Haftung der Vorstandsmitglieder wegen Sorgfaltspflichtverstoß (§ 93 Abs. 2 S. 1 AktG)*

Verletzten Mitglieder des Vorstandes bei der Vornahme von Verteidigungsmaßnahmen ihre Pflichten aus dem Neutralitätsgebot (§ 33 WpÜG), kommt ein Binnenregressanspruch der Gesellschaft in Betracht (§ 93 Abs. 2 S. 1AktG).[562] Bis zum Zeitpunkt der Veröffentlichung der Entscheidung richtet sich die Pflichtenstellung des Vorstandes nach dem allgemeinen Aktienrecht, wonach diesem ein

559 *Steinmeyer,* in: Steinmeyer, WpÜG, 4. Auflage, 2019, § 27 WpÜG Rz 64.

560 *Drinkuth,* in: Handbuch börsennotierte AG, 4. Auflage, 2018, § 60 Öffentliche Übernahme börsennotierter Unternehmen Rz 60.320.

561 *Müller-Michaels,* in: Handbuch Unternehmenskauf, 9. Auflage, 2019, Kapitel 13: Börsennotierte Unternehmen Rz 13.155 ff.

562 *Grunewald,* in: Baums/Thoma WpÜG, 13. Auflage, 2020, § 33 WpÜG Rz 105.

weites unternehmerisches Ermessen eingeräumt wird (§§ 76 Abs. 1, 93 Abs. 1 S. 2 AktG).[563] Im Zeitraum zwischen Veröffentlichung der Entscheidung zur Abgabe des Angebots bis hin zur Veröffentlichung des Ergebnisses werden diese aktienrechtlichen Pflichten durch die Neutralitätspflicht überlagert.[564]

Vorstandsmitglieder, die gegen das Verhinderungsverbot[565] verstoßen, machen sich für den daraus resultierenden (kausalen) Schaden als Gesamtschuldner ersatzpflichtig. Die Schadensberechnung erfolgt nach den allgemeinen Grundsätzen.[566] Als Schaden kommen dabei insbesondere Aufwendungen für die Abwehr oder Veräußerungen von Vermögensgegenständen zu einem niedrigeren Preis in Betracht.[567]

#### *bb) Haftung wegen Verletzung eines Schutzgesetzes (§ 823 Abs. 2 BGB)*

Eine Haftung nach § 823 Abs. 2 BGB bei Verstößen gegen das Verhinderungsverbot erfordert die Verletzung eines Schutzgesetzes. Hierfür ist erforderlich, dass es sich bei § 33 Abs. 1 S. 1 WpÜG um ein Schutzgesetz handelt. Die Qualifizierung von § 33 Abs. 1 S. 1 WpÜG als Schutzgesetz ist nach überzeugender Auffassung abzulehnen.[568] Hiergegen spricht insbesondere der Umstand, dass das Verhinderungsverbot nur eine Konkretisierung des allgemeinen Pflichtenmaßstabs der im Übernahmeverfahren darstellt.[569] Diese Regelungen stellen aber nach allgemeiner Auffassung gerade keine Schutzgesetze zugunsten der Aktionäre dar.[570] Außerdem schützt das Verhinderungsverbot die Funktionsfähigkeit

---

563 *Müller-Michaels,* in: Handbuch Unternehmenskauf, 9. Auflage, 2019, Kapitel 13: Börsennotierte Unternehmen Rz 13.154.

564 *Grunewald,* in: Baums/Thoma WpÜG, 13. Auflage, 2020, § 33 WpÜG Rz 8; *Illert/Weiß,* in: *Illert/Ghassemi-Tabar/Cordes,* Handbuch Vorstand und Aufsichtsrat, 2018, § 12 M&A und öffentliche Übernahmen, Rz 93.

565 Hier bereits oben B.II.1.c).

566 *Schlitt,* in: Münchener Kommentar zum AktG, 5. Auflage, 2021, § 33 WpÜG Rz 249.

567 *Krause/Pötzsch/Stephan,* in: Assmann/Pötzsch/Schneider, WpÜG, 3. Auflage, 2020, § 33 WpÜG Rz 310; *Spindler,* in: Münchener Kommentar zum AktG, 5. Auflage, 2019, § 93 AktG Rz 120; *Thümmel* DB 2000, 461.

568 *Drinkuth,* in: Handbuch börsennotierte AG, 4. Auflage, 2018, § 60 Öffentliche Übernahme börsennotierter Unternehmen Rz 60.337; *Grunewald,* in: Baums/Thoma WpÜG, 13. Auflage, 2020, § 33 WpÜG Rz 107; *Krause/Pötzsch/Stephan,* in: Assmann/Pötzsch/Schneider, WpÜG, 3. Auflage, 2020, § 33 WpÜG Rz 312; *Schlitt,* in: Münchener Kommentar zum AktG, 5. Auflage, 2021, § 33 WpÜG Rz 246; **A.A.** bei *Hirte* ZGR 2002, 623, 654.

569 *Steinmeyer,* in: Steinmeyer, WpÜG, 4. Auflage, 2019, § 33 WpÜG Rz 59.

570 *Brandi,* in: Angerer/Geibel/Süßmann, WpÜG, 3. Auflage, 2017, § 33 WpÜG Rz 96; *Grunewald,* in: Baums/Thoma WpÜG, 13. Auflage, 2020, § 33 WpÜG Rz 108; *Mertens/*

des Kapitalmarktes und die Entscheidungsfreiheit und Wahlmöglichkeit der Aktionäre im Allgemeinen.[571]

#### *cc) Haftung wegen vorsätzlicher, sittenwidriger Schädigung (§ 826 BGB)*

Eine Haftung nach § 826 BGB erfordert eine vorsätzliche sittenwidrige Schädigung fremden Vermögens. Sofern der Bieter bereits Aktionäre der Zielgesellschaft ist, kommt ein Anspruch in Betracht, soweit die Vorstandsmitglieder in das Anbahnungs- und Kaufverhältnis des Bieters zu den Aktionären vorsätzlich und sittenwidrig schädigend eingreifen. Ist ein solcher Anspruch gegeben, ist das Handeln der Gesellschaft zuzurechnen (§ 31 BGB analog).[572]

#### *dd) Bußgeldbewehrung (§ 60 Abs. 1 Nr. 8 WpÜG)*

Vorsätzliche und leichtfertige Verstöße gegen das Verhinderungsverbot können gemäß § 60 Abs. 1 Nr. 8, Abs. 3 WpÜG mit einer Geldbuße bis zu einer Million Euro sanktioniert werden.[573]

### *e) Ergebnis: Haftungsrisiken im Rahmen von öffentlichen Übernahmen*

Haftungsrisiken ergeben sich im Rahmen von öffentlichen Übernahmen insbesondere für den Emittenten bei Verstößen der Organmitglieder gegen kapitalmarktrechtliche Informationspflichten sowie für die beteiligten natürlichen Personen aus deliktsrechtlich relevanten Sachverhalten. Aus praktischer Sicht ist die Haftung für eine fehlerhafte Angebotsunterlage am kritischsten. Neben diesen zivilrechtlichen Haftungsrisiken können Bußgelder verhängt werden (§ 60 WpÜG).

---

*Cahn,* in: Kölner Kommentar zum AktG, 3. Auflage, 2010, § 93 AktG Rz 169; *Steinmeyer,* in: Steinmeyer, WpÜG, 4. Auflage, 2019, § 33 WpÜG Rz 59.

571 *Grunewald,* in: Baums/Thoma WpÜG, 13. Auflage, 2020, § 33 WpÜG Rz 106 f.; *Krause/Pötzsch/Stephan,* in: Assmann/Pötzsch/Schneider, WpÜG, 3. Auflage, 2020, § 33 WpÜG Rz 312.

572 *Grunewald,* in: Baums/Thoma WpÜG, 13. Auflage, 2020, § 33 WpÜG Rz 112; *Krause/Pötzsch/Stephan,* in: Assmann/Pötzsch/Schneider, WpÜG, 3. Auflage, 2020, § 33 WpÜG Rz 316.

573 *Drinkuth,* in: Handbuch börsennotierte AG, 4. Auflage, 2018, § 60 Öffentliche Übernahme börsennotierter Unternehmen Rz 60.335; *Grunewald,* in: Baums/Thoma WpÜG, 13. Auflage, 2020, § 33 WpÜG Rz 113.

## 2. Haftungsrisiken bei privaten M&A-Transaktionen

Private M&A-Transaktionen werden außerhalb des Kapitalmarktes und dessen Informations- und Verhaltenspflichten durchgeführt. Für diese Transaktionen hat der Gesetzgeber kein spezifisches Haftungsregime vorgesehen. Die gesetzlichen Haftungsrisiken beurteilen sich daher nach den allgemeinen und kaufrechtlichen Bestimmungen des BGB. Hier steht außerhalb des Deliktsrechts das kaufrechtliche Mängelgewährleistungsrecht (§§ 434 ff. BGB), eine Haftung wegen Verschuldens bei Vertragsanbahnung (§§ 280 Abs. 1, 311 Abs. 2, 241 Abs. 2 BGB) sowie eine Anfechtung und die damit einhergehende Rückabwicklung (§ 812 Abs. 1 S. 1 Var. 1 BGB) im Vordergrund.[574]

In der Praxis bedingen die M&A-Vertragsparteien dieses gesetzliche Haftungsregime typischerweise ab und vereinbaren ein an das individuelle Risikoprofil der Transaktion angepasstes, vertragliches Haftungsregime.[575] Umfang und Ausgestaltung der Gewährleistungsrechte werden durch Garantien (Warranties) und Freistellungen (Indemnities) vollumfänglich der Disposition der Parteien unterstellt. Für den Erwerber stellen diese Garantien und Freistellungen eine integrale Säule der Risikoabsicherung dar.[576] Für den Veräußerer können sie aufgrund des damit einhergehenden Vertrauens kaufpreiserhöhend wirken. Ein aus seiner Sicht überschaubarer und überprüfbarer Katalog von vertraglichen Garantien und Freistellungen liegt folglich auch in seinem Interesse.[577] Für den Verkäufer drohen darüberhinausgehende Risiken, wenn er die Richtigkeit der vertraglichen Zusicherungen nicht verifizieren kann. Gibt er diese „ins Blaue hinein" ab[578], haftet er dafür wegen des zugrundeliegenden bedingten Vorsatzes unbeschränkt (§ 276 Abs. 3 BGB) und riskiert eine nachträgliche Anfechtung und Rückabwicklung der Transaktion.[579]

574 *Koppmann* BB 2014, 1673, 1674.

575 *Weber*, in: Handbuch Unternehmenskauf, 9. Auflage, 2019, Kapitel 9: Der Unternehmens- und Beteiligungskaufvertrag Rz 9.249.

576 Vgl. allgemein zum Käuferinteresse *Meyer-Sparenberg*, in: Beck'sches M&A-Handbuch, 2017, § 44 Gewährleistungen, Garantien, Aufklärungspflichten Rz 1.

577 *Meyer-Sparenberg*, in: Beck'sches M&A-Handbuch, 2017, § 44 Gewährleistungen, Garantien, Aufklärungspflichten Rz 4.

578 Vgl. hierzu insbesondere BGH, Urteil vom 08.05.1980 – IVa ZR 1/80 – NJW 1980, 2460, 2461.

579 *Meyer-Sparenberg*, in: Beck'sches M&A-Handbuch, 2017, § 44 Gewährleistungen, Garantien, Aufklärungspflichten Rz 3.

In der Praxis stehen die vertraglichen Gewährleistungsrechte im Vordergrund. Das gesetzliche Haftungsregime erlangt Bedeutung, wenn ein vertragliches Haftungsregime für den spezifischen Sachverhalt keine Regelung enthält oder wenn die gesetzlichen Haftungsgrundlagen aufgrund zwingenden Rechts vertraglich nicht abdingbar sind.[580] Dies gilt insbesondere, wenn eine Vertragspartei vorsätzlich Vertragspflichten verletzt (§ 276 Abs. 3 und § 444 BGB).[581]

### *a) Haftungsrisiken bei Übertragung einer mangelhaften Zielgesellschaft nach (§§ 434 ff. BGB)*

Zu prüfen ist die Anwendung der kaufrechtlichen Mängelhaftung (§§ 434 ff. BGB) bei privaten M&A-Transaktionen. Dabei ist zwischen Asset Deal und Share Deal zu differenzieren.

Der Asset Deal als Unternehmenskauf hat den Kauf des Zielunternehmens als ein „Inbegriff von Sachen, Rechten und sonstigen Vermögenswerten" zum Gegenstand.[582] Da Unternehmen „sonstige Gegenstände" im Sinne des kaufrechtlichen Gewährleistungsrechts sind, finden die allgemeinen Bestimmungen über Mängel der Kaufsache entsprechende Anwendung (§ 453 Abs. 1 2. Var BGB).[583] Dieses Unternehmen hat der Verkäufer dem Käufer frei von Sach- oder Rechtsmängeln zu verschaffen (§ 433 Abs. 1 BGB). Das Gewährleistungsrecht des Käufers schützt beim Asset Deal nur das Unternehmen in seiner Gesamtheit und nicht die einzelnen Wirtschaftsgüter des Unternehmens.[584] Jedoch können Mängel einzelner Wirtschaftsgüter des Unternehmens eine Mangelhaftigkeit des Unternehmens in seiner Gesamtheit dann begründen, wenn sie so schwer wiegen, dass das Unternehmen in seiner Gesamtheit beeinträchtigt wird.[585]

Beim Share Deal hingegen erwirbt der Käufer unmittelbar nicht das Unternehmen, sondern nur die Beteiligungsrechte an einer Gesellschaft. Dieser Rechtskauf hat zur Folge, dass der Verkäufer im Grundsatz nur für das Bestehen

---

580 *Koppmann* BB 2014, 1673.

581 *Meyer-Sparenberg,* in: Beck'sches M&A-Handbuch, 2017, § 44 Gewährleistungen, Garantien, Aufklärungspflichten Rz 101.

582 BGH, Versäumnisurteil vom 28.11.2001 – VIII ZR 37/01 – NJW 2002, 1042.

583 Reg. Begr. BT-Drucks. 14/6040, 242; allgemein Auffassung, vgl. *Grunewald,* in: Erman-BGB, 15. Auflage, 2017, § 453 BGB Rz 20 ff.

584 *Weber,* in: Handbuch Unternehmenskauf, 9. Auflage, 2019, Kapitel 9: Der Unternehmens- und Beteiligungskaufvertrag Rz 9.205.

585 BGH, Urteil vom 07.01.1970 – I ZR 99/68 – NJW 1970, 556; OLG Köln, Urteil vom 29.01.2009 – I – 12 U 20/08 – DB 2009, 2259.

der Rechte (*Verität*), nicht aber für deren Werthaltigkeit (*Bonität*) haftet.[586] Ein Rechtsmangel der erworbenen Beteiligungsrechte kommt regelmäßig in Betracht, wenn diese nicht dem Veräußerer gehören oder mit Rechten Dritter (etwa einem Pfandrecht) belastet sind.[587] Neben der Haftung für Rechtsmängel an den Beteiligungsrechten kommt eine Sachmängelhaftung beim Share Deal nur dann zur Anwendung, wenn der Beteiligungserwerb bei wirtschaftlicher Betrachtung dem Kauf des Unternehmens gleichsteht.[588] Ab welchem Beteiligungserwerb der Anteilserwerb in einen Unternehmenskauf umschlägt, ist umstritten. Die obergerichtliche Rechtsprechung hat dies bereits beim Erwerb von 80 % der Anteile angenommen.[589] Die Rechtsprechung des Bundesgerichtshofs tendiert dazu, dies erst anzunehmen, wenn der Käufer die Stellung eines Alleinunternehmers (ab 95 %) erlangt hat.[590]

### *aa) Die Mangelhaftigkeit des Zielunternehmens (§§ 434 f. BGB)*

Die kaufrechtlichen Gewährleistungsansprüche erfordern das Vorliegen einer mangelhaften Kaufsache (§ 434 Abs. 1 S. 1 und S. 2 BGB). Da Unternehmen individuelle Gebilde sind (Ausnahme: Vorratsgesellschaften), wird man einen Mangel nur selten auf eine „gewöhnliche Verwendung" (§ 434 Abs. 1 S. 2 Nr. 2 BGB) stützen können, da in diesem Sinne „Sachen der gleichen Art" als Vergleichsmaßstab dienen.[591] Daher steht beim Unternehmenskaufvertrag die „vereinbarte Beschaffenheit" (§ 434 Abs. 1 S. 1 BGB) sowie die „nach dem Vertrag vorausgesetzte Verwendung" im Vordergrund (§ 434 Abs. 1 S. 2 Nr. 1 BGB).[592]

---

586 So erneut klarstellend BGH, Urteil vom 26.09.2018 – VIII ZR 187/17 – NJW 2019, 145; mit Anmerkungen *Grunewald* BB 2019, 20; vgl. auch *Grunewald*, in: Erman-BGB, 15. Auflage, 2017, § 453 BGB Rz 6; *Westermann*, in: Münchener Kommentar zum BGB, 8. Auflage, 2019, § 453 BGB Rz 20.

587 *Beauvais/Hellich*, in: Rechtshandbuch Private Equity, 2. Auflage, 2020, § 19 Exit-Option Anteilsveräußerung Rz 67.

588 *Meyer-Sparenberg*, in: Beck'sches M&A-Handbuch, 2017, § 44 Gewährleistungen, Garantien, Aufklärungspflichten Rz 103.

589 OLG München, Urteil vom 14.11.1966 – 12 U 1738, 1739/65 – NJW 1967, 1326

590 Zum Ganzen *Weber*, in: Handbuch Unternehmenskauf, 9. Auflage, 2019, Kapitel 9: Der Unternehmens- und Beteiligungskaufvertrag Rz 9.206 ff. **Ablehnend** bei sukzessivem Aufbau BGH, Urteil vom 26.09.2018 – VIII ZR 187/17 – NJW 2019, 145.

591 Dazu *Beauvais/Hellich*, in: Rechtshandbuch Private Equity, 2. Auflage, 2020, § 19 Exit-Option Anteilsveräußerung Rz 69; *Meyer-Sparenberg*, in: Beck'sches M&A-Handbuch, 2017, § 44 Gewährleistungen, Garantien, Aufklärungspflichten Rz 111 ff.

592 *Weber*, in: Handbuch Unternehmenskauf, 9. Auflage, 2019, Kapitel 9: Der Unternehmens- und Beteiligungskaufvertrag Rz 9.211.

### *(1) Die Beschaffenheit des Zielunternehmens (§ 434 Abs. 1 S. 1 BGB)*

Eine Beschaffenheitsvereinbarung liegt vor, wenn die Parteien eine bestimmte Beschaffenheit des Kaufgegenstandes vereinbaren.[593]

#### *(a) Angaben im Informationsmemorandum und Datenraum*

Angaben im Informationsmemorandum sowie im Datenraum stellen typischerweise keine Beschaffenheitsvereinbarung dar. Zunächst schließt der Verkäufer typischerweise jede Haftung für zur Verfügung gestellte Informationen außerhalb des Vertrages explizit aus, indem der Kaufinteressent meist bereits im Vorfeld des Vertragsschlusses, sei es im Informationsmemorandum selbst oder in einer mit dem Kaufinteressenten geschlossenen Vertraulichkeitsvereinbarung, eine Haftungsverzichtserklärung (*waiver*) unterzeichnet.[594] Diese Haftungsverzichtserklärungen sollen nicht nur eine bestehende Haftung ausschließen, sondern zudem das Entstehen eines Vertrauenstatbestandes verhindern.[595] Außerdem sollen diese Informationen dem Käufer erkennbar nur zu Informationszwecken und als Basis für spätere Vertragsverhandlungen sowie eine verbindliche Dokumentation dienen.[596] Damit kann die Bereitstellung der Daten in Informationsmemorandum und Datenraum bei einer Gesamtbetrachtung typischerweise nicht auf den Abschluss einer Beschaffenheitsvereinbarung hin ausgelegt werden.

#### *(b) Selbstständige Garantien im Unternehmenskaufvertrag*

Selbstständig abgegebene Garantien im Unternehmenskaufvertrag liegt nach richtiger Auffassung ebenfalls keine Beschaffenheitsvereinbarung zugrunde. Dabei geht es um die Frage, ob die Zusicherung tatsächlicher Umstände in einer Garantieerklärung zugleich eine Beschaffenheitsvereinbarung darstellt. Dies ist nach einer Auslegung des Parteiwillens abzulehnen, da Beschaffenheitsvereinbarungen und selbstständige Garantien zueinander im Alternativverhältnis stehen.[597] Der gewährleistete Erfolg geht bei selbstständigen Garantien, anders

---

593 *Weidenkaff*, in: Palandt, 78. Auflage, 2019, § 434 BGB Rz 13.

594 *Meyer-Sparenberg*, in: Beck'sches M&A-Handbuch, 2017, § 44 Gewährleistungen, Garantien, Aufklärungspflichten Rz 106.

595 *Seibt/Reiche* DStR 2002, 1135, 1139.

596 *Barnert* WM 2003, 416, 423; *Meyer-Sparenberg*, in: Beck'sches M&A-Handbuch, 2017, § 44 Gewährleistungen, Garantien, Aufklärungspflichten Rz 106; *Weitnauer* NJW 2002, 2511, 2514.

597 *Meyer-Sparenberg*, in: Beck'sches M&A-Handbuch, 2017, § 44 Gewährleistungen, Garantien, Aufklärungspflichten Rz 108.

als bei der Mängelgewährleistung, über die reine Vertragsmäßigkeit der Leistung hinaus. Der Wille des Verkäufers ist somit auf eine strukturelle andere Zusage und damit einhergehend auf ein strukturell anderes Haftungsregime als bei der Beschaffenheitsvereinbarung gerichtet. Letztere sichert gerade nur auf die Vertragsmäßigkeit der Leistung ab. Dieses Ergebnis bestätigt ein Blick auf die Rechtsfolgenseite der beiden Institute. Das Garantieversprechen ist auf den originären Erfüllungsanspruch gerichtet. Die Beschaffenheitsvereinbarung hingegen auf das kaufrechtliche Mängelgewährleistungsrecht.[598]

#### *(c) Angaben außerhalb des Garantiekatalogs*

Typischerweise enthält ein Unternehmenskaufvertrag Angaben zum Zielunternehmen, welche nicht Bestandteil einer selbstständigen Garantie sind. Solche Angaben finden sich regelmäßig in der Präambel eines M&A-Vertrages. Diese Angaben können als Beschaffenheitsangaben ausgelegt werden. Dieser Parteiwille kann insbesondere angenommen werden, wenn dort ausdrücklicher ein vom Käufer als wesentlich vorausgesetzter Umstand hervorgehoben wird.[599]

### *(2) Eignung zur vertraglich vorausgesetzten oder gewöhnlichen Verwendung (§ 434 Abs. 1 S. 2 BGB)*

Soweit von den Parteien keine bestimmte Beschaffenheit vereinbart wurde, kommt es für die Bestimmung der Mangelhaftigkeit des Unternehmens auf die nach dem Vertrag vorausgesetzte Verwendung an. Hierbei handelt es sich um eine vertragliche Abrede, die ausdrücklich oder konkludent vereinbart werden kann.[600] Diese Anwendung bereitet bei privaten M&A-Transaktionen Schwierigkeiten. Teilweise wird eine Anwendbarkeit sogar gänzlich abgelehnt.[601] Diese Sichtweise ist allerdings zu eng. So kann an ein Unternehmen durchaus eine

---

598 *Gronstedt/Jürgens* ZIP 2002, 52, 57 f.; *Meyer-Sparenberg,* in: Beck'sches M&A-Handbuch, 2017, § 44 Gewährleistungen, Garantien, Aufklärungspflichten Rz 108; *Seibt/Raschke/Reiche* NZG 2002, 256, 259 f. So im Ergebnis mit anderem Ansatz auch OLG Brandenburg, Urteil vom 20.06.2012 – 3 U 83/10 – BeckRS 2012, 14956 unter II.1.a)aa)(1).

599 *Meyer-Sparenberg,* in: Beck'sches M&A-Handbuch, 2017, § 44 Gewährleistungen, Garantien, Aufklärungspflichten Rz 109.

600 *Weber,* in: Handbuch Unternehmenskauf, 9. Auflage, 2019, Kapitel 9: Der Unternehmens- und Beteiligungskaufvertrag Rz 9.217.

601 *Huber* AcP 2002, 179, 212 f.

gewöhnliche Erwartung gestellt werden. Dies gilt in erster Linie dafür, dass das veräußerte Unternehmen als solches ohne weiteres fortgeführt werden kann.[602]

### *(3) Mangelhaftigkeit von Einzelgegenständen als Mangel des Zielunternehmens*

Die Mangelhaftigkeit des Zielunternehmens in seiner Gesamtheit kann auch durch die Mangelhaftigkeit einzelner Vermögensgegenstände begründet werden. Die Rechtsprechung nimmt dies an, wenn ein Mangel eines einzelnen Vermögensgegenstandes die Funktionsfähigkeit des gesamten Unternehmens bedroht.[603] Dies folgt aus der entsprechenden Anwendung der Gewährleistungsvorschriften zum Sachkauf auf den Kauf von Unternehmen (§ 453 BGB).[604] Ein wichtiges Beurteilungskriterium ist hierfür die Größe des Unternehmens. Bei kleineren Unternehmen schlägt der Mangel eines einzelnen Vermögensgegenstandes leichter auf die Mangelhaftigkeit des ganzen Unternehmens durch als bei größeren Unternehmen.[605]

### *bb) Rechtsfolge: Die Gewährleistungsrechte (§ 437 BGB)*

Ist das erworbene Unternehmen mangelhaft, stehen dem Käufer die kaufrechtlichen Gewährleistungsrechte zu (§ 437 BGB). So kann dieser grundsätzlich Nacherfüllung (Nr. 1) oder nachgelagert Schadens- bzw. Aufwendungsersatz (Nr. 3) verlangen, oder vom Vertrag zurücktreten bzw. den Kaufpreis mindern (Nr. 2).[606]

### *(1) Nacherfüllung (§ 437 Nr. 1 BGB)*

Ein Nacherfüllungsanspruch kommt beim Unternehmenskauf in einer Reihe von Fallgestaltungen in Betracht. Dies kann für Fehlbestände des Inventars[607]

---

602 Mit Beispielen *Meyer-Sparenberg*, in: Beck'sches M&A-Handbuch, 2017, § 44 Gewährleistungen, Garantien, Aufklärungspflichten Rz 111 ff.

603 OLG Köln, Urteil vom 29.01.2009 – I-12 U 20/08 – DB 2009, 2259, 2260.

604 *Meyer-Sparenberg*, in: Beck'sches M&A-Handbuch, 2017, § 44 Gewährleistungen, Garantien, Aufklärungspflichten Rz 115.

605 *Meyer-Sparenberg*, in: Beck'sches M&A-Handbuch, 2017, § 44 Gewährleistungen, Garantien, Aufklärungspflichten Rz 116.

606 *Beauvais/Hellich*, in: Rechtshandbuch Private Equity, 2. Auflage, 2020, § 19 Exit-Option Anteilsveräußerung Rz 71; *Weber*, in: Handbuch Unternehmenskauf, 9. Auflage, 2019, Kapitel 9: Der Unternehmens- und Beteiligungskaufvertrag Rz 9.218.

607 So bei BGH, Urteil vom 14.07.1978 – I ZR 154/76 – NJW 1979, 33.

gelten (soweit diese einen Mangel begründen), oder wenn das veräußerte Unternehmen nicht über bestimmte gewerbliche Schutzrechte, zugesicherte Rechtsposition aus Bezugs- oder Lieferverträgen oder das vertraglich vereinbarte Eigenkapital verfügt. Eine Nachlieferung (§ 439 Abs. 1 Alt. 2 BGB) scheidet mangels Vertretbarkeit[608] des Unternehmens aus.[609]

*(2) Rücktritt und Minderung (§ 437 Nr. 2 BGB)*

Das Rücktrittsrecht des Käufers aufgrund Mangelhaftigkeit der Kaufsache gilt nach Maßgabe des § 440 BGB. Es besteht, wenn die Nacherfüllung unmöglich ist, vom Verkäufer zu Unrecht verweigert wird oder wenn diese fehlgeschlagen oder dem Käufer unzumutbar ist, jeweils unter der Prämisse, dass der Mangel nicht unerheblich ist (§ 437 Abs. 1 Nr. 2 i.V.m. § 323 Abs. 5 S. 2 BGB),[610] oder der Rücktritt den Verkäufer unangemessen benachteiligen würde.[611]

In der M&A-Praxis würde die Rückabwicklung eines Unternehmenskaufvertrages beide Vertragsparteien in aller Regel vor faktische Probleme und erhebliche Belastungen stellen. Der Käufer wird unmittelbar nach Unternehmensübergang mit der Neuausrichtung und Integration des Unternehmens beginnen. Die hierzu erforderlichen Rückabwicklungsmaßnahmen sind in aller Regel nur schwer und nur unter materiellen sowie immateriellen Einbußen umsetzbar. Für den Verkäufer gilt entsprechendes. Aufgrund dieser faktischen Schwierigkeiten kommt die Rückabwicklung des Vertrages in der Praxis nur in Ausnahmefällen vor.[612]

Der Käufer ist neben dem Rücktritt zur Minderung des Kaufpreises berechtigt (§ 441 BGB). Dies ist im Grundsatz auch der sachgerechtere Rechtsbehelf. Im Interesse einer Vermeidung oder der raschen Erledigung eines Streits über die Höhe des Minderungsbetrages wird in der Praxis typischerweise eine Schieds- oder Schiedsgutachtervereinbarung abgeschlossen.[613]

608 Anderweitiges mag bei Vorratsgesellschaften gelten.

609 *Weber,* in: Handbuch Unternehmenskauf, 9. Auflage, 2019, Kapitel 9: Der Unternehmens- und Beteiligungskaufvertrag Rz 9.219.

610 *Weber,* in: Handbuch Unternehmenskauf, 9. Auflage, 2019, Kapitel 9: Der Unternehmens- und Beteiligungskaufvertrag Rz 9.220.

611 So auch *Grunewald,* in: Erman-BGB, 15. Auflage, 2017, § 437 BGB Rz 7.

612 Hierzu auch BGH, Versäumnisurteil vom 14.01.2002 – II ZR 354/99 – NJW 2002, 1340 (Wertersatz für ungerechtfertigt erlangten Kundenstamm).

613 *Weber,* in: Handbuch Unternehmenskauf, 9. Auflage, 2019, Kapitel 9: Der Unternehmens- und Beteiligungskaufvertrag Rz 9.222.

#### (3) *Schadens- und Aufwendungsersatz (§ 437 Nr. 3 BGB)*

Der Käufer ist schadensersatzberechtigt, wenn die Nacherfüllung unterblieben ist und der Verkäufer die Pflichtverletzung(en) zu vertreten hat. In Betracht kommt hierfür entweder die Veräußerung und Übertragung der mangelhaften Sache sowie das Unterlassen der (fristgerechten) Nacherfüllung.[614]

Der Anspruch erstreckt sich auch auf den entgangenen Gewinn (§ 252 BGB) sowie auf negative Auswirkungen des mangelhaften Zielunternehmens auf das Vermögen des Käufers (Mangelfolgeschaden). Ersatzfähig ist auch der Betriebsausfallschaden, der dem Käufer dadurch entsteht, dass ihm das Zielunternehmen nicht den Nutzen gebracht hat, welches es im Falle von mangelfreier Beschaffenheit gehabt hätte.[615] Zuletzt ist im Rahmen des § 281 BGB zwischen kleinem und großem Schadensersatz zu unterscheiden, also danach, ob der Käufer an der Transaktion als solcher festhalten und nur den Wertverlust liquidieren möchte oder die Transaktion rückabgewickelt werden soll.[616] Letztlich kann der Käufer anstelle des Schadensersatzes statt der Leistung auch den Ersatz der Aufwendungen verlangen, die er im Vertrauen auf die Vertragserfüllung gemacht hat. Dies beinhaltet insbesondere die Transaktionskosten wie die Kosten für Planung, Durchführung der Due Diligence, Vertragsverhandlungen und Vertragsabschluss.[617]

### b) *Haftung aufgrund von vorvertraglichen Pflichtverletzungen bei M&A-Vertragsverhandlungen (§§ 280 Abs. 1, 311 Abs. 2, 241 Abs. 2 BGB)*

Haftungsrisiken ergeben sich bei privaten M&A-Transaktion zudem aus vorvertraglichen Pflichtverletzungen (§§ 280 Abs. 1, 311 Abs. 2, 241 Abs. 2 BGB). Diese Schutzpflichten entstehen bereits mit Beginn der ersten Verhandlungen.[618] Bei Anwendung dieses Rechtsinstituts gilt es die Sperrwirkung des kaufrechtlichen

614 *Weber*, in: Handbuch Unternehmenskauf, 9. Auflage, 2019, Kapitel 9: Der Unternehmens- und Beteiligungskaufvertrag Rz 9.223.

615 *Grunewald*, in: Erman-BGB, 15. Auflage, 2017, § 437 BGB Rz 13 (m.w.N.); wohl **a.A.** bei *Dauner-Lieb/Dötsch* DB 2001, 2535, 2537.

616 Zum Ganzen *Weber*, in: Handbuch Unternehmenskauf, 9. Auflage, 2019, Kapitel 9: Der Unternehmens- und Beteiligungskaufvertrag Rz 9.224.

617 *Weber*, in: Handbuch Unternehmenskauf, 9. Auflage, 2019, Kapitel 9: Der Unternehmens- und Beteiligungskaufvertrag Rz 9.226.

618 *Weber*, in: Handbuch Unternehmenskauf, 9. Auflage, 2019, Kapitel 9: Der Unternehmens- und Beteiligungskaufvertrag Rz 9.11.

Gewährleistungsrechts zu beachten.[619] Im Anwendungsbereich der speziellen, kaufrechtlichen Gewährleistungsregelungen kann grundsätzlich nicht mehr auf die allgemeinen Grundsätze der vorvertraglichen Pflichtverletzung zurückgegriffen werden. Mangels Privilegierungsbedürfnis besteht diese Sperrwirkung nach herrschender Ansicht aber nicht bei vorsätzlichem bzw. arglistigem Handeln des Verkäufers.[620] Ein solches kommt insbesondere in Betracht, wenn bewusst fehlerhafte Informationen über das veräußerte Zielunternehmen bereitgestellt oder Fragen unrichtig beantwortet werden.[621]

#### *aa) Pflicht zur redlichen Verhandlungsführung*

Der Eintritt in Vertragsverhandlungen verpflichtet die Parteien nicht zum Abschluss des Vertrages.[622] Es ist jedoch unredlich und pflichtwidrig, die Verhandlungen zum Schein und ohne Abschlussabsicht zu führen, nur um Informationen über das Zielunternehmen oder die gegnerische Partei zu gewinnen.[623] Eine vorvertragliche Pflichtverletzung begeht ebenfalls, wer einen Unternehmenskaufvertrag verhandelt, ohne in der Lage zu sein, den Kaufpreis aufzubringen (wenn nicht ausdrücklich ein Finanzierungsvorbehalt erklärt wird).[624]

Der willkürliche Abbruch der Verhandlungen allein stellt grundsätzlich keine vorvertragliche Pflichtverletzung dar, selbst wenn im Rahmen der Verhandlungen bereits erhebliche Aufwendungen angefallen sind.[625] Etwas anderes ist anzunehmen, wenn eine der Parteien bei der anderen Partei in zurechenbarer Weise ein berechtigtes Vertrauen auf einen erfolgreichen Verhandlungsabschluss

---

619 BGH, Urteil vom 27.03.2009 – V ZR 30/08 – NJW 2009, 2120, 2122.

620 BGH, Urteil vom 27.03.2009 – V ZR 30/08 – NJW 2009, 2120, 2122. *Meyer-Sparenberg,* in: Beck'sches M&A-Handbuch, 2017, § 44 Gewährleistungen, Garantien, Aufklärungspflichten Rz 117.

621 *Krämer/Gillessen,* in: Handbuch börsennotierte AG, 4. Auflage, 2018, § 10 Due Diligence und Prospekthaftung Rz 10.82 ff.; *Weber,* in: Handbuch Unternehmenskauf, 9. Auflage, 2019, Kapitel 9: Der Unternehmens- und Beteiligungskaufvertrag Rz 9.235.

622 *Weber,* in: Handbuch Unternehmenskauf, 9. Auflage, 2019, Kapitel 9: Der Unternehmens- und Beteiligungskaufvertrag Rz 9.12.

623 BGH, Urteil vom 29.03.1996 – V ZR 332/94 – NJW 1996, 1884.

624 *Weber,* in: Handbuch Unternehmenskauf, 9. Auflage, 2019, Kapitel 9: Der Unternehmens- und Beteiligungskaufvertrag Rz 9.12.

625 BGH, Urteil vom 07.12.2000 – VII ZR 360/98 – WM 2001, 684; OLG Schleswig-Holstein, Urteil vom 04.07.2014 – 17 U 24/14 – GmbHR 2014, 1317; *Grüneberg,* in: Palandt, 78. Auflage, 2019, § 311 BGB Rz 30 ff., je m.w.N.

geweckt hat.[626] In der Praxis ist es allerdings kaum vorstellbar, dass eine Partei eine Transaktion ohne triftigen Grund abbricht.[627] Zur Vermeidung von Unsicherheiten werden diese Ansprüche zumeist ausgeschlossen oder durch die Verpflichtung zur Zahlung einer Auflösungsgebühr (*break-up-fee*) vertraglich bestimmt.

### *bb) Aufklärungs- und Offenbarungspflichten*

Haftungsrisiken ergeben sich insbesondere aus vorvertraglichen Aufklärungs- und Offenbarungspflichten. Dabei rügt meist der enttäuschte Käufer, dass ihm der Verkäufer wesentliche Umstände über das Zielunternehmen vorenthalten hat. Im Ausgangspunkt steht zunächst die Privatautonomie beider Beteiligten, wonach keine Vertragspartei verpflichtet ist, die andere über sämtliche relevanten Umstände des Rechtsgeschäfts aufzuklären. Insbesondere gilt dies für Gegebenheiten, von denen die eine Partei ausgehen darf, dass die andere Partei danach fragen würde, wenn sie darauf Wert legte.[628] Es ist die Verantwortung jeder Partei, die eigenen Interessen selbst wahrzunehmen,[629] und sich die relevanten Informationen zu beschaffen.[630]

Eine Offenbarungspflicht besteht nur, wenn das Verschweigen der Tatsache gegen Treu und Glauben verstößt.[631] Dies gilt für Umstände, die den Vertragszweck gefährden und für den Vertragsentschluss einer Partei offensichtlich von wesentlicher Bedeutung sind und sofern die Mitteilung nach der Verkehrsauffassung erwartet werden darf,[632] insbesondere wenn eine Partei erkennt,

---

626 BGH, Urteil vom 22.02.1989 – VIII ZR 4/88 – DB 1989, 1022; BGH, Urteil vom 29.03.1996 – V ZR 332/94 – DB 1996, 1916; OLG Stuttgart, Urteil vom 07.07.1989 – 9 U 13/89 – DB 1989, 1817.

627 *Geyrhalter/Zirngibl/Strehle* DStR 2006, 1559, 1562; *Hilgard* BB 2008, 286, 288; *Weber,* in: Handbuch Unternehmenskauf, 9. Auflage, 2019, Kapitel 9: Der Unternehmens- und Beteiligungskaufvertrag Rz 9.16.

628 BGH, Urteil vom 13.07.1988 – VIII ZR 224/87 – WM 1988, 1566. *Weber,* in: Handbuch Unternehmenskauf, 9. Auflage, 2019, Kapitel 9: Der Unternehmens- und Beteiligungskaufvertrag Rz 9.240.

629 *Hübner* BB 2010, 1483, 1485; *Ellenberger,* in: Palandt, 78. Auflage, 2019, § 123 BGB Rz 5.

630 BGH, Urteil vom 13.07.1988 – VIII ZR 224/87 – NJW 1989, 763, 764 m.w.N.

631 BGH, Urteil vom 27.11.1985 – VIII ZR 316/84 – BGHZ 96, 203.

632 BGH, Urteil vom 14.03.1991 – VII ZR 342/89 – BGHZ 114, 87; BGH, Urteil vom 04.04.2001 – VIII ZR 33/00 – juris Rz 18; BGH, Urteil vom 16.12.2009 – VIII ZR 38/09 – NJW 2010, 858.

dass sich der Vertragspartner in einem wesentlichen Punkt irrt.[633] Bei M&A-Transaktionen besteht aufgrund der wirtschaftlichen Tragweite, der Informationsasymmetrie[634] sowie der erschwerten Unternehmensbewertung für den Käufer eine gesteigerte Aufklärungs- und Sorgfaltspflicht des Verkäufers.[635] Der Bundesgerichtshof hat solche Aufklärungspflichten für erhebliche Umsatzeinbußen kurz vor Vertragsschluss[636] oder länger anhaltende Verlustperioden[637] bereits angenommen.[638]

### *(1) Fehlerhafte Angaben im Informationsmemorandum*

Wie zuvor erörtert können die Angaben im Informationsmemorandum grundsätzlich nicht als Beschaffenheitsvereinbarung im Sinne der kaufrechtlichen Gewährleistung ausgelegt werden.[639] Da dieses Memorandum aber bereits ausführliche Beschreibungen der Geschäftstätigkeit des Zielunternehmens sowie Personal- und Finanzzahlen enthält, stellt es die erste umfangreiche Informationsquelle für den potentiellen Käufer dar. Es bildet damit trotz des regelmäßig nicht bindenden Charakters die Grundlage für die weiteren Verhandlungen sowie das weitere Vorgehen und begründet beim Käufer ein berechtigtes Vertrauen.[640] Die enthaltenen Angaben müssen also richtig sein, da sie andernfalls eine Haftung aufgrund vorvertraglicher Pflichtverletzung begründen.[641] Dies gilt unabhängig davon, ob der Verkäufer überhaupt verpflichtet war, Angaben zu machen.[642]

---

633 BGH, Urteil vom 04.10.1979 - VII ZR 11/79 - NJW 1980, 180.

634 *Weber,* in: Handbuch Unternehmenskauf, 9. Auflage, 2019, Kapitel 9: Der Unternehmens- und Beteiligungskaufvertrag Rz 9.240.

635 BGH, Urteil vom 04.04.2001 - VIII ZR 32/00 - NJW 2001, 2163, 2164. Zur Aufklärungspflicht bei Schmiergeldzahlung vgl. *Bernuth* CCZ 2018, 155 ff.

636 BGH, Urteil vom 06.12.1995 - VIII ZR 192/94 - NJW-RR 1996, 429.

637 BGH, Versäumnisurteil vom 28.11.2001 - VIII ZR 37/01 - NJW 2002, 1042, 1043.

638 *Koppmann* BB 2014, 1673, 1674.

639 Dazu oben B.II.2.a)aa)(1)(a).

640 *Beauvais/Hellich,* in: Rechtshandbuch Private Equity, 2. Auflage, 2020, § 19 Exit-Option Anteilsveräußerung Rz 73.

641 *Koppmann* BB 2014, 1673, 1677.

642 BGH, Urteil vom 27.03.2009 - V ZR 30/08 - BGHZ 180, 205; BGH, Urteil vom 20.09.1996 - V ZR 173/95 - NJW-RR 1997, 144; OLG Düsseldorf, Urteil vom 25.10.2013 - I-22 U 27/13 - BauR 2014, 551.

### *(2) Fehlerhafte Äußerungen von Management und Mitarbeitern zur Zielgesellschaft*

Fehlerhafte Angaben der Geschäftsführung des Veräußerers bzw. der Zielgesellschaft betreffend Umstände über das Zielunternehmen begründen eine vorvertragliche Pflichtverletzung. Oftmals wünscht ein Kaufinteressant, Interviews mit Mitarbeitern des Zielunternehmens durchzuführen. Sofern der Verkäufer hierzu einwilligt, besteht für ihn ein erhebliches Haftungsrisiko, da insoweit die Informationshoheit an Dritte, nicht am Verkaufsprozess Beteiligte, abgegeben wird. Für falsche Angaben dieser Mitarbeiter haftet der Verkäufer, da diese Erfüllungsgehilfen (§ 278 S. 1 BGB) im Rahmen der Aufklärungspflicht des Verkäufers sind. Verkäufer führen daher zur Verringerung des Haftungsrisikos in der Praxis typischerweise selbst die Interviews mit den Mitarbeitern durch und geben die Erkenntnisse im Rahmen eines Fact Books an den Kaufinteressenten weiter.[643]

Eine eigene gesetzliche Haftung des Managements des Zielunternehmens ist dabei außerhalb des Deliktsrechts, hier insbesondere § 826 BGB, kaum denkbar. In Betracht kommt eine Haftung nach den Grundsätzen der vorvertraglichen Pflichtverletzung, wenn ein besonderes Vertrauen in Anspruch genommen wird. Ein solcher Vertrauenstatbestand erfordert, dass der Dritte ein eigenes wirtschaftliches Interesse am Abschluss des Vertrages zwischen Verkäufer und Erwerber hat und durch sein Verhalten die Entscheidung der Vertragspartei beeinflusst.[644] Dieser Vertrauenstatbestand liegt typischerweise nicht vor.

### *(3) Unterlassene oder fehlerhafte Aufklärung bei Fragen des Käufers*

Für den Verkäufer besteht eine gesteigerte Aufklärungspflicht, wenn sich der Käufer vor Vertragsschluss nach einem bestimmten, hinreichend konkreten Umstand erkundigt und für den Verkäufer daraus ersichtlich wird, dass dieser Punkt für die Kaufentscheidung eine wesentliche Bedeutung hat.[645] Dem Verkäufer steht es frei, die Auskunft auf Fragen ausdrücklich zu verweigern. Die

643 *Koppmann* BB 2014, 1673, 1677; mit Beispielen *Meyer-Sparenberg,* in: Beck'sches M&A-Handbuch, 2017, § 44 Gewährleistungen, Garantien, Aufklärungspflichten Rz 121 ff.

644 BGH, Urteil vom 03.04.1990 - XI ZR 206/88 - NJW 1990, 1907, 1908; BGH, Urteil vom 17.06.1991 - II ZR 171/90 - NJW-RR 1991, 1241, 1242; BGH, Urteil vom 13.12.2005 - KZR 12/04 - NJW-RR 2006, 993, 994. Dazu auch *Emmerich,* in: Münchener Kommentar BGB, 8. Auflage, 2019, § 311 BGB Rz 188, 191 *Grüneberg,* in: Palandt, 78. Auflage, 2019, § 311 BGB Rz 61, 63.

645 So bei BGH, Urteil vom 12.11.1969 - I ZR 93/67 - NJW 1970, 653, 655.

Begründung der Verweigerung darf jedoch nicht unrichtig oder irreführend sein. Eine unzureichende oder fehlerhafte Beantwortung ist als Pflichtverletzung zu werten.[646]

Der Verkäufer ist ferner verpflichtet, Informationsanfragen zu Umständen, die er selbst für bewertungsrelevant hält, nachzugehen. Eine vorsätzliche Haftung ist bereits dann begründet, wenn der Verkäufer aus seiner Sicht wesentliche Punkte der Zielgesellschaft bewusst verschweigt, in der Hoffnung, dass das Thema nicht weiter aufgegriffen werden wird.[647]

#### *(4) Verstoß gegen die Verpflichtung zur ungefragten Offenlegung von Tatsachen*

Soweit dies nach der Verkehrsauffassung erwartet werden kann, ist der Verkäufer auch verpflichtet, den Interessenten ungefragt über gewisse Umstände betreffend das Zielunternehmen aufzuklären.[648] Die Anforderungen an diese Pflicht des Verkäufers, (auch) negative Umstände betreffend das Zielunternehmen ungefragt offenzulegen, werden unterschiedlich beurteilt.[649] Nach der Rechtsprechung soll ausschlaggebend sein, ob der betreffende Umstand den Vertragszweck vereiteln kann und somit von wesentlicher Bedeutung für den Kaufentschluss ist.[650] Dies ist vor allem bei existenziellen Bedrohungen der Zielgesellschaft anzunehmen.[651] Die Rechtsprechung hierzu ist durch Kasuistik geprägt, aus der sich keine subsumtionsfähigen Grundsätze ableiten lassen.[652]

In der Literatur finden sich verschiedene Ansätze. Es scheint überzeugend, einen einzelfallbezogenen Ansatz zu vertreten, welcher die Besonderheiten der Transaktion, des Transaktionsprozesses und der Transaktionsbeteiligten berücksichtigt.[653] Es lassen sich daher keine abstrakten Anforderungen entwickeln,

---

646 *Meyer-Sparenberg,* in: Beck'sches M&A-Handbuch, 2017, § 44 Gewährleistungen, Garantien, Aufklärungspflichten Rz 121 f.

647 *Hasselbach/Ebbinghaus* DB 2012, 216, 219.

648 *Hensel/Dörstling* DStR 2021, 170.

649 *Meyer-Sparenberg,* in: Beck'sches M&A-Handbuch, 2017, § 44 Gewährleistungen, Garantien, Aufklärungspflichten Rz 125.

650 St. Rspr.; BGH, Urteil vom 06.12.1995 – VIII ZR 192/94 – NJW-RR 1996, 429; BGH, Versäumnisurteil vom 28.11.2001 – VIII ZR 37/01 – NJW 2002, 1042, 1043.

651 BGH, Urteil vom 04.04.2001 – VIII ZR 32/00 – NZG 2001, 751, 752.

652 *Meyer-Sparenberg,* in: Beck'sches M&A-Handbuch, 2017, § 44 Gewährleistungen, Garantien, Aufklärungspflichten Rz 125.

653 *Hasselbach/Ebbinghaus* DB 2012, 216, 219; *Meyer-Sparenberg,* in: Beck'sches M&A-Handbuch, 2017, § 44 Gewährleistungen, Garantien, Aufklärungspflichten Rz 126.

welche bei jeder Transaktion zur Erfüllung der Aufklärungspflicht erforderlich sind und diesen auch stets genügen. Jedenfalls dürfen die offenzulegenden Umstände nicht in einem „Wust“ an Information untergehen und die relevanten Gesichtspunkte müssen hinreichend deutlich herausgestellt werden.[654]

Festhalten lässt sich zudem, dass sich ein geschäftserfahrener Käufer, angesichts der verbreiteten Durchführung einer umfassenden Due Diligence, immer seltener auf eine Verpflichtung des Verkäufers berufen können wird, ungefragt nachteilige Umstände aufzuzeigen, welche ein aufmerksamer und professionell beratener Käufer im Rahmen einer Due Diligence bemerkt hätte. Vom Käufer ist vielmehr zu erwarten, dass er auffälligen Umständen eigenständig nachgeht, um sich nicht selbst dem Vorwurf grober Fahrlässigkeit (§ 442 BGB) ausgesetzt zu sehen.[655]

#### *(5) Fehlerhafte Dokumentation im Datenraum*

Zum weiteren Transaktionsprozess gehört die Einrichtung eines Datenraums, in welchem der Verkäufer sämtliche relevanten Dokumente im Hinblick auf die Veräußerung des Zielunternehmens zur Erfüllung seiner Offenbarungspflicht für den Käufer zur Durchsicht und Prüfung bereitstellt. Für den Verkäufer können Haftungsrisiken entstehen, wenn er den Datenraum nicht sorgfältig strukturiert[656], organisiert oder mit fehlerhaften Informationen füllt.[657] Eine laufende Aktualisierung über den normalen Geschäftsverlauf ist aber nicht zu erwarten.[658]

Festzuhalten ist, dass die exakten Anforderungen an die Erfüllung der Aufklärungspflichten durch Bereitstellung von Unterlagen im Datenraum im Zuge einer Due Diligence bis heute ungeklärt sind und auch die Rechtsprechung keine einheitliche Linie entwickeln konnte.[659] Der Bundesgerichtshof entschied im Jahre 2010 (für einen privaten Grundstückserwerb), dass ein Verkäufer

---

654 *Weber*, in: Handbuch Unternehmenskauf, 9. Auflage, 2019, Kapitel 9: Der Unternehmens- und Beteiligungskaufvertrag 9.246.

655 *Weber*, in: Handbuch Unternehmenskauf, 9. Auflage, 2019, Kapitel 9: Der Unternehmens- und Beteiligungskaufvertrag 9.240.

656 Vgl. hierzu *Middelhoff* M&A Review 2007, 278 ff.

657 Dazu *Hasselbach/Ebbinghaus* DB 2012, 216, 222; *Koppmann* BB 2014, 1673, 1677; *Möller* NZG 2012, 841, 846; *Müller* NJW 2004, 2196, 2199 Für einen (privaten) Grundstückskauf vgl. BGH, Urteil vom 12.11.2010 – V ZR 181/09 – BGHZ 188, 43, 46; BGH, Urteil vom 11.11.2011 – V ZR 245/10 – NJW 2012, 846, 847.

658 Daher zu weitgehend *Koppmann* BB 2014, 1673, 1678.

659 *Meyer-Sparenberg*, in: Beck'sches M&A-Handbuch, 2017, § 44 Gewährleistungen, Garantien, Aufklärungspflichten Rz 129.

seiner Aufklärungspflicht nicht dadurch genügt, dass er dem Käufer die Unterlagen aushändigt, aus denen sich die Mangelhaftigkeit einer Sache ergibt. Dies gälte vielmehr erst dann, wenn der Verkäufer aufgrund berechtigter Umstände davon ausgehen durfte, dass der Käufer die Unterlagen als Grundlage für seine Kaufentscheidung genau prüft.[660] Andererseits hat der Bundesgerichtshof eine Aufklärungspflicht über Verluste aus den Vorjahren verneint, wenn dem branchenkundigen Käufer die umfassende Möglichkeit eingeräumt wird, die Bücher selbst zu prüfen.[661] Die Literatur folgt einem ähnlichen Ansatz. Entscheidend soll letztlich sein, wie deutlich die Offenlegung ist und ob der Verkäufer davon ausgehen durfte, dass der Käufer die betreffenden Dokumente im Datenraum findet, zuordnen kann und prüft.[662]

In der Praxis erfolgt bei M&A-Transaktionen in der Regel eine umfangreiche Prüfung des Datenrauminhalts. Die praktische Bedeutung dieses Haftungsrisikos beschränkt sich auf Ausnahmefälle. Ein solcher wäre anzunehmen, wenn ein Verkäufer auf wesentliche Themen ungefragt hätte hinweisen müssen, wenn Dokumente im Datenraum in irreführender, nicht hinreichender Form offengelegt wurden oder die Information für den Käufer nicht zugänglich war.[663]

### *cc) Zurechnung des Verhaltens und Wissens Dritter*

Aufklärungs- und Offenbarungspflichten können nur verletzt werden, wenn die betroffene Partei tatsächlich Kenntnis von dem Umstand hat oder es mindestens für möglich hält, dass ein solcher Umstand vorliegt.[664] Bei M&A-Transaktionen[665] besteht dabei aufgrund der Vielzahl an Beteiligten oftmals die Problematik, wessen Kenntnis relevant ist.[666] Eine Wissenszurechnung erfolgt jedenfalls für gesetzliche und rechtsgeschäftliche Vertreter, die Kenntnis von einem Umstand haben (§ 166 Abs. 1 BGB analog). Für letztere gilt dies nur sofern sie in den Transaktionsprozess eingebunden sind. Eine Wissenszurechnung für

---

660 BGH, Urteil vom 12.11.2010 – V ZR 181/09, BGHZ 188, 43, 46.

661 BGH, Versäumnisurteil vom 28.11.2001 – VIII ZR 37/01 – NJW 2002, 1042, 1044.

662 *Meyer-Sparenberg*, in: Beck'sches M&A-Handbuch, 2017, § 44 Gewährleistungen, Garantien, Aufklärungspflichten Rz 129; *Möller* NZG 2012, 841, 846.

663 *Meyer-Sparenberg*, in: Beck'sches M&A-Handbuch, 2017, § 44 Gewährleistungen, Garantien, Aufklärungspflichten 127, 130 (mit weiteren Beispielen).

664 St. Rspr., vgl. BGH, Urteil vom 30.04.2003 – V ZR 100/02 – NJW 2003, 2380.

665 Vgl. zur Wissenszurechnung bei M&A-Transaktionen auch *Schäfer/Ortner* DStR 2017, 1710.

666 *Weber*, in: Handbuch Unternehmenskauf, 9. Auflage, 2019, Kapitel 9: Der Unternehmens- und Beteiligungskaufvertrag Rz 9.243.

andere Personen findet nur für Wissensvertreter statt. Dabei handelt es sich um Personen, die nach der Arbeitsorganisation des Geschäftsherren dazu berufen sind, im Rechtsverkehr als dessen Repräsentant bestimmte Aufgaben im eigenen Verantwortungskreis wahrzunehmen und dabei erlangte Informationen an den Geschäftsherren weiterzugeben haben.[667] Für Organmitglieder der Zielgesellschaft findet eine Wissenszurechnung statt, soweit sie im Auftrag des veräußerungswilligen Gesellschafters dem potentiellen Käufer Auskünfte über die eigene Gesellschaft erteilen.[668]

### *dd) Rechtsfolgen bei vorvertraglichen Pflichtverletzungen*

Ein zu vertretender Verstoß gegen vorvertragliche Pflichten begründet einen Schadensersatzanspruch der geschädigten Partei (§§ 311, 241 Abs. 2, 280 Abs. 1 BGB), gerichtet auf das negative Interesse. Der Anspruchsinhaber muss daher ohne Begrenzung auf das Erfüllungsinteresse so gestellt werden, wie dieser ohne die begangene Pflichtverletzung stünde.[669] Dieser Anspruch wird häufig auf die Erstattung fehlgeschlagener Aufwendungen[670] sowie auf Ersatzansprüche wegen Verletzung der Verpflichtung zur Vertraulichkeit gerichtet sein.[671] In Betracht kommt auch eine Schadensposition, die dadurch entsteht, dass der im Vertrauen auf den Abschluss des verhandelten Geschäfts Geschädigte von einem anderen Geschäft Abstand genommen hat.[672] Ferner kann auch die Rückgängigmachung des Vertrages selbst verlangt werden, wenn der Käufer den Vertrag bei richtiger Aufklärung überhaupt nicht abgeschlossen hätte.[673]

---

667 BGH, Urteil vom 24.01.1992 – V ZR 262/90 – BGHZ 117, 104.

668 *Weber*, in: Handbuch Unternehmenskauf, 9. Auflage, 2019, Kapitel 9: Der Unternehmens- und Beteiligungskaufvertrag Rz 9.244. Zum Regressanspruch des Verkäufers vgl. *Berg* NZG 2008, 641.

669 BGH, Urteil vom 29.03.1996 – V ZR 332/94 – DB 1996, 1916.

670 Dazu BGH, Urteil vom 25.05.1977 – VIII ZR 186/75 – BGHZ 69, 53; BGH, Entscheidung vom 28.10.1971 – VII ZR 15/70 – BGHZ 57, 191.

671 *Weber*, in: Handbuch Unternehmenskauf, 9. Auflage, 2019, Kapitel 9: Der Unternehmens- und Beteiligungskaufvertrag Rz 9.15.

672 Dazu BGH, Urteil vom 17.04.1984 – VI ZR 191/82 – DB 1984, 2137.

673 BGH, Urteil vom 11.11.1987 – VIII ZR 304/86 – NJW 1988, 1907; *Weber*, in: Handbuch Unternehmenskauf, 9. Auflage, 2019, Kapitel 9: Der Unternehmens- und Beteiligungskaufvertrag Rz 9.247.

### *c) Haftungsrisiken bei vertraglichen Zusicherungen im M&A-Vertrag*

Die Schwächen des gesetzlichen Haftungsregimes bei M&A-Transaktionen zeigen sich in mehrfacher Hinsicht. Einerseits bestehen Rechtsunsicherheiten betreffend die Anwendung des Sachmängelgewährleistungsrechts beim Share Deal.[674] Zum anderen wird das gesetzliche Haftungsregime den rechtlichen und tatsächlichen Besonderheiten einer M&A-Transaktion regelmäßig nicht vollends gerecht[675] und außerdem tragen die gesetzlichen Vorgaben eines bestimmten nationalen Rechts den Bedürfnissen der Transaktionsparteien einer oftmals internationalen Transaktion nicht ausreichend Rechnung.[676] Daher hat es sich in der Praxis bei M&A-Transaktionen durchgesetzt, ein umfassendes vertragliches Haftungsregime entsprechend der anglo-amerikanischen Vertragstechnik zu vereinbaren, welches Gegenstand, Rechtsfolgen und Verjährung der Käuferrechte transaktionsspezifisch regelt.[677]

Dieses vertragliche Haftungsregime setzt sich aus Garantien (Representations & Warranties) und Freistellungen (Indemnities) zusammen.[678] Garantien schützen den Käufer dabei vor gänzlich unbekannten Risiken in besonders sensiblen Themenbereichen (wie die Berechtigung zur Übertragung der veräußerten Anteile beim Share Deal). Freistellungen dagegen sichern Sachverhalte ab, bei denen mit hinreichender Wahrscheinlichkeit davon auszugehen ist, dass Risiken dem Grunde nach bestehen, hingegen noch unklar ist, ob und in welchem Umfang sie sich realisieren werden.[679] Hintergrund ist, dass eine Garantie eine Haftung dann nicht begründen kann, wenn der Berechtigte im Zeitpunkt des Vertragsschlusses Kenntnis von der Unrichtigkeit hat. Wenn das Risiko des Schadenseintritts aber bereits im Rahmen der Due Diligence erkannt wird, läuft die Garantie ins Leere.[680] Eine Freistellung gibt dem Berechtigten

674 *Beauvais/Hellich,* in: Rechtshandbuch Private Equity, 2. Auflage, 2020, § 19 Exit-Option Anteilsveräußerung Rz 74.

675 *Bisle* DStR 2013, 364; *Jakobs/Franz* VersR 2014, 659.

676 *Hilgard* BB 2016, 1218, 1219.

677 *Beauvais/Hellich,* in: Rechtshandbuch Private Equity, 2. Auflage, 2020, § 19 Exit-Option Anteilsveräußerung Rz 74 *Weber,* in: Handbuch Unternehmenskauf, 9. Auflage, 2019, Kapitel 9: Der Unternehmens- und Beteiligungskaufvertrag Rz 9.249.

678 *Hensel/Namislo* BB 2018, 1475.

679 *Kiesewetter/Hoffmann* BB 2016, 1798, 1799; *Lips,* in: *Hettler/Stratz/Blum,* Beck'sches Mandatshandbuch Unternehmenskauf, 2. Auflage, 2013, § 3 Vertragsgestaltung und -verhandlung, Rz 244; *Werlen/Mannsdorfer* GesKR Heftnummer 3, 2013, 1.

680 *Kiesewetter/Hoffmann* BB 2016, 1798, 1799.

hingegen einen Anspruch darauf, von einem erkannten Risiko mit ungewisser Schadenshöhe wirtschaftlich nicht belastet zu werden.[681] Ein solches Geflecht aus individuellen Gewährleistungen und Rechtsfolgen entspricht internationaler Gepflogenheit und ist auch in Deutschland zum Standard geworden.[682] Nicht selten besteht dieser Abschnitt im M&A-Vertrag aus einem seitenlangen Katalog (*warranty packages*).[683]

#### aa) *Haftungsrisiken bei Verstößen gegen selbstständige Garantieerklärungen (Representations & Warranties)*

Garantien dienen der Absicherung von rechtlichen und tatsächlichen Umständen, welche die Kaufentscheidung des Erwerbers begründet haben und für die Kaufpreisbemessung relevant sind. Dabei kommt als maßgeblicher Zeitpunkt der Abschluss des schuldrechtlichen Vertrages (Signing), der Vollzugstag (Closing) oder ein abweichender wirtschaftlicher Stichtag in Betracht. Das gesetzliche Leitbild im Kaufrecht stellt generell auf den Gefahrenübergang ab (§ 434 Abs. 1 BGB), also regelmäßig den Vollzugstag, was sich bei einem individuell und differenziert ausgehandelten Garantiekatalog oftmals als zu starr erweist. Vielmehr gilt es nach Sinn und Zweck der jeweiligen Garantie sowie der vertraglich vereinbarten Risikozuweisungen zu unterscheiden.[684] So werden Fundamentalgarantien, welche die vertraglichen Primärleistungspflichten des Verkäufers betreffen, regelmäßig sowohl auf den Zeitpunkt des Signings als auch auf den des Closings abgegeben. Operative Garantien beziehen sich hingegen nur auf den Tag des Signings. In anderen Fällen ist es transaktionsspezifische Verhandlungssache, welche Garantie sich bis zum Closing erstreckt.[685]

---

681 *Kiesewetter/Hoffmann* BB 2016, 1798, 1799; *Schrader/Seibt,* in: *Seibt,* BeckFormB M&A, 3. Auflage, 2018, C.II.1. GmbH-Anteilskaufvertrag – ausführlich, verkäuferfreundlich, deutsch, Rz 101.

682 *Beckmann,* in: Staudinger, 2014, § 453 BGB Rz 106 (m.w.N.).

683 *Mangoldt/Feifel,* in: Lucks: M&A-Projekte erfolgreich führen, 2013, 3.4.8 M&A-Versicherungen S. 318.

684 *Meyer-Sparenberg,* in: Beck'sches M&A-Handbuch, 2017, § 44 Gewährleistungen, Garantien, Aufklärungspflichten Rz 32.

685 *Meyer-Sparenberg,* in: Beck'sches M&A-Handbuch, 2017, § 44 Gewährleistungen, Garantien, Aufklärungspflichten Rz 33.

*(1) Garantieerklärungen des Veräußerers*

Die vom Verkäufer abzugebenden Garantien sind in der Praxis stark branchenabhängig und variieren nach den ermittelten Risiken aus der Due Diligence.[686] Sie beziehen sich regelmäßig auf die gesellschaftsrechtlichen Verhältnisse, die sachgerechte Erstellung der Bilanzen,[687] das Vorliegen des Eigenkapitals und die Korrektheit übriger Unternehmenskennziffern, das Bestehen des Inventars und der sonstigen Vermögensgegenstände, auf das Nichtvorliegen von Umwelt- und Altlasten sowie die Einhaltung von Compliance-Vorschriften.[688]

*(2) Garantieerklärungen des Erwerbers*

Gelegentlich vereinbaren die Transaktionsparteien auch Käufergarantien. Dabei garantiert dieser häufig eine wirksame Begründung seiner Pflichten (insbesondere Kaufpreiszahlung), vor und während des Transaktionsprozesses hinsichtlich der Transaktion weder eine Vereinbarung mit den Mitarbeitern des Unternehmens noch denen des Verkäufers getroffen hat und diesen auch keine Leistung versprochen oder gewährt hat[689] sowie ausreichend finanzielle Mittel zu Bedienung des Kaufpreises.[690]

*(3) Garantieerklärungen des Managements der Zielgesellschaft*

Zunehmend wird bei M&A-Transaktionen auch das Management der Zielgesellschaft vom Erwerber um die Abgabe von sog. Managementgarantien gebeten, welche in aller Regel das operative Geschäft betreffen.[691] Dies ist notwendig, wenn der Erwerber (oder auch der Veräußerer) im besonderen Maße auf Auskünfte des Managements angewiesen ist und sich für die Richtigkeit auch gegenüber dem Management absichern will.[692] Ein solches Interesse kann vorliegen,

686 *Meyer-Sparenberg*, in: Beck'sches M&A-Handbuch, 2017, § 44 Gewährleistungen, Garantien, Aufklärungspflichten Rz 22 ff.

687 Zur „harten" Bilanzgarantie vgl. auch OLG Frankfurt, Urteil vom 07.05.2015 - 26 U 35/12 - WM 2016, 774.

688 *Wilhelmi*, in: beckOGK, 2019, § 453 BGB Rz 718 ff.

689 Regelmäßig wird dieses Versprechen aber schon vor Abschluss des eigentlichen M&A-Vertrages in Vorvereinbarungen abgegeben, *Wilhelmi*, in: beckOGK, 2019, § 453 BGB Rz 751.

690 *Beckmann*, in: Staudinger, 2014, § 453 BGB Rz 126.

691 *Werner* ZWH 2017, 322.

692 *Berg* NZG 2008, 641; *Rodewald/Unger* DB 2007, 1627, 1629; *Seibt/Wunsch* ZIP 2008, 1093.

wenn das Management eine eigene Beteiligung am Zielunternehmen hält, also auch wirtschaftlich an der Transaktion beteiligt ist. Diese Managementgarantien werden von denen des Verkäufers separiert und in einem gesonderten Dokument festgehalten.[693]

Eine Notwendigkeit für gesonderte Garantieerklärungen des Managements der Zielgesellschaft besteht zudem, wenn der Erwerber mit Ausnahme der Erkenntnisse aus der durchgeführten Due Diligence über keine weiteren Detailinformationen betreffend die Geschäftstätigkeit des Zielunternehmens verfügt oder wenn sich die veräußerungswillige Konzernobergesellschaft nicht um das Tagesgeschäft der Zielgesellschaft kümmert, sondern sich auf die strategische Entscheidungsfindung beschränkt und das Tagesgeschäft dem Management der Zielgesellschaft überlässt. Unmittelbarer Sinn und Zweck dieser Garantien ist dann nicht die finanzielle Schadloshaltung (häufig wird der einzelne Manager gar nicht über ein ausreichendes Vermögen hierzu verfügen), sondern vielmehr die Sicherstellung, dass die Transaktionsentscheidung auf einer vollständen und zutreffenden Informationsgrundlage getroffen wird.[694] So stellt ein Erwerber sicher, dass die für ihn im Rahmen seiner Investitionsentscheidung besonders relevanten Dokumente vom Management sorgfältig zur Kenntnis genommen bzw. erstellt wurden und dieses auch mit deren Inhalt vertraut ist.[695]

#### *bb) Rechtsfolge bei Verstößen gegen Garantien und vertragliche Beschränkungen des Schadensersatzes*

Auch die Rechtsfolgen für Garantieverstöße werden in der Praxis abweichend vom gesetzlichen Leitbild vertraglich vereinbart. Vorgesehen wird typischerweise eine verschuldensunabhängige Einstandspflicht. Häufig findet sich aber ein Ausschluss für mittelbare Schäden, insbesondere für den entgangenen Gewinn.[696] Zu ersetzen ist dennoch das positive Interesse, wobei der Anspruch zunächst auf Naturalrestitution und erst dann auf Schadensersatz in Geld gerichtet ist. Dieser Geldanspruch ist nach den Grundsätzen der Unternehmensbewertung zu bestimmen.[697]

Die gesetzliche Schadensersatzhaftung sieht in der Rechtsfolge grundsätzlich einen unbegrenzten Schadensersatzanspruch vor. Insbesondere bei

---

693 *Kaufhold* BB 2016, 394, 396.
694 *Seibt/Wunsch* ZIP 2008, 1093.
695 *Seibt/Wunsch* ZIP 2008, 1093, 1096.
696 *Mellert* BB 2011, 1667, 1670.
697 *Wilhelmi*, in: beckOGK, 2019, § 453 BGB Rz 734.

Transaktionen mit größeren Volumen wird dies aus einer Vielzahl von Gründen als nicht sachgerecht empfunden und ist in der Praxis daher auch untypisch.[698] Die Haftung wird daher typischerweise begrenzt. Dabei haben sich für eine sinnvolle Risikoverteilung zwischen den M&A-Vertragsparteien gewisse Standards oder Usancen zu den regelungsbedürftigen Themen entwickelt und als „marktüblich" herausgebildet.[699]

### *(1) De-Minimis-Beträge*

Das vertragliche Haftungsregime erfasst dem Grunde nach auch Sachverhalte, welche in Anbetracht des Transaktionswerts als wirtschaftlich unbedeutend anzusehen sind. Da nicht jede Garantie oder Freistellung schon auf Tatbestandsseite mit einem Wesentlichkeitsvorbehalt versehen werden soll, wird auf Rechtsfolgenseite eine Bagatellgrenze in den M&A-Vertrag aufgenommen (De-Minimis).[700] Dabei handelt es sich um eine Bestimmung, wonach Ersatzansprüche unter einem bestimmten Wert nicht geltend gemacht werden können. Soweit dieser Wert aber überschritten ist, kann der Anspruch in voller Höhe geltend gemacht werden.[701]

### *(2) Haftungsfreibeträge und Haftungsfreigrenzen*

Häufig werden in der Praxis auch Regelungen zu Haftungsfreibeträgen bzw. Haftungsfreigrenzen vereinbart.[702] Dabei handelt es sich um einen Mindestbetrag der als Schaden aufgelaufen sein muss, bevor der Erwerber gegen den Garantiegeber vorgehen kann (*basket*).[703] Diese unterscheiden sich danach, ob bei Überschreiten der Grenze der Schaden ab dem ersten Euro zu ersetzen ist (Freigrenze), oder nur der darüberhinausgehende Betrag (Freibetrag).[704]

---

698 *Heer* GWR 2018, 125, 127.

699 Vgl. hierzu *Heer* GWR 2018, 125, 127; *Meyer-Sparenberg,* in: Beck'sches M&A-Handbuch, 2017, § 45 Schadensersatz und Freistellung Rz 65 ff.

700 *Grossmann/Mönnich* NZG 2003, 708, 709; *Heer* GWR 2018, 125, 127.

701 *Meyer-Sparenberg,* in: Beck'sches M&A-Handbuch, 2017, § 45 Schadensersatz und Freistellung Rz 96.

702 *Bisle* DStR 2013, 364, 366; *Henrich,* in: Handbuch Unternehmenskauf, 9. Auflage, 2019, Kapitel 10: Besonderheiten der anglo-amerikanischen Vertragssystematik Rz 10.160; *Hoger/Baumann* NZG 2017, 811, 815 *Meyer-Sparenberg,* in: Beck'sches M&A-Handbuch, 2017, § 45 Schadensersatz und Freistellung Rz 96.

703 *Hanke/Socher* NJW 2010, 1576, 1577.

704 *Hoger/Baumann* NZG 2017, 811, 815.

Diese Freibeträge und Freigrenzen werden oftmals mit De-Minimis-Beträgen kombiniert.[705]

### *(3) Haftungshöchstgrenzen* (cap)

Als wichtigste Haftungsregelung für den Verkäufer vereinbaren die Parteien in M&A-Verträgen typischerweise eine absolute Haftungshöchstgrenze des Garantiegebers (*cap*).[706] Diese Regelung begrenzt die Gewährleistungsansprüche des Käufers auf einen bestimmten Betrag. Diese Vereinbarung ist jedoch bei vorsätzlichem Verhalten des Veräußerers unwirksam (§ 276 Abs. 3 BGB). Ein solches Verhalten liegt bereits bei Angaben „ins Blaue hinein" vor.[707]

Die Haftungshöchstgrenzen gelten typischerweise nicht bei Fundamentalgewährleistungen. Die Parteien sind dabei frei in ihrer Gestaltung, welche Gewährleistungen hierzu zählen sollen. Regelmäßig aber werden jedenfalls die Erklärungen zum Verfügungsberechtigung an den zu veräußernden Anteilen oder Vermögenswerten, das wirksame Bestehen der Gesellschaft und das Nichtvorliegen insolvenzrechtlicher Umstände erfasst sein. Bei diesen Fundamentalgewährleistungen soll der Veräußerer dann in voller Höhe haftbar sein.[708]

Während diese ausgeprägte Haftung für die Verletzung von Fundamentalgarantien Langezeit die Regel war, ist neuerdings der Trend zu erkennen, dass sich die Haftung des Verkäufers auch für Fundamentalgarantien auf einen niedrigen oder gar nur symbolischen Wert beschränkt.[709] Insbesondere im kompetitiven Bieterverfahren gelingt es Verkäufern vermehrt ein *zero-liability*-Konzept durchzusetzen. Hierbei schließt der Verkäufer faktisch jede Haftung aus, indem er die Haftungshöchstgrenze auf einen Euro begrenzt. Ein Regressanspruch zu Gunsten des Käufers besteht dann nur noch im Falle vorsätzlichen Handelns. Potenzielle Erwerber lassen sich auf dieses Konzept häufiger ein, da es in Anbetracht des begrenzten Angebots an Investitionsmöglichkeiten gepaart mit dem Investitionsdruck für strategische und Finanzinvestoren immer schwerer wird, geeignete Zielunternehmen zu finden.[710]

---

705 *Meyer-Sparenberg*, in: Beck'sches M&A-Handbuch, 2017, § 45 Schadensersatz und Freistellung Rz 96.

706 *Heer* GWR 2018, 125, 127.

707 *Hoger/Baumann* NZG 2017, 811, 814 (m.w.N.). Dazu auch bereits oben B.II.1.

708 *Henrich*, in: Handbuch Unternehmenskauf, 9. Auflage, 2019, Kapitel 10: Besonderheiten der anglo-amerikanischen Vertragssystematik Rz 10.162; *Hoger/Baumann* NZG 2017, 811, 814.

709 *Heer* GWR 2018, 125, 128.

710 *Heer* GWR 2018, 125.

##### (4) *Verjährungsfristen*

Typischerweise treffen die M&A-Vertragsparteien auch eigene Regelungen zur Verjährungszeit der Gewährleistungsansprüche. Dabei variieren diese Verjährungsfristen für die einzelnen Garantien und Freistellungen. So sind für Fundamentalgarantien weiterhin Verjährungsfristen von bis zu fünf oder sieben Jahren möglich. Ansprüche aus der Verletzung von operativen Garantien verjähren hingegen bereits nach 12 bis 14 Monaten.[711]

#### cc) *Haftungsrisiken bei Freistellungen (Indemnities)*

Freistellungen (Indemnities) dienen der Absicherung von (im Rahmen der Due Diligence) identifizierten Risiken, bei denen unklar ist, ob und in welcher Höhe sie sich realisieren.[712] Das BGB enthält und regelt in § 257 BGB einen Freistellungsanspruch. Diese Vorschrift deckt aber zentrale Themen der M&A-Praxis nicht ab.[713] Es ist daher Sache der Vertragsparteien, eine individuelle und dem Einzelfall angemessene und zweckmäßige Regelung zu entwickeln.[714] In der M&A-Praxis werden sie häufig bei drohenden Steuernachzahlungen, Kosten aus Umweltverschmutzungen[715], drohenden Bußgeldern, zur Absicherung gegen Rückforderung öffentlicher Beihilfen sowie bei Verkäufen aus der Insolvenz eingesetzt.[716]

In der Rechtsfolge ist der Freistellungsanspruch stets auf die Befreiung von begründeten Forderungen gerichtet. Nach Ansicht des Bundesgerichtshofs verpflichtet die vertragliche Regelung zur „Freistellung" darüber hinaus auch zur Abwehr unbegründeter Forderungen.[717]

## 3. Haftungsrisiken bei sonstigen privaten M&A-Transaktionen

Die dargestellten Haftungsrisiken bei privaten M&A-Transaktionen ergeben sich nicht nur beim klassischen Unternehmens- bzw. Beteiligungskauf. Ein

---

711 *Heer* GWR 2018, 125, 127.

712 *Hilgard* BB 2016, 1218.

713 Vgl. dazu *Hilgard* BB 2016, 1218, 1219.

714 *Hilgard* BB 2016, 1218.

715 *Beckmann,* in: Staudinger, 2014, § 453 BGB Rz 125; *Hilgard* BB 2016, 1218, 1222 f. Zu Freistellungen bei Umweltrisiken vgl. auch *Kiesewetter/Hoffmann* BB 2016, 1798, 1803.

716 *Hilgard* BB 2016, 1218; *Wilhelmi,* in: beckOGK, 2019, § 453 BGB Rz 752.

717 BGH, Urteil vom 24.06.1970 – VIII ZR 268/67 – NJW 1970, 1594; BGH, Urteil vom 19.04.2002 – V ZR 3/01 – NJW 2002, 2382; BGH, Urteil vom 15.10.2007 – II ZR 136/06 – NJW-RR 2008, 256.

vertragliches Haftungsregime bestehend aus Garantien und Freistellungen wird auch bei sonstigen M&A-Transaktionen wie im Bereich Venture Capital, Joint-Venture-Strukturen oder Käufen aus der Insolvenz gewählt. Auch hier gibt es entsprechend dem Unternehmenskaufvertrag widerstreitende Interessen der Beteiligten, die es durch Vereinbarung von gegenseitigen Garantien und Freistellungen in Einklang zu bringen gilt.[718] Dabei gelten betreffend die Haftungsrisiken dieselben Regeln, wie sie für die vertraglichen Haftungsrisiken beim Unternehmenskaufvertrag dargestellt wurden.[719]

## III. Gesellschaftsrechtliche Haftungsrisiken bei Kapitalmarkt- und M&A-Transaktionen

Gesellschaftsrechtliche Haftungsrisiken resultieren bei Kapitalmarkt- und M&A-Transaktionen aus Verstößen gegen organschaftliche Sorgfaltspflichten. Bei diesen zivilrechtlichen Haftungsrisiken der Mitglieder der Leitungsorgane der beteiligten Kapitalgesellschaft (im Folgenden: Geschäftsleiter) ist grundsätzlich zwischen der Haftung gegenüber der Gesellschaft (sog. Binnenhaftung) sowie der Haftung gegenüber Dritten (sog. Außenhaftung), zu denen in diesem Kontext auch die Gesellschafter zählen,[720] zu differenzieren.[721] Das deutsche Kapitalgesellschaftsrecht ist dabei vom Prinzip der Haftungskonzentration geprägt. Demnach führen Pflichtverletzungen von Vorständen und Geschäftsführern im Grundsatz nur zu einer Binnenhaftung zu Gunsten der Gesellschaft.[722] Dahinter steht eine strukturelle Zweckentscheidung des Gesetzgebers. Es soll sichergestellt sein, dass die Ersatzansprüche der Gesellschaft gegen pflichtwidrig handelnde Geschäftsleiter allen Gesellschaftern und Gesellschaftsgläubigern gleichermaßen zugutekommen.[723]

Kapitalmarkt- und M&A-Transaktionen sind dabei für Geschäftsleiter ein zentrales Instrument für die strategische Ausrichtung und wirtschaftliche

718 *Jakobs/Franz* VersR 2014, 659, 660.

719 Dazu oben B.II.2.c).

720 *Wiesner,* in: Münch. Hdb. AG, 4. Auflage, 2015, § 26 Haftung der Vorstandsmitglieder Rz 1.

721 *Arnold,* in: Handbuch börsennotierte AG, 4. Auflage, 2018, § 22 Die Haftung des Vorstandes Rz 22.1.

722 *Fleischer* NJW 2009, 2337, 2340; *Steffek* JuS 2010, 295, 296; *Wiesner,* in: Münch. Hdb. AG, 4. Auflage, 2015, § 26 Haftung der Vorstandsmitglieder Rz 4.

723 *Fleischer,* in: Spinder/Stilz AktG, 4. Auflage, 2019, § 93 AktG Rz 307.

Entwicklung einer Gesellschaft[724] und der Erfolg oder das Scheitern eine Transaktion ist oftmals eng mit der Reputation des Unternehmens verknüpft. Die faktischen Umstände und rechtlichen Gestaltungsvarianten von Transaktionen führen dazu, dass diese sowohl tatsächlich als auch rechtlich höchst komplexe Vorgänge sind, welche mit betriebswirtschaftlichen Aspekten verknüpft eine hohe Fehleranfälligkeit begründen.[725] Die Organmitglieder partizipieren dabei zwar nicht unmittelbar am wirtschaftlichen Erfolg oder Misserfolg der Transaktion (gegebenenfalls mittelbar über erfolgsabhängige Vergütungsbestandteile), müssen sich aber für schuldhaft verursachte Vermögensschäden der Gesellschaft bereits für jede fahrlässige Pflichtverletzung verantworten (§§ 93 Abs. 2 S. 1, 116 S. 1 AktG und § 43 Abs. 2 GmbHG).[726] Geschäftsleiter sehen sich daher einem Haftungsrisiko ausgesetzt,[727] wenn die getroffene Entscheidung zur (Nicht-) Durchführung einer Transaktion zu negativen wirtschaftlichen Folgen bei der Gesellschaft führt. Als haftungsbegründende Vermögensschäden der Gesellschaft kommen neben ausbleibenden Synergieeffekten bzw. negativen Einwirkungen auf die unternehmerische Entwicklung der Gesellschaft insbesondere auch aufgrund eines Fehlverhaltens der Geschäftsleiter gegen die Gesellschaft verhängte Bußgelder sowie Verbands- und Vertragsstrafen in Betracht.[728]

## 1. Haftungsrisiken bei Verstößen gegen organschaftliche Sorgfaltspflichten bei Kapitalmarkt- und M&A-Transaktionen

Den zentralen Haftungstatbestand von Geschäftsleitern für Ansprüche im Binnenverhältnis bildet § 93 AktG.[729] Dieser regelt die allgemeinen Sorgfaltspflichten der Mitglieder des Vorstandes bei der Geschäftsführung (Abs. 1 S. 1) und legt eine Verantwortlichkeit für Verstöße fest (Abs. 2).[730] Dasselbe gilt für den GmbH-Geschäftsführer in § 43 Abs. 1 und Abs. 2 GmbHG. Für die Mitglieder

---

724 *Bücker/Kulenkamp*, in: Handbuch Managerhaftung, 3. Auflage, 2017, § 29 Risikobereich und Haftung: M&A Transaktionen Rz 29.1.

725 *Fietz*, in: Unmuß, Corporate Compliance Checklisten, 3. Auflage, 2017, Kapitel 11. Mergers & Acquisitions Rz 1.

726 *Fietz*, in: Unmuß, Corporate Compliance Checklisten, 3. Auflage, 2017, Kapitel 11. Mergers & Acquisitions Rz 2.

727 *Werner* ZWH 2014, 169.

728 *Seibt* NZG 2015, 1097 ff.; *Grunewald* NZG 2016, 1121.

729 *Arnold*, in: Handbuch börsennotierte AG, 4. Auflage, 2018, § 22 Die Haftung des Vorstandes Rz 22.1.

730 *Spindler*, in: Münchener Kommentar zum AktG, 5. Auflage, 2019, § 93 AktG Rz 1.

des Aufsichtsrats in der AG gilt § 93 AktG über die Verweisungsnorm § 116 S. 1 AktG. Ein Haftungsrisiko für Geschäftsleiter kommt demnach in Betracht, wenn diese ihre organschaftlichen Pflichten im Rahmen einer Kapitalmarkt- oder M&A-Transaktion verletzen. Diese wirft unweigerlich die Frage nach dem anwendbaren Pflichtenstandard bei Kapitalmarkt- und M&A-Transaktionen auf.

Die Mitglieder der Geschäftsleitung haben bei Führung der Geschäfte die Sorgfalt eines ordentlichen und gewissenhaften Geschäftsleiters anzuwenden (§ 93 Abs. 1 S. 1 AktG).[731] Maßstab dafür ist ein Geschäftsleiter, der nicht über eigenes, sondern wie ein Treuhänder über fremdes Vermögen waltet.[732] Der GmbH-Geschäftsführer ist demgegenüber zusätzlich an die Weisungen der Gesellschafterbeschlüsse gebunden (§ 37 Abs. 1 GmbHG). Aus der Sorgfaltspflicht folgt für Geschäftsleiter die Pflicht, dem Unternehmen nicht durch aktives Verhalten zu schaden, stets die Vorteile der Gesellschaft zu wahren sowie das Unternehmen vor Schädigungen durch Dritte zu schützen und somit vollumfänglich die Belange der Gesellschaft und ihrer Gesellschafter zu wahren.[733]

Um der Dynamik des Marktgeschehens auch haftungsrechtlich Rechnung zu tragen, benötigen unternehmerische Entscheidungen in einer freien Marktwirtschaft einen richterlich nicht kontrollierbaren Freiraum. Es muss einem Geschäftsleiter möglich sein, Risiko behaftete Geschäfte vorzunehmen, ohne dass bereits die Vornahme eine haftungsrechtliche Pflichtwidrigkeit begründet.[734] Der allgemeine Pflichtenmaßstab des § 93 Abs. 1 S. 1 AktG wird daher im Aktienrecht durch S. 2 konkretisiert: eine Pflichtverletzung liegt nicht vor, wenn das Vorstandsmitglied bei einer unternehmerischen Entscheidung vernünftigerweise annehmen durfte, auf der Grundlage angemessener Information zum Wohle der Gesellschaft zu handeln. Unternehmerische Entscheidungen sind solche, die infolge ihrer Zukunftsbezogenheit durch Prognosen und nicht durch

---

731 *Sailer-Coceani,* in: K.Schmidt/Lutter, 4. Auflage, 2020, § 93 AktG Rz 6.

732 BGH, Urteil vom 20.02.1995 – II ZR 143/93 – BGHZ 129, 30, 34 (für den GmbH-Geschäftsführer); *Koch,* in: Hüffer/Koch AktG, 15. Auflage, 2021, § 93 AktG Rz 6; *Krieger,* in: Handbuch Managerhaftung, 3. Auflage, 2017, § 3 Organpflichten und Haftung in der AG Rz 3.4; *Spindler,* in: Münchener Kommentar zum AktG, 5. Auflage, 2019, § 93 AktG Rz 25.

733 Grundlegend BGH, Urteil vom 27.09.1956 – II ZR 144/55 – BGHZ 21, 354, 357; *Fleischer,* in: Münchener Kommentar zum GmbHG, 3. Auflage, 2019, § 43 GmbHG Rz 10 ff.; *Hopt/Roth,* in: Großkommentar zum AktG, 5. Auflage, 2015, § 93 AktG Rz 52; *Mertens/Cahn,* in: Kölner Kommentar zum AktG, 3. Auflage, 2010, § 93 AktG Rz 66.

734 *Spindler,* in: Münchener Kommentar zum AktG, 5. Auflage, 2019, § 93 AktG Rz 43.

justiziable Einschätzungen geprägt sind.[735] Diese aktienrechtlichen Grundsätze sind nach ganz herrschender Auffassung auf den GmbH-Geschäftsführer übertragbar.[736]

### a) *Organschaftliche Pflichten bei Kapitalmarkt- und privaten M&A-Transaktionen*

Der Gesetzgeber hat im Aktien- und GmbH-Recht keine Sondervorschriften für Kapitalmarkt- und M&A-Transaktionen vorgesehen. Der Sorgfaltsmaßstab ergibt sich für diese Transaktionen aus den allgemeinen Vorschriften (§§ 76, 93 AktG und § 43 GmbHG). Zur Identifizierung der gesellschaftsrechtlichen Haftungsrisiken der Geschäftsleiter bei Kapitalmarkt und M&A-Transaktionen gilt es folglich die allgemeinen Grundsätze der Sorgfaltspflichten eines Geschäftsleiters auf die einzelnen Phasen einer Kapitalmarkt- bzw. M&A-Transaktion anzuwenden.

#### aa) *Die Vorbereitungsphase*

Zu Beginn einer Transaktion steht regelmäßig die Auswahl spezialisierter Berater. Das Hinzuziehen externer Berater ist nicht nur ratsam, sondern typischerweise auch rechtlich erforderlich im Sinne der Sorgfaltspflicht.[737] Auch für den Auswahlprozess selbst gelten die Grundsätze der pflichtgemäßen Auswahl. Zum Nachweis der Einhaltung der Sorgfaltspflichten wird der Auswahlprozess sowie die entscheidenden Kriterien in der Praxis typischerweise dokumentiert.[738] In dieser Phase wird die grundlegende Struktur der Transaktion festgelegt.[739]

##### (1) *Geschäftsleiter des Verkäufers bei M&A-Transaktionen*

Eine M&A-Transaktion wird regelmäßig von der veräußernden Gesellschaft angestoßen, welche eine Struktur vorsieht, die ihren Interessen am besten

---

735 Begr. RegE UMAG BT-Drucks 15/5092, 11; *Spindler*, in: Münchener Kommentar zum AktG, 5. Auflage, 2019, § 93 AktG Rz 48.

736 *Fleischer*, in: Münchener Kommentar zum GmbHG, 3. Auflage, 2019, § 43 GmbHG Rz 71 (m.w.N.).; *Klöhn*, in: Bork/Schäfer, GmbHG, 4. Auflage, 2019, § 43 GmbHG Rz 36.

737 BGH, Urteil vom 20.09.2011 – II ZR 234/09 – NZG 2011, 1271, 1273; *Liese/Theusinger*, in: Hauschka/Moosmayer/Lösler, Corporate Compliance, 3. Auflage, 2016, § 27. Compliance in M&A-Transaktionen Rz 12.

738 *Liese/Theusinger*, in: Hauschka/Moosmayer/Lösler, Corporate Compliance, 3. Auflage, 2016, § 27. Compliance in M&A-Transaktionen Rz 13.

739 *Gran* NJW 2008, 1409.

entspricht.[740] Dabei besteht die Wahl zwischen einem exklusiven Verkaufsverfahren mit einem bestimmten Kaufinteressenten oder der Einleitung eines Auktionsverfahrens.[741] Eine Auktion führt regelmäßig zu einer Optimierung des Kaufpreises sowie der Kaufbedingung für die Zielgesellschaft, da verschiedene Angebote verglichen werden können. Daher kommt ein Regressanspruch in Betracht, wenn der Geschäftsleiter des Veräußerers einen exklusiven Veräußerungsprozess wählt, obwohl aufgrund der Marktbedingungen mit einem Auktionsverfahren ein höherer Kaufpreis von einem Dritten zu erzielen ist.[742]

Die Geschäftsleiter sind weiter verpflichtet, die erforderliche Vertraulichkeit der Transaktion, des Verhandlungsstandes sowie der offengelegten Umstände betreffend die Zielgesellschaft sicherzustellen. Entsteht der Gesellschaft durch eine Verletzung dieser Vertraulichkeitspflicht ein Schaden, kann dies eine ersatzpflichtige Schadensposition begründen. Daher wird in der Praxis spätestens mit Aufnahme von Gespräch mit dem potenziellen Käufer, jedenfalls aber vor Austausch und Herausgabe von Dokumenten, eine Vertraulichkeitsvereinbarung abgeschlossen.[743]

### *(2) Geschäftsleiter des Käufers bei M&A-Transaktionen*

Die Situation auf Käuferseite ist dadurch gekennzeichnet, dass dieser den potenziellen Zielunternehmer weniger gut kennt als der Verkäufer. Für die Geschäftsleiter des Käufers kommt es also in dieser Phase vor Durchführung der Due Diligence primär darauf an, sich durch Beschaffung und Sichtung öffentlich zugänglicher Quellen einen möglichst umfangreichen Überblick über das Unternehmen zu verschaffen, um späteren Transaktionshindernissen wie fusionskontrollrechtlichen Freigaben frühzeitig zu identifizieren.[744] Daneben sind die Unternehmensbewertung und die Transaktionsstruktur zu prüfen. Sind Vorstellungen zum Kaufpreis zu weit entfernt oder erscheint die vorgeschlagene

---

740 *Liese/Theusinger*, in: Hauschka/Moosmayer/Lösler, Corporate Compliance, 3. Auflage, 2016, § 27. Compliance in M&A-Transaktionen Rz 7.

741 *Gran* NJW 2008, 1409, 1410.

742 *Liese/Theusinger*, in: Hauschka/Moosmayer/Lösler, Corporate Compliance, 3. Auflage, 2016, § 27. Compliance in M&A-Transaktionen Rz 8.

743 *Gran* NJW 2008, 1409, 1410; *Liese/Theusinger*, in: Hauschka/Moosmayer/Lösler, Corporate Compliance, 3. Auflage, 2016, § 27. Compliance in M&A-Transaktionen Rz 17, 20.

744 *Liese/Theusinger*, in: Hauschka/Moosmayer/Lösler, Corporate Compliance, 3. Auflage, 2016, § 27. Compliance in M&A-Transaktionen Rz 23; *Rempp*, in: Handbuch Unternehmenskauf, 9. Auflage, 2019, Kapitel 1: Mergers & Acquisitions Rz 1.62 ff.

Transaktionsstruktur nicht oder nur unter unverhältnismäßigen Kosten umsetzbar, ist von der Transaktion zu Vermeidung einer Haftung für unnötiger Transaktionskosten Abstand zu nehmen.[745] Für die Auswahl geeigneter Berater sowie die Gewährleistung gegenseitiger Vertraulichkeit gelten die Ausführungen auf Seiten des Verkäufers an dieser Stelle entsprechend.

### *bb) Anzeige- und Genehmigungspflichten bei M&A-Transaktionen*

Der Erwerb oder die Veräußerung von bedeutenden Beteiligungen kann im In- oder Ausland Anzeige- oder Genehmigungspflichten hervorrufen. Es ist daher bei M&A-Transaktionen bereits in einem sehr frühen Stadium erforderlich, die Transaktion auf mögliche Anmeldungserfordernisse oder Vollzugsverbote zu prüfen.[746] Dies gilt insbesondere für eine kartellrechtliche Fusionskontrolle, Anzeigepflichten bei der BaFin und der Deutschen Bundesbank sowie das Außenwirtschaftsrecht. Zur Beurteilung ausländischer Anzeige- und Genehmigungserfordernisse ist die Sachkunde eines dort ansässigen und geeigneten Beraters einzuholen.[747]

### *cc) Planung und Durchführung der Due Diligence bei M&A-Transaktionen*

Eine detaillierte Kenntnis von der Zielgesellschaft ist erforderlich, um eine sorgfältig geprüfte Akquisitionsentscheidung zu treffen. Nicht nur der Käufer ist darum bemüht vor Abschluss des M&A-Vertrages alle wichtigen Informationen über das Zielunternehmen aufzudecken, auch der Verkäufer ist oftmals nicht in das Tagesgeschehen seines Unternehmens eingebunden und hat daher ein Interesse an der Prüfung der Gesellschaft.[748] Bei Planung und Durchführung der Due

745 *Liese/Theusinger,* in: Hauschka/Moosmayer/Lösler, Corporate Compliance, 3. Auflage, 2016, § 27. Compliance in M&A-Transaktionen Rz 24 f. Vgl. hierzu auch *Rempp,* in: Handbuch Unternehmenskauf, 9. Auflage, 2019, Kapitel 1: Mergers & Acquisitions Rz 1.134 ff.

746 *Bücker/Kulenkamp,* in: Handbuch Managerhaftung, 3. Auflage, 2017, § 29 Risikobereich und Haftung: M&A Transaktionen Rz 29.21.

747 *Bücker/Kulenkamp,* in: Handbuch Managerhaftung, 3. Auflage, 2017, § 29 Risikobereich und Haftung: M&A Transaktionen Rz 29.22 ff.; *Fietz,* in: Unmuß, Corporate Compliance Checklisten, 3. Auflage, 2017, Kapitel 11. Mergers & Acquisitions Rz 4.

748 *Fietz,* in: Unmuß, Corporate Compliance Checklisten, 3. Auflage, 2017, Kapitel 11. Mergers & Acquisitions Rz 3; *Liese/Theusinger,* in: Hauschka/Moosmayer/Lösler, Corporate Compliance, 3. Auflage, 2016, § 27. Compliance in M&A-Transaktionen Rz 31 f.

Diligence unter Beteiligungen börsennotierter Gesellschaft sind ferner insiderrechtliche Handels- und Weitergabeverbote zu beachten.[749]

### *(1) Geschäftsleiter des Verkäufers und des Zielunternehmens bei M&A-Transaktionen*

Das Interesse des Käufers, einen möglichst umfangreichen Überblick über bestehende Risiken beim Zielunternehmen zu erlangen, steht im Konflikt zur Verschwiegenheitspflicht der Geschäftsleiter des Zielunternehmens.[750] Für die GmbH-Geschäftsführer folgt diese aus der allgemeinen Treuepflicht gegenüber der Gesellschaft.[751] Vorstände einer Aktiengesellschaft sind *ipso iure* zum Stillschweigen über vertrauliche Angaben und Geheimnisse der Gesellschaft verpflichtet (§ 93 Abs. 1 S. 3 AktG).[752] Das Management der Zielgesellschaft sowie der Verkäufer sind daher stets zur Abwägung zwischen der Zulassung einer umfangreichen Due Diligence zur Förderung des Transaktionsprozesses und dem Geheimhaltungsinteresse der Gesellschaft angehalten.[753]

Ein Verstoß gegen diese Verschwiegenheitspflicht kann grundsätzlich einen Sorgfaltspflichtverstoß und damit einhergehend einen Schadensersatzanspruch begründen. Zur eigenen Entlastung haben GmbH-Geschäftsführer dabei einen zustimmenden Gesellschafterbeschluss einzuholen.[754] Für den Vorstand einer Aktiengesellschaft genügt hier aufgrund seiner umfassenden Leitungsbefugnis ein einstimmiger Beschluss des Gesamtvorstandes unter Abwägung aller mit der Offenlegung verbundenen Risiken.[755] Werden Informationen ohne

749 Dazu oben B.I.3.b).

750 *Werner* ZWH 2014, 169, 171.

751 *Fleischer*, in: Münchener Kommentar zum GmbHG, 3. Auflage, 2019, § 43 GmbHG Rz 199.

752 Zum Ganzen *Weber*, in: Handbuch Unternehmenskauf, 9. Auflage, 2019, Kapitel 9: Der Unternehmens- und Beteiligungskaufvertrag Rz 9.69, Rz 9.73.

753 *Werner* ZWH 2014, 169, 171.

754 LG Köln, Urteil vom 26.03.2008 – 90 O 11/08 – GmbHR 2009, 261, 262; *Klöhn*, in: Bork/Schäfer, GmbHG, 4. Auflage, 2019, § 43 GmbHG Rz 59; *Verse*, in: Scholz, GmbHG, 12. Auflage, 2018, § 43 GmbHG Rz 240.

755 *Liese/Theusinger*, in: Hauschka/Moosmayer/Lösler, Corporate Compliance, 3. Auflage, 2016, § 27. Compliance in M&A-Transaktionen Rz 35 ff. Ausführlich zum Konfliktverhältnis von Verschwiegenheitspflicht und *Due Diligence*-Verfahren *Spindler*, in: Münchener Kommentar zum AktG, 5. Auflage, 2019, § 93 AktG Rz 154 ff. sowie bei *Weber*, in: Handbuch Unternehmenskauf, 9. Auflage, 2019, Kapitel 9: Der Unternehmens- und Beteiligungskaufvertrag Rz 9.69 f.

entsprechende Beschlüsse offengelegt, droht ein Regressanspruch, sofern der Gesellschaft durch die unbefugte Offenlegung ein Schaden entstanden ist.[756]

Während des gesamten Prozesses haben die Geschäftsleiter der Zielgesellschaft die Vertraulichkeit der offengelegten Umstände zu gewährleisten. Hierzu werden in der Regel mehrere Maßnahmen getroffen. Dazu gehört zuvorderst der Abschluss einer angemessenen Vertraulichkeitsvereinbarung, bevor Informationen offengelegt werden. Aber auch während des Due Diligence-Vorganges sind strikte Regeln über den Zugang und die Auswertung des Datenraums festzulegen sowie alle offengelegten Informationen zu erfassen. Zudem sind wettbewerbsrechtlich sensible Informationen auf einen bestimmten Personenkreis zu beschränken.[757]

### *(2) Geschäftsleiter des Käufers bei M&A-Transaktionen*

Bei der Entscheidung der Geschäftsleiter des Käufers, ob und zu welchen Bedingungen ein Unternehmen erworben werden soll, handelt es sich um eine unternehmerische Entscheidung im Sinne des § 93 Abs. 1 S. 2 AktG. Damit geht ein breiter Ermessensspielraum einher. Sofern der Geschäftsleiter also annehmen darf, dass er zum Wohl der Gesellschaft handelt, scheidet eine Sorgfaltspflichtverletzung und damit einhergehend ein Schadensersatzanspruch aus, wenn die Entscheidung auf Grundlage angemessener Information getroffen wurde.[758]

#### *(a) Handeln zum Wohle der Gesellschaft auf angemessener Informationsgrundlage*

Das in der M&A-Praxis wichtigste Kriterium zur Enthaftung bei fehlgeschlagenen oder wirtschaftlich ungünstig verlaufenen Transaktionen ist in diesem Kontext das Handeln auf der Grundlage angemessener Information. Dabei geht es neben der zentralen Frage der sorgfältigen und umfangreichen Durchführung der Due Diligence vor allem um die sorgfältige Erhebung und Aufarbeitung der relevanten Entscheidungsgrundlagen.[759]

---

756 *Klöhn,* in: Bork/Schäfer, GmbHG, 4. Auflage, 2019, § 43 GmbHG Rz 59.

757 Vgl. hierzu *Bücker/Kulenkamp,* in: Handbuch Managerhaftung, 3. Auflage, 2017, § 29 Risikobereich und Haftung: M&A Transaktionen Rz 29.88; *Fleischer* ZIP 2002, 651, 652; *Müller* NJW 2000, 3452, 3454.

758 *Bücker/Kulenkamp,* in: Handbuch Managerhaftung, 3. Auflage, 2017, § 29 Risikobereich und Haftung: M&A Transaktionen Rz 29.74.

759 Dazu ausführlich BGH, Urteil vom 12.10.2016 – 5 StR 134/15 – ZIP 2016, 2467, 2470 „HSH Nordbank AG"; *Bücker/Kulenkamp,* in: Handbuch Managerhaftung, 3. Auflage, 2017, § 29 Risikobereich und Haftung: M&A Transaktionen Rz 29.78.

Der konkrete Umfang an die Informationsbeschaffungspflicht ist bei M&A-Transaktion vom jeweiligen Einzelfall abhängig, wobei insbesondere die verfügbare Zeit sowie Kosten- und Nutzenfaktoren einer weiteren Informationsgewinnung für die Abwägung einer angemessenen Tatsachenbasis zu berücksichtigen sind.[760] Auch können im kompetitiven Bieterverfahren aufgrund zeitlicher oder gegenständlicher Beschränkungen oftmals nicht alle Informationen beschafft werden.[761] In diesem Fall bedarf es eines sorgfältigen Abwägungsprozesses über die Durchführung der Transaktion, der alle möglichen Alternativen verbunden mit ihren Auswirkungen in Betracht zieht.[762] Ein Verstoß gegen diese Informations- und Abwägungspflichten indiziert grundsätzlich eine Sorgfaltspflichtverletzung.[763]

*(b) Ordnungsgemäße Durchführung der Due Diligence*

In aller Regel gebietet die Informationsbeschaffungspflicht bei M&A-Transaktionen die Durchführung einer Due Diligence,[764] welche den Käufer über das Kaufobjekt und die mit dem Erwerb verbundenen Risiken informieren soll.[765] Auch wenn eine absolute Pflicht zur Durchführung einer Due Diligence unabhängig vom Einzelfall abzulehnen ist,[766] stellt die Due Diligence eine spezielle M&A-spezifische Ausformung der allgemeinen Pflicht eines Geschäftsleiters zur sachgerechten Vorbereitung seiner Entscheidung dar.[767]

760 BGH, Urteil vom 12.10.2016 – 5 StR 134/15 – ZIP 2016, 2467, 2470 „HSH Nordbank AG"; *Sailer-Coceani,* in: K.Schmidt/Lutter, 4. Auflage, 2020, § 93 AktG Rz 17; *Thümmel*, Persönliche Haftung von Managern und Aufsichtsräten, 5. Auflage, 2016, Rz 197.

761 *Bücker/Kulenkamp,* in: Handbuch Managerhaftung, 3. Auflage, 2017, § 29 Risikobereich und Haftung: M&A Transaktionen Rz 29.81.

762 *Bücker/Kulenkamp,* in: Handbuch Managerhaftung, 3. Auflage, 2017, § 29 Risikobereich und Haftung: M&A Transaktionen Rz 29.81; *Thümmel*, Persönliche Haftung von Managern und Aufsichtsräten, 5. Auflage, 2016, Rz 198.

763 *Bücker/Kulenkamp,* in: Handbuch Managerhaftung, 3. Auflage, 2017, § 29 Risikobereich und Haftung: M&A Transaktionen Rz 29.81.

764 *Bücker/Kulenkamp,* in: Handbuch Managerhaftung, 3. Auflage, 2017, § 29 Risikobereich und Haftung: M&A Transaktionen Rz 29.86.

765 *Beisel/Klumpp/Schindler*, Der Unternehmenskauf, 7. Auflage, 2016, § 2 Rz 27.

766 So auch *Werner* GmbHR 2007, 678, 679.

767 Umfassend zur internen Verpflichtung des Vorstands/Geschäftsführers der Erwerber-Gesellschaft zur Durchführung einer *Due Diligence* vgl. *Beisel/Klumpp/Schindler*, Der Unternehmenskauf, 7. Auflage, 2016, § 2 Rz. 27 ff.

Sofern, wie in der Praxis weitestgehend üblich, die Due Diligence von Investmentbanken und externen Rechtsberatern begleitet werden, wandelt sich die Informationsbeschaffungspflicht der Geschäftsleiter zu einer Organisationspflicht. Deren Inhalt ist es, dass die relevanten Informationen beschafft werden und in einem Bericht gesammelt und zusammengefasst werden.[768] Dieser Bericht ist von den Geschäftsleitern zur Kenntnis zu nehmen und einer Plausibilitätsprüfung zu unterziehen.[769]

#### *dd) Organschaftliche Pflicht zur Risikominimierung durch Versicherungen*

Für die Geschäftsleiter des Erwerbers stellt sich im Rahmen von Kapitalmarkt- und M&A-Transaktionen die Frage, ob aus der allgemeinen Sorgfaltspflicht eine Verpflichtung zum Abschluss einer Transaktionsversicherung abgeleitet werden kann. Im Kern des Problems geht es um die Frage, wann das Eingehen von geschäftlichen Risiken von der unternehmerischen Entscheidungsfreiheit gedeckt ist und wann es gegen die Sorgfaltspflicht verstößt.[770] Dabei lässt sich die Grundregel feststellen, dass dort, wo ein Risiko identifiziert wurde, der Geschäftsleiter verpflichtet ist, diese Risiko durch ein angemessenes Risikomanagement bestmöglich zu minimieren oder Risiko und Gewinnerwartung in ein vertretbares Verhältnis zu bringen.[771]

#### *(1) M&A-Transaktionsspezifische Risiken*

Im Rahmen von M&A-Transaktion werden bei Durchführung der Due Diligence typischerweise gewisse Risikobereiche und Risikosachverhalte identifiziert. Diese Risiken werden zwischen Käufer und Verkäufer regelmäßig durch eine ausgeglichene Risikoallokation im Unternehmenskaufvertrag verteilt.[772] Traditionell erfolgt diese durch Abbildung der identifizierten Risiken in den Garantien und Freistellung des M&A-Vertrages.[773] Die hierbei typischerweise

768 *Beisel/Klumpp/Schindler*, Der Unternehmenskauf, 7. Auflage, 2016, § 2 Rn. 29 ff.; *Bücker/Kulenkamp*, in: Handbuch Managerhaftung, 3. Auflage, 2017, § 29 Risikobereich und Haftung: M&A Transaktionen Rz 29.82; *Werner* ZWH 2014, 169, 172.

769 *Bücker/Kulenkamp*, in: Handbuch Managerhaftung, 3. Auflage, 2017, § 29 Risikobereich und Haftung: M&A Transaktionen Rz 29.84; *Werner* ZWH 2014, 169, 172.

770 Instruktiv bei *Böttcher* NZG 2007, 481.

771 *Heer* GWR 2018, 125, 127.

772 Zum vertraglichen Haftungsregime oben B.II.2.c).

773 *Goette* DStR 2014, 1776.

vereinbarten Haftungshöchstgrenzen bietet trotz der Begrenzung einer Haftung der Höhe nach ausreichend Sicherheit.[774] Solange diese Risikoallokation stattfindet, genügt der Geschäftsleiter des Erwerbers seiner allgemeinen Sorgfaltspflicht, da die erkannten Risiken durch vertragliche Haftungsansprüche abgesichert sind.

In der Praxis finden sich vermehrt M&A-Verträge, in denen diese vertraglichen Absicherungsmechanismen zu Gunsten der Verkäufer aufgeweicht werden.[775] Insbesondere in Verkäufermärkten gelingt es Verkäufern, ihre eigene Haftung auf ein Minimum zu begrenzen.[776] Dabei ist zu beachten, dass sich für die Geschäftsleiter von Kapitalgesellschaft aus der Vermögensbetreuungspflicht eine Amtspflicht zum effektiven Risikomanagement ableiten lässt.[777] So die Geschäftsleiter des Erwerbers diesen Sorgfaltspflichten also nicht durch eine Risikoabsicherung durch Garantien und Freistellungen im M&A-Vertrag genügen können, kann vor diesem Hintergrund der Abschluss einer Transaktionsversicherung (W&I-Versicherung) zur Absicherung dieser Risiken zur Erfüllung der Sorgfaltspflicht des Geschäftsleiters angezeigt sein.[778]

Eine Verpflichtung des Geschäftsleiters zum Abschluss der Versicherung als Ausprägung seiner allgemeinen Sorgfaltspflicht erfordert, dass (i) die Versicherung überhaupt geeignet ist, das Risiko zu reduzieren und (ii) sich der Zeichnungsprozess in den allgemeinen M&A-Prozess integrieren lässt, ohne dabei Verzögerungen zu verursachen.[779] Jedenfalls aber wird die Durchführung einer Transaktion ohne adäquate Absicherung der Risiken, durch Garantie- und Freistellungsansprüchen gegenüber dem Verkäufer oder durch Abschluss einer Versicherung, typischerweise einen Sorgfaltspflichtverstoß darstellen und somit ein Haftungsrisiko begründen.

### *(2) Kapitalmarkttransaktionsspezifische Risiken*

Eine entsprechende Untersuchung ist bei Kapitalmarkttransaktionen vorzunehmen. Zu prüfen ist, ob der Abschluss einer Versicherung[780] zur Absicherung des

---

774 *Heer* GWR 2018, 125, 127.

775 *Weber,* in: Handbuch Unternehmenskauf, 9. Auflage, 2019, Kapitel 9: Der Unternehmens- und Beteiligungskaufvertrag Rz 9.272.

776 *Heer* GWR 2018, 125, 128.

777 *Koch* ZGR 2006, 184.

778 *Heer* GWR 2018, 125, 127 Hierzu und insbesondere zu Haftpflichtversicherung als Instrument zum Risikomanagement *Koch,* in: Bruck/Möller, VVG, 9. Auflage, 2013, Vorbemerkungen zu §§ 100–112 Rz 110 ff.

779 *Heer* GWR 2018, 125, 127.

780 Zur Prospekthaftpflichtversicherung unten C.II.

Prospekthaftungsrisikos[781] des Emittenten bei einer Wertpapieremission erforderlich ist, um den allgemeinen Sorgfaltspflichten und insbesondere der Vermögensbetreungspflicht zu genügen.

Für den Vorstand eines Reitvereins hat der Bundesgerichtshof in einem Urteil[782] den Schadensersatzanspruch des Vereins gegen seinen Vorstand anerkannt, welcher nicht für einen ausreichenden Versicherungsschutz der Mitglieder gesorgt hatte. Im Urteil ging es um die Verpflichtung zum Abschluss einer Personenschäden der Vereinsmitglieder umfassenden Tierhalterhaftpflichtversicherung.[783] Dabei hat der Bundesgerichtshof unter anderem die verallgemeinerungsfähige Feststellung getroffen, dass ein Geschäftsleiter seinem Handeln stets das Gebot der wirtschaftlichen Vernunft zugrunde zu legen hat.[784] Daraus und aus der allgemeinen Vermögensbetreuungspflicht lässt sich ableiten, dass Geschäftsleiter zu einem effektiven Risikomanagement verpflichtet sind, wovon den Abschluss von Versicherungen erfasst sein kann.[785] Zwar resultiert hieraus keine allgemeine Pflicht zum Abschluss von Haftpflichtversicherungen und insbesondere einer Prospekthaftpflichtversicherung, doch kann der Abschluss einer Versicherung eine geeignete Risikosteuerungsmaßnahme darstellen.[786]

Realisiert sich also im Rahmen einer Wertpapieremission das Prospekthaftungsrisiko des Emittenten und hat der verantwortliche Geschäftsleiter auf die Absicherung dieses Risikos durch eine Versicherung verzichtet, kann dies einen Schadensersatzanspruch des Emittenten gegen den Geschäftsleiter begründen.

#### *(3) Cyber-Risiken*

Die Pflicht des Geschäftsleiters zum effektiven Risikomanagement kann auf sämtliche Risiken übertragen werden, die mit einem mangelhaften Transaktionsmanagement einhergehen. So kann der Abschluss einer Cyber-Versicherung angezeigt sind, wenn in der IT-Due-Diligence relevante Risiken (mangelhafte IT-Intrastruktur, schlechte geschultes Personal, unzureichende Datensicherung,

---

781 Dazu oben B.I.1.a).

782 BGH, Urteil vom 26.11.1985 – VI ZR 9/85 – NJW-RR 1986, 572 ff.

783 *Koch,* in: Bruck/Möller, VVG, 9. Auflage, 2013, Vorbemerkungen zu §§ 100–112 Rz 111.

784 BGH, Urteil vom 26.11.1985 – VI ZR 9/85 – NJW-RR 1986, 572, 574. *Koch* ZGR 2006, 184, 186.

785 *Koch,* in: Bruck/Möller, VVG, 9. Auflage, 2013, Vorbemerkungen zu §§ 100–112 Rz 117.

786 *Koch,* in: Bruck/Möller, VVG, 9. Auflage, 2013, Vorbemerkungen zu §§ 100–112 Rz 117.

Software-Lizenzen) identifiziert werden. Auch wenn sich ein Käufer für diese Risiken regelmäßig eine Garantie oder Freistellungen erklären lassen wird, kann die Absicherung des Risikos durch den Verkäufer im Vorfeld der Transaktion sinnvoll sein, um substanzielle Herabsetzungen des Kaufpreises aufgrund einer drohenden Realisierung erkannter IT-Risiken oder vor unbekannten Risiken wie Hacking-Angriffen während des Transaktionsprozesses (bspw. Zugriff auf den Inhalt des Datenraumes) zu vermeiden.[787]

#### *ee) Wahrung der innergesellschaftlichen Kompetenzordnung*

Bei der Entscheidungsfindung zur Durchführung der Transaktion ist auch die innergesellschaftliche Kompetenzordnung zu achten.[788] Diese Pflicht besteht für den Vorstand einer Aktiengesellschaft *ipso iure* (§ 82 Abs. 2) AktG und folgt für den GmbH-Geschäftsführer aus dem Gebot der verantwortlichen Zusammenarbeit der Gesellschaftsorgane bzw. der allgemeinen Treuepflicht des Geschäftsführers.[789] Eine Zustimmungspflicht anderer Organe wird entweder durch die Satzung oder den Aufsichtsrat selbst bestimmt. Für die GmbH gilt dies nur, sofern ein fakultatives Organ mit entsprechenden Rechten eingesetzt ist. Der Erwerb oder die Veräußerung von Unternehmen oder Beteiligungen zählt dabei typischerweise zu diesen zustimmungsbedürftigen Geschäften. Zweifel bei der Auslegung des Zustimmungskatalog stellen keine unternehmerische Entscheidung dar und unterfallen nicht der Business Judgment Rule.[790]

Neben der Zustimmungspflicht des Aufsichtsrates kann eine Mitwirkung der Hauptversammlung bzw. Gesellschafterversammlung erforderlich sein. Dies gilt insbesondere für Transaktionen im Rahmen des Anwendungsbereiches der „Holzmüller-Gelatine"-Rechtsprechung[791], oder wenn die Transaktion zu einer Änderung des Unternehmensgegenstandes (sog. „faktische Satzungsänderung") führt. Weitere Mitwirkungsrechte können sich aus dem AktG, GmbHG, UmwG oder der Satzung der Gesellschaft ergeben.[792]

---

787 Hierzu ausführlich *Wirth* BB 2018, 200, 207.

788 *Werner* ZWH 2014, 169, 172.

789 *Bücker/Kulenkamp,* in: Handbuch Managerhaftung, 3. Auflage, 2017, § 29 Risikobereich und Haftung: M&A Transaktionen 29.59; *Werner* ZWH 2014, 169, 173.

790 *Bücker/Kulenkamp,* in: Handbuch Managerhaftung, 3. Auflage, 2017, § 29 Risikobereich und Haftung: M&A Transaktionen Rz 29.56; *Werner* ZWH 2014, 169, 172.

791 Siehe hierzu BGH, Urteil vom 25.02.1982 – II ZR 174/80 – BGHZ 83, 122 „Holzmüller"; BGH, Urteil vom 26.04.2004 – II ZR 155/02 – BGHZ 159, 30 „Gelatine I"; BGH, Urteil vom 26.04.2004 – II ZR 152/02 – ZIP 2004, 1001 „Gelatine II".

792 *Bücker/Kulenkamp,* in: Handbuch Managerhaftung, 3. Auflage, 2017, § 29 Risikobereich und Haftung: M&A Transaktionen Rz 29.58; *Werner* ZWH 2014, 169, 173.

#### *ff) Der Vertragsschluss*

Die Entscheidung zur Vornahme und Durchführung einer M&A-Transaktion ist nach allgemeiner Auffassung eine unternehmerische Entscheidung im Sinne der Business Judgment Rule.[793] Der wirtschaftliche Misserfolg der Transaktion kann nur dann zum Regressanspruch führen, wenn die Entscheidung zur Durchführung nicht auf Grundlage angemessener Information zum Wohle der Gesellschaft getroffen wurde.[794] Dabei steigen die Anforderungen an den anzuwendenden Sorgfaltsmaßstab mit der Bedeutung der Transaktion für das Unternehmen.[795]

#### *gg) Post-M&A-Sorgfaltspflichten*

Nach rechtlichem Vollzug der Unternehmenstransaktionen, gilt es diese noch faktisch zu vollziehen.[796] In diesem Stadium sind die Geschäftsleiter insbesondere auf konzernrechtliche Integrationsmaßnahmen und ein angemessenes Vertragsmonitoring gerichtet.

Dabei gilt es das Zielunternehmen nach Abschluss der Transaktion in den Konzernverbund zu integrieren, um die Synergien möglichst effektiv realisieren zu können sowie eine finanzielle Eingliederung umzusetzen. Hierfür wird in der Praxis typischerweise ein Beherrschungs- und Gewinnabführungsvertrages abgeschlossen. Zudem haben die Geschäftsleiter des Erwerbers im Rahmen ihrer allgemeinen Sorgfaltspflicht für ein angemessenes Vertragsmonitoring nach Abschluss der Transaktion zu sorgen. Die Zielgesellschaft ist mit Übernahme des operativen Geschäfts mit dem Gewährleistungs- und Freistellungskatalog abzugleichen und bestehende Schadensersatzansprüche sind geltend zu machen.[797]

---

793 OLG Frankfurt a.M. – Urteil vom 07.12.2010 – 5 U 29/10 – NZG 2011, 62; *Ott* ZGR 2017, 149, 153; *Spindler,* in: Münchener Kommentar zum AktG, 5. Auflage, 2019, § 93 AktG Rz 49.

794 *Bachmann* BB 2015, 771 ff.; *Fietz,* in: Unmuß, Corporate Compliance Checklisten, 3. Auflage, 2017, Kapitel 11. Mergers & Acquisitions Rz 2.

795 *Fietz,* in: Unmuß, Corporate Compliance Checklisten, 3. Auflage, 2017, Kapitel 11. Mergers & Acquisitions Rz 2 mit Beispielen und weiteren Nachweisen.; *Klöhn,* in: Bork/Schäfer, GmbHG, 4. Auflage, 2019, § 43 GmbHG Rz 39 (m.w.N.).

796 *Gran* NJW 2008, 1409, 1415.

797 *Bücker/Kulenkamp,* in: Handbuch Managerhaftung, 3. Auflage, 2017, § 29 Risikobereich und Haftung: M&A Transaktionen Rz 29.101; *Werner* ZWH 2014, 169, 174.

#### *hh) Organschaftliche Pflichten bei öffentlichen Übernahmen*

Der Pflichtenkreis der Geschäftsleiter wird im Rahmen von öffentlichen Übernahmen aufgrund der Kapitalmarktorientierung des Übernahmeangebotes und der damit einhergehenden gesetzlichen Regelungsdichte erweitert.[798] Die strengen Regeln dienen dem Schutz der Gesellschafter der Zielgesellschaft, mithin den Anlegern.[799] Zur Vermeidung von Haftungsansprüche haben die Geschäftsleiter der beteiligten Unternehmen alle anwendbaren gesetzlichen Regelungen zu beachten, um ihrer allgemeinen Sorgfaltspflicht zu genügen.

##### *(1) Organschaftliche Pflichten auf Seiten der Zielgesellschaft*

Bei öffentlichen Übernahmen wird der Handlungsspielraum des Vorstandes der Zielgesellschaft (§ 76 AktG) durch die Vorschriften des WpÜG konkretisiert.[800] Die Business Judgment Rule findet aber nach richtiger Auffassung auch während des Übernahmeverfahrens grundsätzlich Anwendung.[801]

##### *(2) Organschaftliche Pflichten auf Seiten des Bieters*

Grundsätzlich bestehen für die Geschäftsleiter der Bietergesellschaft dieselben organschaftlichen Pflichten, wie für die Geschäftsleiter des Erwerbers im Rahmen einer privaten M&A-Transaktion. Diese Pflichten werden aber im öffentlichen Übernahmeverfahren von den Regelungen des WpÜG überlagert.[802]

###### *(a) Pflichten in der Vorbereitungsphase*

In der Vorbereitungsphase ist eine besondere Verantwortung bei der Auswahl geeigneter Berater sowie zur Vermeidung etwaiger Interessenkonflikte erforderlich.[803] Daneben sind alternative Transaktionsstrukturen zu prüfen, aus Gründen

---

798 *Bücker/Kulenkamp,* in: Handbuch Managerhaftung, 3. Auflage, 2017, § 29 Risikobereich und Haftung: M&A Transaktionen Rz 29.36.

799 *Illert/Weiß,* in: *Illert/Ghassemi-Tabar/Cordes,* Handbuch Vorstand und Aufsichtsrat, 2018, § 12 M&A und öffentliche Übernahmen, Rz 77.

800 *Weber,* in: Hölters, AktG, 3. Auflage, 2017, § 76 AktG Rz 49.

801 Ausführliche Darstellung be *Schlitt,* in: Münchener Kommentar zum AktG, 5. Auflage, 2021, § 33 WpÜG Rz 151 f. (m.w.N.).

802 *Drinkuth,* in: Handbuch börsennotierte AG, 4. Auflage, 2018, § 60 Öffentliche Übernahme börsennotierter Unternehmen Rz 60.293.

803 *Bücker/Kulenkamp,* in: Handbuch Managerhaftung, 3. Auflage, 2017, § 29 Risikobereich und Haftung: M&A Transaktionen Rz 29.36 Zu möglichen Interessenkonflikten *Möllers* ZIP 2006, 1615.

der Transaktionssicherheit und Transaktionsgeschwindigkeit insbesondere hinsichtlich der Möglichkeit einer Transaktionsstruktur ohne hauptversammlungspflichtige Kapitalmaßnahmen.[804]

### *(b) Verschaffung einer angemessenen Informationsgrundlage*

Auch im Übernahmeverfahren ist eine Prüfung der Zielgesellschaft im Rahmen einer Due Diligence durchzuführen, wobei die ganz herrschende Meinung auch in diesem Kontext der Geschäftsleitung ein umfangreiches unternehmerisches Ermessen hinsichtlich des Umfangs der Informationsbeschaffung zubilligt.[805] Insbesondere bei einer feindlichen Übernahme wird es die Zielgesellschaft dem Bieter nicht gestatten, eine Due Diligence mit Zugang zu nicht öffentlichen Dokumenten durchzuführen. Daraus ergibt sich nicht ohne weiteres eine Verpflichtung für die Geschäftsleiter des Bieters Abstand vom Erwerb nehmen zu müssen. Vielmehr ist es bei börsennotierten Zielgesellschaften möglich, sich durch die öffentlich zugänglichen Informationen ein umfassendes Bild des Zielunternehmens zu verschaffen.[806] Zu diesen Quellen gehören Geschäftsberichte, Jahresabschlüsse und die Satzung enthält, wobei insbesondere aus dem (Konzern-)Lagebericht bestimmte für die Übernahme relevante Informationen entnommen werden können.[807] Daneben können elektronische Register wie das Handels-, Unternehmens-, oder das Patent- und Markenregister, Webpages von inländischen und ausländischen Behörden sowie sonstige Auskunfteien und Datenbanken abgerufen werden.[808]

### *(c) Pflichten bei Abgabe des Übernahmeangebotes*

Die Entscheidung zur Abgabe eines öffentlichen Übernahmeangebotes selbst stellt grundsätzlich aus Sicht des Vorstandes der Bietergesellschaft eine unternehmerische Entscheidung dar. Nach den Grundsätzen der Business Judgment

---

804 *Bücker/Kulenkamp,* in: Handbuch Managerhaftung, 3. Auflage, 2017, § 29 Risikobereich und Haftung: M&A Transaktionen Rz 29.39.

805 *Hofmeister,* in: Paschos/Fleischer Handbuch Übernahmerecht, 2017, § 7 Due Diligence Rz 35.

806 *Illert/Ghassemi-Tabar/Cordes* (Hrsg.), Handbuch Vorstand und Aufsichtsrat, 2018, Rz 103.

807 *Hofmeister,* in: Paschos/Fleischer Handbuch Übernahmerecht, 2017, § 7 Due Diligence Rz 80.

808 *Hofmeister,* in: Paschos/Fleischer Handbuch Übernahmerecht, 2017, § 7 Due Diligence Rz 81 ff.

Rule ist diese Entscheidung auf einer angemessenen Tatsachengrundlage zu treffen.[809]

### *b) Ersatzfähige Schadenspositionen*

Bei der Schadensbemessung finden grundsätzlich die allgemeinen Vorschriften (§§ 249 ff. BGB) Anwendung. Zum ersatzfähigen Schaden gehören auch alle Kosten, die für die interne Ermittlung und Aufklärung sowie Abstellung der Pflichtverletzung aufgewendet wurden[810] sowie die entsprechenden Rechtsverfolgungskosten.[811] Hat der Geschäftsleiter bei Strukturierung der Transaktion einen Fehler begangen, kommt als ersatzfähig Schadensposition insbesondere Steuerbelastungen oder die Vernichtung von Verlustvorträgen in Betracht. Bei Scheitern der Transaktionen kann es auch zum Ausfall der Realisierung von Synergien kommen.[812]

## 2. Haftungsrisiken für gegen die Gesellschaft im Rahmen einer Kapitalmarkt- oder M&A-Transaktion verhängte Bußgelder (§ 93 Abs. 2 S. 1 AktG und § 43 Abs. 2 GmbHG)

Kontrovers diskutiert wird,[813] ob gegen die Gesellschaft verhängte Bußgelder im Innenverhältnis einen unbegrenzten Binnenregressanspruch gegen das fehlerhafte handelnde Organ begründen.[814] Dies gilt bei Kapitalmarkt- und M&A-Transaktionen, insbesondere für Kartellrechtsverletzungen und das Kapitalmarktsanktionsrecht,[815] da ein entsprechender Regressanspruch

---

809 *Böttcher* NZG 2007, 481, 482; *Seibt/Wollenschläger* DB 2009, 1579 ff.; *Spindler*, in: Münchener Kommentar zum AktG, 5. Auflage, 2019, § 93 AktG Rz 119.

810 *Lüneborg/Resch* NZG 2018, 209, 214; BGH, Beschluss vom 15.05.2013 - XII ZB 107/08 - NJW 2013, 2668, 2669; OLG Köln, Beschluss vom 20.04.2016 - 17 W 26/15 NJW-RR 2016, 1275, 1276.

811 *Lüneborg/Resch* NZG 2018, 209, 213; beispielhaft aus der Rechtsprechung: BGH, Urteil vom 18.07.2017 - VI ZR 465/16 - NJW 2017, 3588 Rz 6.

812 *Bücker/Kulenkamp*, in: Handbuch Managerhaftung, 3. Auflage, 2017, § 29 Risikobereich und Haftung: M&A Transaktionen Rz 29.92.

813 Hierzu ausführlich *Arnold*, in: VGR, Gesellschaftsrecht in der Diskussion 2018, 2019, Organhaftung für Unternehmensgeldbußen, S. 29; *Blassl* CCZ 2017, 37, 41 f.

814 *Götze/Bicker*, in: Handbuch Managerhaftung, 3. Auflage, 2017, § 30 Risikobereich und Haftung: Zuwendungen an Dritte: „Nützliche Aufwendungen", sozialnützige Zuwendungen, Zahlungen an opponierende Aktionäre Rz 30.46 f.

815 *Seibt* NZG 2015, 1097.

den betroffenen Geschäftsleiter in wirtschaftlichen Ruin treiben kann.[816] Der Wortlaut der Haftungsnormen der §§ 93 AktG, 43 GmbHG, 249 ff. BGB lässt zunächst nicht auf eine Einschränkung des Bußgeldregresses schließen.[817] Nicht ersatzfähig ist unter konsequenter Anwendung der allgemeinen Bestimmungen (§§ 249 ff. BGB) aber der Abschöpfungsanteil der Geldbuße. Dieser abgeschöpfte Zugewinn wäre ohne den haftungsbegründenden Verstoß schon nicht erlangt worden. Weiter sind auch sonstige erlangte Vorteile nach dem allgemeinen schadensersatzrechtlichen Grundsatz der Vorteilsanrechnung zu berücksichtigen.[818]

### *a) Meinungsstand in der Literatur*

Die Frage des Bußgeldregresses wird lebhaft diskutiert.[819] Dies ist auch methodisch richtig, da die Auslegung und Rechtsfindung nicht auf die Grenzen des Wortlautes der Haftungsnormen beschränkt sind. Vielmehr ist der Normzweck entscheidend.[820] Die Anerkennung eines Bußgeldregressanspruchs ist insoweit problematisch, da Geldbußen grundsätzlich an den wirtschaftlichen Verhältnissen des Unternehmens ausgerichtet sind und nicht an denen des Geschäftsleiters. Zusätzlich wird der Zweck der Bußgeldnorm, eine Verhaltenssteuerung auf Ebene des Unternehmens, nicht erreicht.[821]

Die Annahme einer ersatzfähigen Schadensposition von auferlegten Geldbußen wird dabei von der wohl herrschenden Auffassung bejaht,[822] wenn sie vom

---

816 Zur Problematik im Ganzen vgl. *Scholz*, Die existenzvernichtende Haftung von Vorstandsmitgliedern in der Aktiengesellschaft, 2014.

817 *Arnold*, in: VGR, Gesellschaftsrecht in der Diskussion 2018, 2019, Organhaftung für Unternehmensgeldbußen Rz 18.

818 *Fleischer* DB 2014, 345, 350; *Seibt* NZG 2015, 1097, 1101; *Seibt/Cziupka* DB 2014, 1598, 1601.

819 Für einen gänzlichen Ausschluss des Bußgeldregresses *Bachmann* BB 2015, 907, 911; *Bunte* NJW 2018, 123, 125 f.; *Dreher* VersR 2015, 781, 787 f.; *Friedl/Titze* ZWeR 2015, 318, 325 ff., 330 f.; *Gaul* AG 2015, 109, 110 f.; *Grunewald* NZG 2016, 1121, 1122; *Horn* ZIP 1997, 1129, 1136; *Kollmann/Aufdermauer* BB 2015, 1018, 1024; *Labusga* VersR 2017, 394, 398 ff.; *Lotze/Smolinski* NZKart 2015, 254, 255 ff.; *Thomas* NZG 2015, 1409, 1410 ff.; *Thomas* VersR 2017, 596, 598 ff.

820 *Arnold*, in: VGR, Gesellschaftsrecht in der Diskussion 2018, 2019, Organhaftung für Unternehmensgeldbußen Rz 19.

821 *Thümmel*, Persönliche Haftung von Managern und Aufsichtsräten, 5. Auflage, 2016, Rz 225a.

822 *Bayer*, in: *Bitter/Lutter*, Festschrift K. Schmidt, 2009, Legalitätspflicht der Unternehmensleitung, nützliche Gesetzesverstöße und Regress bei verhängten Sanktionen, 85, 95 ff.; *Bayer/Scholz* GmbHR 2015, 449, 450 ff.; *Binder/Kraayvanger* BB 2015, 1219,

Schutzzweck der §§ 93 AktG, 43 GmbHG, 249 ff. BGB erfasst sind (dieser ist vom Normzweck der Bußgeldnorm zu unterscheiden).[823] Die Organhaftungsnormen verfolgen im Grundsatz die Verknüpfung von Leitungsmacht und Verantwortlichkeit sowie die damit einhergehende Verhaltenssteuerungsfunktion im Organisationsgefüge.[824] Somit widerspricht der Bußgeldregress auch nicht Sinn und Zweck der Haftungsnorm.[825] Eine andere Beurteilung kann sich beispielsweise aufgrund der besonderen Schutzrichtung des Kartellrechts angezeigte teleologische Reduktion im Zusammenhang mit kartellrechtlichen Unternehmensgeldbußen ergeben, was aber nicht Gegenstand dieser Arbeit sein soll.[826]

### b) Rechtsprechung in den „Beraterfällen"

Die Rechtsprechung hat diese Problematik für die Rechtspraxis noch nicht entschieden. Eine Orientierungshilfe bieten die höchstrichterlichen Entscheidungen zu den sogenannten Beraterfällen im Fall des Bußgeldregresses. Hiernach liegt eine regressfähige Schadensposition vor, wenn der Gesellschaft eine Geldbuße auferlegt wurde, vor deren Auferlegung der Regressschuldner (Berater) die Gesellschaft gerade aufgrund einer vertraglichen Verpflichtung durch entsprechende Hinweise hätte schützen sollen.[827] Da diese Verpflichtung auch Teil der

---

1224 ff.; *Fabisch* ZWeR 2013, 91, 102 ff.; *Fleischer,* in: Spinder/Stilz AktG, 4. Auflage, 2019, § 93 AktG Rz 213b; *Fleischer* DB 2014, 345, 347; *Glöckner/Müller-Tautphaeus* AG 2001, 344, 345 f.; *Hopt/Roth,* in: Großkommentar zum AktG, 5. Auflage, 2015, § 93 AktG Rz 419; *Kapp/Gärtner* CCZ 2009, 168, 170; *Kapp/Hummel* ZWeR 2011, 349, 352; *Kersting* ZIP 2016, 1266, 1267 ff.; *Koch,* in: Hüffer/Koch AktG, 15. Auflage, 2021, § 93 AktG Rz 48; *Krieger,* in: Handbuch Managerhaftung, 3. Auflage, 2017, § 3 Organpflichten und Haftung in der AG Rz 3.37; *Mertens/Cahn,* in: Kölner Kommentar zum AktG, 3. Auflage, 2010, § 93 AktG Rz 56; *Scholz,* Die existenzvernichtende Haftung von Vorstandsmitgliedern in der Aktiengesellschaft, 2014, S. 39 ff.; *Spindler,* in: Münchener Kommentar zum AktG, 5. Auflage, 2019, § 93 AktG Rz 194; *Suchy* NZG 2015, 591, 592 f.; *Werner* CCZ 2010, 143, 144 ff.; *Zimmermann* WM 2008, 433, 436 ff.

823 *Arnold,* in: VGR, Gesellschaftsrecht in der Diskussion 2018, 2019, Organhaftung für Unternehmensgeldbußen Rz 20.

824 *Arnold,* in: VGR, Gesellschaftsrecht in der Diskussion 2018, 2019, Organhaftung für Unternehmensgeldbußen Rz 25.

825 So im Ergebnis nach ausführlicher Diskussion auch *Arnold,* in: VGR, Gesellschaftsrecht in der Diskussion 2018, 2019, Organhaftung für Unternehmensgeldbußen Rz 58.

826 Dazu *Arnold,* in: VGR, Gesellschaftsrecht in der Diskussion 2018, 2019, Organhaftung für Unternehmensgeldbußen Rz 53 ff.; *Baur/Holle* ZIP 2018, 459, 462 f.

827 RG, Urteil vom 10.06.1942 – III 14/42 – RGZ 169, 267, 270; BGH, Urteil vom 31.01.1957 – II ZR 41/56 – BGHZ 23, 222, 224; BGH, Urteil vom 14.11.1996 – IX ZR

allgemeinen organschaftlichen Sorgfaltspflicht ist und sogar schwerer wiegt als eine vertragliche Verpflichtung, kann diese Rechtsprechung als Orientierungshilfe herangezogen werden und indiziert ein entsprechendes Haftungsrisiko für Geschäftsleiter.[828]

#### *c) Begrenzung des Regressanspruchs?*

Jedenfalls ist der Schadensersatzanspruch der Höhe nach aufgrund der Treue- und Fürsorgepflichten der Gesellschaft im Ergebnis nach richtiger Auffassung zumindest bei leicht fahrlässigem Handeln zu beschränken, wenn andernfalls eine Existenzbedrohung für den regresspflichtigen Geschäftsleiter entstünde.[829]

#### *d) Zwischenergebnis: Bußgeldregress*

Ein Haftungsrisiko für Geschäftsleiter aufgrund von Bußgeldregressansprüchen ist somit nach rein gesellschaftsrechtlicher Sicht aus Perspektive dieser Arbeit zu identifizieren. Ob dies letztlich von der Rechtsprechung bestätigt wird und ob eine Beschränkung des Regressanspruchs insgesamt oder nur auf Rechtsfolgenseite gefolgt wird, kann nach derzeitigem Stand nicht rechtssicher beantwortet werden.

### 3. Ergebnis: Gesellschaftsrechtliche Haftungsrisiken bei M&A-Transaktionen

Eine M&A-Transaktion ist sowohl für die Geschäftsleiter des erwerbenden Unternehmens als auch für die des veräußernden Unternehmens regelmäßig mit erheblichen, organschaftlichen Haftungsrisiken verbunden. Zwar stellt die Entscheidung zur Vornahme der Transaktion eine unternehmerische Entscheidung dar, welche dem Anwendungsbereich der Business Judgment Rule unterliegt. Dies bedeutet aber nicht, dass sämtliche Entscheidungen des M&A-Prozesses im Ermessen der Geschäftsleiter lägen. Vielmehr handelt es sich bei verfolgten Strategie, der Strukturierung der Transaktion, der Durchführung der Due Diligence,

---

215/95 – NJW 1997, 518, 519; BGH, Urteil vom 15.04.2010 – IX ZR 189/09 – WM 2010, 993 f.; BAG, Urteil vom 25.01.2001 – 8 AZR 465/00 – NJW 2001, 1962, 1963.

828 *Baur/Holle* ZIP 2018, 459, 461.

829 Strittig, vgl. dazu *Arnold,* in: VGR, Gesellschaftsrecht in der Diskussion 2018, 2019, Organhaftung für Unternehmensgeldbußen Rz 59 ff.; *Seibt* NZG 2015, 1097, 1101; *Spindler,* in: Münchener Kommentar zum AktG, 5. Auflage, 2019, § 93 AktG Rz 194 (m.w.N.).

der Wahrung der innergesellschaftlichen Zuständigkeit, der Vertragsgestaltung, der Integration des Zielunternehmens sowie der Sicherung und Wahrung der Gewährleistungsansprüche um Vorgänge, bei denen der Geschäftsleiter bei Missachtung der Sorgfaltspflichten keinen haftungsrechtlichen Freiraum genießt, sondern in vollem Umfang verantwortlich ist.[830]

830 *Werner* ZWH 2014, 169, 176; *Werner* ZWH 2014, 209, 216.

# C. Absicherung von Haftungsrisiken bei Kapitalmarkt- und M&A-Transaktionen durch Versicherungen

Haftungsrisiken bestehen für die an Kapitalmarkt- und M&A-Transaktionen beteiligten Personen und Unternehmen nach Maßgabe der identifizierten Anspruchsgrundlagen. Diese Haftungsrisiken sind in Anbetracht der potenziell hohen Haftungssummen geeignet, unter Beteiligung risikoscheuer Geschäftsleiter zu Verzögerungen im Transaktionsprozess oder gar zum Abbruch zu führen. Kapitalmarkt- und M&A-Transaktionen sind daher auch für die Versicherungswirtschaft ein interessanter Markt, da der Abschluss einer Versicherung zur Abdeckung der Haftungsrisiken den Geschäftsleitern den Blick weg von den transaktionsspezifischen Risiken, hin zu den unternehmerischen Chancen erleichtert. Es verwundert daher nicht, dass sich die Palette der im sachlichen Zusammenhang mit Kapitalmarkt- und M&A-Transaktionen angebotenen Versicherungsprodukten stetig vergrößert.

Im Rahmen dieses Teils der Arbeit ist zu untersuchen, für welche der bei Kapitalmarkt- und M&A-Transaktionen bestehenden Haftungsrisiken Versicherungsprodukte entwickelt wurden, welche konkreten Anspruchsgrundlagen in welchem Umfang vom Schutzbereich der jeweiligen Versicherungspolice erfasst sind und welche Auswirkungen die Einbindung des Versicherers auf den Transaktionsprozess entfaltet. Insbesondere ist festzustellen, ob die zur Verfügung stehenden Versicherungsprodukte geeignet sind, sämtliche mit der Transaktion im thematischen Zusammenhang stehenden Anspruchsgrundlagen vollumfänglich abzusichern.

## I. Absicherung von Haftungsrisiken der Geschäftsleiter aufgrund gesetzlicher Haftpflichtbestimmungen: Die Manager-Haftpflichtversicherung („D&O-Versicherung")

Mitglieder des Vorstandes, des Aufsichtsrates und der Geschäftsführung haften (auch) im Rahmen von Kapitalmarkt und M&A-Transaktionen bei Ausübung ihrer unternehmerischen Tätigkeiten bei Sorgfaltspflichtverstößen bereits für leicht fahrlässige Pflichtverletzungen mit ihrem gesamten Privatvermögen. Dieses

Haftungsrisiko besteht vordergründig gegenüber dem eigenen Unternehmen, kann sich aber in den aufgezeigten Ausnahmefällen auch auf außenstehende Dritten erstrecken.

Die versicherungsrechtliche Absicherung dieses in der Höhe oftmals existenzbedrohenden Haftungsrisikos von Geschäftsleitern vor der persönlichen Inanspruchnahme wegen Pflichtverletzungen im Rahmen ihrer unternehmerischen Tätigkeit erfolgt durch die Manager-Haftpflichtversicherung.[831] Die Bezeichnung „D&O-Versicherung" wurde aus dem US-amerikanischen und englischen Markt übernommen, in welchem das Versicherungskonzept als „*Directors and Officers Liability Insurance*" bekannt ist.[832] Die korrekte deutsche Bezeichnung lautet „Vermögensschaden-Haftpflichtversicherung für Organmitglieder juristischer Personen".[833]

Die Wurzeln dieses Versicherungskonzeptes und das damit einhergehende Bedürfnis nach einem Versicherungsschutz für Organmitglieder vor Schadensersatzforderungen ihres eigenen Unternehmens reichen bis ins 19. Jahrhundert zurück.[834] Ein Bedürfnis und eine Rechtfertigung für diese Art von Versicherungsdeckung wurde aber sowohl aus rechtlichen und tatsächlichen Gründen lange Zeit nicht anerkannt.[835] Dieses Bewusstsein hat sich vor allem in tatsächlicher Hinsicht gewandelt. Die Globalisierung der Märkte sowie die zunehmende wirtschaftliche Verflechtung resultierten in einer Annäherung von Anschauungen und Anspruchsmentalitäten. Die Schadensersatzpflicht eines Geschäftsleiters für Fehlleistungen ist auch in Deutschland mittlerweile allgemein akzeptiert und wird auch regelmäßig durchgesetzt. Dieser erhöhten Wahrscheinlichkeit der Realisierung eines Haftungsrisikos bei Sorgfaltspflichtverstößen entsprechend gehört die D&O-Versicherung mittlerweile auch hierzulande nicht nur bei größeren, sondern auch bei mittelständischen Unternehmen[836] zum absoluten Standard.[837]

---

831 *Bastuck/Stelmaszczyk* NZG 2011, 241; *Lange*, D&O-Versicherung und Managerhaftung, 2014, § 2 Rz 2.

832 *Ihlas,* in: Münchener Kommentar zum VVG, 2. Auflage, 2017, 320. Directors & Officers-Versicherung Rz 1.

833 *Sieg,* in: Handbuch Managerhaftung, 3. Auflage, 2017, § 18 D&O-Versicherung des Managers Rz 18.2.

834 Grundlegend zur Geschichte der D&O-Versicherung in Deutschland vgl. *Wollny*, Die directors' and officers' liability insurance in den Vereinigten Staaten von Amerika (D-&-O-Versicherung), 1993, S. 1 bis 4, 382 bis 389.

835 *Thümmel*, Persönliche Haftung von Managern und Aufsichtsräten, 5. Auflage, 2016, Rz 453.

836 *Ziemons,* in: Michalski-GmbHG, 3. Auflage, 2017, § 43 GmbHG. Rn. 555.

837 *Thümmel*, Persönliche Haftung von Managern und Aufsichtsräten, 5. Auflage, 2016, Rz 454.

Die D&O-Versicherung ist in Deutschland nicht gesetzlich geregelt. Ihre Zulässigkeit wird heutzutage, nachdem sie in der Vergangenheit vereinzelt in Frage gestellt wurde,[838] von der ganz herrschenden Meinung und Rechtsprechung angenommen, auch wenn auf den ersten Blick nicht zu bestreiten ist, dass eine Versicherung die bezweckte verhaltenssteuernde Wirkung eines Haftungsregimes beeinträchtigen kann.[839] Die Zulässigkeit des Versicherungsmodells hat bereits der der am 10.07.2001 vorgelegte Abschlussbericht der Regierungskommission „Corporate Governance – Unternehmensführung – Unternehmenskontrolle – Modernisierung des Aktienrechts" betont, soweit die verhaltenssteuernde Wirkung durch Vereinbarung eines ausreichenden Selbstbehaltes für grob fahrlässige Pflichtverletzungen gewahrt bleibt.[840] Eine gesetzliche Verpflichtung der Gesellschaft aus Fürsorge gegenüber den eigenen Organmitgliedern eine D&O-Versicherung abzuschließen wurde im Zusammenhang mit der steuerlichen Behandlung gesellschaftsfinanzierter D&O-Versicherungsprämien zwar diskutiert, wird aber von der ganz herrschenden Meinung abgelehnt.[841]

## 1. D&O-Versicherungsbedürfnis bei Kapitalmarkt- und M&A-Transaktionen

Die steigende Bedeutung des kapitalgesellschaftlichen Verantwortlichkeitsrechts hat spätestens seit der Finanzkrise 2008 das Bewusstsein für das Bedürfnis einer angemessenen Absicherung persönlicher Haftungsrisiken auch bei Kapitalmarkt- und M&A-Transaktionen geschärft.[842] Dabei besteht aufgrund der rechtlichen

---

838 Etwa *Habetha*, Direktorenhaftung und gesellschaftsfinanzierte Haftpflichtversicherung, 1995, S. 184; *Wagner* VersR 2001, 1057, 1062.

839 *Dreher/Thomas* ZGR 2009, 31, 33; *Fleischer*, in: Spinder/Stilz AktG, 4. Auflage, 2019, § 93 AktG Rz 226; *Hopt/Roth*, in: Großkommentar zum AktG, 5. Auflage, 2015, § 93 AktG Rz 58; *Ihlas*, in: Münchener Kommentar zum VVG, 2. Auflage, 2017, 320. Directors & Officers-Versicherung Rz 27; *Lange*, D&O-Versicherung und Managerhaftung, 2014, § 1 Rz 91 f., § 3 Rz 3; *Mertens/Cahn*, in: Kölner Kommentar zum AktG, 3. Auflage, 2010, § 93 AktG Rz 244; *Spindler*, in: Münchener Kommentar zum AktG, 5. Auflage, 2019, § 93 AktG Rz 223.

840 BT-Drucks. 14/7515 vom 14.08.2001 Rz 75.

841 *Fleischer*, in: Spinder/Stilz AktG, 4. Auflage, 2019, § 93 AktG Rz 237; *Hopt/Roth*, in: Großkommentar zum AktG, 5. Auflage, 2015, § 93 AktG Rz 455; *Ihlas*, in: Münchener Kommentar zum VVG, 2. Auflage, 2017, 320. Directors & Officers-Versicherung Rz 28; *Koch* GmbHR 2004, 160, 167 f.; *Kort* DStR 2006, 799, 801; *Spindler*, in: Münchener Kommentar zum AktG, 5. Auflage, 2019, § 93 AktG Rz 225 Explizit für den Aufsichtsrat BGH, Urteil vom 16.03.2009 – II ZR 280/07 – NZG 2009, 550, 552.

842 *Bastuck/Stelmaszczyk* NZG 2011, 241; *Fleischer*, in: Münchener Kommentar zum GmbHG, 3. Auflage, 2019, § 43 GmbHG Rz 374.

und tatsächlichen Besonderheiten von Kapitalmarkt und M&A-Transkationen für die beteiligten Geschäftsleiter eine Vielzahl an Haftungsrisiken. Dies ist auf mehrere Gründe zurückzuführen. Einerseits werden die allgemeinen Sorgfaltspflichten bei Transaktionen mit kapitalmarktrechtlichem Bezug durch die zahlreichen Sondervorschriften überlagert und erweitert. Andererseits stellen M&A-Transaktionen typischerweise strategisch entscheidende Entwicklungen für ein Unternehmen dar. Führt die vorgenommene Transaktion zu negativen Auswirkungen, wird in der Praxis oftmals der Ruf nach einer persönlichen Haftung der Verantwortlichen laut.[843] Die damit einhergehenden Haftungsrisiken stehen dabei meist in keinem Verhältnis zur persönlichen wirtschaftlichen Situation des Geschäftsleiters. D&O-Versicherungen dienen daher im Kontext von Kapitalmarkt- und M&A-Transaktionen dem Schutz des unternehmerischen Ermessen des Geschäftsleiters, so dass dieser die unternehmerischen Chancen und Risiken einer Transaktion unabhängig von persönlichen Haftungsrisiken beurteilen kann, ohne zugleich die Anspruchsberechtigung von Geschädigten über die Business Judgment Rule (§ 93 Abs. 1 S. 2 AktG) hinaus zu begrenzen. Das Oberlandesgericht München bezeichnet die D&O-Versicherung vor diesem Hintergrund zu Recht als „konstitutives Element zur Sicherung unternehmerischer Handlungsfreiheit“[844].

## 2. Konzept der D&O-Versicherung

Die D&O-Versicherung bezweckt die Absicherung von Geschäftsleitern wegen Haftungsrisiken im Zusammenhang mit der Ausübung ihrer Tätigkeit mit den Mitteln einer Vermögensschaden-Haftpflichtversicherung. Wesentlicher Inhalt ist die Unterstützung des Geschäftsleiters bei der Abwehr unberechtigter Ansprüche und zum anderen die Freistellung bei berechtigten Schadensersatzanforderungen aus der Organtätigkeit.[845]

---

843 Vgl. insoweit bspw. die Presseberichterstattung zur Übernahme von Monsanto durch die Bayer AG.

844 OLG München, Urteil vom 15.03.2005 – 25 U 3940/04 – VersR 2005, 540, 542. So schon *Dreher* ZHR 165 (2001), 293, 310.

845 *Sieg*, in: Handbuch Managerhaftung, 3. Auflage, 2017, § 18 D&O-Versicherung des Managers Rz 18.1.

### a) Versicherungsnehmer des Versicherungsvertrages

Das Versicherungsvertragsverhältnis besteht typischerweise zwischen der Versicherung und der Gesellschaft. Versicherungsnehmer im Sinne des Versicherungsvertrages ist somit allein das Unternehmen und nicht der (versicherte) Geschäftsleiter. Vielmehr schließt das Unternehmen die D&O-Versicherung zugunsten der Geschäftsleiter als versicherte Personen ab. Es handelt sich mithin um eine Versicherung für fremde Rechnung (§§ 43 ff. VVG).[846]

### b) Rechtsbeziehungen des Versicherungsvertrages

Sofern die Gesellschaft als Versicherungsnehmer die Versicherung zeichnet, ist zwischen Haftungsverhältnis und Deckungsverhältnis zu differenzieren.[847] Das Haftungsverhältnis besteht zwischen dem Anspruchssteller (Geschädigter) und Anspruchsgegner (versicherte Person). Anspruchssteller kann dabei einerseits die geschädigte Gesellschaft als Versicherungsnehmer (Innenhaftung) oder ein außenstehender Dritter sein (Außenhaftung).[848] Das Deckungsverhältnis (auch Versicherungsverhältnis) besteht zwischen dem Versicherer und dem Geschäftsleiter als versicherte Person. Daneben steht die Gesellschaft als Versicherungsnehmer, die aber grundsätzlich nicht in das Deckungsverhältnis eingebunden ist.[849] Da im Deckungsverhältnis nur die versicherte Person und der Versicherer beteiligt sind, steht dem Anspruchssteller auch kein eigener Direktanspruch gegen den Versicherer auf Zahlung oder Gewährung von Versicherungsschutz zu. Dies gilt nach herrschender Auffassung sowohl für das Innen- wie auch das Außenverhältnis.[850] Ein eigener Anspruch der Gesellschaft gegen den Versicherer aus

---

846 *Thümmel*, Persönliche Haftung von Managern und Aufsichtsräten, 5. Auflage, 2016, Rz 458.

847 *Sieg*, in: Handbuch Managerhaftung, 3. Auflage, 2017, § 18 D&O-Versicherung des Managers Rz 18.19 Allgemein zur Differenzierung zwischen Haftungs- und Deckungsverhältnis *Hartwig*, in: Handbuch Versicherungsrecht, 7. Auflage, 2017, § 9 Allgemeine Haftpflichtversicherung Rz 101 ff.

848 *Sieg*, in: Handbuch Managerhaftung, 3. Auflage, 2017, § 18 D&O-Versicherung des Managers Rz 18.20.

849 *Sieg*, in: Handbuch Managerhaftung, 3. Auflage, 2017, § 18 D&O-Versicherung des Managers 18.21.

850 Grundlegend OLG München, Urteil vom 15.03.2005 – 25 U 3940/04 – DB 2005, 1675, 1676; OLG Düsseldorf, Urteil vom 21.12.2006 – 4 U 6/06 – NJOZ 2007, 1242. Nunmehr OLG Köln, Urteil vom 02.09.2008 – 9 U 151/07 – r+s 2008, 468, 469; OLG Frankfurt am Main, Urteil vom 09.06.2011 – 7 U 127/09 – r+s 2011, 509–512. So auch

dem Deckungsverhältnis kann für den Fall der Innenhaftung vereinbart werden. Eine solche Eigenschadenversicherung bedarf einer ausdrücklichen Aufnahme in die Versicherungspolice (Company Reimbursement-Regelung).[851]

### *c) Konzernpolicen und Eigenversicherungen im Konzern*

In Konzernen sind D&O-Konzernpolicen typisch. Dabei wird die D&O-Versicherung allein von der Muttergesellschaft abgeschlossen. Versicherte Personen sind dabei nicht nur die Mitglieder der Verwaltungsorgane der Muttergesellschaft, sondern der Versicherungsschutz erstreckt sich auf die Organmitglieder aller Tochtergesellschaften.[852]

Häufig werden in der Praxis auch Mischformen verwendet, bei welchen nur gewisse Tochterunternehmen von der Konzernpolice erfasst sind und andere Tochterunternehmen des Konzerns Eigenversicherungen unterhalten. Diese Form der Eigenversicherung gibt es vorwiegend bei großen, dezentralisierten oder nach Sparten organisierten Konzernen, wenn ein betreffendes Tochterunternehmen in einem eigenständigen Geschäftsbereich tätig ist und daher eine eigene Risikostruktur aufweist. Aufgrund der damit einhergehenden unterschiedlichen Anforderungen an den spezifischen Versicherungsschutz (Ausschlüsse, Deckungserweiterungen) ist eine Konzernpolice als einheitliches Vertragswerk in diesen Konstellationen ungeeignet.[853]

In der Praxis werden Eigenversicherungen auch im Kontext von M&A-Transaktionen eingesetzt. Auf diese Weise sichern Gesellschaften ihre Geschäftsleiter ab, wenn diese Gesellschaft bisher in eine Konzernpolice eingebunden war, und der Versicherungsschutz bei Übernahme durch einen anderen Konzern unter Verweis auf eine dort bestehende Konzernpolice ausgeschlossen oder unklar ist.[854]

### *d) Das Anspruchserhebungsprinzip (Claims-Made-Prinzip)*

Grundsätzlich begründet bei Haftpflichtversicherungen der Eintritt des schadensbegründenden Ereignisses die Leistungspflicht des Versicherers

---

*Lenz,* in: Handbuch Versicherungsrecht, 7. Auflage, 2017, § 25 D&O-Versicherung Rz 53 (m.w.N.); *Koch* WM 2007, 2173, 2176 **A.A.** bei *Säcker* VersR 2005, 10, 11.

851 *Sieg,* in: Handbuch Managerhaftung, 3. Auflage, 2017, § 18 D&O-Versicherung des Managers Rz 18.22.

852 *Bastuck/Stelmaszczyk* NZG 2011, 241.

853 *Bastuck/Stelmaszczyk* NZG 2011, 241, 243.

854 *Bastuck/Stelmaszczyk* NZG 2011, 241, 243.

(Verstoßprinzip). Davon abweichend gilt im Rahmen der D&O-Versicherung das Anspruchserhebungsprinzip (Claims-Made-Prinzip). Die Leistungspflicht des Versicherers ist dabei gerade nicht an den Eintritt des haftungsbegründenden Ereignisses, sondern an den Zeitpunkt der Geltendmachung des Haftpflichtanspruchs geknüpft.[855]

Daher sind Pflichtverletzungen, die während der Versicherungslaufzeit begangen wurden, aber erst (lange Zeit) nach Vertragsbeendigung geltend gemacht werden, nicht vom Versicherungsschutz umfasst. Das Anspruchserhebungsprinzip begrenzt so das Spätschadenrisiko des Versicherers. Dabei besteht für das Management der Zielgesellschaft einer M&A-Transaktion das Risiko einer persönlichen Haftung, wenn das Management im Zuge der Akquisition ausgewechselt wird und im Zuge der Transaktion Pflichtverletzungen aufgedeckt, aber erst nach Ablauf des Versicherungsschutzes geltend gemacht werden. Andererseits besteht der Vorteil, dass Pflichtverletzungen, die vor Vertragsbeginn begangen wurde, vom Versicherungsschutz gedeckt sind. Die D&O-Versicherung begründet also im Grundsatz auch eine zeitlich unbegrenzte Rückwärtsdeckung für die Geschäftsleiter.[856]

## 3. Gegenstand der Versicherung

Gegenstand der D&O-Versicherung ist die Absicherung des Haftungsrisikos von Organmitgliedern vor Inanspruchnahme für Vermögensschäden aufgrund einer Pflichtverletzung bei Ausübung der Tätigkeit als Organmitglied.[857] Damit ist die D&O-Versicherung im Kontext von Kapitalmarkt- und M&A-Transaktionen für Organmitglieder die relevanteste Form der Absicherung von Haftungsrisiken, da sich deren Haftungsrisiken nahezu ausschließlich aus gesetzlichen Haftpflichtbestimmungen ergeben. Der Versicherungsschutz der D&O-Versicherung hängt dabei im Detail von der konkreten Versicherungspolice ab. Dabei konnten sich die „Allgemeinen Versicherungsbedingungen für die Vermögensschaden-Haftpflichtversicherung von Aufsichtsräten, Vorständen und Geschäftsführern (AVB D&O)“ des Gesamtverbands der Deutschen Versicherungswirtschaft e.V. (GDV)[858] in keiner ihrer Fassungen als Marktstandard

855 Dazu ausführlich *Leuering/Rubner* NJW Spezial 2016, 143 f.

856 *Bastuck/Stelmaszczyk* NZG 2011, 241, 242 f.

857 *Thümmel*, Persönliche Haftung von Managern und Aufsichtsräten, 5. Auflage, 2016, Rz 461.

858 Neueste Fassung mit Stand: Mai 2020. Abgedruckt unter https://www.gdv.de/resource/blob/6044/aff62dda6ec6fb4e1b9998b765de435d/05-allgemeine-versicherungsbedingungen-fuer-die-vermoegensschaden-haftpflichtversicherung-von-aufsichtsrae

durchsetzen. Die Musterbedingungen werden aber dennoch als Grundkonzept für die wesentliche Struktur einer Police verwendet.

In der Praxis unterscheiden sich die verwendeten Versicherungsbedingungen stark voneinander. Einige Versicherungshäuser bieten sogar für die unterschiedlichen Marktsegmente verschiedene Bedingungswerke an.[859] Aufgrund dieser breiten Diversifikation ist es weder möglich noch nötig, auf alle Einzelheiten einzugehen. Vielmehr sind im hier darzustellenden Zusammenhang allein die Besonderheiten im Hinblick auf Kapitalmarkt- und M&A-Transaktionen zu untersuchen.

### *a) Versicherte Personen*

Versicherte Personen sind gegenwärtige und ehemalige Mitglieder des Aufsichtsrates, des Vorstandes oder der Geschäftsführung des Versicherungsnehmers oder einer Tochtergesellschaft. Der Versicherungsschutz kann dabei auch auf Personen unterhalb der Organwalterebene erweitert werden, sofern diese einer vergleichbaren Haftung wie die Organwalter unterliegen. Dabei muss darauf geachtet werden, dass das Haftungsprivileg der Arbeitnehmer[860] nicht gefährdet wird.[861] In der Praxis wird der Versicherungsschutz typischerweise auf Prokuristen und leitende Angestellte erweitert.[862] Die namentliche Nennung der versicherten Personen ist nicht erforderlich und auch nicht üblich.[863] Damit sind grundsätzlich alle Geschäftsleiter und sonstigen an der Transaktion beteiligten Mitarbeiter eines Unternehmens, die sich bei Kapitalmarkt- und

---

ten--vorstaenden-und-geschaeftsfuehrern--avb-d-o--data.pdf (zuletzt abgerufen am 18.07.2021).

859 *Lenz,* in: Handbuch Versicherungsrecht, 7. Auflage, 2017, § 25 D&O-Versicherung Rz 39; *Sieg,* in: Handbuch Managerhaftung, 3. Auflage, 2017, § 18 D&O-Versicherung des Managers Rz 18.10.

860 Grundlegend BAG, Beschluss vom 25.09.1957 – GS 4 /5(/56 – NJW 1958, 235 und BAG, Vorlagebeschluss vom 12.06.1992 – GS 1/89 – BAGE 70, 337–347. Aktuelle Darstellung bei *Schwab* NZA-RR 2016, 173.

861 *Ihlas,* in: Münchener Kommentar zum VVG, 2. Auflage, 2017, 320. Directors & Officers-Versicherung Rz 167; *Sieg,* in: Münchener Anwaltshandbuch Versicherungsrecht, 4. Auflage, 2017, § 17 D&O-Versicherung Rz 77.

862 *Sieg,* in: Münchener Anwaltshandbuch Versicherungsrecht, 4. Auflage, 2017, § 17 D&O-Versicherung Rz 78.

863 *Ihlas,* in: Münchener Kommentar zum VVG, 2. Auflage, 2017, 320. Directors & Officers-Versicherung Rz 152.

M&A-Transaktionen einem gesetzlichen Haftungsrisiko ausgesetzt sehen, vom Versicherungsschutz erfasst.

### *b) Versicherte Ansprüche*

Die D&O-Versicherung schützt versicherte Personen gegen Ansprüche, die sich aus einer gesetzlichen Haftpflichtbestimmungen ergeben und auf den Ersatz eines Vermögensschadens gerichtet sind.[864] Dies entspricht dem Grundsatz bei allgemeinen Haftpflichtversicherungen (§§ 100 ff. VVG).[865] Die D&O-Versicherung schützt somit bei gesetzlichen Ansprüchen, die Dritte gegen das Organ (Außenhaftung) geltend machen, oder die der Versicherungsnehmer selbst gegen das Organ (Innenhaftung) erhebt.[866] Vertragliche Haftungstatbestände sind dabei nur dann erfasst, wenn sie gleichermaßen auf eine gesetzliche Haftungsbestimmung zurückzuführen sind. Auf dieser Grundlage gilt es die Möglichkeit zur Absicherung der im vorherigen Teil identifizierten Anspruchsgrundlagen durch die D&O-Versicherung zu untersuchen.

#### *aa) Gesellschaftsrechtliche Haftungsrisiken bei Verstößen gegen organschaftliche Sorgfaltspflichten im Rahmen von Kapitalmarkt- und M&A-Transaktionen (§§ 93, 116 AktG und § 43 GmbHG)*

Verstöße gegen organschaftliche Sorgfaltspflichten bei Kapitalmarkt- und M&A-Transaktionen begründen Binnenregressansprüche der geschädigten Gesellschaft gegen das pflichtwidrig handelnde Organmitglied (§§ 93 Abs. 2 S. 1, 116 S. 1 AktG und § 43 Abs. 2 GmbHG). Diese Ansprüche sind gesetzliche Haftpflichtansprüche und auf den Ersatz der eingetretenen Vermögensschäden gerichtet. Dieses Haftungsrisiko liegt im originären Anwendungsbereich der D&O-Versicherung und ist folglich vom Versicherungsschutz erfasst. Abgesichert sind damit sämtliche gesellschaftsrechtliche Haftungsrisiken von Geschäftsleitern, die im Rahmen von Kapitalmarkt- und M&A-Transaktionen ihre zuvor dargestellten Sorgfaltspflichten verletzen. Der Großteil der in der Praxis bestehenden Haftungsrisiken von Geschäftsleitern bei Ausübung ihrer unternehmerischen Tätigkeit kann damit durch die D&O-Versicherung abgesichert werden.

---

864 *Lange,* in: Veith/Gräfe/Gebert, Der Versicherungsprozess, 4. Auflage, 2020, § 21 D&O-Versicherung Rz 33.

865 *Sieg,* in: Münchener Anwaltshandbuch Versicherungsrecht, 4. Auflage, 2017, § 17 D&O-Versicherung Rz 83.

866 *Melot de Beauregard/Gleich* NJW 2013, 824.

### *bb) Haftungsrisiken bei fehlerhafter Primärmarktinformation*

Haftungsrisiken bei fehlerhafter Primärmarktinformation können grundsätzlich durch die D&O-Versicherung für die versicherten Personen abgesichert werden, sofern die zugrundeliegende Haftungsnorm eine gesetzliche Haftpflichtbestimmung darstellt und der Anspruch auf den Ersatz eines Vermögensschadens gerichtet ist.

#### *(1) Haftungsrisiken bei prospektpflichtigen Wertpapieremissionen*

Verstöße gegen Kapitalmarktinformationspflichten im Rahmen einer Wertpapieremission begründen Haftungsansprüche nach spezialgesetzlicher Prospekthaftung (§§ 9 ff. WpPG), wegen Verschuldens bei Vertragsanbahnung (§§ 280 Abs. 1, 311 Abs. 2, 241 Abs. 2 BGB) sowie nach Deliktsrecht (§§ 823 Abs. 2, 826 BGB). Dabei handelt es sich jeweils um gesetzliche Haftpflichtbestimmungen, die auf den Ersatz eines Vermögensschadens gerichtet sind und daher grundsätzlich vom Versicherungsschutz der D&O-Versicherung umfasst sind.[867] Dies gilt nicht für Haftungsansprüche gegen den (meist zahlungskräftigen und daher als Schuldner präferierten) Emittenten. Dieser ist unabhängig von seiner Eigenschaft als Versicherungsnehmer keine versicherte Person der D&O-Versicherung. Des Weiteren sind auch die Haftungsrisiken der übrigen Haftungsadressaten im Kontext der Prospekthaftung nicht versichert. Dies gilt insbesondere für die emissionsbegleitende Konsortialbank sowie für veräußernde Großaktionäre und andere Prospektveranlasser.[868]

#### *(2) Haftungsrisiken bei freiwilliger Finanzmarktkommunikation von Wertpapieremissionen (Investor Relations)*

Die Roadshow ist das zentrale Vermarktungsinstrument im Rahmen einer Kapitalmarkttransaktion.[869] Bei dieser Form der Vermarktung einer Wertpapieremission bestehen für die beteiligten Mitglieder der Verwaltungsorgane des Emittenten Haftungsrisiken, insbesondere nach den Grundsätzen der allgemein zivilrechtlichen Prospekthaftung. Dabei handelt es sich um eine gesetzliche Haftpflichtbestimmung, die auf den Ersatz eines Vermögensschadens gerichtet ist. Diese Haftungsrisiken bestehen nicht nur für die werbende Gesellschaft,

---

867 Zum Ausschluss von Prospekthaftungsansprüchen siehe C.I.5.e).

868 Zur Absicherung dieses Haftungsrisiko ausführlichen unten C.II.3.b).

869 *Schlitt/Landschein* ZBB 2019, 103, 111; *Schlitt/Schäfer*, in: *Grundmann/Haar/Merkt*, FS Hopt, 2010, Finanzmarktkommunikation anlässlich von Kapitalmarkttransaktionen, 2469, 2483.

sondern auch für das Management. Da die allgemein zivilrechtliche Prospekthaftung eine gesetzliche Haftpflichtbestimmung darstellt, sind diese Ansprüche gegen die Geschäftsleiter grundsätzlich von der D&O-Versicherung abgesichert. Dasselbe gilt in diesem Kontext für Ansprüche aufgrund von vorvertraglicher Pflichtverletzung (§§ 280 Abs. 1, 311 Abs. 2, 3, 241 Abs. 2 BGB) sowie für deliktsrechtliche Ansprüche (§ 823 Abs. 2 i.V.m. einem Schutzgesetz, § 826 BGB).[870] Die Haftungsrisiken anderer Haftungsadressaten, insbesondere das der werbenden Gesellschaft, ist von der D&O-Versicherung auch in diesem Zusammenhang nicht abgesichert.

#### (3) *Haftungsrisiken beim Abschluss von Vorfeld-Vereinbarungen mit Investoren (Cornerstone-Investments)*

Beim Abschluss von Vorfeld-Vereinbarungen mit Investoren wird typischerweise ein vertragliches Haftungsregime für fehlerhafte Informationen im Vorfeld von Cornerstone-Investment-Vereinbarung errichtet. In der Praxis wird dabei aufgrund der Nähe zu Wertpapierprospekthaftung zumeist vertraglich auf die gesetzlichen Prospekthaftungsansprüche (§§ 9 ff. WpPG) verwiesen.[871] Für Organmitglieder des Emittenten besteht das Risiko, als Prospektveranlasser in Anspruch genommen zu werden, wenn diese ein erhebliches wirtschaftliches Eigeninteresse an der Emission haben.[872] Schadensersatzansprüche der Investoren gegen Organmitglieder sind dann nur von der D&O-Versicherung umfasst, wenn diese Ansprüche sich aus gesetzlichen Haftpflichtbestimmungen ergeben.

Der vertragliche Verweis auf ein gesetzliches Haftungsregime begründet für sich genommen noch keine gesetzliche Haftung, sondern stellt eine vertragliche Anspruchsgrundlage mit gesetzlichem Umfang dar. Für den Versicherungsschutz der D&O-Versicherung ist aber erforderlich, dass sich das betreffende Haftungsrisiko originär aus gesetzlichen Vorschriften ergibt. Ansprüche von Investoren bei fehlerhafter Information im Vorfeld von Cornerstone-Investments gegen Organmitglieder ergeben sich aber nach richtiger Auffassung auch aus gesetzlichen Haftpflichtbestimmungen.[873] Da sich der Haftpflichtanspruch somit auch aus einer gesetzlichen Anspruchsgrundlage ergibt, ist dieses Haftungsrisiko der Organmitglieder vom Konzept der D&O-Versicherung abgesichert.[874]

---

870 Zum Ausschluss von Prospekthaftungsansprüchen siehe C.I.5.e).

871 *Schlitt/Landschein* ZBB 2019, 103, 109 f.

872 Dazu oben B.I.1.a)aa)(2)(b)(bb).

873 Dazu ausführlich unter B.I.1.c).

874 Zum Ausschluss von Prospekthaftungsansprüchen siehe C.I.5.e).

Ansprüche gegen den Emittenten oder andere an der Cornerstone-Investment-Vereinbarung beteiligte Unternehmen sind aber auch in diesem Zusammenhang nicht von der D&O-Versicherung erfasst.

*(4) Fehlerhafte Angaben bei Privatplatzierungen mit anschließender Börsenzulassung*

Auch bei Privatplatzierungen mit anschließender Börsenzulassung wird das Haftungsregime zugunsten der Investoren typischerweise vertraglich errichtet. Auch in diesen Fällen werden den Investoren vertragliche Ansprüche nach Maßgabe der spezialgesetzlichen Prospekthaftung ((§§ 9 ff. WpPG) zugesprochen. Dabei ergibt sich im Ergebnis dieselbe Beurteilung wie im Rahmen von Cornerstone-Vereinbarungen.

*(5) Fehlerhafte Angaben bei nicht-prospektpflichtigen Wertpapieremissionen*

Bei nicht-prospektpflichtigen Wertpapieremissionen wird ein vertragliches Haftungsregime zwischen der Gesellschaft und den Investoren errichtet. Die Organmitglieder haften hierfür typischerweise nicht persönlich. Die Versicherungsfrage stellt sich daher nicht.

*cc) Haftungsrisiken bei fehlerhafter Sekundärmarktinformation*

Zu untersuchen ist, ob Haftungsrisiken der Organmitglieder für Verstöße gegen Informationspflichten auf dem Sekundärmarkt durch die D&O-Versicherung abgesichert sind.

*(1) Haftungsrisiken bei unterlassener oder fehlerhafter Ad-hoc-Mitteilung*

Der Verstoß gegen Ad-hoc-Publizitätspflichten (Art. 17 MAR) begründet Haftungsrisiken für den Emittenten sowie den fehlerhaft handelnden Geschäftsleiter. Bei der Frage der Absicherung dieses Haftungsrisikos durch die D&O-Versicherung ist zwischen deren Innen- und Außenhaftungsrisiko zu differenzieren.

*(a) Innenhaftung des Geschäftsleiters*

Haftet der Emittent für eine fehlerhafte Sekundärmarktinformation der Geschäftsleiter (§§ 97, 98 WpHG) oder aus Delikt (§ 826 BGB i.V.m. § 31 BGB analog)[875], kann der dafür verantwortliche, pflichtwidrig handelnde

875 Dazu ausführlich unter B.I.2.

Geschäftsleiter in Regress genommen werden (§§ 93 Abs. 2 S. 1, 116 S. 1 AktG). Dafür ist unerheblich, ob dieser selbst gegen die Ad-hoc-Publizitätspflichten nach Art. 17 MAR verstoßen hat, oder ihn ein Organisations- bzw. Überwachungsverschulden trifft.[876]

In diesem Zusammenhang ist das gesetzliche Erlassverbot bei fehlerhafter Ad-hoc-Publizität (§ 97 Abs. 5 und § 98 Abs. 5 WpHG) zu beachten. Hiernach ist untersagt, Regressansprüche gegen die Geschäftsleiter bei Verstößen gegen die Ad-hoc-Publizitätspflicht im Voraus zu erlassen oder zu ermäßigen. Dies resultiert aus der angestrebten präventiven Steuerungswirkung.[877] Die Absicherung dieses Haftungsrisikos durch den Abschluss einer D&O-Versicherung ist jedoch keine Vereinbarung, die unter diese Erlassverbote fällt. Dafür kann zum einen angeführt werden, dass die D&O-Versicherung gerade die Durchsetzung des Ersatzanspruches zugunsten der Geschädigten sicherstellt.[878] Zum anderen wird auch Sinn und Zweck der Norm nicht tangiert. Die angestrebte Verhaltenssteuerung kann auch trotz des Abschlusses einer D&O-Versicherung erreicht werden, was insbesondere die Regelung zum zwingenden Selbstbehalt bei D&O-Versicherungen (§ 93 Abs. 2 S. 3 AktG) zeigt.[879] Der Binnenregressanspruch des Emittenten gegen seine Geschäftsleiter für fehlerhafte Ad-hoc-Mitteilungen kann daher über eine D&O-Versicherung abgesichert werden.

#### *(b) Außenhaftung des Geschäftsleiters*

Für die beteiligten Geschäftsleiter besteht bei fehlerhaften Ad-hoc-Mitteilungen auch ein Außenhaftungsrisiko.[880] Dieses beurteilt sich nach den allgemeinen deliktsrechtlichen Grundsätzen und dabei insbesondere nach § 823 Abs. 2 BGB i.V.m. § 263 StGB sowie wegen vorsätzlicher, sittenwidriger Schädigung gemäß § 826 BGB. Diese deliktsrechtlichen Haftungstatbestände sind als gesetzliche Haftungsgrundlagen grundsätzlich vom Versicherungsschutz umfasst.[881] Der Verstoß gegen die Ad-hoc-Publizitätspflicht wird typischerweise auch wie erforderlich „bei Ausübung" der versicherten Tätigkeit begangen, sofern nicht aus

876 *Hellgardt,* in: Assmann/Schneider/Mülbert Wertpapierhandelsrecht, 7. Auflage, 2019, § 97 WpHG Rz 167.

877 Dazu *Hellgardt,* in: Assmann/Schneider/Mülbert Wertpapierhandelsrecht, 7. Auflage, 2019, § 97 WpHG Rz 39.

878 So *Fuchs,* in: Fuchs WpHG, 2. Auflage, 2016, §§ 37b, 37c WpHG Rz 53.

879 So *Hellgardt,* in: Assmann/Schneider/Mülbert Wertpapierhandelsrecht, 7. Auflage, 2019, § 97 WpHG Rz 167.

880 Dazu oben B.I.2.

881 *Lenz,* in: Handbuch Versicherungsrecht, 7. Auflage, 2017, § 25 D&O-Versicherung Rz 75.

privaten Eigeninteressen gehandelt wird. Die Haftung ist damit grundsätzlich vom sachlichen Versicherungsschutz erfasst. Jedoch kann der diesen Anspruchsgrundlagen zugrundeliegende Schädigungsvorsatz den Versicherungsschutz gefährden.[882]

*(c) Außenhaftung des Emittenten*

Haftungsadressat der spezialgesetzlichen Haftung für fehlerhafte Ad-hoc-Publizität (§§ 97, 98 WpHG) ist allein der Emittent. Diese zivilrechtlichen Haftungsrisiken gegenüber Dritten sind nicht durch die D&O-Versicherung abgesichert. Der Emittent selbst ist nur Versicherungsnehmer, nicht aber versicherte Person.

*(2) Haftungsrisiken beim Beteiligungsaufbau und -abbau aufgrund von fehlerhaften Stimmrechtsmitteilungen*

Für die Mitglieder der Verwaltungsorgane besteht nach den Erkenntnissen dieser Arbeit kein Haftungsrisiko für Verstößen gegen Stimmrechtsmitteilungen beim Beteiligungsaufbau und -abbau.[883] Es besteht daher schon kein Haftungsrisiko. Die Frage der Absicherung stellt sich nicht.

*dd) Haftungsrisiken bei fehlerhafter Meldung oder Veröffentlichung von Eigengeschäften von Führungskräften*

Ein Verstoß gegen Melde- und Veröffentlichungspflichten von Eigengeschäften von Führungskräften begründet ein (in der Praxis wohl vernachlässigbares) Haftungsrisiko nach § 826 BGB, wenn mit dem Verstoß auch eine vorsätzliche, sittenwidrige Schädigung begangen wird. Ein solcher Anspruch nach § 826 BGB wäre als gesetzliche Haftpflichtbestimmung zwar grundsätzlich abgesichert. Allerdings gefährdet auch in diesem Zusammenhang der dem Anspruch zugrundeliegende Schädigungsvorsatz den Versicherungsschutz.[884]

*ee) Haftungsrisiken bei Verstößen gegen das Marktmanipulationsverbot*

Ein Verstoß gegen das Marktmanipulationsverbot ist nach den Erkenntnissen dieser Arbeit dazu geeignet, eine Haftung nach § 826 BGB zu begründen. Ein solcher Anspruch wäre als gesetzliche Haftpflichtbestimmung grundsätzlich

882 Dazu unten C.I.5.a).
883 Dazu oben B.I.2.b).
884 Dazu unten C.I.5.a).

abgesichert. Allerdings gefährdet auch in diesem Zusammenhang der dem Anspruch zugrundeliegende Schädigungsvorsatz den Versicherungsschutz.[885]

#### *ff) Haftungsrisiken bei Verstößen gegen Vorschriften im Rahmen von öffentlichen Übernahmen*

Im Rahmen von öffentlichen Übernahmen bestehen Haftungsrisiken für den Bieter, die Zielgesellschaft sowie die beteiligten Mitglieder der Verwaltungsorgane. Dabei gelten die aktienrechtlichen Bestimmungen zwar auch im Übernahmeverfahren unberührt weiter, werden aber von den Vorschriften des WpÜG überlagert.[886] Damit kann der Verstoß eines Geschäftsleiters gegen Pflichten aus dem WpÜG einen gesellschaftsrechtlichen Binnenregressanspruch begründen, wenn der Gesellschaft durch das Fehlverhalten des Geschäftsleiters hierdurch ein Schaden entsteht (§ 93 Abs. 2 S. 1 AktG). Dieser Anspruch ist als gesetzlicher Haftpflichtanspruch ebenfalls vom Versicherungsschutz der D&O-Versicherung abgesichert.

Eine spezialgesetzliche, unmittelbare Außenhaftung für Verstöße gegen die Vorschriften des WpÜG wird nach der hier vertretenen Ansicht abgelehnt. Die Frage der Absicherung durch eine Versicherung bedarf daher keiner Diskussion. Haftungsrisiken bestehen lediglich für Ansprüche nach den allgemeinen Vorschriften des Deliktsrechts, insbesondere nach § 826 BGB, wenn die betreffende Handlung zugleich eine vorsätzliche, sittenwidrige Schädigung darstellt. Ein solcher Anspruch wäre als gesetzliche Haftpflichtbestimmung grundsätzlich vom Versicherungsschutz der D&O-Versicherung abgesichert. Allerdings gefährdet in diesem Zusammenhang der dem Anspruch zugrundeliegende Schädigungsvorsatz den Versicherungsschutz.[887]

### *c) Versicherte Vermögensschäden*

Versicherungsschutz unter der D&O-Versicherung besteht ausschließlich, wenn die versicherte Person für einen Vermögensschaden in Anspruch genommen wird. Dabei muss es sich um einen reinen Vermögensschaden handeln.[888] Nicht

885 Dazu unten C.I.5.a).

886 *Drinkuth*, in: Handbuch börsennotierte AG, 4. Auflage, 2018, § 60 Öffentliche Übernahme börsennotierter Unternehmen Rz 60.293.

887 Dazu unten C.I.5.a).

888 Zum Begriff vgl. *Beckmann*, in: *Beckmann/Matusche-Beckmann/Armbrüster*, Versicherungsrechts-Handbuch, 3, 2015, § 24. Allgemeine Haftpflichtversicherung Rz 32.

umfasst sind Personen- und Sachschäden[889] oder unechte Vermögensschäden bzw. Vermögensfolgeschäden, welche sich als Folge eines Personen- oder Sachschadens ergeben.[890] Ein solch echter Vermögensschaden liegt bei Kapitalmarkt- und M&A-Transaktionen typischerweise vor.

### d) Leistungen des Versicherers im Versicherungsfall

Die Leistungen des Versicherers im Versicherungsfall regelt die Versicherungspolice, wobei die Musterbedingungen des GDV eine Orientierungshilfe bieten.[891] Die Versicherungspolice wird in der Praxis typsicherweise an die Bedürfnisse des spezifischen Versicherungsnehmers angepasst. Moderne D&O-Policen bieten dabei zahlreiche Deckungserweiterungen, um den Versicherungsschutz an das individuelle Risikoprofil des Unternehmens anzupassen.[892]

#### aa) Abwehr- und Schadensausgleichsfunktion

Die D&O-Versicherung umfasst als Haftpflichtversicherung die Prüfung der Haftpflichtfrage, die gerichtliche und außergerichtliche Abwehr unbegründeter Schadensersatzansprüche (Abwehrfunktion) sowie die Befriedigung begründeter Schadensersatzansprüche (Schadensausgleichsfunktion).[893] Dabei handelt es sich um die Hauptpflicht des Versicherers aus dem Versicherungsvertrag. Dem Versicherer steht ein Wahlrecht zu, ob er den behaupteten Anspruch abwehrt oder Freistellung gewährt.[894] Die Verpflichtung zur Abwehr unbegründeter Ansprüche umfasst auch die Verpflichtung zur Übernahme aller damit einhergehender Kosten (Abwehrkosten).[895]

---

889 *Sieg*, in: Münchener Anwaltshandbuch Versicherungsrecht, 4. Auflage, 2017, § 17 D&O-Versicherung Rz 96 f.

890 *Beckmann*, in: *Beckmann/Matusche-Beckmann/Armbrüster*, Versicherungsrechts-Handbuch, 3, 2015, § 28. D&O-Versicherung Rz 67.

891 *Lenz*, in: Handbuch Versicherungsrecht, 7. Auflage, 2017, § 25 D&O-Versicherung Rz 117.

892 *Ihlas*, in: Handbuch Managerhaftung, 3. Auflage, 2017, § 19 Moderne Directors & Officers Vertragsbedingungen Rz 19.45.

893 *Beckmann*, in: *Beckmann/Matusche-Beckmann/Armbrüster*, Versicherungsrechts-Handbuch, 3, 2015, § 28. D&O-Versicherung Rz 84; *Lenz*, in: Handbuch Versicherungsrecht, 7. Auflage, 2017, § 25 D&O-Versicherung Rz 118.

894 Ständige Rechtsprechung, beispielhaft OLG München, Urteil vom 15.03.2005 – 25 U 3940/04 – VersR 2005, 540, 541; BGH, Urteil vom 20.02.1956 – II ZR 54/55 – NJW 1956, 826, 827.

895 *Lenz*, in: Handbuch Versicherungsrecht, 7. Auflage, 2017, § 25 D&O-Versicherung Rz 119 f.

#### *bb) Straf- und Ordnungswidrigkeitsverfahren*

Die Leistungspflicht des D&O-Versicherers kann in der Police über die (zivilrechtliche) Abwehrkosten hinaus auch auf Kosten für die Verteidigung in einem Straf- oder Ordnungswidrigkeitsverfahren erweitert werden.[896] Der Versicherer trägt dann die notwendigen und angemessenen Kosten der Verteidigung und anwaltlichen Vertretung, wenn ein Straf- oder Ordnungswidrigkeitenverfahren oder ein Disziplinar- oder standesrechtlichen Verfahren wegen einer Pflichtverletzung, welche einen unter den Versicherungsschutz fallenden Haftpflichtanspruch zur Folge haben kann, eingeleitet wird.[897] Dieser Deckungsschutz kann im Rahmen von Kapitalmarkt- und M&A-Transaktionen insbesondere bei behaupteten Verstößen gegen das Insider- bzw. Kartellrecht relevant werden.

#### *cc) Sonstige Deckungserweiterungen*

Der sachliche Umfang des Versicherungsschutzes ist individuell erweiterbar, was eine Anpassung an das individuelle Risikoprofil der Tätigkeit des Geschäftsleiters ermöglicht.[898]

### *e) Zeitlicher Umfang des Versicherungsschutzes*

Der zeitliche Umfang des Versicherungsschutzes steht aufgrund des zugrundeliegenden Anspruchserhebungsprinzips[899] in unmittelbaren Zusammenhang mit dem Versicherungsfall.[900] Für den zeitlichen Umfang des Versicherungsschutzes bedeutet dies, dass – vorbehaltlich abweichender vertraglicher Ausgestaltungen – eine Rückwärtsversicherung stattfindet, mithin auch Pflichtverletzungen vor Abschluss der D&O-Versicherung umfasst sind, sofern diese erst während der Laufzeit des Versicherungsvertrages geltend gemacht werden. Umgekehrt besteht grundsätzlich kein Versicherungsschutz für Fehlverhalten während der

---

896 *Beckmann,* in: *Beckmann/Matusche-Beckmann/Armbrüster,* Versicherungsrechts-Handbuch, 3, 2015, § 28. D&O-Versicherung Rz 86.

897 *Ihlas,* in: Handbuch Managerhaftung, 3. Auflage, 2017, § 19 Moderne Directors & Officers Vertragsbedingungen Rz 19.47.

898 Dazu vertiefend *Ihlas,* in: Handbuch Managerhaftung, 3. Auflage, 2017, § 19 Moderne Directors & Officers Vertragsbedingungen Rz 19.51 ff.

899 Dazu bereits oben C.I.2.d).

900 *Beckmann,* in: *Beckmann/Matusche-Beckmann/Armbrüster,* Versicherungsrechts-Handbuch, 3, 2015, § 28. D&O-Versicherung Rz 98; *Lenz,* in: Handbuch Versicherungsrecht, 7. Auflage, 2017, § 25 D&O-Versicherung Rz 106.

Laufzeit des Versicherungsvertrages, wenn ein daraus resultierender Schaden erst danach geltend gemacht wird.[901]

### *aa) Vertragsdauer*

Die D&O-Versicherung wird grundsätzlich für die im Versicherungsschein angegeben Dauer abgeschlossen. Diese beträgt in der Praxis typischerweise ein Jahr. Dabei haben sich Regelungen, welche eine automatische jährliche Verlängerung vorsehen, durchgesetzt, sofern keine Partei den Vertrag spätestens drei Monate vor dem Ablauf der jeweiligen Vertragsdauer kündigt.[902]

### *bb) Modifizierung der Rückwärtsdeckung*

Versicherungsschutz besteht aufgrund des Anspruchserhebungsprinzips grundsätzlich nur während der Vertragsdauer. In der Praxis wird dieses Anspruchserhebungsprinzip in der D&O-Police hinsichtlich Rückwärtsdeckung regelmäßig konkretisiert. Typischerweise wird die Rückwärtsdeckung regelmäßig auf einen bestimmten Zeitraum vor Versicherungsbeginn begrenzt[903] und insgesamt ausgeschlossen, sofern der Versicherungsnehmer oder die versicherte Person die Pflichtverletzung zum Zeitpunkt des Vertragsschlusses kannte.[904]

### *cc) Gewährung einer Nachdeckung*

Andererseits gewähren Versicherungen zur Vermeidung einer Nachhaftung regelmäßig eine Nachdeckung für Ansprüche, die erst nach der Vertragsbeendigung geltend gemacht werden, aber auf Pflichtverletzungen während der Vertragslaufzeit beruhen. Hierfür gibt es in der Praxis eine Vielzahl an unterschiedlichen Regelungen am Versicherungsmarkt, welche jeweils von der Markt- und Risikolage abhängig sind. Teilweise gewähren Versicherungen eine prämienfreie Nachdeckung für fünf Jahre, teilweise können nur Nachmeldefristen von drei Monaten gegen die Zahlung einer Zuschlagprämie durchgesetzt werden. Regelmäßig aber endet die Nachdeckung mit Abschluss eines Anschlussvertrages bei

---

901 *Leuering/Rubner* NJW Spezial 2016, 143, 144.

902 *Lenz,* in: Handbuch Versicherungsrecht, 7. Auflage, 2017, § 25 D&O-Versicherung Rz 195.

903 *Bastuck/Stelmaszczyk* NZG 2011, 241, 243; *Beckmann,* in: *Beckmann/Matusche-Beckmann/Armbrüster,* Versicherungsrechts-Handbuch, 3, 2015, § 28. D&O-Versicherung Rz 108.

904 *Lenz,* in: Handbuch Versicherungsrecht, 7. Auflage, 2017, § 25 D&O-Versicherung Rz 107.

einem anderen Versicherer.[905] Eine Nachdeckung wird in der Praxis häufig bei M&A-Transaktionen vereinbart, wenn im Zuge dieser Transaktion das Management ausgetauscht und die bisherige D&O-Police aufgrund der Eingliederung in den neuen Konzern aufgelöst wird. Ehemalige Organmitglieder schützen sich durch diese Nachdeckung dann vor einer etwaigen Inanspruchnahme bei Post-M&A-Streitigkeiten, wenn die neuen Eigentümer der Zielgesellschaft dem vorherigen Management vergangenes Fehlverhalten vorwerfen.[906]

*dd) Möglichkeit einer Umstandsmeldung*

D&O-Versicherungspolicen können zudem Regelungen vorsehen, welche den Versicherungsnehmer zur Abgabe einer Umstandsmeldung (*notice of circumstances*) berechtigen. Damit teilt dieser dem Versicherer einen Umstand mit, aus welchem sich später eine Inanspruchnahme ergeben könnte. In diesem Fall gelten später alle geltend gemachten Ansprüche als während der Versicherungsperiode aufgetreten im Sinne des Anspruchserhebungsprinzips.[907] Im Rahmen von M&A-Transaktion wird von dieser Umstandsmeldung häufig Gebrauch gemacht, wenn im Rahmen der der Transaktion vorangehenden Due Diligence vergangene Pflichtverletzungen des (bisherigen) Managements aufgedeckt werden.

## 4. Begrenzung des Versicherungsumfangs

D&O-Policen enthalten Bestimmungen zur Begrenzung des Versicherungsumfangs. Diese Begrenzung begründet das Risiko, dass spezifische Haftungsrisiken eines Geschäftsleiters aus dem individuellen Risikoprofil der eigenen Tätigkeit nicht vom Versicherungsschutz erfasst sind. In der Praxis sind die Begrenzung des Versicherungsumfanges daher mit dem individuellen Risikoprofil

905 *Bastuck/Stelmaszczyk* NZG 2011, 241, 243; *Beckmann,* in: *Beckmann/Matusche-Beckmann/Armbrüster,* Versicherungsrechts-Handbuch, 3, 2015, § 28. D&O-Versicherung Rz 111; *Hemeling,* in: *Krieger,* FS Hoffmann-Becking, 2013, Neuere Entwicklungen in der D&O-Versicherung, 491; *Lenz,* in: Handbuch Versicherungsrecht, 7. Auflage, 2017, § 25 D&O-Versicherung Rz 108 ff.

906 Vgl. zu den Wechselwirkungen von M&A-Transaktion und D&O-Versicherungsschutz im Detail unten C.I.6.

907 *Bastuck/Stelmaszczyk* NZG 2011, 241, 243; *Beckmann,* in: *Beckmann/Matusche-Beckmann/Armbrüster,* Versicherungsrechts-Handbuch, 3, 2015, § 28. D&O-Versicherung Rz 114b f.; *Lenz,* in: Handbuch Versicherungsrecht, 7. Auflage, 2017, § 25 D&O-Versicherung Rz 112 f.

der Tätigkeit und das individuelle Risikoprofil einer Kapitalmarkt- oder M&A-Transaktion abzustimmen.

### a) *Versicherungssumme*

Die Versicherungssumme als Haftungshöchstgrenze des Versicherers begrenzt die Absicherung durch die D&O-Versicherung der Höhe nach. Darüberhinausgehende Schäden sind nicht vom Versicherungsschutz gedeckt, auch wenn diese dem Grunde nach versichert sind. Die Versicherungssumme gilt regelmäßig als Höchstbetrag für jeden Versicherungsfall und für alle während eines Versicherungsjahres (*aggregate limits*) eingetretenen Versicherungsfälle zusammen. Die gesamte Versicherungssumme steht somit nur einmal im Jahr zur Verfügung.[908] Insbesondere bei M&A-Transaktionen kann dies den Versicherungsschutz gefährden, da mit Versicherungsfällen im Kontext von M&A-Transaktionen typischerweise hohe Schadenfälle in kurzer Zeit einhergehen können.

#### aa) *Höhe der Versicherungssumme*

Die Höhe der Versicherungssumme richtet sich nach verschiedenen Faktoren, wobei die Unternehmensgröße, die Börsennotierung und das Risiko eines Schadenseintritts in den Vereinigten Staaten von Amerika als wesentlichste Faktoren für die Bemessung der Höhe anzusehen sind.[909] Bei kleineren und mittleren Unternehmen beträgt die Deckungssumme typischerweise 10 % der Bilanzsumme oder die Hälfte des Eigenkapitals. Bei größeren Unternehmen sind diese Summen aufgrund der mangelnden Kapazitäten auf Seite der Versicherer deutlich niedriger.[910]

Eine nachträgliche Erhöhung der Versicherungssumme ist möglich. Bei Kapitalmarkt- und M&A-Transaktionen kann diese nachträgliche Erhöhung von praktischer Relevanz sein, insbesondere wenn die Vornahme einer Transaktion quantitativ hohe Haftungsrisiken mit sich bringt, die über das gewöhnliche

---

908 *Beckmann,* in: *Beckmann/Matusche-Beckmann/Armbrüster,* Versicherungsrechts-Handbuch, 3, 2015, § 28. D&O-Versicherung Rz 90; *Lenz,* in: Handbuch Versicherungsrecht, 7. Auflage, 2017, § 25 D&O-Versicherung 123.

909 *Beckmann,* in: *Beckmann/Matusche-Beckmann/Armbrüster,* Versicherungsrechts-Handbuch, 3, 2015, § 28. D&O-Versicherung Rz 90; *Ihlas,* Organhaftung und Haftpflichtversicherung, 1997, S. 429; *Ihlas,* in: Münchener Kommentar zum VVG, 2. Auflage, 2017, 320. Directors & Officers-Versicherung Rz 509.

910 *Ihlas,* in: Münchener Kommentar zum VVG, 2. Auflage, 2017, 320. Directors & Officers-Versicherung Rz 508.

Risikoprofil der Organwaltertätigkeit hinausgehen. Versicherer verlangen dann seitens des Versicherungsnehmers die Abgabe einer Erklärung, dass keine Pflichtverletzungen bekannt sind, welche einen die bisherige Versicherungssumme übersteigenden Schaden auslösen würden, da aufgrund des zugrundeliegenden Anspruchserhebungsprinzips nicht die Versicherungssumme im Jahr des Versicherungsfalles, sondern im Jahr der Anspruchserhebung maßgeblich ist.[911]

### *bb) Verteilung unzureichender Versicherungssummen*

Über die Versicherungssumme hinaus ist der Versicherer nicht zur Leistung verpflichtet. Der Eintritt des Versicherungsfalles aufgrund einer Pflichtverletzung im Zusammenhang mit einer Kapitalmarkt- oder M&A-Transaktionen kann dazu führen, dass die voraussichtlich zu erwartenden Schäden zu einer Überschreitung der festgelegten Versicherungssumme führen. Dies ist auf eine zunehmend quantitative Steigerung der Schadensfälle und der Schadenshöhe, der verstärkten Inanspruchnahme gegen pflichtwidrig handelnde Organmitglieder sowie die oftmals hohen anwaltlichen Aufklärungs- und Abwehrkosten zurückzuführen.[912]

Bei kapitalmarktrechtlichen Haftungsrisiken ergibt sich das Risiko insuffizienter Versicherungssummen in Anbetracht des großen Kreises potenzieller Anspruchstellern. Bei privaten M&A-Transaktionen wird das Risiko insuffizienter Versicherungssummen insbesondere in Verkäufermärkten und der damit einhergehenden schlechten Verhandlungsposition des Käufers verstärkt, da Geschäftsleiter mangels Investitionsalternativen zunehmend potentielle Risiken beim Erwerb einer Zielgesellschaft in Kauf nehmen müssen. Dies begründet im Zusammenspiel mit den hohen Kaufpreisen ein erhebliches Haftungsrisiko.

Bei einer unzureichenden Versicherungssumme bestehen im Wesentlichen vier Varianten der Verteilung der Versicherungssumme zugunsten der versicherten Personen. Gedanklich drängt sich zunächst das Proportionalitätsprinzip in analoger Anwendung des § 109 VVG auf, also die anteilige Verteilung der Versicherungssumme auf die versicherten Personen im Verhältnis zur Höhe der geltend gemachten Schadensersatzansprüche. Daneben ist an ein Prioritätsprinzip zu denken, welches sich am Zeitpunkt des Eintritts des Versicherungsfalles

911 *Ihlas*, in: Münchener Kommentar zum VVG, 2. Auflage, 2017, 320. Directors & Officers-Versicherung Rz 507.

912 *Peppersack* r+s 2018, 117, 118.

orientiert. Schließlich kann auch eine gleichmäßige (nach Köpfen) oder beliebige Verteilung die Versicherungssumme vertreten werden.[913]

In der Literatur wird jede der angesprochenen Lösungen diskutiert und mit unterschiedlicher und jeweils überzeugender Argumentation befürwortet und abgelehnt. In Ermangelung vorhandener Rechtsprechung kann nur schwer eingeschätzt werden, nach welchem Prinzip der Versicherer letztlich die Versicherungssumme verteilen wird.[914] Am praktikabelsten erscheint es daher eine Regelung zu finden, welche das Rangverhältnis im Vorfeld transparent festlegt (*priority of payment rules*).[915] Die Praxis tendiert hier zum Abschluss eines Vergleiches, dessen Höhe sich zum maßgeblichen Zeitpunkt noch innerhalb der vorhandenen Deckungssumme bewegt oder bei schwerwiegenden Pflichtverletzungen auch eine teilweise persönliche Verantwortung der Geschäftsleiter berücksichtigt.[916]

#### *cc) Zwischenergebnis: Versicherungssumme*

Aufgrund der potenziell hohen Haftungssummen bei Kapitalmarkt- und M&A-Transaktionen hat die Regelung zur Versicherungssumme in der D&O-Police zur Gewährleistung eines ausreichenden Versicherungsschutzes für Geschäftsleiter erhebliche Bedeutung. Zur effektiven Absicherung sämtlicher Haftungsrisiken (auch der Höhe nach), ist neben dem gegenständlichen Anwendungsbereich auch der Rang bei der Verteilung der Versicherungssumme relevant.

### *b) Selbstbehalte*

D&O-Versicherungen enthalten zudem Bestimmungen zum Selbstbehalt. Der Selbstbehalt bestimmt den Betrag, bis zu welchem eine versicherte Person den Schaden im Versicherungsfall selbst zu tragen hat. Dieser Selbstbehalt dient dem Erhalt der verhaltenssteuernden Wirkung der grundsätzlich vom Gesetzgeber vorgesehenen Haftung des Geschäftsleiters für Sorgfaltspflichtverstöße.

---

913 *Ihlas,* in: Handbuch Managerhaftung, 3. Auflage, 2017, § 19 Moderne Directors & Officers Vertragsbedingungen Rz 19.67; *Peppersack* r+s 2018, 117, 120 f.

914 *Peppersack* r+s 2018, 117, 121 f.

915 *Ihlas,* in: Handbuch Managerhaftung, 3. Auflage, 2017, § 19 Moderne Directors & Officers Vertragsbedingungen Rz 19.64.

916 *Peppersack* r+s 2018, 117, 123.

### *aa) Pflicht zur Vereinbarung von Selbstbehalten*

Im Aktienrecht ist bei Abschluss einer D&O-Versicherung zwingend ein Selbstbehalt von mindestens 10 % des Schadens bis mindestens zur Höhe des Eineinhalbfachen der festen jährlichen Vergütung des Vorstandsmitglied vorzusehen (§ 93 Abs. 2 S. 3 AktG).[917] Dies gilt auch, wenn Versicherungsnehmer eine Konzernobergesellschaft ist.[918]

Anders verhält es sich bei GmbH. Der zwingende Selbstbehalt (§ 93 Abs. 2 S. 3 AktG) ist nach allgemeiner Auffassung nicht auf GmbH-Geschäftsführer analog anwendbar.[919] In der Praxis finden sich aber Bestimmungen mit vergleichbarem Regelungsgehalt häufig in Geschäftsführeranstellungsverträgen, wenn sich die betreffende GmbH die verhaltenssteuernde Wirkung des Selbstbehalts zunutze machen will.[920]

### *bb) Selbstbehalts-Versicherung*

In der Praxis begegnen Geschäftsleiter diesem Restrisiko einer persönlichen Inanspruchnahme typischerweise durch Abschluss einer Selbstbehalts-Versicherung. Diese Absicherung des Selbstbehaltes über eine zusätzliche Versicherung ist grundsätzlich zulässig.[921] Es darf einem Vorstandsmitglied nicht verwehrt sein, sich selbst gegen einen Selbstbehalt zu versichern, so wie sich jeder Private gegen private Haftpflichtrisiken versichern kann.[922] Ein Umgehungstatbestand liegt aber jedenfalls dann vor, wenn die Gesellschaft die Prämien finanziell auffängt.[923] In der Praxis wird eine solche Selbstbehalts-Versicherung typischerweise beim selben Versicherer zum D&O-Versicherungsschutz hinzugezogen.[924]

---

917 *Fleischer,* in: Münchener Kommentar zum GmbHG, 3. Auflage, 2019, § 43 GmbHG Rz 382.

918 *Spindler,* in: Münchener Kommentar zum AktG, 5. Auflage, 2019, § 93 AktG Rz 227.

919 *Spindler,* in: Münchener Kommentar zum AktG, 5. Auflage, 2019, § 93 AktG Rz 250.

920 *Fleischer,* in: Münchener Kommentar zum GmbHG, 3. Auflage, 2019, § 43 GmbHG Rz 382.

921 *Beckmann,* in: *Beckmann/Matusche-Beckmann/Armbrüster,* Versicherungsrechts-Handbuch, 3, 2015, § 28. D&O-Versicherung Rz 96f.

922 *Dauner-Lieb/Tettinger* ZIP 2009, 1555, 1556 f.

923 *Spindler,* in: Münchener Kommentar zum AktG, 5. Auflage, 2019, § 93 AktG Rz 235 (m.w.N.).

924 Zum Ganzen *Lange* r+s 2010, 92, 93.

## 5. Ausschluss des Versicherungsschutzes (Exclusions)

In D&O-Versicherungen werden bestimmte Sachverhalte aus dem Versicherungsschutz ausgeschlossen.[925] Diese Ausschlussklauseln werden selektiv und restriktiv für Sachverhalte und Risikobereiche ausgewählt, in denen das zu versichernde Risiko dies aus Sicht des Versicherers erfordert.[926] Angesichts der in der Praxis geringen Anzahl an verwendeten Ausschlüssen wird die D&O-Versicherung auch als „All-Risk-Vermögensschaden-Haftpflichtversicherung"[927] charakterisiert.[928]. Im Folgenden ist auf die Ausschlüsse mit Relevanz für Kapitalmarkt- und M&A-Transaktionen einzugehen.

### a) *Vorsätzliche Schadensverursachung und wissentliche Pflichtverletzung*

D&O-Versicherungspolicen enthalten typischerweise Ausschlüsse des Versicherungsschutzes bei vorsätzlicher Schadensverursachung und wissentlichen Pflichtverletzungen.[929] Teilweise genügt sogar die (bedingt) vorsätzliche Herbeiführung einer Pflichtverletzung.[930] Die konkrete Ausgestaltung dieses Ausschlusses im Einzelfall kann bei Kapitalmarkt- und M&A-Transaktionen entscheidende Auswirkungen auf den Versicherungsschutz haben, da sich Geschäftsleiter bei diesen Transaktionen und bei Wahrnehmung unternehmerischen Chancen häufig im Grenzbereich von (grober) Fahrlässigkeit und (bedingt) vorsätzlichem Verhalten bewegen.

---

925 *Beckmann,* in: *Beckmann/Matusche-Beckmann/Armbrüster,* Versicherungsrechts-Handbuch, 3, 2015, § 28. D&O-Versicherung Rz 116.

926 *Lange,* in: Veith/Gräfe/Gebert, Der Versicherungsprozess, 4. Auflage, 2020, § 21 D&O-Versicherung Rz 82.

927 *Lange,* in: Veith/Gräfe/Gebert, Der Versicherungsprozess, 4. Auflage, 2020, § 21 D&O-Versicherung Rz 83; *Peltzer,* in: *Aderhold/Grunewald/Klingberg u.a.,* FS Westermann, 2008, Die deutsche D&O-Versicherung und ihr (noch operabler) Geburtsfehler, 1257, 1260.

928 *Lange,* in: Veith/Gräfe/Gebert, Der Versicherungsprozess, 4. Auflage, 2020, § 21 D&O-Versicherung Rz 83.

929 *Ihlas,* in: Münchener Kommentar zum VVG, 2. Auflage, 2017, 320. Directors & Officers-Versicherung Rz 591, 619. Zur Differenzierung zwischen Vorsatz und Wissentlichkeit in D&O-Versicherungsverträgen ausführlich *Seitz* VersR 2007, 1476, 1477 f. Kritisch im Hinblick auf die AGB-rechtliche Wirksamkeit dieses Ausschlusstatbestandes mit weiteren Verweisen *Dilling* VersR 2018, 332.

930 *Beckmann,* in: *Beckmann/Matusche-Beckmann/Armbrüster,* Versicherungsrechts-Handbuch, 3, 2015, § 28. D&O-Versicherung Rz 117.

### aa) Die Ausschlusstatbestände

In der Praxis finden sich im Zusammenhang mit vorsätzlichen Pflichtverletzungen verschiedene Ausschlusstatbestände. Dabei ist zu differenzieren, ob sich der Vorsatz des in Anspruch Genommenen allein auf die Pflichtverletzung oder auch auf die Schadenverursachung bezieht.

#### (1) Vorsätzliche Schadensverursachung

Der Ausschluss für vorsätzliche Schadensverursachung entspricht dem gesetzlichen Leitbild (§ 103 VVG). Hierfür genügt bereits bedingter Vorsatz, wobei sich dieser nicht nur auf das Schadensereignis, sondern auch auf die Schadensfolge sowie die haftungsausfüllende Kausalität beziehen muss.[931] In manchen Policen wird dieser Ausschlusstatbestand aber vermehrt aufgeweicht,[932] wonach auch bedingt vorsätzliches Handeln von der D&O-Versicherung abgesichert werden kann, solange die Handlung keinen Straftatbestand verwirklicht.[933]

Dieser Ausschlusstatbestand führt insbesondere zu einem Verlust des Versicherungsschutzes bezüglich aller Ansprüche aus § 823 Abs. 2 BGB i.V.m. vorsätzlichen Straftatbeständen sowie typischerweise für Ansprüche nach § 826 BGB. Insbesondere im Kontext von § 826 BGB, der vorsätzlichen, sittenwidrigen Schädigung, bedarf es bereits zur Begründung des Anspruchs einer zumindest bedingt vorsätzlichen Schädigung fremden Vermögens.[934] Diese Ansprüche sind daher typischerweise vom Versicherungsschutz der D&O-Versicherung ausgeschlossen.

#### (2) Wissentliche und bedingt vorsätzliche Pflichtverletzung

Etwas anderes gilt beim Ausschluss für die wissentliche oder nur bedingt vorsätzlich begangene Pflichtverletzung. Diese Modifikation stellt eine Verschärfung

---

931 OLG Stuttgart, Urteil vom 19.01.1990 – 2 U 306/88 – NJW-RR 1990, 527; *Beckmann*, in: *Beckmann/Matusche-Beckmann/Armbrüster*, Versicherungsrechts-Handbuch, 3, 2015, § 28. D&O-Versicherung Rz 117; *Lenz*, in: Handbuch Versicherungsrecht, 7. Auflage, 2017, § 25 D&O-Versicherung Rz 160; *Seitz* VersR 2007, 1476, 1477.

932 Zur Abdingbarkeit und individualvertraglichen Modifikation von § 103 VVG, vgl. *Littbarski*, in: Münchener Kommentar zum VVG, 2. Auflage, 2017, § 103 VVG Rz 16 ff.

933 *Thümmel*, Persönliche Haftung von Managern und Aufsichtsräten, 5. Auflage, 2016, S. 295.

934 *Sprau*, in: Palandt, 78. Auflage, 2019, § 826 BGB Rz 10 f.; *Wagner*, in: Münchener Kommentar zum BGB, 8. Auflage, 2019, § 826 BGB Rz 27.

zum gesetzlichen Leitbild (§ 103 VVG) dar.[935] Nach dieser Modifizierung genügt es für den Ausschluss des Versicherungsschutzes bereits, wenn der (wissentliche) Vorsatz allein bezüglich der Pflichtverletzung vorliegt.[936] Unter einer wissentlich begangenen Pflichtverletzung versteht man das bewusste Abweichen von einer gesetzlichen oder anderweitig normierten Pflicht oder Weisung und der damit einhergehenden Pflichtverletzung.[937] Dabei sind die positive Kenntnis von der Pflicht (Pflichtbewusstsein) sowie die positive Kenntnis vom Abweichen von dieser Pflicht (Pflichtverletzungsbewusstsein) erforderlich.[938] Es genügt, wenn die versicherte Person etwas „gleichsam sehenden Auges falsch"[939] macht, auch wenn dabei die Hoffnung oder gar Erwartung bestand, dass hierdurch kein Schaden eintreten wird.[940]

Da sich dieses Wissen nicht auf den Schadenseintritt erstrecken muss, ist die Ausschlusswirkung dieses Tatbestandes in der Praxis bei Kapitalmarkt- und M&A-Transaktionen bedeutsam. Insbesondere kann der betroffene Geschäftsleiter nicht geltend machen, er habe darauf vertraut, dass aus dem Fehlverhalten kein Schaden für das Unternehmen entstehen würde.[941] Die Zulässigkeit dieses Ausschlusstatbestandes wird in der Literatur unter Verweis auf das AGB-Recht (§§ 305 ff. BGB) vereinzelt angezweifelt[942], von der herrschenden Auffassung

---

935 Zur Zulässigkeit der Verschärfung vgl. *Littbarski,* in: Münchener Kommentar zum VVG, 2. Auflage, 2017, § 103 VVG Rz 19 f. (m.w.N.).

936 *Lange,* in: Veith/Gräfe/Gebert, Der Versicherungsprozess, 4. Auflage, 2020, § 21 D&O-Versicherung Rz 93.

937 BGH, Urteil vom 13.07.1959 – II ZR 37/58 – VersR 1959, 691; BGH, Urteil vom 26.09.1990 – IV ZR 147/89 – NJW-RR 1991, 145, 146; BGH, Urteil vom 20.06.2001 – IV ZR 101/00 – VersR 2001, 1103; *Beckmann,* in: *Beckmann/Matusche-Beckmann/Armbrüster,* Versicherungsrechts-Handbuch, 3, 2015, § 28. D&O-Versicherung Rz 117a f.; *Lenz,* in: Handbuch Versicherungsrecht, 7. Auflage, 2017, § 25 D&O-Versicherung Rz 160.

938 *Beckmann,* in: *Beckmann/Matusche-Beckmann/Armbrüster,* Versicherungsrechts-Handbuch, 3, 2015, § 28. D&O-Versicherung Rz 118; *Lange* DStR 2002, 1674, 1676.

939 *Lange,* in: Veith/Gräfe/Gebert, Der Versicherungsprozess, 4. Auflage, 2020, § 21 D&O-Versicherung Rz 86.

940 BGH, Urteil vom 26.09.1990 – IV ZR 147/89 – r+s 1991, 45, 46; OLG Karlsruhe, Urteil vom 24.09.2009 – 12 U 47/09 – VersR 2010, 940, 941; *Lange,* in: Veith/Gräfe/Gebert, Der Versicherungsprozess, 4. Auflage, 2020, § 21 D&O-Versicherung Rz 86; *Thümmel,* Persönliche Haftung von Managern und Aufsichtsräten, 5. Auflage, 2016, S. 278.

941 *Beckmann,* in: *Beckmann/Matusche-Beckmann/Armbrüster,* Versicherungsrechts-Handbuch, 3, 2015, § 28. D&O-Versicherung Rz 118.

942 *Dilling* VersR 2018, 332, 333; *Schweitzer,* Zulässigkeit der Ausschlussklauseln für Vorsatz und wissentliches Handeln in der D&O-Versicherung, 2013, S. 207 ff.

und Rechtsprechung aber anerkannt.[943] Hingegen ist der Versicherungsschutz nicht ausgeschlossen, wenn die Pflichtverletzung lediglich bedingt vorsätzlich verursacht wurde.[944]

### *bb) Wissens- und Verhaltenszurechnung*

Zu untersuchen sind ferner die Auswirkungen einer vorsätzlich/wissentlich handelnden Person auf den Versicherungsschutz der übrigen versicherten Personen. Bei der D&O-Versicherung als Versicherung für fremde Rechnung sind nicht nur die Kenntnis und das Verhalten des Versicherungsnehmers relevant. Vielmehr kommt es auch auf die Kenntnis und das Verhalten der versicherten Person(en) an (§ 47 Abs. 1 VVG).

Dabei kann die (wissentliche) Pflichtverletzung einer versicherten Person den Versicherungsschutz der anderen versicherten Personen gefährden,[945] wenn eines von mehreren Organmitgliedern bewusst seine Pflichten verletzt hat, während der andere dies nur fahrlässig nicht bemerkt.[946] Eine uneingeschränkte Wissens- und Verhaltenszurechnung stünde aber jedenfalls nicht im Einklang mit Sinn und Zweck der D&O-Versicherung.[947]

Die wissentliche Pflichtverletzung bzw. vorsätzliche Schadenherbeiführung einer versicherten Person wird anderen versicherten Personen grundsätzlich nicht zugerechnet.[948] Dies gilt nach überzeugender Auffassung bereits ohne vertragliche Vereinbarung.[949] Aus Gründen der Rechtssicherheit sehen D&O-Policen aber typischerweise ausdrücklich vor, dass es zu keiner Wissens- oder

---

943 BGH, Urteil vom 26.09.1990 – IV ZR 147/89 – VersR 1991, 176; *Lange*, D&O-Versicherung und Managerhaftung, 2014, § 11 Rz. 57; *Lippe* VersR 2021, 69, 75; *Littbarski*, in: Münchener Kommentar zum VVG, 2. Auflage, 2017, § 103 VVG Rz 19 f.; *Penner* VersR 2005, 1359; *Vothknecht* PHi 2006, 52, 60 f.

944 BGH, Urteil vom 17.12.2014 – IV ZR 90/13 – VersR 2015, 181, 182; OLG Karlsruhe, Urteil vom 24.09.2009 – 12 U 47/09 – VersR 2010, 940, 941; *Lippe* VersR 2021, 69, 70.

945 *Ihlas*, in: Münchener Kommentar zum VVG, 2. Auflage, 2017, 320. Directors & Officers-Versicherung Rz 888.

946 *Beckmann*, in: *Beckmann/Matusche-Beckmann/Armbrüster*, Versicherungsrechts-Handbuch, 3, 2015, § 28. D&O-Versicherung Rz 119.

947 *Ihlas*, in: Münchener Kommentar zum VVG, 2. Auflage, 2017, 320. Directors & Officers-Versicherung Rz 890.

948 *Lange*, in: Veith/Gräfe/Gebert, Der Versicherungsprozess, 4. Auflage, 2020, § 21 D&O-Versicherung Rz 94.

949 *Koch* WM 2007, 2173, 2181; *Lange* VersR 2006, 605-610 Wohl **A.A.** bei *Ihlas*, Organhaftung und Haftpflichtversicherung, 1997, S. 299.

Verhaltenszurechnung der versicherten Personen untereinander kommt.[950] Andernfalls käme es zu einer erheblichen Beeinträchtigung des Versicherungsschutzes.[951] Diese klarstellende Regelung ist aus Gründen der Rechtssicherheit insbesondere bei Kapitalmarkt- und M&A-Transaktionen relevant, da an diesen Transaktionen oftmals eine große Anzahl an Personen aus unterschiedlichen Teams am Prozess beteiligt ist.

#### *cc) Rechtsschutz im Streitfall*

Der Ausschluss für die vorsätzliche Schadensverursachung und die wissentliche Pflichtverletzung ist grundsätzlich ein sehr weitgehender Ausschluss. Dieser wird dadurch abgemildert, dass der Versicherer der versicherten Person regelmäßig solange Rechtsschutz gewährt, bis die vorsätzliche Verursachung bzw. die wissentliche Pflichtverletzung rechtskräftig festgestellt ist. Der Versicherungsvertrag enthält für diesen Fall eine Rückzahlungsverpflichtung.[952] Typischerweise kommt es in der Praxis aber vorher zum Abschluss eines Vergleichs.

### *b) Ausländische Gerichte oder ausländisches Recht*

Für die Transaktionspraxis ist der Ausschluss für Haftpflichtansprüche, die vor ausländischen Gerichten geltend gemacht werden oder auf der Verletzung von ausländischen Rechtsnormen beruhen, ebenfalls von erheblicher Bedeutung. Dabei kommt es zu einer erheblichen Einschränkung des grundsätzlich weltweiten Versicherungsschutzes.

Insbesondere bei internationalen Transaktionen kann es dabei zu nicht unerheblichen und unüberschaubaren Risiken kommen. Insbesondere für Haftpflichtansprüche, die vor den Gerichten in den USA oder Kanada oder nach deren materiellen Recht geltend gemacht werden sind aufgrund der erheblichen Haftungsrisiken vom Versicherungsschutz ausgenommen. Teilweise gilt dies auch für Ansprüche in oder aus *common-law*-Ländern oder sogar für alle Länder

---

950 *Lange,* in: Veith/Gräfe/Gebert, Der Versicherungsprozess, 4. Auflage, 2020, § 21 D&O-Versicherung Rz 95. Ausführlich mit Formulierungsbeispielen bei *Ihlas,* in: Münchener Kommentar zum VVG, 2. Auflage, 2017, 320. Directors & Officers-Versicherung Rz 889 ff.

951 *Beckmann,* in: *Beckmann/Matusche-Beckmann/Armbrüster,* Versicherungsrechts-Handbuch, 3, 2015, § 28. D&O-Versicherung Rz 119; *Lenz,* in: Handbuch Versicherungsrecht, 7. Auflage, 2017, § 25 D&O-Versicherung Rz 161.

952 *Beckmann,* in: *Beckmann/Matusche-Beckmann/Armbrüster,* Versicherungsrechts-Handbuch, 3, 2015, § 28. D&O-Versicherung Rz 121.

außerhalb Europas bzw. der EU.[953] Auch insoweit ist in der Praxis eine Abstimmung der D&O-Versicherungspolice mit dem Tätigkeitsfeld des Unternehmens und dem individuellen Risikoprofil der Transaktion erforderlich.

### *c) Vertragsstrafen, Bußgelder und Geldstrafen*

In der Praxis enthalten alle gängigen D&O-Versicherungen einen für die Kapitalmarkt- und M&A-Transaktionspraxis nicht unerheblichen Ausschluss des Versicherungsschutzes für Vertragsstrafen, Kautionen, Geldstrafen, Bußgelder und Entschädigungen mit Strafcharakter.[954] Dies gilt nicht zuletzt deshalb, da Bußgelder aufgrund von Compliance-Verstößen immer häufiger gegen Unternehmen verhängt werden[955] und daraus resultierende Regressansprüche aufgrund eines Bewusstseinswandels in Praxis und Rechtsprechung[956] zunehmend gegenüber den pflichtwidrig handelnden Organmitgliedern durchgesetzt werden.[957]. Ob Bußgelder eine regressfähige Schadensposition darstellen, ist nicht abschließend geklärt.[958] Im Folgenden gilt es die Möglichkeiten zur Absicherung von Haftungsrisiken für bei Kapitalmarkt- und M&A-Transaktionen identifizierte, bußgeldbewehrte Pflichtverletzungen durch eine D&O-Versicherung zu untersuchen.

#### *aa) Eigene, originäre Bußgeldpflicht des Geschäftsleiters*

Es besteht jedenfalls kein Versicherungsschutz für die originäre Bußgeldpflicht des einzelnen Geschäftsleiters. Insoweit ist bereits unklar, ob Bußgelder überhaupt unter den Vermögensschadensbegriff im versicherungsrechtlichen Sinne subsumiert werden können.[959] Jedenfalls aber kommt eine solche Versicherung

953 *Beckmann,* in: *Beckmann/Matusche-Beckmann/Armbrüster,* Versicherungsrechts-Handbuch, 3, 2015, § 28. D&O-Versicherung Rz 122 ff.

954 *Ehlers* VersR 2008, 1173, 1178; *Olbrich*, Die D & O-Versicherung, 2. Aufl., 2007, S. 187 f.; *Wilsing,* in: Handbuch Managerhaftung, 3. Auflage, 2017, § 31 Risikobereich und Haftung: Geldbußen gegen das Unternehmen Rz 31.49.

955 *Lenz,* in: Handbuch Versicherungsrecht, 7. Auflage, 2017, § 25 D&O-Versicherung Rz 166.

956 Beispielhaft LG München I, Urteil vom 10.12.2013 – 5 HK O 1387/10 „Siemens/Neubürger" – NZG 2014, 435.

957 *Schenck* NZG 2015, 494, 495.

958 Zum Streitstand *Baur/Holle* ZIP 2018, 459, 460 ff.

959 *Ihlas*, Organhaftung und Haftpflichtversicherung, 1997, S. 73; *Olbrich*, Die D & O-Versicherung, 2. Aufl., 2007, 134, 188; *Wilsing,* in: Handbuch Managerhaftung, 3. Auflage, 2017, § 31 Risikobereich und Haftung: Geldbußen gegen das Unternehmen Rz 31.49.

von Bußgeldrisiken nach zustimmungswürdiger Ansicht ohne nicht in Betracht, da eine solche Abrede gegen das Sittenwidrigkeitsverbot (§ 138 Abs. 1 BGB) verstößt.[960]

Durch Absicherung des Risikos der Verhängung einer Geldbuße durch eine Versicherung käme es zum Unterlaufen des Sanktionszwecks jener Geldbuße und der mit ihr verbundenen Abschreckungswirkung.[961] Zudem würde die Allgemeinheit, welche durch die Androhung und Verhängung von Geldbußen gerade geschützt werden soll, im Falle der Versicherbarkeit dieses Risikos von jener Geldbuße mit Prämien belastet und der Täter in unbilliger Weise entlastet werden.[962] Der in D&O-Policen oftmals enthaltene explizite Ausschluss hat insoweit rein deklaratorische Wirkung.

### *bb) Bußgeldregressansprüche der Gesellschaft*

Bislang ungeklärt ist, ob dieser Ausschluss auch für den Fall der Liquidation des Schadens gilt, der dadurch entsteht, dass die Gesellschaft die Geldbuße bezahlt. Soweit eine versicherte Person im Wege des Binnenregresses (§§ 93 Abs. 2, 116 AktG, § 43 Abs. 2 GmbHG) für ein Bußgeld in Anspruch genommen wird, hätte der Ausschluss konstitutive Wirkung, da organschaftliche Binnenregressansprüche grundsätzlich versichert sind. Dabei wird vertreten, dass eine Geldbuße haftungsrechtlich nur dann einen (versicherten) Vermögensschaden im Sinne der D&O-Versicherung darstelle, wenn die Buße wegen eines einem Dritten zugefügten Vermögensschadens verhängt worden ist.[963] Damit würde die Verhängung einer Geldbuße schon keinen Versicherungsfall darstellen. Ein entsprechender Schadensersatzanspruch wäre mithin nicht versicherbar.

Dies überzeugt aber nicht, da der Regressanspruch selbst keine Bußgeldverantwortlichkeit darstellt, sondern sich dieser aufgrund der Zahlung durch das Unternehmen als Adressat der Bußgeldanordnung im Verhältnis zum regresspflichtigen Geschäftsleiter in einen gewöhnlichen Vermögensschaden

960 *Thomas* NZG 2015, 1409, 1416; *Wilsing*, in: Handbuch Managerhaftung, 3. Auflage, 2017, § 31 Risikobereich und Haftung: Geldbußen gegen das Unternehmen Rz 31.49 (m.w.N.).

961 *Olbrich*, Die D & O-Versicherung, 2. Aufl., 2007, S. 134.

962 *Ihlas*, in: Handbuch Managerhaftung, 3. Auflage, 2017, § 19 Moderne Directors & Officers Vertragsbedingungen Rz 19.83 ff.; *Wilsing*, in: Handbuch Managerhaftung, 3. Auflage, 2017, § 31 Risikobereich und Haftung: Geldbußen gegen das Unternehmen Rz 31.49.

963 *Lange*, D&O-Versicherung und Managerhaftung, 2014, § 11 Rz 80.

wandelt.[964] Wer insoweit, wie auch hier vertreten, haftungsrechtlich eine hoheitliche Geldbuße als zivilrechtlichen Vermögensschaden im Sinne des §§ 93Abs. 2, 116 AktG, § 43 Abs. 2 GmbHG anerkennt, muss auch die D&O-versicherungsrechtlichen Konsequenzen tragen.[965] Der Ausschlusstatbestand greift somit nicht im Falle des Bußgeldregresses. Der Bußgeldregressanspruch ist daher versicherbar und das Risiko mithin auf die Versicherung übertragbar. Insoweit besteht für die Vertragsparteien also Gestaltungsspielraum für die jeweilige Klausel im Einzelfall.[966] Eine Einschränkung der Versicherbarkeit erfolgt über die allgemeinen Vorschriften zur Begrenzung des Versicherungsschutzes, insbesondere zum Ausschluss für vorsätzliche Schadensverursachung bzw. wissentliche Pflichtverletzung.

#### *cc) Versicherungsvertragliche Lösungen*

In der Praxis wird dieser Rechtsunsicherheit durch eine vertragliche Regelung in der D&O-Police begegnet. Die Versicherungspolicen der verschiedenen Versicherer lösen diese Problematik auf unterschiedliche Weise.[967] Typischerweise wird aber im Definitionsteil klargestellt, dass Geldbußen an sich grundsätzlich keinen Vermögensschaden im Sinne der D&O-Police darstellen.[968]

Regelmäßig enthält die D&O-Police eine ausdrückliche Regelung als Rückausnahme (*carve-back*), wonach zumindest Regressansprüche aufgrund von Entschädigungszahlungen mit Strafcharakter versichert sind, wenn und soweit kein gesetzliches Versicherungsverbot entgegensteht.[969] Darüber hinaus sind Versicherer nach Angaben der Praxis durchaus bereit, auch Regressansprüche aufgrund von Unternehmensgeldbußen zu versichern.[970]

---

964 *Armbrüster/Schilbach* r+s 2016, 109, 113; *Dreher* VersR 2015, 781, 788 f.; *Thomas* NZG 2015, 1409, 1416 ff.

965 *Thomas* VersR 2017, 596, 600 f.; *Thomas* NZG 2015, 1409, 1417.

966 *Binder/Kraayvanger* BB 2015, 1219, 1229.

967 Näher hierzu *Thomas* NZG 2015, 1409, 1417.

968 *Ihlas,* in: Handbuch Managerhaftung, 3. Auflage, 2017, § 19 Moderne Directors & Officers Vertragsbedingungen Rz 19.80.

969 *Ihlas,* in: Handbuch Managerhaftung, 3. Auflage, 2017, § 19 Moderne Directors & Officers Vertragsbedingungen Rz 19.81.

970 *Ihlas,* in: Handbuch Managerhaftung, 3. Auflage, 2017, § 19 Moderne Directors & Officers Vertragsbedingungen Rz 19.82; howden, Versicherbarkeit von Geldbußen, in https://howdengroup.de/wp-content/uploads/2018/03/Versicherbarkeit_von_Geldbussen_Stand_2018_03.21.pdf (abgerufen am 18.07.2021).

Ein solcher Versicherungsschutz wäre insbesondere dann relevant, falls die Rechtsprechung die Regressfähigkeit einer Geldbuße tatsächlich annehmen sollte.[971] Insbesondere aufgrund der erheblichen Haftungsrisiken für Bußgeldregresse gilt es vor diesem Hintergrund sicherzustellen, dass entsprechende Ansprüche vom Versicherungsschutz der D&O-Versicherung umfasst sind.[972]

### *d) Verstoß gegen Insiderregeln*

Nach Ziff. 5.6 der Standardbedingungen sind Haftpflichtansprüche wegen Pflichtverletzungen im Zusammenhang mit Insider-Regeln standardmäßig ausgeschlossen.[973] Aufgrund der typischerweise verwendeten Formulierung „im Zusammenhang mit Insider-Regeln" greift dieser Ausschlusstatbestand vollumfänglich auf Ansprüche im Innenverhältnis durch. Die Bedeutung dieses Ausschlusstatbestandes darf aber nicht überschätzt werden. Verstöße gegen das Insiderrecht erfolgen ohnehin meist vorsätzlich bzw. zumindest wissentlich,[974] so dass bereits aus dem Grund der Versicherungsschutz ausgeschlossen ist.[975]

### *e) Prospekthaftung*

Die Haftungsrisiken der Organmitglieder aus Prospekthaftung sind grundsätzlich vom Deckungskonzept der D&O-Versicherung erfasst.[976] Da Versicherer diese Haftungsrisiken aufgrund der hohen Haftungssummen und des unüberschaubaren Kreises an potentiellen Anspruchsteller im Rahmen der Risikokalkulation im Moment des Abschluss einer D&O-Versicherung nicht abschätzen können, enthalten D&O-Standardpolicen in aller Regel einen Ausschluss für Prospekthaftungsansprüche bei der Emission von Wertpapieren.[977] Daher sind Haftungsrisiken der Geschäftsleiter von Emittenten für Ansprüche aus

971 *Thomas* VersR 2017, 596, 601.

972 *Wilsing*, in: Handbuch Managerhaftung, 3. Auflage, 2017, § 31 Risikobereich und Haftung: Geldbußen gegen das Unternehmen Rz 31.50.

973 *Beckmann*, in: *Beckmann/Matusche-Beckmann/Armbrüster*, Versicherungsrechts-Handbuch, 3, 2015, § 28. D&O-Versicherung Rz 132.

974 *Beckmann*, in: *Beckmann/Matusche-Beckmann/Armbrüster*, Versicherungsrechts-Handbuch, 3, 2015, § 28. D&O-Versicherung Rz 132; *Lenz*, in: Handbuch Versicherungsrecht, 7. Auflage, 2017, § 25 D&O-Versicherung Rz 164.

975 *Lattwein/Krüger* VW 1997, 1366, 1372.

976 Dazu oben C.I.3.b)bb)(1).

977 *Hahn* VersR 2012, 393, 397; *Seibt/Saame* AG 2006, 901, 908.

Prospekthaftung aufgrund dieses expliziten Ausschlusses nicht von der D&O-Versicherung abgesichert.[978]

Erfasst sind von diesem Ausschlusstatbestand sämtliche Ansprüche aus spezialgesetzlicher sowie allgemein zivilrechtlicher Prospekthaftung. Dieser Ausschluss kann daher zu einem umfassenden Verlust an Versicherungsschutz für Haftungsrisiken von Geschäftsleitern bei prospektpflichtigen Wertpapieremissionen, freiwilliger Finanzmarktkommunikation zur Vermarktung von Wertpapieremissionen, Abschluss von Vorfeld-Vereinbarungen mit Cornerstone-Investoren sowie bei Privatplatzierungen führen. Insoweit verweisen Versicherer auf den Abschluss einer projektbezogenen Prospekthaftpflichtversicherung.[979] Binnenregressansprüche sind von diesem spezifischen Ausschluss hingegen nicht erfasst, sondern beurteilen sich nach den zuvor dargestellten Ausschlüssen für wissentliches/vorsätzliches Handeln.

## 6. Wechselwirkungen mit dem M&A-Transaktionsprozess

Bei M&A-Transaktionen kommt es zu Wechselwirkungen zwischen dem D&O-Versicherungsschutz und dem Transaktionsprozess, da sich eine M&A-Transaktion auf den Bestand und Inhalt des D&O-Versicherungsschutzes auswirken kann. Um Deckungslücken während und nach Abschluss des Transaktionsprozess zu vermeiden, bedarf es in der Praxis vorab einer Prüfung der Versicherungspolicen und den Auswirkungen der Transaktion auf den Versicherungsschutz.[980]

### *a) Gestaltungsaufgaben bei M&A-Transaktionen*

Eine M&A-Transaktion wirkt sich aufgrund des damit einhergehenden Kontrollwechsels auf den D&O-Versicherungsschutz der Zielgesellschaft aus. Bei Untersuchung dieser Auswirkungen ist danach zu differenzieren, ob die Zielgesellschaft in eine D&O-Konzernpolice eingebunden ist und auch nach der Transaktion eingebunden sein wird, oder ob die Zielgesellschaft eigenständig für den D&O-Versicherungsschutz der (auch ehemaligen) Geschäftsleiter verantwortlich ist.[981]

---

978 Zum Streitstand, ob es bei Prospekthaftungsansprüchen überhaupt um Ansprüche aus einer typischen Organtätigkeit handelt, *Hahn* VersR 2012, 393, 396 f.

979 Zur Prospekthaftpflichtversicherung unten C.II.

980 *Bastuck/Stelmaszczyk* NZG 2011, 241.

981 *Bastuck/Stelmaszczyk* NZG 2011, 241, 243.

#### *aa) Anforderungen an die Gestaltung bei Konzernpolicen*

Wird die Beteiligung an einer Zielgesellschaft von der (Konzern-)Muttergesellschaft veräußert, so scheidet die Zielgesellschaft mit Übertragung der Anteile aus dem Schutz der (Veräußerer-)Konzernpolice aus. Damit besteht für nach Vollzugs der Transaktion begangene Pflichtverletzungen (Neufälle) von Organmitgliedern der Zielgesellschaft kein Versicherungsschutz unter der alten Police, da Konzernpolicen den Versicherungsschutz (in Abweichung vom Anspruchserhebungsprinzip) typischerweise auf Pflichtverletzungen begrenzen, die sich während der Konzernzugehörigkeit ereignen.[982] Unabhängig von dieser expliziten Regelung verliert die Zielgesellschaft mit Abschluss der Transaktion ohnehin ihre Eigenschaft als Tochterunternehmen und damit den Status als versicherte Gesellschaft.

Besteht beim Erwerber eine Konzernpolice, so kann die Zielgesellschaft in den Konzernschutz aufgenommen werden, womit ein Versicherungsschutz für Neufälle realisierbar ist. Dieser Automatismus ist aber nicht zwingend, da D&O-Policen oftmals eine Bestimmung enthalten, wonach die Mitversicherung neuer Tochtergesellschaft von der Zustimmung des Versicherers abhängt. Sofern die Anfrage zur Zustimmung des Versicherer versäumt wird, der Versicherer aufgrund des individuellen Risikoprofils der erworbenen Gesellschaft dem nicht zustimmen oder der Erwerber bereits keine eigene Konzernpolice unterhält, sind Neufälle gegen die ehemaligen und gegenwärtigen Geschäftsleiter bei der Zielgesellschaft mangels (eigenem) D&O-Versicherungsschutz unversichert.[983]

Für Ansprüche, die auf Pflichtverletzungen vor der Übernahme (Altfälle) beruhen, bedarf es in der Praxis einer besonderen Gestaltungsaufgabe. Ein Versicherungsschutz lässt sich entweder über eine Rückwärtsdeckung der Erwerberpolice (d.h. die Erwerberpolice dehnt ihren Schutz auf vor der Übernahme begangene Pflichtverletzungen aus) oder durch eine Nachdeckung der Veräußererpolice (d.h. die Veräußererpolice dehnt ihren Schutz auf Anspruchserhebungen nach der Übernahme aus) erreichen.[984] Dabei besteht in der Praxis aufgrund der Vielzahl unterschiedlicher Regelungswerke das Bedürfnis einer Prüfung des Versicherungsumfanges von Veräußerer- und Erwerberpolice sowie einer Abstimmung von Rückwärtsdeckung und Nachdeckung.[985] Zur Erzielung einer effektiven Absicherung ist die Nachdeckung so auszugestalten,

---

982 *Bastuck/Stelmaszczyk* NZG 2011, 241, 244.

983 *Bastuck/Stelmaszczyk* NZG 2011, 241, 244.

984 *Bastuck/Stelmaszczyk* NZG 2011, 241, 244.

985 Zu möglichen Deckungslücken *Bastuck/Stelmaszczyk* NZG 2011, 241, 244.

dass nur bekannte Pflichtverletzungen vom Versicherungsschutz ausgeschlossen sind und die gesamte Verjährungsfrist abgedeckt ist.[986] Zuletzt kommt auch der Erwerb einer unverfallbaren Nachdeckung mit eigener Deckungssumme und bis zu zehnjähriger Laufzeit (Run-Off) in Betracht, was aber mit einem beträchtlichen Prämienmehraufwand verbunden ist.[987]

Für die Organmitglieder auf Seite der veräußernden Gesellschaft führt die Transaktion dann zu einer wertmäßigen Verbesserung des Versicherungsschutzes, da die Versicherungssumme nun einem kleineren Personenkreis zur Verfügung steht. Gegenteiliges spielt sich auf Seiten des Erwerbers ab. Dabei wird es auch zu einer Erhöhung der Prämien kommen, sofern dies nicht ohnehin eine Voraussetzung der Einbeziehung des neuen Tochterunternehmens in die Konzernpolice darstellt.[988]

#### *bb) Anforderungen an die Gestaltung bei Eigenversicherungen*

Die Veräußerung eines Tochterunternehmens mit eigener D&O-Versicherung führt dazu, dass der Tochterunternehmer als Versicherungsnehmer einem Kontrollwechsel unterliegt.

##### *(1) Auswirkungen der M&A-Transaktion auf die Eigenversicherung der Zielgesellschaft*

M&A-Transaktionen gelten neben der Insolvenz als Hauptrisiko für den Eintritt eines D&O-Versicherungsfalles.[989] So kann der Erwerber der Versicherungsnehmer eine andere Auffassung von der Unternehmensführung der erworbenen Gesellschaft haben als der bisherige Anteilseigner, was die kalkulierten Risikostrukturen verändert. Außerdem kann es zu einer Neubewertung von Geschäftsvorfällen in der Vergangenheit kommen, wenn zurückliegende Pflichtverletzung durch die Durchführung der Due Diligence während des Transaktionsprozesses erstmals aufgegriffen werden.[990]

---

986 *Bastuck/Stelmaszczyk* NZG 2011, 241, 245.
987 *Bastuck/Stelmaszczyk* NZG 2011, 241, 245.
988 *Bastuck/Stelmaszczyk* NZG 2011, 241, 244.
989 *Ihlas*, D&O, Directors & Officers liability, 2. Auflage, 2009, S. 389; *Lange* AG 2005, 459, 465.
990 *Bastuck/Stelmaszczyk* NZG 2011, 241, 245.

#### (a) *Kontrollwechsel als objektive Gefahrerhöhung (§ 23 Abs. 3 VVG)*

Eine M&A-Transaktion wirkt aufgrund der Veränderungen dieser Risikostrukturen grundsätzlich objektiv gefahrerhöhend (§ 23 Abs. 3 VVG).[991] Sofern die D&O-Versicherungspolice selbst keine eigenen Bestimmungen für den Fall eines solchen Kontrollwechsels aufgrund einer M&A-Transaktion trifft, finden die gesetzlichen Vorschriften Anwendung (§§ 23 ff. VVG). Damit ist der Versicherer zur Kündigung unter Einhaltung einer Monatsfrist berechtigt (§ 24 Abs. 2 VVG) und kann seine Leistungspflicht verweigern, wenn der Versicherungsnehmer die Gefahrerhöhung vorsätzlich nicht unverzüglich nach Kenntniserlangung angezeigt hat und der Versicherungsfall später als einen Monat eintritt, nachdem die Anzeige dem Versicherer hätte zugehen müssen (§ 26 Abs. 2 und 3 VVG).[992] Die übernommene Zielgesellschaft hat daher den Kontrollwechsel dem Versicherer unverzüglich anzeigen, um den Ausfall der Leistungspflicht des Versicherers zu verhindern.[993]

#### (b) *Versicherungsvertragliche Gestaltungsmöglichkeiten*

In der Praxis wird versucht, diesem Problem mit vertraglichen Regelungen in der D&O-Versicherungspolice zu begegnen, wobei die Lösungsansätze uneinheitlich und abhängig vom Versicherer sind. Es finden sich einerseits Bestimmungen, wonach ein Kontrollwechsel keinen Einfluss auf den Versicherungsschutz hat und andererseits Regelungen, wonach der Versicherungsschutz bei einem Kontrollwechsel aufgrund einer M&A-Transaktion automatisch und ohne Nachdeckung endet.[994] Ausgewogenere Lösungen orientieren sich am gesetzlichen Leitbild und sehen ein Kündigungsrecht zugunsten der Vertragsparteien vor oder beschränken den Versicherungsschutz auf Ansprüche, welche auf Pflichtverletzungen vor dem Kontrollwechsel beruhen.[995]

---

991 BGH, Urteil vom 12.09.2012 – IV ZR 171/11 – VersR 2012, 1506; OLG Frankfurt, Urteil vom 20.07.2011 – 7 U 7/10 – r+s 2012, 292; *Lange* AG 2005, 459, 465 f.; *Reusch,* in: Münchener Kommentar zum VVG, 2. Auflage, 2016, § 23 VVG Rz 101; **a.A.** wohl bei *Ihlas*, D&O, Directors & Officers liability, 2. Auflage, 2009, S. 389.

992 *Bastuck/Stelmaszczyk* NZG 2011, 241, 245 f.

993 *Bastuck/Stelmaszczyk* NZG 2011, 241, 246.

994 Für eine Unwirksamkeit solcher Klauseln plädiert *Lange* AG 2005, 459, 466.

995 *Bastuck/Stelmaszczyk* NZG 2011, 241, 246.

### *(2) Gestaltungsmöglichkeiten bei Kündigungsrecht des Versicherers*

Sofern der Versicherer den D&O-Versicherungsvertrag aufgrund des Kontrollwechsels zur Kündigung berechtigt ist, liegt es in der Verantwortung der Zielgesellschaft einen weiteren Versicherungsschutz zu gewährleisten. Sofern der Erwerber eine Konzernpolice unterhält, bietet es sich an, die Zielgesellschaft in diese Police zu integrieren. Sofern keine Konzernpolice besteht, kann mit dem Versicherer über die Fortführung des Vertrags verhandeln werden oder der Versicherer gewechselt werden. Andernfalls sind die Haftungsrisiken der Geschäftsleiter für Neufälle nicht durch eine D&O-Versicherung abgesichert.[996]

### *(3) Gestaltungsmöglichkeiten für Altfälle und bei Ausscheiden von Geschäftsleitern*

Kündigt der Versicherer den Versicherungsvertrag aufgrund des Kontrollwechsels, entfällt der Versicherungsschutz aufgrund des Anspruchserhebungsprinzips (auch) für Altfälle. Zur Absicherung dieser Haftungsrisiken bedarf es daher des Abschlusses einer neuen Police mit einem anderen Versicherer.[997] Wird keine neue Versicherungspolice abgeschlossen, sind die Haftungsrisiken der (ehemaligen) Geschäftsleiter nicht abgesichert. In der Praxis bestehen Geschäftsleiter daher im Kontext von M&A-Transaktionen typischerweise auf Entlastungsbeschlüsse betreffend den Zeitraum bis zum Vollzug der Transaktion oder auf Verzichts- und Freistellungsvereinbarungen. Alternativ kann zur Gewährleistung des Versicherungsschutzes beim bisherigen Versicherer ein Run-Off erworben werden.[998]

## *b) Konsequenzen für den Transaktionsprozess*

Um Deckungslücken im Versicherungsschutz aufgrund von M&A-Transaktionen zu vermeiden, sind die D&O-Versicherungen und die Auswirkungen der Transaktion in der Praxis im Rahmen der Due Diligence zu prüfen, um die Nachdeckungsregelungen der Veräußererpolice und die Regelungen zur Rückwärtsdeckung der Erwerberpolice abzustimmen. Regelmäßig werden die dabei entwickelten Lösungen im M&A-Vertrag festgehalten.[999]

---

996 *Bastuck/Stelmaszczyk* NZG 2011, 241, 246.
997 *Bastuck/Stelmaszczyk* NZG 2011, 241, 246.
998 *Bastuck/Stelmaszczyk* NZG 2011, 241, 246.
999 Ausführlich und mit Formulierungsbeispielen *Bastuck/Stelmaszczyk* NZG 2011, 241, 247 f.

## 7. Kosten der D&O-Versicherung

Die Höhe der Versicherungsprämien für eine D&O-Versicherung ist grundsätzlich Verhandlungssache.[1000] Bei Ermittlung der Prämie ist eine Vielzahl verschiedener Risikofaktoren zu berücksichtigen. Berechnungsgrundlage ist dabei insbesondere die Bilanzsumme, wobei aber auch der Umsatz, die gewünschte Deckungssumme, Art und Weise der Tätigkeit sowie die Gesellschafterstruktur entscheidend sind. Auch die Börsennotierung sowie die Branche beeinflussen die Risikostruktur. Nicht zu vernachlässigen sind bei der Prämienbemessung auch gewünschte Deckungserweiterungen oder verhandelte Risikoausschlüsse.[1001]

## 8. Ergebnis: Versicherbarkeit von gesetzlichen Haftpflichtbestimmungen und offene Restrisiken

Die D&O-Versicherung hat sich zu einem Standardprodukt für Führungskräfte in Unternehmen entwickelt. Sie bezweckt die Absicherung der Geschäftsleiter gegen Haftungsrisiken und schützt so die unternehmerische Handlungsfreiheit, womit die erforderliche Agilität eines Unternehmens am Markt gewährleistet wird.

Die D&O-Versicherung ist dabei auf die Absicherung vor der Inanspruchnahme aufgrund von gesetzlichen Haftpflichtbestimmungen gerichtet und gewährt damit im Grundsatz einen sehr umfangreichen Deckungsschutz. Einschränkungen des Versicherungsschutzes ergeben sich aus der jeweiligen Police für bestimmte Haftungsrisiken sowie bei vorsätzlichem Fehlverhalten. Grob fahrlässig verursachte Pflichtverletzungen sind hingegen vom Versicherungsschutz erfasst.

Grundsätzlich bietet die D&O-Versicherung damit die Möglichkeit, den Großteil der Haftungsrisiken von Geschäftsleitern bei Kapitalmarkt- und M&A-Transaktionen abzusichern. Dies erfordert eine Versicherungspolice, welche an das individuelle Risikoprofil eines Unternehmens angepasst ist. Aufgrund dessen findet sich am Markt eine Vielzahl verschiedener Versicherungspolicen, wobei sich keine *Standard*-Police ableiten lässt. Vielmehr bedarf es einer individuellen Ausgestaltung und Verhandlung der Versicherungsbedingungen. Insbesondere

---

1000 *Beckmann*, in: *Beckmann/Matusche-Beckmann/Armbrüster,* Versicherungsrechts-Handbuch, 3, 2015, § 28. D&O-Versicherung Rz 134.

1001 *Lenz,* in: Handbuch Versicherungsrecht, 7. Auflage, 2017, § 25 D&O-Versicherung Rz 52.

gilt es in der Praxis die Auswirkungen des M&A-Prozesses auf den Versicherungsschutz bestehender Versicherungspolicen zu beachten.

## II. Absicherung von Haftungsrisiken bei der Emission von Wertpapieren am Kapitalmarkt: Die Prospekthaftpflichtversicherung („POSI")[1002]

Die Prospekthaftung ist die relevanteste Haftungsgrundlage im Zusammenhang mit Wertpapieremissionen und war in einigen Aufsehen erregenden Fällen bereits Gegenstand höchstrichterlicher Entscheidungen. Nicht zuletzt die Börsengänge der Deutschen Telekom AG in den Jahren 1996, 1999 und 2000 haben gezeigt, dass Prospekthaftungsansprüche bei Wertpapieremission erhebliche Schäden bei den Beteiligten verursachen können.[1003]

Die Prospekthaftpflichtversicherung ist ein Versicherungskonzept, welches zur Begegnung dieses Haftungsrisikos im Zusammenhang mit Wertpapieremissionen entwickelt wurde. Der Ursprung des Versicherungskonzept findet sich im anglo-amerikanischen Rechtsraum, in welchem das Konzept als *Public offering of securities insurance* (POSI) bekannt ist.[1004] Dabei herrschte auf dem Versicherungsmarkt zunächst lange Zeit eine große Zurückhaltung bei der Absicherung von Prospekthaftungsrisiken. Dies ist mitunter auf das hohe Haftungsrisiko, den großen Kreis an potenziellen Anspruchsstellern sowie die steigende Klagebereitschaft von Anlegern zurückzuführen.[1005] Das qualitativ und quantitativ hohe Schadenseintrittsrisiko hat auch dazu geführt, dass Prospekthaftungsansprüche im US-amerikanischen Rechtsraum nahezu überhaupt nicht mehr versicherbar sind. Aus denselben Gründen findet sich in den klassischen (deutschen) Berufshaftpflichtversicherungen zudem regelmäßig ein expliziter Ausschluss für Ansprüche im Zusammenhang mit fehlerhaften Wertpapierprospekten.[1006]

Trotz dieser Risiken haben Versicherer auf das Bedürfnis zur Absicherung von Prospekthaftungsrisiken am Markt reagiert und spezielle Deckungskonzepte entwickelt.[1007] Nunmehr werden am deutschen Markt maßgeschneiderte

---

1002 Auch Wertpapier-Haftpflicht-Versicherung, IPO-Versicherung, Public Offering of Securities Insurance (POSI) oder Secondary Public Offering (SPO) bei der Zweitplatzierung.

1003 *Fortmann* r+s 2021, 245.

1004 *Fitzpatrick* Prospectus liability insurance: to POSI or not to POSI, Practical Law 2018.

1005 *Baumann*, in: Münchener Anwaltshandbuch Versicherungsrecht, 4. Auflage, 2017, § 4 Versicherungsvermittler, Versicherungsmakler und Finanzdienstleister Rz 229.

1006 *Hahn* VersR 2012, 393, 396.

1007 *Hahn* VersR 2012, 393, 397.

Policen von verschiedenen Versicherern angeboten.[1008] Diese maßgeschneiderten Lösungen sind erforderlich, da eine Integration der Absicherung dieses Risikos in anderen Versicherungskonzepten (insbesondere Berufshaftpflichtversicherung) mangels möglicher Risikokalkulation im Zeitpunkt des Vertragsschlusses praktisch nicht umsetzbar ist.

Die am deutschen Markt angebotenen Prospekthaftpflichtversicherungen schützen den Emittenten, seine Organe sowie andere an der Emission beteiligten Dienstleister[1009] bei einer Wertpapieremission vor einer Inanspruchnahme von geschädigten Anlegern.[1010] Im Kernbereich des Deckungsschutzes werden zunächst fehlerhafte Angaben im Wertpapierprospekt abgesichert. Dieser Deckungsschutz ist auf Vorfeldmaßnahmen im Zusammenhang mit einer Wertpapieremission erweiterbar.[1011] Der Abschluss einer solchen Vermögensschaden-Haftpflichtversicherung für Wertpapieremissionen ist auch rechtlich zulässig und stellt keine unwirksame Haftungsbeschränkung (§ 16 Abs. 1 WpPG) dar. Die Versicherung beschränkt im Haftungsfall gerade nicht den entstehenden Schaden, sondern gleich diesen voll aus.[1012]

## 1. Erforderlichkeit des Versicherungskonzeptes und Abgrenzung zur D&O-Versicherung

Das Deckungskonzept der D&O-Versicherung schützt die versicherten Personen bei einer Inanspruchnahme aufgrund gesetzlicher Haftpflichtbestimmungen. Diese ist daher grundsätzlich geeignet, Prospekthaftungsansprüche abzusichern.[1013] Dies wirft die Frage nach der Erforderlichkeit der Prospekthaftpflichtversicherung auf.

Nach den Musterbedingungen des GDV für die D&O-Versicherung besteht der Versicherungsschutz einer D&O-Versicherung für die Haftung aus

---

1008 *Fortmann* r+s 2021, 245, 246.

1009 *Ihlas,* in: Münchener Kommentar zum VVG, 2. Auflage, 2017, 320. Directors & Officers-Versicherung Rz 82.

1010 *Prochazka/Ahrens/Stressenreuter*, IPO-Versicherung (PoSi) erklärt vom Spezialisten MRH Trowe (https://warranty-and-indemnity.com/ma-versicherungen/ipo-versicherung/) (zuletzt abgerufen am 18.07.2021).

1011 *Fortmann* r+s 2021, 245, 247; OLG München, Urteil vom 20.07.2016 – 7 U 3728/14 – WM 2017, 952.

1012 *Seiler/Singhof,* in: Frankfurter Kommentar WpPG/EU-ProspektVO, 2. Auflage, 2017, § 25 WpPG Rz 4.

1013 Zur D&O-Versicherung oben C.I.

Pflichtverletzungen bei Ausübung der Tätigkeit als Aufsichtsrat, Vorstand oder Geschäftsführung (Ziffer A-1 AVB D&O). Dabei ist in der Literatur umstritten, ob hiervon nur typische Organtätigkeiten erfasst sind,[1014] wozu Prospekthaftungsansprüche nicht gehören würden, oder ob darunter auch Pflichtverletzungen bei operativen Tätigkeiten zu subsumieren sind.[1015] Da die herrschende Ansicht eher zu einer weiteren Auslegung tendiert, begegnen die Versicherer dieser Rechtsunsicherheit durch die Aufnahme einer ausdrücklichen Regelung hierzu in der Versicherungspolice.[1016] Ob und inwieweit diese Ansprüche also bereits von einer D&O-Versicherung abgesichert sind, hängt somit von der konkreten Ausgestaltung der D&O-Police ab.[1017] Typischerweise enthält die D&O-Police aber einen expliziten Ausschluss des Versicherungsschutzes für Ansprüche aus Prospekthaftung.[1018]

Darüber hinaus stößt die D&O-Versicherung bei der Absicherung von Prospekthaftungsrisiken auch an konzeptionelle Grenzen. Der D&O-Versicherungsschutz umfasst im persönlichen Anwendungsbereich zunächst nur Organe, leitende Angestellte und Prokuristen des Emittenten. Die Haftungsrisiken des Emittenten sind daher nicht durch die D&O-Versicherung abgesichert.[1019] Dies gilt zudem für andere an der Wertpapieremission beteiligte Personen wie Konsortialbanken und Prospektveranlasser. Das Deckungskonzept der D&O-Versicherung ist daher konzeptionell nicht geeignet, um Prospekthaftungsrisiken vollumfänglich abzusichern.

Auch in Anbetracht des zeitlichen Umfangs bestehen Lücken im Versicherungsschutz. Die D&O-Versicherung hat eine regelmäßige, sich automatisch verlängernde Vertragslaufzeit von einem Jahr.[1020] Diese jährliche Vertragsverlängerung birgt das Risiko von Vertragsanpassungen oder der Ablehnung einer weiteren Verlängerung. Somit ist auch der in der D&O-Police geschützten

1014 So *Seibt/Saame* AG 2006, 901, 908.

1015 So *Beckmann*, in: *Beckmann/Matusche-Beckmann/Armbrüster*, Versicherungsrechts-Handbuch, 3, 2015, § 28. D&O-Versicherung Rz 80; *Hahn* VersR 2012, 393, 395; *Lange*, in: Veith/Gräfe/Gebert, Der Versicherungsprozess, 4. Auflage, 2020, § 21 D&O-Versicherung Rz 26.

1016 *Hahn* VersR 2012, 393, 396.

1017 *Hahn* VersR 2012, 393, 395.

1018 Dazu oben C.I.5.e).

1019 Dazu oben C.I.3.a). Zu den Versicherungsrechtlichen Rahmenbedingungen der D&O-Versicherung *Lenz*, in: Handbuch Versicherungsrecht, 7. Auflage, 2017, § 25 D&O-Versicherung Rz 39 ff.

1020 Dazu oben C.I.3.e)aa).

Personenkreis in zeitlicher Hinsicht nicht vollumfänglich abgesichert, da die Verjährungsfristen der Prospekthaftung bis zu zwölf Jahre betragen. Daher birgt auch das zeitliche Deckungskonzept der D&O-Versicherung das Risiko, dass die im Zeitpunkt der Emission D&O-versicherte, aber später aus Prospekthaftung anspruchsverpflichtete Person, für den Schaden vollumfänglich persönlich haftet.

Weiter steht die Versicherungssumme der D&O-Versicherung jährlich nur einmal zur Verfügung.[1021] Bei den potenziell hohen Schadensersatzansprüchen aufgrund von Prospekthaftungstatbeständen kann sich die Versicherungssumme daher im Schadensfall als nicht ausreichend erweisen und den Versicherungsschutz für andere Versicherungsfälle gefährden.

Die D&O-Versicherung ist daher nicht geeignet, die Haftungsrisiken aufgrund von fehlerhafter Primärmarktinformation bei der Emission von Wertpapieren wirksam abzusichern. Zudem enthalten die meisten D&O-Versicherungen ohnehin einen Ausschluss für Prospekthaftungsansprüche. Die Prospekthaftpflichtversicherung bildet ein bestehendes Versicherungsbedürfnis ab.

## 2. Konzept der Prospekthaftpflichtversicherung

Konzeptionell handelt es sich bei der Prospekthaftpflichtversicherung um eine Vermögensschaden-Haftpflichtversicherung und eine Sonderform der D&O-Versicherung.[1022] Als Haftpflichtversicherung umfasst die Versicherung sowohl die Prüfung einer bevorstehenden Inanspruchnahme, die gerichtliche und außergerichtliche Abwehr unberechtigter Ansprüche und die Befriedigung berechtigter Ansprüche im Rahmen der Prospekthaftung (§§ 100 ff. VVG).[1023] Versichert sind sämtliche Vermögensschäden, für welche eine versicherte Person während der Laufzeit des Versicherungsvertrages wegen einer im Versicherungsschein bezeichneten Pflichtverletzung im Zusammenhang mit der im Versicherungsschein bezeichneten Wertpapieremission in Anspruch genommen wird.[1024]

---

1021 Dazu oben C.I.4.a).

1022 *Fortmann* r+s 2021, 245, 246.

1023 *Prochazka/Ahrens/Stressenreuter*, IPO-Versicherung (PoSi) erklärt vom Spezialisten MRH Trowe (https://warranty-and-indemnity.com/ma-versicherungen/ipo-versicherung/) (zuletzt abgerufen am 18.07.2021).

1024 *Burghardt/Bauer*, in: Münchener Anwaltshandbuch Versicherungsrecht, 4. Auflage, 2017, § 21 Vermögensschaden-Haftpflichtversicherung für Banken Rz 23; *Fortmann* r+s 2021, 245, 246.

Versicherungsnehmer der POSI-Versicherung ist in der Praxis typischerweise der Emittent. Alternativ kann die Versicherung durch eine andere Gesellschaft aus dessen Konzernverbund gezeichnet werden, was regelmäßig beim Einsatz von Finanzierungsvehikeln der Fall ist.

Die Versicherung beruht auf dem Anspruchserhebungsprinzip (Claims-Made-Prinzip).[1025] Der Versicherungsfall tritt daher nicht schon mit der Pflichtverletzung, sondern erst mit der Geltendmachung des Haftpflichtanspruchs gegenüber der im Versicherungsvertrag aufgeführten Personen ein. Dies gilt auch, wenn der Anspruch erstmalig während der Dauer des Versicherungsvertrages geltend gemacht wird.[1026] Hierdurch wird eine unbegrenzte Rückwärtsdeckung gewährt, da auch Pflichtverletzungen, die vor Abschluss des Versicherungsvertrages erfolgt sind, abgesichert sind.[1027]

## 3. Gegenstand der Versicherung

Gegenstand der Versicherung ist die Absicherung des Haftungsrisikos des Emittenten, seiner Organe und mitversicherten Dienstleister bei der prospektpflichtigen Emission von Wertpapieren.[1028] Die in der Praxis verwendeten Versicherungsbedingungen unterscheiden sich erheblich hinsichtlich Wortlaut und teilweise auch bezüglich des Inhalts.[1029] Bisher konnten sich keine Standardbedingungen am Markt etablieren. Eine effektive Absicherung der Haftungsrisiken erfordert daher die Identifizierung des individuellen Risikoprofils der konkreten Wertpapieremission und eine sorgfältige Ausarbeitung des Wortlauts der Versicherungspolice.[1030]

---

1025 *Ihlas,* in: Münchener Kommentar zum VVG, 2. Auflage, 2017, 320. Directors & Officers-Versicherung Rz 84.

1026 *Büsken,* in: Münchener Kommentar zum VVG, 2. Auflage, 2017, 300. Allgemeine Haftpflichtversicherung Rz 13; *Lenz,* in: Handbuch Versicherungsrecht, 7. Auflage, 2017, § 25 D&O-Versicherung Rz 93.

1027 *Fortmann* r+s 2021, 245, 248.

1028 *Ihlas,* in: Münchener Kommentar zum VVG, 2. Auflage, 2017, 320. Directors & Officers-Versicherung Rz 82 f.; *Schmitt-Lampe* WuB 2017, 10, 562, 565.

1029 *Fortmann* r+s 2021, 245, 246.

1030 *Fitzpatrick* Prospectus liability insurance: to POSI or not to POSI, Practical Law 2018; vlg. auch FINLEX: Prospekthaftungs-Versicherung (Public Offering of Securities Insurance – POSI), in: https://finlex.de/kapitalmarkt-und-transaktionsrisiken/prospekthaftungs-versicherung/ (zuletzt abgerufen am 18.07.2021).

### *a) Zeitlicher Umfang des Versicherungsschutzes: Projektpolice*

Die POSI ist als Projektpolice konzipiert, da es sich bei der Emission von Wertpapieren um einen einmaligen Vorgang handelt.[1031] In zeitlicher Hinsicht deckt die POSI daher nicht sämtliche Risiken während der Laufzeit ab, sondern nur im Zusammenhang mit der konkreten Wertpapieremission. Diese wird im Versicherungsschein anhand des Wertpapierprospekts identifiziert.[1032]

Die Laufzeit des Versicherungsschutzes kann im Hinblick auf die jeweiligen Verjährungsfristen flexibel gewählt werden.[1033] In der Praxis hat sich in Deutschland standardmäßig eine Laufzeit von zehn bis zwölf Jahren durchgesetzt.[1034] Auf diese Weise sind sämtliche Ansprüche, die sich aufgrund des im Versicherungsschein bezeichneten, fehlerhaften Wertpapierprospekts innerhalb der grundsätzlich zehnjährigen Verjährungsfrist von Prospekthaftungsansprüchen ergeben können, in zeitlicher Hinsicht vollumfänglich abgesichert. Die Police kann dabei so konzipiert werden, dass weitere Wertpapieremissionen in den nächsten 12 bis 18 Monate im Anschluss an die Wertpapieremissionen mitversichert sind.[1035]

Der Versicherungsbeginn wird auf die Genehmigung des Prospekts durch die zuständige Aufsichtsbehörde BaFin gelegt.[1036] Sofern der Emission Vermarktungsveranstaltungen im Vorfeld der Emission (Roadshows) vorausgehen, kann auch ein früherer Zeitpunkt für den Beginn des Versicherungsschutzes gewählt werden.[1037] Davor sind die Organe des Emittenten vom Deckungsschutz der D&O-Police[1038] und die Dienstleister vom dem ihrer Berufshaftpflichtversicherung erfasst.[1039]

---

1031 *Fortmann* r+s 2021, 245, 246; *Ihlas,* in: Münchener Kommentar zum VVG, 2. Auflage, 2017, 320. Directors & Officers-Versicherung Rz 83.

1032 *Fortmann* r+s 2021, 245, 246.

1033 *Ihlas,* in: Münchener Kommentar zum VVG, 2. Auflage, 2017, 320. Directors & Officers-Versicherung Rz 83.

1034 *Fortmann* r+s 2021, 245, 246.

1035 *Fitzpatrick* Prospectus liability insurance: to POSI or not to POSI, Practical Law 2018.

1036 *Ihlas,* in: Münchener Kommentar zum VVG, 2. Auflage, 2017, 320. Directors & Officers-Versicherung Rz 84.

1037 *Schlitt/Landschein* ZBB 2019, 103, 114.

1038 Siehe dazu C.III.

1039 *Ihlas,* in: Münchener Kommentar zum VVG, 2. Auflage, 2017, 320. Directors & Officers-Versicherung Rz 84.

### b) *Versicherte Personen*

Der Kreis der versicherten Personen ist an das individuelle Risikoprofil der Wertpapieremission anzupassen. Das Haftungsrisiko für fehlerhafte Angaben im Wertpapierprospekt besteht insbesondere für den Emittenten, die Konsortialbank, veräußernde Großaktionäre sowie ggf. Organe des Emittenten und sonstigen Beteiligte. Eine effektive Absicherung erfordert daher einen Versicherungsschutz, der das Haftungsrisiko aller Haftungsadressaten deckt. In der Praxis wird der Kreis der versicherten Personen üblicherweise sehr weit gefasst.[1040].

#### aa) *Emittent, Tochtergesellschaften und Organmitglieder*

Als Prospektverantwortlicher haftet stets der Emittent für Fehler im Wertpapierprospekt. In persönlicher Hinsicht umfasst die Versicherung daher immer den Emittenten und seine Tochtergesellschaften. Versichert sind zudem die gegenwärtigen, ehemaligen oder zukünftigen, bestellten oder faktischen Mitglieder der Verwaltungsorgane sowie der Gesellschafterausschüsse der versicherten Unternehmen. Der Versicherungsschutz ist bei Bedarf auf gegenwärtige, ehemalige oder zukünftige Arbeitnehmer oder leitende Angestellte oder Prokuristen erweiterbar. Dies hat insbesondere Bedeutung für pflichtwidrig handelnde Organmitglieder oder (versicherte) Arbeitnehmer des Emittenten, wenn der Schadenseintritt auf das Fehlverhalten einer bestimmten Person zurückzuführen ist und Regressansprüche[1041] bestehen.

#### bb) *Konsortialbanken*

Die Konsortialbank haftet wie der Emittent im Außenverhältnis gegenüber den Anlegern als Prospektverantwortlicher. Die Absicherung dieses Haftungsrisikos kann auf zwei Wegen erfolgen. Traditionell wurde diese nicht in den Versicherungsschutz der POSI-Police aufgenommen, sondern auf den Regressanspruch gegen den Wirtschaftsprüfer verwiesen. Dabei drohte dieser, da Wirtschaftsprüfer ihre Haftung für Fehler im Comfort Letter[1042] typischerweise beschränken, dass sie letztlich ohne Regressansprüche[1043] für Fehler des Wirtschaftsprüfers im Comfort Letter gegenüber den Anlegern als Prospektverantwortlicher in voller Höhe einzustehen hatte.

---

1040 *Fortmann* r+s 2021, 245, 249.

1041 Zu den versicherten Regressansprüchen im Innenverhältnis unten C.II.3.c)aa).

1042 Dazu oben B.I.1.a)ee).

1043 Dazu oben B.I.1.a)dd)(2).

Aufgrund dieses Haftungsbedürfnisses im Regressfall war für die standardmäßige Haftungsbegrenzung von Wirtschaftsprüfern auf eine Höhe von EUR 4,5 Mio. bei Wertpapieremissionen kein Raum. Daher sicherten sich die Wirtschaftsprüfungsgesellschaften für Fehler im Comfort Letter durch eine separate Comfort Letter-Vermögensschadenhaftpflichtversicherung ab.[1044] So war letztlich auch der Regressanspruch der Konsortialbanken gegen den Wirtschaftsprüfer abgesichert. Die Kosten dieser separaten Versicherung trug typischerweise der Emittent.

Neuerdings gehen Emittenten vermehrt dazu über, eine vollumfassende Prospektversicherung abzuschließen. Bei dieser Strukturierung wird die Konsortialbank in den Versicherungsschutz der POSI-Police aufgenommen. Im Gegenzug wird der Regressanspruch der Konsortialbank gegen den Wirtschaftsprüfer begrenzt. Andernfalls ginge dieser auf den Versicherer über (§ 86 Abs. 1 S. 1 VVG). Ein vollumfänglicher Regressanspruch des Versicherers gegen den Wirtschaftsprüfer wäre aber konzeptwidrig, da genau dieses Lebenssachverhaltsrisiko anhand der Prospekthaftpflichtversicherung abgesichert werden soll.[1045] Der Regressanspruch der Konsortialbank gegen den Wirtschaftsprüfer wird daher auf die Haftungshöchstgrenze, welche zwischen dem Wirtschaftsprüfer und dem Emittenten im Prüfungsvertrag vereinbart wurde, limitiert.[1046] Dieser entspricht meist der Höhe, für welchen der Wirtschaftsprüfer über seine Berufshaftpflichtversicherung versichert ist (meist EUR 4,5 Millionen).

Hierdurch vereinfacht sich der Versicherungsprozess, da nur eine Police verhandelt und abgeschlossen werden muss und auch nur eine Prämie zu zahlen ist. Ferner entspricht diese Absicherung auch mehr dem zugrunde liegenden Haftungsregime, da die Konsortialbanken mit dem Emittenten im Außenverhältnis gesamtschuldnerisch haften. Daneben kommt so auch die privatautonom vereinbarte Haftungsbegrenzung des Wirtschaftsprüfers gegenüber dem Emittenten besser zur Geltung.

#### *cc) Wirtschaftsprüfer und andere externe Berater*

In der Praxis ist häufig die Absicherung des Haftungsrisikos des Wirtschaftsprüfers Gegenstand intensiver Verhandlung. Zwar ist der Regressanspruch

1044 *Schlitt/Landschein* ZBB 2019, 103, 114.

1045 *Schlitt/Landschein* ZBB 2019, 103, 114.

1046 Dies ist möglich, da weder der Emittent, noch die Konsortialbanken auf den Regressanspruch in voller Höhe angewiesen sind. Beide sind im Außenverhältnis über die POSI-Police versichert.

des Emittenten bzw. der Konsortialbanken gegenüber dem Wirtschaftsprüfer regelmäßig ausgeschlossen[1047], jedoch sieht dieser sich auch einem Außenhaftungsrisiko gegenüber den Anlegern nach den Grundsätzen des Vertrages mit Schutzwirkung zugunsten Dritter ausgesetzt.[1048] Die Absicherung dieses Außenhaftungsrisikos der Wirtschaftsprüfer ist standardmäßig nicht in den Versicherungspolicen vorgesehen und wird von vielen Versicherer am Markt aufgrund des hohen Haftungsrisikos der Wirtschaftsprüfer auch nicht versichert.

In der Praxis drängt der Wirtschaftsprüfer typischerweise auf eine Aufnahme in die Versicherung.[1049] Andernfalls ist dieser im Außenverhältnis lediglich über seine Berufshaftpflichtversicherung abgesichert. Zwar begrenzt ein Wirtschaftsprüfer regemäßig seine eigene Haftung für vertragliche Ansprüche (§§ 54a Abs. 1 Nr. 2, 54 Abs. 4 S. 1 WPO, 323 Abs. 2 S. 1 HGB), doch erstreckt sich diese Begrenzung nicht auf gesetzliche Prospekthaftungsansprüche im Außenverhältnis zu den Anlegern.

Auch genügt der Umfang der Berufshaftpflichtversicherung nicht, um das Haftungsrisiko bei einer Wertpapieremission vollumfänglich abzusichern. Diese enthält regelmäßig eine maximale Versicherungssumme im einstelligen Millionenbereich, welche nur einmal im Jahr zur Verfügung steht. Die Berufshaftpflichtversicherung des Wirtschaftsprüfers erreicht damit nicht dieselbe Absicherungswirkung wie die Prospekthaftpflichtversicherung. Bei dieser können am Markt Deckungssummen von bis zu EUR 450 Millionen bereit gestellt werden.[1050]

Bei Verhandlung der Absicherung dieses Haftungsrisikos befindet sich der emissionsbegleitende Wirtschaftsprüfer regelmäßig in einer aussichtsreichen

---

1047 Auch die Konsortialbanken sind vom Versicherungsschutz umfasst und folglich nicht auf den Anspruch gegen die Wirtschaftsprüfungsgesellschaft angewiesen.

1048 Siehe dazu B.I.1.a)dd)(1).

1049 Insbesondere seit der Klage des Insolvenzverwalters der P+S Werften gegen die betreuende Wirtschaftsprüfungsgesellschaft KPMG in Höhe eines dreistelligen Millionenbetrages. Beispielhaft dafür https://www.lto.de/recht/kanzleien-unternehmen/k/lg-hamburg-insolvenz-ps-werften-gutachten-kpmg-schadensersatz/#:~:text=KPMG%20soll%20durch%20fehlerhafte%20Gutachten,Vorwurf%20des%20Insolvenzverwalters%20Berthold%20Brinkmann.&text=Tats%C3%A4chlich%20gingen%20die%20Werften%20dann%20im%20August%202012%20in%20die%20Insolvenz. (zuletzt abgerufen am 18.07.2021).

1050 FINLEX: Prospekthaftungs-Versicherung (Public Offering of Securities Insurance – POSI), in: https://finlex.de/kapitalmarkt-und-transaktionsrisiken/prospekthaftungs-versicherung/ (geprüft am 18.07.2021).

Verhandlungsposition, da dieser meist auch die Abschlussprüfungen vorgenommen hat. Bei Wertpapieremissionen mit größerem Volumen ist der Kreis an potenziellen Wirtschaftsprüfern für die Erstellung des Comfort Letters oder Prüfungsergebnisse im Rahmen der Wertpapieremission somit auf die Big Four[1051] begrenzt. Der Emittent ist daher oftmals nicht in der Position, ohne erheblichen Aufwand, einen anderen Wirtschaftsprüfer für die Wertpapieremission zu verpflichten, wenn dieser sich ohne entsprechenden Versicherungsschutz weigert, an der Transaktion mitzuwirken.

Aufgrund der verhältnismäßig hohen Anzahl an Haftungsfällen und hohen Haftungssummen bei Wirtschaftsprüfern versichern nur wenige Versicherer dieses Außenhaftungsrisikos des Wirtschaftsprüfers. Der Großteil der auf dem deutschen Markt agierenden POSI-Versicherer schließt diese Absicherung aufgrund ihrer Zeichnungsrichtlinien generell aus. Die wenigen Versicherer, welche das Risiko grundsätzlich versichern, verlangen hierfür einen substanziellen Aufpreis bei der Versicherungsprämie.

Der Emittent selbst hat grundsätzlich kein eigenes Interesse daran, den Wirtschaftsprüfer mit in die Deckung der POSI-Police aufzunehmen. Anders als bei den Konsortialbanken, welche ohnehin von der Haftung freigestellt werden und welche auch gesamtschuldnerisch mit dem Emittenten im Außenverhältnis haften, ist der Wirtschaftsprüfer aus deren Perspektive ein Dienstleister. Dieser sollte aber aus Sicht des Auftraggebers wie jeder gewöhnliche Vertragspartner für Fehler haftbar sein.

### *dd) Veräußernde Großaktionäre und andere Prospektveranlasser*

Für veräußernde Großaktionäre besteht das Haftungsrisiko, als Prospektveranlasser in Anspruch genommen zu werden. Veräußernde Großaktionäre und andere potenzielle Prospektveranlasser werden daher typischerweise über eine Deckungserweiterungen in den Versicherungsschutz der POSI aufgenommen.[1052] Eine persönliche Nennung in der Versicherungspolice ist nicht erforderlich, wird aber aus Klarstellungsgründen gelegentlich vorgenommen. Grundsätzlich genügt die Erweiterung des Versichertenkreises auf Personen unter der Bezeichnung als „veräußernde und/oder kontrollierende Aktionäre".

1051 Dabei handelt es sich um eine Sammelbezeichnung für das Oligopol der vier größten Wirtschaftsprüfungsgesellschaften: Deloitte, EY (Ernst & Young), KPMG und PricewaterhouseCoopers (PwC).

1052 *Ihlas*, in: Münchener Kommentar zum VVG, 2. Auflage, 2017, 320. Directors & Officers-Versicherung Rz 85.

*ee) Zwischenergebnis*

Im Ergebnis entscheidet der Emittent als Versicherungsnehmer, wen er alles für versicherungswürdig hält. Dabei ist zu beachten, dass sich die Höhe der Prämien mit der Größe des Kreises der Versicherten erhöht. Dies gilt insbesondere für die Absicherung des Haftungsrisikos des Wirtschaftsprüfers, da sich durch diese Absicherung die Schadenseintrittswahrscheinlichkeit auf Seiten des Versicherers erhöht. Die Absicherung des Haftungsrisikos des Wirtschaftsprüfers ist dabei Sache der konkreten Verhandlungspositionen. Eine Absicherung des Außenhaftungsrisikos ist dabei in Relation zur Gesamtanzahl der abgeschlossenen POSI-Versicherung in der Praxis aber die Ausnahme.

*c) Versicherte Ansprüche*

Die POSI gewährt Versicherungsschutz für Vermögensschäden, die im Zusammenhang mit einer versicherten Pflichtverletzung aufgrund gesetzlicher Haftpflichtbestimmung eintreten.[1053] Die versicherten Pflichtverletzungen stehen dabei im Zusammenhang mit einer spezifischen Wertpapieremission und werden in der Versicherungspolice konkret aufgeführt.[1054] Jedenfalls stets versichert sind fehlerhafte Angaben im Wertpapierprospekt. Darüber hinaus kann der Versicherungsschutz für Maßnahmen im Vorfeld oder im Zusammenhang mit der Wertpapieremission erweitert werden. Der Versicherungsschutz der POSI sichert so spezifische, projektbezogene Haftungsrisiken ab (bspw. „fehlerhafte Angabe im Wertpapierprospekt"), aus denen ein Haftungsanspruch aus (beliebiger) gesetzlicher Haftpflichtbestimmung gegen eine versicherte Person erwächst.

*aa) Fehlerhafte Angaben im Wertpapierprospekt*

Der Kernbereich des Versicherungsschutzes einer POSI ist die Absicherung von Haftungsrisiken der versicherten Personen im Zusammenhang mit der Unrichtigkeit oder Unvollständigkeit von Angaben im Wertpapierprospekt.[1055]

*(1) Außenhaftung für fehlerhaften Wertpapierprospekt*

Abgesichert sind damit sämtliche Außenhaftungsansprüche aufgrund fehlerhafter Wertpapierprospekte, die auf einer gesetzlichen Haftpflichtbestimmung beruhen.[1056] Dazu gehören Ansprüche gegen die versicherten Personen (i) aus

---

1053 *Fortmann* r+s 2021, 245, 248.
1054 *Fortmann* r+s 2021, 245, 246.
1055 *Fortmann* r+s 2021, 245, 246.
1056 *Fortmann* r+s 2021, 245, 247.

spezialgesetzlicher Prospekthaftung (§§ 9 ff. WpPG), (ii) nach den Grundsätzen der allgemein zivilrechtlichen Prospekthaftung (§§ 280 Abs. 1, 311 Abs. 2, 241 Abs. 2 BGB), (iii) nach den Grundsätzen der culpa in contrahendo (§§ 280 Abs. 1, 311 Abs. 2, 241 Abs. 2 BGB) (iii) nach den Grundsätzen des Vertrages mit Schutzwirkung zugunsten Dritter (§ 328 BGB analog) sowie (iv) deliktsrechtliche Ansprüche (§ 823 Abs. 2 und § 826 BGB).[1057]

### *(2) Binnenregress für fehlerhaften Wertpapierprospekt*

Neben den Ansprüchen im Außenverhältnis sind grundsätzlich auch Innenhaftungsansprüche (§ 93 AktG, § 280 Abs. 1 BGB i.V.m. dem Arbeits- oder Dienstverhältnis) abgesichert. Somit besteht auch Versicherungsschutz für den Fall, dass ausschließlich einem versicherten Unternehmen ein Schaden entstanden ist und dieser Vermögensnachteil gegen eine andere versicherte Person geltend gemacht wird. Dieser Fall kann vorliegen, wenn der Emittent aufgrund einer fehlerhaften Angabe im Wertpapierprospekt geringere Einnahmen (als ohne den Fehler) aus der Wertpapieremission erzielt oder aufgrund des Fehlers ungünstige Verträge mit dem Übernahmekonsortium abschließt, obwohl günstigere Alternativen am Markt vorhanden waren.[1058] Somit sind auch sämtliche Regressansprüche gegen pflichtwidrig handelnde Organmitglieder oder (mitversicherte) Dienstleister abgesichert.

### *(3) Fehlerhafte Nachträge zum Wertpapierprospekt*

Zu untersuchen ist, ob auch Nachträge zum Wertpapierprospekt vom Versicherungsschutz der POSI erfasst sind. Teilweise findet sich in den Versicherungsbedingungen der explizite Hinweis, dass solche Nachträge zu Wertpapierprospekten (Art. 23 ProspektVO) mitversichert sind.[1059] Soweit sich diese explizite Absicherung nicht aus der Versicherungsbedingung ergibt, ist ein Versicherungsschutz wohl zumindest für solche Angaben abzulehnen, die im Nachtrag erstmals genannt werden und keinen Zusammenhang zu den Angaben im ursprünglichen Wertpapierprospekt aufweisen (bspw. neue Umstände, für die eine Berichtigungspflicht besteht). Dies ergibt sich aus dem typischen Wortlaut der POSI-Policen, wonach der Versicherungsschutz nur für den konkreten, vom Versicherer geprüften, Wertpapierprospekt besteht.[1060] Hingegen

---

1057 *Fortmann* r+s 2021, 245, 247.
1058 *Fortmann* r+s 2021, 245, 247.
1059 *Fortmann* r+s 2021, 245, 246.
1060 *Fortmann* r+s 2021, 245, 246.

dürften solche Angaben im Nachtrag mitversichert sein, die lediglich Unrichtigkeiten oder Ungenauigkeiten im Wertpapierprospekt berichtigen.[1061] Bei diesen besteht ein innerer Zusammenhang zu dem vom Versicherer geprüften Wertpapierprospekt.[1062]

### *bb) Fehlerhafte Angaben im Vorfeld der Wertpapieremission*

Der Versicherungsschutz ist in der Praxis typischerweise über den Kernbereich der fehlerhaften Angaben im Wertpapierprospekt hinaus erweiterbar. Insbesondere wird häufig ein Deckungsschutz für Fehlinformationen im Vorfeld der Wertpapieremission vereinbart. Zu diesen Vorfeldereignissen zählen insbesondere schriftliche Äußerungen, Verhandlungen, Präsentation, Road Shows, Diskussionen, Presseerklärungen und Interviews.[1063] In diesem Stadium bestehen für die Beteiligten Haftungsrisiken nach den Grundsätzen der allgemein zivilrechtlichen Prospekthaftung (§§ 280 Abs. 1, 311 Abs. 2, 241 Abs. 2 BGB), wegen vorvertraglicher Pflichtverletzung (§§ 280 Abs. 1, 311 Abs. 2, 241 Abs. 2 BGB) sowie nach Deliktsrecht (§ 823 Abs. 2, 826 BGB).

Auch für diese Risikosphäre gilt, dass sämtliche Ansprüche aufgrund gesetzlicher Haftpflichtbestimmung abgesichert sind. Wird der Versicherungsschutz auf diese Vorfeldmaßnahmen erweitert, sind somit grundsätzlich auch die erörterten Haftungsrisiken bei freiwilliger Publizität von Primärmarkttransaktionen (Investor Relations) im Zusammenhang mit der Vermarktung der Emission abgesichert. Jedoch schränken Versicherer diesen erweiterten Versicherungsschutz teilweise dahingehend ein, dass nur Äußerungen betreffend den Inhalt des Wertpapierprospekts oder nur Angaben, die vor Veröffentlichung des Prospekts, aber nach Genehmigung durch die zuständige Finanz- oder Aufsichtsbehörde getätigt wurden, abgesichert sind.[1064]

### *cc) Fehlerhafte Angaben bei Cornerstone-Investments*

Zu untersuchen ist, ob auch Ansprüchen aufgrund fehlerhafter Angaben im Zusammenhang mit Cornerstone-Investment abgesichert sind. Das Haftungsregime wird in der Praxis bei diesen Transaktionen typischerweise vertraglich errichtet, indem den Investoren durch vertragliche Abrede in der

---

1061 *Fortmann* r+s 2021, 245, 246.
1062 *Fortmann* r+s 2021, 245, 246 f.
1063 *Fortmann* r+s 2021, 245, 247; OLG München, Urteil vom 20.07.2016 – 7 U 3728/14 – WM 2017, 952.
1064 *Fortmann* r+s 2021, 245, 247.

Transaktionsdokumentation die spezialgesetzlichen Prospekthaftungsansprüche (§§ 9 ff. WpPG) zugesprochen werden. Damit handelt es sich aber bei dieser Haftung nicht um eine gesetzliche Haftpflichtbestimmung, sondern um eine vertragliche Anspruchsgrundlage mit gesetzlichem Umfang.

Folgt man jedoch der herrschenden Lehre in der Literatur stünden dem Cornerstone-Investor ohnehin Ansprüche aus allgemein zivilrechtlicher Prospekthaftung zu.[1065] Die Haftung ergibt sich daher nicht allein aus dem vertraglich errichteten Haftungsregime, sondern auch aus allgemein zivilrechtlichen Prospekthaftung als gesetzlicher Haftpflichtbestimmung.

Die Praxis behilft sich hier aus Gründen der Rechtssicherheit eines klarstellenden Hinweises in der Police, wonach auch Ansprüche im Zusammenhang mit Vorfeld-Vereinbarungen mit Investoren wie Cornerstone-Investment-Vereinbarungen als mitversichert gelten. Damit sind wiederum sämtliche Ansprüche, die auf einer Pflichtverletzung im Zusammenhang mit der Vorfeld-Vereinbarung stehen, unabhängig von der konkreten Anspruchsgrundlage, abgesichert.

#### *dd) Fehlerhafte Angaben bei Privatplatzierungen mit anschließender Börsenzulassung*

Auch bei Privatplatzierungen mit anschließender Börsenzulassung wird das Haftungsregime zugunsten der Investoren typischerweise vertraglich errichtet. Auch in diesen Fällen werden den Investoren vertragliche Ansprüche nach Maßgabe der spezialgesetzlichen Prospekthaftung ((§§ 9 ff. WpPG) zugesprochen. Damit stellt sich bezüglich fehlerhafter Angaben bei Privatplatzierungen mit anschließender Börsenzulassung dieselbe in den vorstehenden Ausführungen zum Versicherungsschutz für fehlerhaften Angaben bei Cornerstone-Investments ausgeführte Problematik. Der zugrundeliegende Anspruch ist grundsätzlich nicht gesetzlicher, sondern vertraglicher Natur.

Auch hier behilft sich die Praxis aus Gründen der Rechtssicherheit eines klarstellenden Hinweises in der Police. Dabei werden in der Praxis typischerweise entweder Ansprüche aufgrund von fehlerhaften Angaben in dem der Privatplatzierung zugrunde liegenden Dokumenten explizit erfasst oder Ansprüchen aufgrund des fehlerhaften Wertpapierprospekts gleichgestellt.

Teilweise enthalten Versicherungspolicen auch eine Bestimmung, wonach jegliche Pflichtverletzungen im Zusammenhang mit der im jeweiligen Versicherungsschein aufgeführten Wertpapieremission versichert sind, so dass der Versicherungsschutz unabhängig von der konkreten Pflichtverletzung bzw.

---

1065 Dazu oben B.I.1.c).

Anspruchsgrundlage abgesichert ist.[1066] Bei der Beurteilung der Absicherung von Ansprüchen aufgrund von fehlerhaften Angaben bei Privatplatzierungen mit anschließender Börsenzulassung ist daher der konkrete Wortlaut der verwendeten Versicherungspolice entscheidend.

#### *ee) Fehlerhafte Angaben bei nicht-prospektpflichtigen Wertpapieremissionen*

Nicht-prospektpflichtige Wertpapieremissionen fallen mangels Wertpapierprospekt grundsätzlich nicht in den Anwendungsbereich der POSI. Veröffentlicht der Emittent einen freiwilligen Wertpapierprospekt, so können die damit einhergehenden Haftungsrisiken entsprechend den vorstehenden Ausführungen durch die POSI versichert werden.

#### *ff) Anschließende oder vorangehende Ad-hoc-Mitteilungen*

Der Versicherungsschutz der POSI erstreckt sich nicht auf Pflichtverletzungen im Zusammenhang mit der Wertpapieremission vorangehenden oder anschließenden Ad-hoc-Mitteilungen. Dies gilt auch, wenn die Ad-hoc-Mitteilung im Zusammenhang mit einer Angabe im Wertpapierprospekt steht. Es besteht insoweit aber kein sachlicher Zusammenhang zur Wertpapieremission.[1067]

#### *gg) Zwischenergebnis*

Mit der Prospekthaftpflichtversicherung können sämtliche Ansprüche aus gesetzlichen Haftpflichtbestimmungen im unmittelbar zeitlichen und sachlichen, direkten Zusammenhang mit der Vorbereitung und Durchführung einer prospektpflichtigen Wertpapieremission bis zum Tag der erstmaligen Notierung der Wertpapiere abgesichert werden. Der Versicherungsschutz mancher am Markt erhältlichen Versicherungspolicen sichert dabei sogar pauschal jegliche Pflichtverletzungen im Zusammenhang mit der im Versicherungsschein aufgeführten Wertpapieremission (auch bei Privatplatzierungen) ab.[1068]

### *d) Leistungen des Versicherers im Versicherungsfall*

Der Umfang der vom Versicherer im Versicherungsfall zu erbringenden Leistungen ist abhängig von der konkreten Versicherungspolice und wird in der

1066 *Fortmann* r+s 2021, 245, 247.
1067 Vgl. insoweit und mit Bezug zum Fall Wirecard *Fortmann* r+s 2021, 245, 247.
1068 *Fortmann* r+s 2021, 245, 247.

Praxis an das individuelle Risikoprofil einer Wertpapieremission angepasst.[1069] Da es sich bei der Prospekthaftpflichtversicherung um eine Haftpflichtversicherung handelt, finden die Vorschriften des Versicherungsvertragsgesetzes zu Haftpflichtversicherungen (§§ 100 ff. VVG) Anwendung.[1070]

##### *aa) Grundleistung: Abwehr- und Schadensausgleichsfunktion*

Der Versicherer ist wie bei jeder Haftpflichtversicherung zur gerichtlichen und außergerichtlichen Abwehr unberechtigter sowie zur Freistellung von begründeten Ansprüchen, einschließlich der Prüfung der Haftpflichtfrage, verpflichtet (§ 100 VVG).[1071]

##### *bb) Weitere Leistungen*

Über diese Grundleistung hinaus können weitere Leistungen des Versicherers vereinbart werden.[1072] Im Folgenden werden typische Erweiterungen der Leistungspflicht des Versicherers dargestellt.

###### *(1) Straf- und Ordnungswidrigkeitsverfahren sowie aufsichtsrechtliches Verfahren und damit verbundene Kosten*

Über die Deckung des unmittelbaren Schadens der Anleger im Rahmen der Wertpapieremission hinaus gewähren Prospekthaftpflichtversicherungen entsprechend einer D&O-Police auch Rechtsschutz gegen Straf- und Ordnungswidrigkeitsverfahren sowie in Bezug auf behördliche und aufsichtsrechtliche Verfahren. Dies gilt dann, soweit auch hier eine Pflichtverletzung im Sinne der versicherten Tätigkeit gegenständlich ist.[1073] Dabei trägt der Versicherer die Kosten der Verteidigung des Versicherten, sowie anfallende straf- und/oder zivilrechtliche Sicherheitsleistungen. Dazu gehört insbesondere auch die Hinterlegung einer Kaution. Oftmals werden in diesem Kontext abweichende Deckungssummen (Sublimits) vereinbart.

---

1069 *Fortmann* r+s 2021, 245, 248.

1070 *Ihlas,* in: Münchener Kommentar zum VVG, 2. Auflage, 2017, 320. Directors & Officers-Versicherung Rz 82.

1071 *Fortmann* r+s 2021, 245, 248.

1072 *Fortmann* r+s 2021, 245, 248.

1073 *Fortmann* r+s 2021, 245, 248.

*(2) Kosten zur Minderung des Reputationsschadens*

Häufig regelt die Versicherungspolice auch eine Ersatzpflicht für Kosten, die anfallen, um eine Rufschädigung des Versicherten zu vermeiden oder zu vermindern. Davon können die Kosten der Beauftragung eines Rechtsanwaltes oder eines externen Public Relations-Beraters erfasst sein. Diese Kosten sind dann erforderlich, wenn andernfalls der Eintritt eines erheblichen Reputationsschadens droht. Auch hierfür können abweichende Deckungssummen vereinbart werden.[1074]

*(3) Aktivprozess*

Wird dem Versicherten vorgeworfen, einen fehlerhaften Wertpapierprospekt veröffentlicht zu haben, so kann sich dieser auch mit einem Aktivprozess gegen den Vorwurf wehren. Dies ist dann erforderlich, wenn der Anspruchssteller selbst kein Gerichtsverfahren anstrengt. Dann steht es dem Versicherten frei, selbst mit der Vorbereitung und Durchführung einer negativen Feststellungsklage oder anderen prozessualen Maßnahmen aktiv gegen die erhobenen Vorwürfe vorzugehen.

*cc) Weltweiter Versicherungsschutz*

Der Versicherungsschutz ist regelmäßig weltweit ausgestaltet. Daher ist es unerheblich, wo der Sitz des Emittenten sich befindet, oder an welcher Börse die Wertpapiere gelistet werden.[1075]

## 4. Begrenzung des Versicherungsumfanges

Die Leistungen des Versicherers im Versicherungsfall werden in der Versicherungspolice üblicherweise für die gesamte Vertragslaufzeit anhand einer einheitlichen Versicherungssumme begrenzt. Diese steht für Ansprüche aus den versicherten Pflichtverletzungen insgesamt nur einmal und nicht für jedes Jahr der Vertragslaufzeit neu zur Verfügung.[1076]

## 5. Ausschluss des Versicherungsschutzes (Exclusions)

In Prospekthaftpflichtversicherungen werden bestimmte Sachverhalte aus dem Versicherungsschutz ausgeschlossen.[1077] Die Rechtsprechung erlegt dabei dem

1074 *Fortmann* r+s 2021, 245, 248.
1075 *Fitzpatrick* Prospectus liability insurance: to POSI or not to POSI, Practical Law 2018.
1076 *Fortmann* r+s 2021, 245, 248.
1077 *Fortmann* r+s 2021, 245, 249.

Versicherer in Übereinstimmung mit den allgemeinen Grundsätzen im Zivilprozess die Darlegungs- und Beweislast für das Vorliegen der Ausschlussklauseln auf.[1078]

### a) *Vorsätzliche Schadenherbeiführung*

Der Versicherungsschutz der POSI ist bereits *ipso iure* ausgeschlossen, wenn der Versicherungsfall vorsätzlich herbeigeführt wird (§ 103 VVG). Typischerweise wird dieser Ausschluss dennoch deklaratorisch in der Police aufgenommen. Es besteht damit kein Versicherungsschutz, wenn sich der Vorsatz des Handelnden sowohl auf das fehlerhafte Verhalten als auch auf den eingetretenen Schaden bezieht, wobei bedingter Vorsatz jeweils genügt.[1079]. Der Versicherer muss demnach nicht leisten, wenn der in Anspruch Genommene Angaben in den Wertpapierprospekt aufnimmt, an deren Richtigkeit er zweifelt, eine Inanspruchnahme durch Anleger für möglich hält und dennoch handelt. Dieser Ausschlusstatbestand wird Versicherer in Praxis typischerweise vor Beweisprobleme stellen, da überwiegend wohl nur ein Indizienbeweis geführt werden kann.[1080]

### b) *Vorsätzliche Pflichtverletzung*

Davon abzugrenzen sind Sachverhalte, in denen die versicherte Person zwar vorsätzlich bezüglich der Fehlerhaftigkeit der Angabe im Wertpapierprospekt handelt, der Schadenseintritt aber nicht vom Vorsatz erfasst war.

#### aa) *Wissentlich unrichtige oder unvollständige Angaben*

Die Leistung des Versicherers ist typischerweise ausgeschlossen für Sachverhalte, in denen die Pflichtverletzung wissentlich begangen wurde. Dieser (direkte) Vorsatz muss sich dabei aber nur auf die schädigende Handlung beziehen (und nicht auch auf den Schadenseintritt). Eine wissentliche Pflichtverletzung liegt vor, wenn der in Anspruch Genommene mit direktem Vorsatz gegen Gesetze, Vorschriften, Satzungen, Weisungen oder sonstige ihm obliegende Pflichten

---

1078 OLG München, Urteil vom 20.07.2016 – 7 U 3728/14 – WM 2017, 952; BGH, Urteil vom 17.12.2014 – IV ZR 90/13 – WM 2015, 185; *Schmitt-Lampe* WuB 2017, 10, 562, 564 f.

1079 *Fortmann* r+s 2021, 245, 249; *Heidelbach*, in: Schwark/Zimmer Kapitalmarktrecht, 5. Auflage, 2020, § 9 WpPG Rz 28; *Schimikowski*, in: HK-VVG, 4. Auflage, 2020, § 103 VVG Rz 3.

1080 *Fortmann* r+s 2021, 245, 249.

verstößt.[1081] In diesem Zusammenhang hat das OLG München festgestellt, dass es für eine Wissentlichkeit nicht genügt, wenn der in Anspruch Genommene lediglich Zweifel an der Richtigkeit einer Angabe hat.[1082] In der Praxis betrifft dieser Ausschlusstatbestand den Sachverhalt, dass der in Anspruch Genommene bei Erstellung des Wertpapierprospekts eine fehlerhafte Angabe als solche erkannt hat, aber davon ausgeht, dass diese Angabe für die Anlageentscheidung nicht relevant ist und es daher nicht zu einer Inanspruchnahme kommt.[1083]

Für den versicherten Emittenten ist dabei zu untersuchen, wann bei diesem als juristischer Person von einem wissentlichen Fehlverhalten im Sinne von dolus directus 2. Grades auszugehen ist. Juristische Personen haben dabei selbst kein eigenes Wissen; vielmehr kann diesen lediglich nach normativen Aspekten das Wissen von natürlichen Personen zugerechnet werden. Hierbei sind die von Literatur und Rechtsprechung entwickelten Grundsätze[1084] zur Wissenszurechnung von Wissensvertretern sowie zur Pflicht zur Wissensorganisation anzuwenden.

In diesem Zusammenhang ist den Versicherungsbedingungen überwiegend vorgesehen, dass der Versicherer Deckungsschutz gewährt, bis das Vorliegen von Wissentlichkeit rechtskräftig festgestellt ist.[1085]

#### *bb) Bedingt vorsätzliche Unrichtigkeit oder Unvollständigkeit*

Absicherbar ist hingegen das Haftungsrisiko für Ansprüche aufgrund von bedingt vorsätzlicher Unrichtigkeit oder Unvollständigkeit. Damit besteht selbst dann Versicherungsschutz, wenn die Prospekthaftungsansprüche auf fehlerhaften Angaben im Wertpapierprospekt beruhen, die bedingt vorsätzlich unrichtig oder unvollständig angegeben wurden.[1086]

---

1081 *Fortmann* r+s 2021, 245, 249.

1082 OLG München, Urteil vom 20.07.2017 – 7 U 3728/14 – WM 2017, 952, 957.

1083 *Fortmann* r+s 2021, 245, 249.

1084 BGH, Urteil vom 14.01.2016 – I ZR 65/14 – NJW 2016, 3445 Rz 61; BGH, Urteil vom 27.03.2001 – VI ZR 12/00 – NJW 2001, 2535, 2536; BGH, Urteil vom 12.11.1998 – IX ZR 145-98 – BGHZ 140, 54, 61 f.; BGH, Urteil vom 15.04.1997 – XI ZR 105/96 – NJW 1997, 1917 f.; BGH, Urteil vom 02.02.1996 – V ZR 239/94 – BGHZ 132, 30, 35, 37; BGH, Urteil vom 31.01.1996 – VIII ZR 297/94 – NJW 1996, 1205, 1206; BGH, Urteil vom 08.12.1989 – V ZR 246/87 – BGHZ 109, 327, 332; dem folgend in der Literatur, u.a.: *Grunewald,* in: *Beisse,* FS Beusch, 1993, Wissenszurechnung bei juristischen Personen, 301, 313 f.; *Schilken,* in: Staudinger, 2019, § 166 BGB Rz 32.

1085 *Fortmann* r+s 2021, 245, 249.

1086 *Vothknecht* PHi 2006, 52, 56 zur identischen Thematik bei der D&O-Versicherung.

Bedingter Vorsatz liegt dabei vor, wenn der Prospektverantwortliche die Fehlerhaftigkeit der Angabe für möglich gehalten hat und einschließlich der dadurch verletzten Prospektpflicht billigend in Kauf genommen hat.[1087] Versicherungspolicen erfordern hierfür typischerweise, dass der Handelnde bei Würdigung aller objektiven Umstände, insbesondere auf Grundlage angemessener Information und unter Berücksichtigung der Rechtsprechung, davon ausgehen durfte, zum Wohle des Emittenten zu handeln.

#### *cc) Zwischenergebnis*

Somit sind durch Prospekthaftpflichtversicherungen keine Haftungsrisiken aus Ansprüchen absicherbar, welche auf wissentlichen Falschangaben oder bedingt vorsätzlicher Schadensherbeiführung beruhen. Dies gilt unabhängig von der verwirklichten Anspruchsgrundlage.

### *c) Bekannte Pflichtverletzungen*

Der Versicherungsschutz ist auch für bereits bekannte Pflichtverletzungen ausgeschlossen. Soweit eine versicherte Person bereits zum im Versicherungsschein genannten Beginn der Versicherungsperiode Kenntnis von der Unrichtigkeit oder Unvollständigkeit der Angaben oder von der Pflichtverletzung hat, sind Ansprüche, die auf diesen Pflichtverletzungen beruhen, vom Versicherungsschutz ausgeschlossen. Auf diese Weise sollen Zweckabschlüsse verhindert werden. Versichert werden damit keine Sachverhalte, in den bekannt ist, dass Ansprüche geltend gemacht werden.[1088] Dabei besteht regelmäßig Versicherungsschutz bis zur rechtskräftigen Feststellung der Kenntnis, doch ist der Versicherte dann verpflichtet, dem Versicherer die erbrachten Leistungen zurückzuerstatten.

Auch in diesem Kontext finden die von Literatur und Rechtsprechung entwickelten Grundsätze[1089] zur Wissenszurechnung von Wissensvertretern sowie

---

1087 *Heidelbach,* in: Schwark/Zimmer Kapitalmarktrecht, 5. Auflage, 2020, § 9 WpPG Rz 28.

1088 *Fortmann* r+s 2021, 245, 248.

1089 BGH, Urteil vom 14.01.2016 – I ZR 65/14 – NJW 2016, 3445 Rz 61; BGH, Urteil vom 27.03.2001 – VI ZR 12/00 – NJW 2001, 2535, 2536; BGH, Urteil vom 12.11.1998 – IX ZR 145-98 – BGHZ 140, 54, 61 f.; BGH, Urteil vom 15.04.1997 – XI ZR 105/96 – NJW 1997, 1917 f.; BGH, Urteil vom 02.02.1996 – V ZR 239/94 – BGHZ 132, 30, 35, 37; BGH, Urteil vom 31.01.1996 – VIII ZR 297/94 – NJW 1996, 1205, 1206; BGH, Urteil vom 08.12.1989 – V ZR 246/87 – BGHZ 109, 327, 332; dem folgende in

zur Pflicht zur Wissensorganisation Anwendung. Zur Begegnung der mit diesen Grundsätzen verbundenen Rechtsunsicherheiten ist es angezeigt, explizite Regelungen für die Wissenszurechnung im Versicherungsvertrag zu treffen. Aufgrund der regelmäßig großen Anzahl an versicherten Personen wird diese Wissenszurechnung in der Praxis typischerweise restriktiv gestaltet, um eine faktische Aushöhlung des Versicherungsschutzes zu vermeiden. Vertragstechnisch werden hier typischerweise Regelungen verwendet, welche die Wissenszurechnung im Grundsatz ausschließen und nur im Ausnahmefall für ausdrücklich benannte Personen zulassen.

#### *aa) Wissenszurechnung an den Emittenten und andere Unternehmen*

Für die Wissenszurechnung an den Emittenten werden klarstellende Regelungen in die Police aufgenommen, von welchen Personen das Wissen für die Zwecke der Versicherungspolice als relevant zu betrachten ist. In der Praxis wird dabei typischerweise auf den Vorsitzenden des vertretungsberechtigten Organs sowie den Finanzvorstand abgestellt. Für die übrigen versicherten Unternehmen, insbesondere die Konsortialbank oder den Wirtschaftsprüfer, werden entsprechende Regelungen aufgenommen. Auch hier wird typischerweise eine Beschränkung auf die an der Emission beteiligten Personen vorgenommen.

#### *bb) Wissenszurechnung an die anderen Mitglieder der Verwaltungsorgane*

Im Rahmen der Wissenszurechnung ist allerdings nicht nur die Zurechnung von Wissen eines Mitgliedes eines Verwaltungsorgans an den Emittenten relevant. Vielmehr kann die Kenntnis eines Organmitgliedes oder sonstigen Mitarbeiters von bestehenden Ansprüchen bei Abschluss einer Prospekthaftpflichtversicherung grundsätzlich auch anderen Organmitgliedern oder Mitarbeitern zugerechnet werden.[1090]

Auch in diesem Kontext gelten die im Rahmen der D&O-Versicherung entwickelten Grundsätze.[1091] Da es sich bei der Prospekthaftung um eine Haftung gegenüber externen Dritten handelt, findet eine Zurechnung von Wissen an die

---

der Literatur, u.a.: *Grunewald,* in: *Beisse,* FS Beusch, 1993, Wissenszurechnung bei juristischen Personen, 301, 313 f.; *Schilken,* in: Staudinger, 2019, § 166 BGB Rz 32.

1090 *Buck-Heeb,* in: Hauschka/Moosmayer/Lösler, Corporate Compliance, 3. Auflage, 2016, § 2 Wissenszurechnung und Informationsmanagement Rz 5; BGH, Urteil vom 13.10.2000 – V ZR 349/99 – NJW 2001, 359.

1091 Dazu oben C.I.5.a)bb).

anderen Organmitglieder grundsätzlich nicht statt.[1092] Aus Gründen der Risikominimierung wird in der Praxis typischerweise eine klarstellende Regelung aufgenommen, wonach eine solche Wissenszurechnung nicht stattfindet.

### *d) Bußgelder, Entschädigung mit Strafcharakter*

In einem Straf-, Ordnungswidrigkeiten-, oder Ermittlungsverfahren sowie bei behördlichen Verfahren wegen einer Pflichtverletzung, welche einen unter den Versicherungsschutz fallenden Anspruch zur Folge hat, trägt der Versicherer wie dargestellt[1093] die Kosten der Verteidigung des Versicherten. Der Versicherungsschutz aber erstreckt sich nicht auf die verhängten Vertragsstrafen, Bußgelder oder Geldstrafen selbst. Dies beruht auf dem allgemein zivilrechtlichen Grundsatz, dass die Versicherung von Entschädigungszahlungen mit Strafcharakter sittenwidrig und damit nichtig ist (§ 138 Abs. 1 BGB).[1094] Soweit der Entschädigung aber kein Strafcharakter zukommt, können und werden diese regelmäßig versichert, sofern und soweit ihnen kein anderes gesetzliches Versicherungsverbot entgegensteht.

Versichert ist auch der Regressanspruch des versicherten Emittenten gegen die versicherte Person nach Maßgabe einer bestehenden D&O-Versicherung, wenn es sich um eine in diesem Zusammenhang verhängte Vertragsstrafe, Bußgeld oder Geldstrafe handelt. Der Regressanspruch selbst hat keinen Strafcharakter und seine Versicherbarkeit verstößt folglich nicht gegen das Verbot einer sittenwidrigen Abrede (§ 138 Abs. 1 BGB).[1095]

### *e) Ansprüche in den USA*

In den POSI-Policen finden sich teilweise Ausschlüsse für Ansprüche im Zusammenhang mit den USA. Davon sind Ansprüche erfasst, die versicherte Unternehmen gegen versicherte Personen in den USA geltend machen (Innenhaftungsansprüche).[1096]

---

1092 BGH, Urteil vom 13.10.2000 – V ZR 349/99 – NJW 2001, 359.

1093 Dazu oben C.II.3.d)bb).

1094 Dazu ausführlich *Armbrüster/Schilbach* r+s 2016, 109 ff.

1095 Vgl. hierzu die Ausführungen zur D&O-Versicherung C.I.5.c)bb).

1096 *Fortmann* r+s 2021, 245, 250.

## 6. Leistungspflichtige Versicherung bei Mehrfachversicherung

Typischerweise sind Unternehmensleiter des Emittenten einer Wertpapieremission wie dargestellt auch vom Versicherungsschutz einer D&O-Versicherung erfasst. Für diese Personen besteht in der Regel eine Mehrfachversicherung (§ 77 VVG), da sowohl in der D&O-Versicherung als auch in der Prospekthaftungsversicherung Innen- und Außenhaftungsansprüche aufgrund gesetzlicher Haftpflichtbestimmungen abgesichert sind (soweit Prospekthaftungsansprüche in der jeweiligen D&O-Police nicht explizit ausgeschlossen sind).[1097] Zu untersuchen ist, welche der beiden Versicherungen in diesem Fall leistungspflichtig ist.

Aus welcher der beiden Versicherungen sich ein Zahlungsanspruch ergibt, hängt zunächst von den Subsidiaritätsklauseln in den Versicherungsverträgen ab.[1098] Enthalten beiden Versicherungsverträge eine Subsidiaritätsklausel, ist entscheidend, ob zwei einfache, zwei qualifizierte oder eine einfache und eine qualifizierte Subsidiaritätsklausel vorliegen.[1099] Ist die POSI beim Entwurf nicht sorgfältig auf den D&O-Versicherungsschutz abgestimmt worden, kann das Ergebnis vorliegen, dass hinsichtlich der Ansprüche des Emittenten gegen den Unternehmensleiter vorrangig die D&O-Versicherung leistungspflichtig ist. Da dieses Ergebnis augenscheinlich nicht Sinn und Zweck der Prospekthaftungsversicherung entspricht, wird das Verhältnis von POSI und D&O-Versicherung regelmäßig in der POSI-Police geregelt. Dabei wird typischerweise festgelegt, dass die POSI im Verhältnis zur D&O-Versicherung, soweit Prospekthaftungsansprüche gegenständlich sind, vorrangig ist.[1100]

## 7. Regressbeschränkungen

Zur effektiven Absicherung der Haftungsrisiken aller Beteiligten sind in der Praxis zudem die Regressansprüche des Versicherers (§ 86 VVG) zu regeln. Andernfalls droht einem oder mehreren Beteiligten aufgrund einer Regressmöglichkeit eines Haftenden eine Haftung „durch die Hintertür".

Eine Regelung bedarf es hinsichtlich des Regressanspruchs der Konsortialbanken gegen den Wirtschaftsprüfer, da dieser im Versicherungsfall andernfalls auf den Versicherer übergehen würde (§ 86 Abs. 1 S. 1 VVG). In der Praxis

---

1097 *Fortmann* r+s 2021, 245, 250.

1098 *Fortmann* r+s 2021, 245, 250.

1099 Zur Problematik sich widersprechender Subsidiaritätsklauseln vgl. *Brambach,* in: HK-VVG, 4. Auflage, 2020, § 77 VVG Rz 34 ff.

1100 *Fortmann* r+s 2021, 245, 250.

wird hierfür in der Police geregelt, dass Regressansprüche des Versicherers gegen Dritte in gleicher Weise und in gleicher Höhe wie die Haftung der von dem Rückgriffsanspruch des Versicherers betroffenen Dritten gegenüber dem Versicherungsnehmer beschränkt sind. Auf diese Weise wird vermieden, dass der Versicherer sich bei den Wirtschaftsprüfern bzw. einem anderen Beteiligten schadlos hält.[1101]

Zudem ist festzuhalten, dass dem leistenden Versicherer kein Regressanspruch gegen das pflichtwidrig handelnde Organmitglied zusteht. Dieses ist versicherte Person unter der Prospekthaftpflichtversicherung und damit kein Dritter im Sinne des § 86 Abs. 1 VVG. So der Versicherer gemäß Police aufgrund eines Versicherungsfalles zur Leistung verpflichtet ist, ist diese Leistung endgültig vom Versicherer zu tragen.[1102]

## 8. Kosten der Versicherung

Die Kosten der Versicherung trägt im Außenverhältnis regelmäßig der Emittent als Vertragspartner des Versicherers. Eine Aufteilung dieser Kosten erfolgt typischerweise nur im Innenverhältnis. Alternativ kann die Versicherungspolice so gestaltet sein, dass die Kosten der Versicherung von den veräußernden Gesellschaftern im Verhältnis zum Erlös der Emission, der auf den einzelnen Gesellschafter anfällt, übernommen werden.[1103] Die Aufteilung der Kosten im Außenverhältnis ist jedoch aufgrund des erhöhten Aufwandes untypisch.

## 9. Ergebnis: Versicherbarkeit von Prospekthaftungsrisiken und offene Restrisiken

Die Prospekthaftpflichtversicherung stellt ein wirksames Mittel zur Absicherung von Prospekthaftungsrisiken dar. Dabei konnten sich bisher keine Standardbedingungen entwickeln. Die Prospekthaftpflichtversicherung ergänzt den typischerweise bereits vorhandenen Versicherungsschutz durch die D&O-Police und schützt neben den Organen des Emittenten auch den Emittenten selbst, die Konsortialbanken und Prospektveranlasser wie verkaufende (Groß-)Aktionäre.[1104] Zur effektiven Absicherung der Haftungsrisiken durch

---

1101 *Schlitt/Landschein* ZBB 2019, 103, 114.

1102 *Fortmann* r+s 2021, 249, 250.

1103 *Fitzpatrick* Prospectus liability insurance: to POSI or not to POSI, Practical Law 2018.

1104 *Seiler/Singhof*, in: Frankfurter Kommentar WpPG/EU-ProspektVO, 2. Auflage, 2017, § 25 WpPG Rz 4.

eine Prospekthaftpflichtversicherung ist eine sorgfältig und umfassend ausgearbeitete Versicherungspolice, welche die konkreten Besonderheiten der einzelnen Emission berücksichtigt, erforderlich.
Eine sorgfältig ausgearbeitete und an das individuelle Risikoprofil der Wertpapieremission angepasste Versicherungspolice deckt dann alle im sachlichen Zusammenhang mit einer Wertpapieremission bestehenden Haftungsrisiken gegen die Beteiligten sowie alle typischerweise auftretenden Schadensfälle ab, die nicht auf wissentlichem Fehlverhalten oder vorsätzlicher Schadensverursachung beruhen. Lediglich das Außenhaftungsrisiko des Wirtschaftsprüfers[1105] bedarf besonderer Beachtung und vertiefter Verhandlungen. Dessen Absicherung findet sich regelmäßig nicht in den Standardbedingungen der Versicherer.

## III. Absicherung von Haftungsrisiken bei vertraglichen Zusicherungen in M&A-Verträgen: Die Gewährleistungsversicherung („W&I-Versicherung")

Haftungsrisiken ergeben sich bei privaten M&A-Transaktionen einerseits aus den gesetzlichen (Rahmen-)Bestimmungen (insbesondere aus dem kaufrechtlichen Gewährleistungsrecht sowie aufgrund von Verschuldens bei Vertragsverhandlungen)[1106] und andererseits aus privatautonom vereinbarten vertraglichen Zusicherungen[1107]. Die konkrete Ausgestaltung des Umfangs und des Inhalts jener vertraglichen Zusicherungen im Gewährleistungsregime eines M&A-Vertrages und die damit einhergehende Risikoallokation ist oftmals Kern intensiv geführter Vertragsverhandlungen. Nicht selten sind die widerstreitenden Interessen der Vertragsparteien so weit von einander entfernt, dass ein Stillstand der Verhandlungen und schlimmstenfalls ein Scheitern der Transaktion droht.[1108] Dies resultiert daraus, dass das Sicherungsbedürfnis des Käufers mit der Haftungsbereitschaft des Verkäufers oftmals nicht in Einklang zu bringen ist. Dieses Konfliktverhältnis kann entlastet werden, indem das Haftungsrisiko weg vom Verkäufer hin zu einem finanzstarken Versicherer verlagert wird.[1109]

1105 Dazu oben B.I.1.a)dd)(1).
1106 Dazu oben B.II.2.a) und B.II.2.b).
1107 Dazu oben B.II.2.c).
1108 *Jakobs/Franz* VersR 2014, 659.
1109 *Rotthege*, in: Rotthege/Wassermann, Unternehmenskauf bei der GmbH, 2. Auflage, 2020, 9. Kapitel, D. Warranty & Indemnity-Versicherungen Rz 156.

Daraus resultiert eine Absicherung des Sicherungsbedürfnisses des Käufers ohne Haftungsrisiken des Verkäufers.

Zur Umsetzung dieses Konzepts wurde ein eigenes Versicherungsprodukt geschaffen.[1110] Die Gewährleistungsversicherung (*Warranty & Indemnity Insurance*, im Folgenden: „W&I-Versicherung“) gewährt Versicherungsschutz für Ansprüche des Käufers aus privatautonom vereinbarten, vertraglichen Zusicherungen, die auf der Verletzung von im M&A-Vertrag erklärten Garantien oder der Verwirklichung eines Freistellungstatbestands beruhen.[1111] Gesetzliche Gewährleistungsansprüche (§§ 434 ff. BGB) sowie Ansprüche wegen vorvertraglicher Pflichtverletzung (§§ 311 Abs. 2, 280 Abs. 1 S. 2, 241 Abs. 2 BGB) aber sichert dieses Versicherungskonzept nicht ab.

Die W&I-Versicherung stammt ursprünglich aus dem anglo-amerikanischen Rechtsraum und hat sich im dortigen M&A-Markt bereits in den letzten zwei bis drei Jahrzehnten etabliert und findet nun, nachdem sie sich zunächst im skandinavischen Rechtsraum erfolgreich bewährt hat,[1112] auch in Kontinentaleuropa vermehrt Anwendung.[1113] Dies liegt zuletzt nicht nur an prozessökonomischen Gründen wie der zunehmenden Professionalisierung der Versicherer und Makler sowie der Senkung der Prämien aufgrund eines zunehmenden Wettbewerbes, sondern vor allem auch an dem in den letzten Jahren wieder verkäuferfreundlicherem M&A-Markt, der zu einer geringeren Bereitschaft auf Verkäuferseite zur Abgabe von Garantien und Freistellungen geführt hat.[1114] Die W&I-Versicherung vermag durch die Übernahme des Haftungsrisikos durch einen Versicherer diese aufgrund des Marktumfelds auftretende, nicht unproblematische Schutzlücke auf Käuferseite bei der Risikoabsicherung zu schließen.[1115]

Hierzu verlagern die Parteien durch die W&I-Versicherung die Haftungsrisiken im Zusammenhang mit den vertraglichen Garantie- und

---

1110 *Messinger/Müller* VC-Mag Beilage zu Heft Nr. 6 2018, 12.

1111 *Watchorn/Williamson* Warranty and indemnity insurance, Practical Law 2019.

1112 *Wiegand*, in: Beck'sches M&A-Handbuch, 2017, § 84 Gewährleistungsversicherungen (W&I Insurance) Rz 1.

1113 *Jakobs/Franz* VersR 2014, 659 (m.w.N.).

1114 *Meyer-Sparenberg*, in: Beck'sches M&A-Handbuch, 2017, § 44 Gewährleistungen, Garantien, Aufklärungspflichten Rz 2; *Weber*, in: Handbuch Unternehmenskauf, 9. Auflage, 2019, Kapitel 9: Der Unternehmens- und Beteiligungskaufvertrag Rz 9.272.

1115 *Meyer-Sparenberg*, in: Beck'sches M&A-Handbuch, 2017, § 44 Gewährleistungen, Garantien, Aufklärungspflichten Rz 2; *Wiegand*, in: Beck'sches M&A-Handbuch, 2017, § 84 Gewährleistungsversicherungen (W&I Insurance) Rz 2.

Freistellungserklärungen von den Parteien gegen die Zahlung einer Prämie auf den Versicherer[1116] und erweitern zugleich den Absicherungsmechanismus des Erwerbers.[1117] Für den Erwerber hat der Abschluss einer W&I-Versicherung den Vorteil, dass dieser das Solvenzrisiko des Veräußerers[1118] auf den meist finanzstarken Versicherer verlagert, was bei Transaktionen mit Privatpersonen oder isolierten Fondsgesellschaften durchaus berücksichtigenswert ist.[1119] Denn selbst wenn es einem Erwerber gelingt, vom Veräußerer umfassende Garantien und Freistellungen zugesichert zu bekommen, so bedeutet dies nicht, dass er diese Ansprüche letztlich auch durchsetzen kann.[1120] Außerdem können bei W&I-Versicherungen häufig Deckungssummen vereinbart werden, welche die gewöhnlichen Haftungshöchstgrenzen von Verkäufern bei M&A-Verträgen deutlich übersteigen.

Dem Veräußerer ermöglicht eine W&I-Versicherung eine unmittelbaren Ausschüttung der Verkaufserlöse ohne Rückstellungen (Clean Exit).[1121] Ein solcher wird dadurch umgesetzt, dass der Verkäufer seine Haftung im M&A-Vertrag auf Rechtsfolgenseite minimiert oder komplett ausschließt, indem er den Haftungshöchstbetrag auf EUR 1 begrenzt.[1122] Aus diesem Grund sind Beteiligungsveräußerungen von Investoren (Exits) der häufigste Anwendungsfall von W&I-Versicherungen,[1123] da diese die Gewinne aus der Transaktion regelmäßig

1116 *Wiegand,* in: Beck'sches M&A-Handbuch, 2017, § 84 Gewährleistungsversicherungen (W&I Insurance) Rz 1.

1117 *Meyer-Sparenberg,* in: Beck'sches M&A-Handbuch, 2017, § 44 Gewährleistungen, Garantien, Aufklärungspflichten Rz 9.

1118 Dies gilt insbesondere vor dem Hintergrund, dass es sich bei den Verkäufergesellschaften meist um ein Veräußerungsvehikel nach luxemburgischen Recht handelt, welches kurz nach Vollzug des Verkaufs und Ausschüttung der Erlöse an die Investoren liquidiert wird. Vgl. hierzu *Meyer-Sparenberg,* in: Beck'sches M&A-Handbuch, 2017, § 44 Gewährleistungen, Garantien, Aufklärungspflichten Rz 4; *Richter,* in: Beck'sches M&A-Handbuch, 2017, § 55 Managementbeteiligung Rz 55.

1119 *Heer* GWR 2018, 125, 131; *Meyer-Sparenberg,* in: Beck'sches M&A-Handbuch, 2017, § 44 Gewährleistungen, Garantien, Aufklärungspflichten Rz 4.

1120 *Meyer-Sparenberg,* in: Beck'sches M&A-Handbuch, 2017, § 44 Gewährleistungen, Garantien, Aufklärungspflichten Rz 4.

1121 *Daghles/Haßler* GWR 2016, 455–456; *Hensel/Namislo* BB 2018, 1475; *Jakobs/Franz* VersR 2014, 659; *Kaufhold* BB 2016, 394; *Kränzlin/Otte/Fassbach* BB 2013, 2314, 2315.

1122 *Heer* GWR 2018, 125; *Messinger/Müller* VC-Mag Beilage zu Heft Nr. 6 2018, 12.

1123 *Wiegand,* in: Beck'sches M&A-Handbuch, 2017, § 84 Gewährleistungsversicherungen (W&I Insurance) Rz 2 (m.w.N.).

sofort und vollständig aus dem Verkaufsvehikel abziehen, um sie vollumfänglich zu reinvestieren oder an die Kapitalgeber auszuschütten.[1124] Dies wird durch den Abschluss einer W&I-Versicherung ermöglicht, da hier das Bedürfnis des Käufers nach klassischen Sicherungsmitteln, insbesondere das „Parken“ eines Teils des Kaufpreises auf einem Treuhandkonto („Escrow“), entfällt.[1125] Bei diesen Private-Equity-Transaktionen kann der Abschluss einer W&I-Versicherung mittlerweile bereits als *best practice* bezeichnet werden.[1126]

## 1. Absicherbare Rechtsgeschäfte

Die W&I-Versicherung wird in der Literatur derzeit fast ausschließlich anhand der Absicherung von Garantien und Freistellungen eines Unternehmenskaufvertrages erörtert (unabhängig von der Frage, ob es sich um einen Asset Deal oder einen Share Deal handelt). Dies vermittelt den unzutreffenden Eindruck, dass die W&I-Versicherung lediglich geeignet ist, Garantien und Freistellungen in Kaufverträgen abzusichern. Die Einsatzmöglichkeiten dieses Versicherungskonzepts sind aber vielfältiger.

Grundsätzlich kann die W&I-Versicherung bei jeder Transaktion eingesetzt werden, bei der vertragliche Garantien und Freistellungen erklärt werden. In der Praxis wird die W&I-Versicherung daher teilweise auch zur Absicherung der Garantien und Freistellungen bei Joint-Venture-Verträgen, bei (nichtprospektpflichtigen) Kapitalerhöhungen wie insbesondere Finanzierungsrunden im Bereich Venture Capital oder auch sonstigen Private-Equity-Transaktionen eingesetzt.[1127] Insbesondere bei Beteiligungstransaktionen, in denen der Garantiegeber keine bzw. nicht alle Gesellschaftsanteile veräußert und damit Mitgesellschafter bleibt, bietet eine W&I-Versicherung den Vorteil, im Versicherungsfall keinen Mitgesellschafter in Anspruch nehmen zu müssen.[1128]

Richtigerweise ist im Zusammenhang mit W&I-Versicherungen daher nicht nur von „Unternehmenskaufverträgen“, sondern von „M&A-Verträgen“ im Allgemeinen zu sprechen. Die Ausführungen zu Unternehmenskaufverträgen gelten für die sonstigen Transaktionen sinngemäß.

---

1124 *Messinger/Müller* VC-Mag Beilage zu Heft Nr. 6 2018, 12.

1125 *Messinger/Müller* VC-Mag Beilage zu Heft Nr. 6 2018, 12.

1126 *Ratz/Tachezy* BB 2020, 219, 220.

1127 *Rotthege,* in: Rotthege/Wassermann, Unternehmenskauf bei der GmbH, 2. Auflage, 2020, 9. Kapitel, D. Warranty & Indemnity-Versicherungen Rz 161.

1128 *Rotthege,* in: Rotthege/Wassermann, Unternehmenskauf bei der GmbH, 2. Auflage, 2020, 9. Kapitel, D. Warranty & Indemnity-Versicherungen Rz 161.

## 2. Konzept der W&I-Versicherung

Die W&I-Versicherung bietet bei M&A-Verträgen für den Versicherungsnehmer Versicherungsschutz für Ansprüche, die aus der Verletzung von Garantien oder Freistellungen resultieren.[1129] Versicherungsnehmer ist dabei heutzutage in der Praxis grundsätzlich der Garantieempfänger,[1130] beim häufigsten Anwendungsfall dem Unternehmenskaufvertrag mithin der Käufer (Buy-Side Police). Möglich ist aber auch weiterhin, wie früher üblich,[1131] eine Ausgestaltung als Verkäuferpolice (Sell-Side Police).[1132]

### *a) Verkäuferversicherung*

Eine W&I-Versicherung kann als Verkäuferversicherung gestaltet werden. Bei einer Verkäuferpolice besteht das Vertragsverhältnis zwischen dem Versicherer und dem Veräußerer als Versicherungsnehmer. Dabei verbleibt es bei der im Unternehmenskaufvertrag festgelegten unmittelbaren Haftung des Veräußerers gegenüber dem Erwerber. Die W&I-Police wirkt dann vergleichbar einer Haftpflichtversicherung und gewährt dem Verkäufer Versicherungsschutz im Falle einer Inanspruchnahme aus den im Unternehmenskaufvertrag abgegebenen Garantien und Freistellungen durch den Käufer.[1133]

Die Versicherung bietet dem Veräußerer dabei eine Rückgriffmöglichkeit für die gegen ihn geltend gemachten Ansprüche aus der Verletzungen erklärter Garantien oder begründeten Ansprüchen auf Freistellung.[1134] Der Veräußerer hat bei Begründetheit der geltend gemachten Ansprüche einen Regress- oder Freistellungsanspruch gegen den Versicherer aus der W&I-Versicherung.[1135]

---

1129 *Grädler/Fritsche/Beilborn* GWR 2018, 464.

1130 Vgl. etwa *Hoenig/Klingen* NZG 2016, 1244, 1245, die bei der Käuferpolice von einem Marktanteil von 75 % ausgehen; für ein *deutliches Überwiegen* auch *Daghles/Haßler* GWR 2016, 455; *Hoger/Baumann* NZG 2017, 811; mit demselben Ergebnis auch *Weber,* in: Handbuch Unternehmenskauf, 9. Auflage, 2019, Kapitel 9: Der Unternehmens- und Beteiligungskaufvertrag Rz 9.274.

1131 Hierzu *Hasselbach/Reichel* ZIP 2005, 377.

1132 Zur Einordnung vgl. *Jakobs/Franz* VersR 2014, 659, 662 f.; *Metz* NJW 2010, 813, 814.

1133 *Grossmann/Mönnich* NZG 2003, 708, 710; *Metz* NJW 2010, 813, 815; *Weber,* in: Handbuch Unternehmenskauf, 9. Auflage, 2019, Kapitel 9: Der Unternehmens- und Beteiligungskaufvertrag 9.273; *Wiegand,* in: Beck'sches M&A-Handbuch, 2017, § 84 Gewährleistungsversicherungen (W&I Insurance) Rz 6.

1134 *Grädler/Fritsche/Beilborn* GWR 2018, 464.

1135 *Wiegand,* in: Beck'sches M&A-Handbuch, 2017, § 84 Gewährleistungsversicherungen (W&I Insurance) Rz 6.

Typisch ist dabei auch eine Bestimmung, dass der Versicherer im Fall der Inanspruchnahme durch den Erwerber für den Veräußerer die Verteidigung gegen die erhobenen Ansprüche übernimmt und zugleich dazu berechtigt ist, im Namen des Veräußerers mit dem Käufer einen Vergleich abzuschließen.[1136]

Eine Verkäuferversicherung ist weder aus Käufer- noch aus Verkäufersicht ideal. Der Verkäufer trägt bei Wahl dieser Versicherung das Risiko einer Schutzlücke aufgrund von Divergenzen zwischen dem Gewährleistungskatalog im M&A-Vertrag und der Versicherungspolice. Damit sehen sich Verkäufer dem Problem ausgesetzt, die Erlöse nicht unmittelbar reinvestieren bzw. an die Berechtigten ausschütten zu können. Aus Sicht des Käufers besteht das Problem, dass im Falle einer vorsätzlichen Garantieverletzung in der Praxis eine Deckung des Versicherers gegenüber dem Veräußerer ausgeschlossen ist. In diesem Fall entfällt für ihn ein Vorteil einer W&I-Versicherung, die Verlagerung des Solvenzrisikos auf den Versicherer.[1137]

In der Praxis kommt der Abschluss einer Verkäuferversicherung aufgrund dieser Nachteile nur äußerst selten vor. Das Konzept wird gewählt, wenn auf Käuferseite eine ausgeprägt starke Verhandlungsposition besteht oder ein derart hoher Kaufpreis bezahlt wird, dass der Verkäufer faktisch jeden M&A-Vertragsentwurf akzeptiert. In diesem Fall sichert sich der Veräußerer über eine Verkäuferpolice für die erklärten Gewährleistungen bei einem Versicherer ab. Der Käufer ist in diesen Absicherungsprozess oftmals überhaupt nicht eingebunden.

### b) *Käuferversicherung*

Eine W&I-Versicherung kann alternativ als Käuferversicherung gestaltet werden. Bei einer Käuferpolice besteht das Versicherungsvertragsverhältnis zwischen dem Versicherer und dem Erwerber als Versicherungsnehmer und wird regelmäßig allein von diesen beiden verhandelt. Im Versicherungsfall kann der Käufer den Versicherer in Anspruch nehmen, ohne zusätzlich oder vorrangig gegen den Verkäufer vorgehen zu müssen.[1138] Der Anspruch des Käufers gegen den Versicherer aus der W&I-Versicherung tritt dabei neben die Ansprüche aus

---

1136 *Jakobs/Franz* VersR 2014, 659.

1137 *Weber,* in: Handbuch Unternehmenskauf, 9. Auflage, 2019, Kapitel 9: Der Unternehmens- und Beteiligungskaufvertrag Rz 9.273; *Wiegand,* in: Beck'sches M&A-Handbuch, 2017, § 84 Gewährleistungsversicherungen (W&I Insurance) Rz 6.

1138 *Weber,* in: Handbuch Unternehmenskauf, 9. Auflage, 2019, Kapitel 9: Der Unternehmens- und Beteiligungskaufvertrag Rz 9.274.

denen des M&A-Vertrages gegen den Veräußerer und lässt diese dem Grunde nach unberührt.[1139]

Hierzu vereinbaren Erwerber und Veräußerer im M&A-Vertrag dem Umfang nach zwar die üblichen Garantien (so, als gäbe es keine W&I-Versicherung), limitieren diese aber auf Rechtsfolgenseite durch sehr geringe Haftungshöchstgrenzen (zwischen EUR 1 und 0,5–1 % des Kaufpreises) und kurze Verjährungsfristen (1 Tag).[1140] Damit wird das Gewährleistungsregime des M&A-Vertrages so konstruiert, dass dem Erwerber auf Tatbestandsseite stets ein (versicherbarer) Gewährleistungsanspruch gegen den Veräußerer zusteht, dieser Anspruch aber aufgrund der Haftungslimitierungen auf Rechtsfolgenseite nicht durchsetzbar ist. Da die käuferseitige W&I-Police nur an die (versicherbare) Tatbestandsseite der Garantien und Freistellungen anknüpft, kann der Erwerber sich für die Durchsetzung seiner Ansprüche unmittelbar an den Versicherer zu wenden, für den die zwischen Erwerber und Veräußerer vereinbarten Haftungslimitierungen nicht gelten.[1141]

Somit begründet die käuferseitige W&I-Versicherung selbst keine unmittelbare Enthaftung des Verkäufers. Die Enthaftung wird vielmehr ausschließlich im M&A-Vertrag umgesetzt. Durch die Absicherung der Gewährleistungsansprüche des Käufers anhand der Ansprüche aus der W&I-Versicherung durch den Versicherer, verliert der Käufer sein Bedürfnis an einer Absicherung seiner Ansprüche aus dem M&A-Vertrag durch den Verkäufer. Die Enthaftung des Verkäufers tritt daher ein, indem der Käufer dem Verkäufer im M&A-Vertrag umfangreiche Haftungsfreistellungen gewährt. Aus Sicht des Käufers kommt es auf diese Weise zu einem Austausch des Gewährleistungsschuldners. Für seine Gewährleistungsansprüche haftet nun (aufgrund der gewährten Haftungsfreistellungen) nicht mehr der Verkäufer nach Maßgabe des M&A-Vertrages, sondern der Versicherer nach Maßgabe der W&I-Police.

Diese Käuferversicherung hat für den Käufer den Vorteil, dass er als Gläubiger dieser Ersatzansprüche die Verhandlungen über die Absicherung durch eine Versicherung selbst initiieren und steuern kann.[1142] Im Gegensatz zu

---

1139 *Wiegand,* in: Beck'sches M&A-Handbuch, 2017, § 84 Gewährleistungsversicherungen (W&I Insurance) Rz 7.

1140 *Weber,* in: Handbuch Unternehmenskauf, 9. Auflage, 2019, Kapitel 9: Der Unternehmens- und Beteiligungskaufvertrag Rz 9.274.

1141 *Kränzlin/Otte/Fassbach* BB 2013, 2314, 2315; *Wiegand,* in: Beck'sches M&A-Handbuch, 2017, § 84 Gewährleistungsversicherungen (W&I Insurance) Rz 7.

1142 *Wiegand,* in: Beck'sches M&A-Handbuch, 2017, § 84 Gewährleistungsversicherungen (W&I Insurance) Rz 7.

Verkäufer-Policen decken Käufer-Policen auch vorsätzliche und grob fahrlässige Falschangaben zu Garantieerklärungen des Veräußerers ab,[1143] weshalb ein Käufer bei Abschluss einer Käufer-Police auch eher geneigt ist, auf einen Escrow zu verzichten.[1144] Außerdem lassen sich gegenüber einem Versicherer unter der käuferseitigen W&I-Versicherung deutlich höhere Haftungshöchstbeträge durchsetzen, als gegenüber einem Veräußerer im M&A-Vertrag. Aufgrund dieser Vorteile ist die Käufer-Police derzeit auch das weit überwiegend verwendete Modell.[1145] Dieses soll daher als Leitbild für die Ausführung im Rahmen dieser Arbeit dienen.

#### c) *Verknüpfung der Haftungsregime von M&A-Vertrag und W&I-Police*

Die Absicherung der Garantien und Freistellungen im M&A-Vertrag durch die W&I-Versicherung erfordert die sorgfältige Verknüpfung der beiden Vertragswerke.[1146] Dabei ist zu berücksichtigen, dass die Verkäuferhaftung nach dem M&A-Vertrag und die Versichererhaftung nach der (überwiegend verwendeten käuferseitigen) W&I-Police grundsätzlich selbstständig nebeneinander stehen. Die W&I-Versicherung konstituiert ein eigenes Haftungsregime[1147], welches sich an den Tatbeständen des Gewährleistungskataloges des M&A-Vertrages orientiert, aber in den Rechtsfolgen eigene Bestimmungen trifft.

Auf Tatbestandsseite sind die (versicherten) Gewährleistungstatbestände aus dem M&A-Vertrag mit den allgemeinen Ausschlusstatbeständen aus der W&I-Versicherung in Einklang zu bringen und auf Rechtsfolgenseite gilt es den Selbstbehalt des Versicherungsnehmers unter der W&I-Police mit dem Haftungshöchstbetrag des Veräußerers unter dem M&A-Vertrag abzustimmen.[1148]

---

1143 *Weber,* in: Handbuch Unternehmenskauf, 9. Auflage, 2019, Kapitel 9: Der Unternehmens- und Beteiligungskaufvertrag Rz 9.274.

1144 *Hensel/Namislo* BB 2018, 1475, 1476; *Kaufhold* BB 2016, 394; *Rotthege,* in: Rotthege/Wassermann, Unternehmenskauf bei der GmbH, 2. Auflage, 2020, 9. Kapitel, D. Warranty & Indemnity-Versicherungen Rz 160.

1145 *Daghles/Haßler* GWR 2016, 455; *Giessen/Luettges* BB 2018, 647; *Hoger/Baumann* NZG 2017, 811; CMS European M&A Study 2017, 29 ff., gelangt zum Ergebnis, dass 94 % der abgeschlossenen W&I-Versicherung als Käuferpolice gestaltet waren.

1146 *Wilhelmi,* in: beckOGK, 2019, § 453 BGB Rz 755; näher bei *Heer* GWR 2018, 125, 128; *Hensel/Namislo* BB 2018, 1475, 1476; *Hoger/Baumann* NZG 2017, 811.

1147 Dieses Haftungsregime der W&I-Police kann dabei auch (weit) über das Haftungsregime des M&A-Vertrages hinausgehen, bzw. sogar völlig synthetisch generiert werden.

1148 *Grädler/Fritsche/Beilborn* GWR 2018, 464.

Im Ergebnis haftet der Veräußerer nur bis zum Haftungshöchstbetrag unter dem M&A-Vertrag und die Versicherung übernimmt nach Maßgabe der W&I-Police die darüberhinausgehende Haftung.[1149] Bei mangelnder Verknüpfung können sowohl auf Tatbestands- als auch Rechtsfolgenseite Deckungslücken für den Versicherungsnehmer entstehen und eine vollumfassende Absicherung wird verfehlt.[1150]

### *aa) Das Haftungskonzept der W&I-Versicherungspolice*

Das Haftungskonzept der W&I-Versicherungspolice gewährt einen versicherungsrechtlichen Anspruch, soweit unter dem M&A-Vertrag ein Gewährleistungsanspruch besteht. Besteht also kein Anspruch des Käufers gegen den Verkäufer nach dem Gewährleistungsregime des M&A-Vertrages, steht ihm grundsätzlich auch kein Anspruch gegen den Versicherer zu (im Folgenden als „Akzessorietät" bezeichnet).

Aufgrund dieser Akzessorietät wirken Haftungsbeschränkungen des Verkäufers im M&A-Vertrag grundsätzlich bereits auf Haftungsebene zugunsten des Versicherers in der W&I-Police,[1151] da der Anspruch aufgrund der Haftungslimitierung schon nicht (mehr) vom Haftungsregime des M&A-Vertrages umfasst ist. Die Akzessorietät zwischen M&A-Vertrag und W&I-Police ist daher auf die Tatbestandsseite der Garantien und Freistellungen zu beschränken, denn würde eine Regelung zur Haftungslimitierung im M&A-Vertrag (bspw. Haftungshöchstgrenze von EUR 1) in W&I-Versicherungspolice nicht abbedungen sein, würde diese Haftungslimitierung des Veräußerers aufgrund der Akzessorietät zwischen Schadenersatzanspruch nach M&A-Vertrag und versicherungsrechtlichem Anspruch aus der W&I-Police auch zugunsten des W&I-Versicherers gelten.

### *bb) Abbedingung von Haftungslimitierungen des Garantiegebers*

Daher wird in der W&I-Police die Abbedingung sämtlicher Haftungslimitierungen des Garantiegebers im M&A-Vertrag (Haftungshöchstgrenzen, Verjährungsregelungen, Freigrenzen, Selbstbehalte, De-Minimis-Beträge, etc.) vereinbart. Hierfür werden im M&A-Vertrag die Tatbestände des Gewährleistungskatalogs getrennt von den Rechtsfolgen bei Garantieverletzungen geregelt.

---

1149 *Hoger/Baumann* NZG 2017, 811, 813.

1150 *Hoger/Baumann* NZG 2017, 811.

1151 *Boche,* in: Veith/Gräfe/Gebert, Der Versicherungsprozess, 4. Auflage, 2020, § 25 W&I-Versicherung Rz 24.

Auf diese Weise kann in der W&I-Versicherungspolice isoliert auf die Tatbestände der Garantien und Freistellungen Bezug genommen werden, ohne die Haftungslimitierungen (des M&A-Vertrages) zu inkorporieren. Zudem werden typischerweise die Regelungen zu den Beschränkungen der Rechtsfolgen bei Garantieverletzungen des M&A-Vertrages in der W&I-Police ausdrücklich für unanwendbar erklärt. In der W&I-Police sind dann eigene, zwischen Käufer und Versicherer zu verhandelnde, Bestimmungen für die Rechtsfolgen bei Garantieverstößen und zu den Beschränkungen dieser Ansprüche festzulegen.[1152]

### 3. Prozessgestaltung und Auswirkungen auf den M&A-Prozess

Eine umfassende Absicherung der Garantien und Freistellung durch eine W&I-Versicherung erfordert, dass der Versicherer die Garantien und Freistellung inhaltsgleich zu den Erklärungen im M&A-Vertrag versichert. Hierfür prüft der Versicherer die Garantien und Freistellungen des Verkäufers und entscheidet aufgrund einer eigenen Risikoabschätzung, welche Garantien uneingeschränkt versichert werden können, für welche Garantien eine weitere Prüfung des Sachverhaltes erforderlich ist und welche Garantien nur eingeschränkt versichert werden können. In der Praxis werden W&I-Versicherer daher frühzeitig angesprochen und umfangreich in den Transaktionsprozess (insbesondere in der Due Diligence) eingebunden, um deren Bereitschaft zur vollständigen Versicherung der Garantien zu erhöhen. Ansprache und Einbindung des W&I-Versicherer hängt dabei vom M&A-Verfahren ab.

#### *a) Prozessgestaltung im Bieterverfahren und beim Direktverkauf*

Im Bieterverfahren erstellt typischerweise der Verkäufer den Erstentwurf von M&A-Vertrag und Gewährleistungskatalog und stimmt diesen mit dem W&I-Versicherungsmakler ab. Werden bereits in diesem Stadium schwer oder nicht versicherbare Garantien identifiziert, kann der Verkäufer den zugrundeliegenden Lebenssachverhalten aufarbeiten und entsprechende Dokumente für die spätere Risikoabschätzung des Versicherers bereitstellen, um eine Versicherung auch dieser Garantien zu ermöglichen. Auf dieser Grundlage werden unverbindliche Erstangebote der Versicherer eingeholt und vergleichen (*non-binding indications report*).[1153]

---

1152 *Boche*, in: Veith/Gräfe/Gebert, Der Versicherungsprozess, 4. Auflage, 2020, § 25 W&I-Versicherung Rz 25.

1153 *Hensel/Namislo* BB 2018, 1475, 1476; *Hoger/Baumann* NZG 2017, 811.

Dieser Prozess erfordert eine umfangreiche vom Verkäufer durchgeführte Prüfung seines eigenen Unternehmens (Vendor Due Diligence), deren Ergebnis er den Versicherern zur Verfügung stellt.[1154] Die erhaltenen Erstangebote der Versicherer leitet der Veräußerer dann an die Bieter im M&A-Prozess weiter (Stapled Insurance).[1155] Ab diesem Zeitpunkt verlagert sich die Verantwortlichkeit zur Verhandlung und zum Abschluss der W&I-Versicherung auf den Käufer (Seller/Buyer Flip).[1156]

Während der anschließenden W&I-Vertragsverhandlungen zwischen Erwerber und Versicherer stellt der Erwerber dem Versicherer auch die (eigenen) Due Diligence Berichte sowie die Transaktionsdokumentation (insbesondere die Offenlegungen zu Garantieverstößen (*disclosure schedules*)) zur Verfügung. In der Praxis spiegelt sich dabei die Qualität der Prüfung sowie die Ergebnisse der Due Diligence im Umfang des Versicherungsschutzes wider.[1157]

Im Direktverkauf ist das Verfahren weniger reglementiert. Typischerweise erstellt der potenzielle Erwerber nach Durchführung seiner Due Diligence einen Erstentwurf von M&A-Vertrag und Gewährleistungskatalog und stimmt diese mit den Versicherern ab. Daraufhin werden die abgestimmten Entwürfe der Transaktionsdokumentation sowie der W&I-Versicherungspolice an den Veräußerer übermittelt. Da in diesem Szenario der Käufer von Beginn an für den Abschluss der W&I-Versicherung verantwortlich ist, kommt es nicht zum Seller/Buyer Flip.[1158]

### *b) Weitere Abstimmung des Erwerbers mit dem Versicherer*

Nach Durchsicht und Prüfung der Erstangebote der Versicherer wählt der Versicherungsnehmer einen Versicherer aus, mit welchem die Transaktion durchgeführt und versichert werden soll. Dieser prüft die Haftungsrisiken der zu versichernden Gewährleistungen und nimmt dabei eine eigene Risikoprüfung (Underwriting-Prozess) vor.[1159] Dieser Underwriting-Prozess dient einerseits der Risikokalkulation sowie andererseits der Verifizierung, dass der Versicherungsnehmer die Transaktion zu denselben Konditionen mit demselben

1154 *Messinger/Müller* VC-Mag Beilage zu Heft Nr. 6 2018, 12, 13.

1155 Hierzu ausführlich *Kaufhold* BB 2016, 394.

1156 *Daghles/Haßler* GWR 2016, 455; *Hensel/Namislo* BB 2018, 1475, 1476; *Hoenig/Klingen* NZG 2016, 1244, 1246; *Hoger/Baumann* NZG 2017, 811.

1157 *Messinger/Müller* VC-Mag Beilage zu Heft Nr. 6 2018, 12, 13.

1158 *Hensel/Namislo* BB 2018, 1475, 1476.

1159 Vgl. hierzu auch *Pamler/Meven* VC-Mag Beilage zu Heft Nr. 6 2018, 9 f.

Umfang an Garantien und Gewährleistungen auch abgeschlossen hätte, wenn die Transaktion nicht versichert worden wäre.[1160]

Nach Durchsicht der Due Diligence Berichte stellt der Versicherer dem Versicherungsnehmer typischerweise weitere und tiefergehende Fragen zum Zielunternehmen und zur Transaktion. Hierfür übermittelt der Versicherer dem Versicherungsnehmer einen Fragenkatalog, der sowohl allgemeine Fragen wie zu strategischen Überlegungen, Struktur des Datenraums oder Erfahrungen mit W&I-Versicherungen, als auch transaktionsspezifische Fragen zur Due Diligence enthält. Auf diese Fragen antwortet der Versicherungsnehmer schriftlich.[1161] Nach Abschluss der Verhandlungen wird die Versicherungspolice einschließlich der Deckungspositionen finalisiert. Die Verhandlung der Versicherungspolice läuft somit aus Sicht des Versicherungsnehmers als zweiter Arbeitsbereich parallel zur Verhandlung des M&A-Vertrages.[1162]

### *c) Abschluss der Versicherung*

Nach Abschluss der Verhandlungen über die W&I-Versicherungskonditionen gibt der Versicherer gegenüber dem Versicherungsnehmer ein bindendes Versicherungsangebot kurz vor Signing des M&A-Vertrages ab.[1163] Sofern danach noch Änderungen im M&A-Vertrag vorgenommen werden, sind diese final mit dem Versicherer abzustimmen und von diesem zu bestätigen. Der Versicherungsvertragsabschluss erfolgt unmittelbar vor oder mit Beurkundung des M&A-Vertrages auf Grundlage des zuvor abgegebenen bindenden Angebots.[1164] Abhängig von der konkreten Ausgestaltung der Verknüpfung von W&I-Versicherung und M&A-Vertrag, kann eine Beurkundung der Versicherungspolice erforderlich sein.[1165]

---

1160 Vgl. zum Underwriting Prozess auch *Rasner/Liebau/Knorr* VC-Mag Beilage zu Heft Nr. 6 2018, 24 ff.

1161 *Messinger/Müller* VC-Mag Beilage zu Heft Nr. 6 2018, 12, 13; *Weber*, in: Handbuch Unternehmenskauf, 9. Auflage, 2019, Kapitel 9: Der Unternehmens- und Beteiligungskaufvertrag Rz 9.285.

1162 *Hensel/Namislo* BB 2018, 1475, 1477.

1163 *Metz* NJW 2010, 813, 814.

1164 *Hensel/Namislo* BB 2018, 1475, 1477.

1165 Vgl. zum „Einheitlichkeitswillen“ BGH, Urteil vom 23.02.1968 – V ZR 188/64 – BGHZ 50, 8, 13 und BGH, Urteil vom 09.07.1992 – IX ZR 209/91 – NJW 1992, 3237, 3238. Zum Ganzen *Wiegand*, in: Beck'sches M&A-Handbuch, 2017, § 84 Gewährleistungsversicherungen (W&I Insurance) Rz 18; **A.A.** unter Ablehnung eines Verknüpfungswillen *Rasner/Möllering* BB 2019, 2120, 2123.

Bei Abschluss der Versicherung hat der Versicherungsnehmer schriftlich zu bestätigen, dass er keine Kenntnis vom Vorliegen einer Garantieverletzung, oder von Umständen, aus denen sich eine Garantieverletzung ergeben kann, hat (No Claims Declaration, § 19 Abs. 1 VVG). Diese Erklärung ist grundsätzlich am Tag der Unterzeichnung des M&A-Vertrages für alle Garantien, die auf diesen Stichtag abgegeben wurden, abzugeben. Soweit Signing und Closing zeitlich auseinanderfallen, wird diese Erklärung am Tag des Vollzugs für alle auf diesen Stichtag abgegebenen Garantieerklärungen, erneut verlangt.[1166]

### *d) Wirksamkeit des Versicherungsvertrages*

Die Versicherung wird regelmäßig unmittelbar vor oder zum Signing des M&A-Vertrages abgeschlossen.[1167] Der Versicherungsvertrag ist dabei üblicherweise auflösend bedingt. Voraussetzung für die Wirksamkeit ist regelmäßig (1) der dingliche Vollzug des M&A-Vertrages, (2) die Übergabe der No Claims Declaration an den Versicherer im Original, (3) die Übermittelung der finalen Transaktionsdokumentation sowie (4) die Zahlung der Endprämie innerhalb eines festgelegten Zeitraums nach Closing.[1168] Kommt es nicht zum Eintritt einer dieser auflösenden Bedingungen, entfällt der Versicherungsschutz rückwirkend (§ 158 Abs. 2 BGB).

### *e) Auswirkungen auf die Due Diligence*

Der Abschluss einer W&I-Versicherung ist für den Erwerber kein Ersatz für die sorgsame und umfangreiche Prüfung des Zielunternehmens im Rahmen einer Due Diligence.[1169] Vielmehr erwarten W&I-Versicherer vom Versicherungsnehmer eine sorgfältige Due Diligence und machen deren Umfang und Ergebnisse zur Grundlage ihrer Risikoabschätzung.[1170] Eine oberflächliche und lückenhafte Due Diligence führt daher zu einem Verlust an Versicherungsschutz und zu einer Erhöhung der Versicherungsprämie.

---

1166 *Wiegand,* in: Beck'sches M&A-Handbuch, 2017, § 84 Gewährleistungsversicherungen (W&I Insurance) Rz 23.

1167 *Weber,* in: Handbuch Unternehmenskauf, 9. Auflage, 2019, Kapitel 9: Der Unternehmens- und Beteiligungskaufvertrag Rz 9.286.

1168 *Hensel/Namislo* BB 2018, 1475, 1477; *Metz* NJW 2010, 813, 815.

1169 *Daghles/Haßler* GWR 2016, 455, 456; *Grädler/Fritsche/Beilborn* GWR 2018, 464, 465.

1170 *Wiegand,* in: Beck'sches M&A-Handbuch, 2017, § 84 Gewährleistungsversicherungen (W&I Insurance) Rz 12 f.

Im Rahmen der Risikoabschätzung führt der Versicherer eine eigene Due Diligence Prüfung durch, welche sich inhaltlich auf kritische Garantien fokussiert und vordergründig Umfang und Qualität der vom Käufer durchgeführten Due Diligence sicherstellt und den Prozess zur Verhandlung der Garantien und Freistellungen sowie zur Offenlegung bekannter Risiken zwischen den M&A-Vertragsparteien kritisch prüft. Damit soll gewährleistet werden, dass der Versicherungsnehmer die Transaktion auch mit demselben Gewährleistungskatalog abgeschlossen hätte, wäre die Transaktion nicht versichert worden.[1171]

Der Versicherer überprüft daher Qualität und Struktur des Datenraumes sowie die von einem Käufer gestellten Fragen während des Due Diligence-Prozesses und lässt sich sämtliche Due Diligence Berichte vorlegen. Aus den Berichten erkenntliche Beschränkungen im Prüfungsumfang spiegeln sich im Umfang des Versicherungsschutzes wider.[1172] Sind Themengebiete in der Due Diligence nicht geprüft worden, können diese auch nicht versichert werden.

### *f) Besonderheiten bei Verwendung einer Verkäuferpolice*

Soweit im Ausnahmefall eine Verkäuferpolice anstelle der typischen Käuferpolice zum Einsatz kommt, ergeben sich im Grundsatz keine Änderungen, außer dass die W&I-Police zwischen Verkäufer und Versicherer verhandelt wird. Voraussetzung hierfür ist, dass der Verkäufer eine Vendor Due Diligence seines Unternehmens durchführt. Im Rahmen des Underwriting-Prozesses kann der Versicherer zudem detailliertere Fragen zum Zielunternehmen stellen, da der Veräußerer mit den Umständen beim Zielunternehmen besser vertraut ist als ein Erwerber. Zuletzt kann der Versicherer auch davon ausgehen, dass die Garantien konsequenter ausverhandelt wurden, denn dem Verkäufer als Versicherungsnehmer steht bei dieser Police zwar ein Regressanspruch gegen den Versicherer zu, im Außenverhältnis haftet er aber unmittelbar gegenüber dem Käufer. Zudem ist der Versicherer bei der Verkäuferpolice im Falle einer vorsätzlichen oder grob fahrlässigen Garantieverletzung des Veräußerers von der Leistungspflicht befreit.

---

1171 *Weber*, in: Handbuch Unternehmenskauf, 9. Auflage, 2019, Kapitel 9: Der Unternehmens- und Beteiligungskaufvertrag Rz 9.285.

1172 Zum Ganzen *Wiegand*, in: Beck'sches M&A-Handbuch, 2017, § 84 Gewährleistungsversicherungen (W&I Insurance) Rz 13 (m.w.N.).

## 4. Gegenstand der W&I-Versicherung

Gegenstand der W&I-Versicherung ist die Absicherung unbekannter Haftungsrisiken aus Garantien und Freistellungen bei M&A-Transaktionen. Der inhaltliche Deckungsschutz von W&I-Versicherungspolicen (und damit einhergehend die absicherbaren Risikobereiche) war in der Vergangenheit weitestgehend standardisiert und von Seiten der Versicherungen vorgegeben. Die Versicherungskonditionen passten dabei meist nicht zu den individuellen Risikoprofilen einer M&A-Transaktion und den darin gewählten Haftungsmechanismen.[1173] Moderne W&I-Versicherungen sind hingegen dem Konzept eines M&A-Vertrages nachempfunden und der Versicherungsschutz wird für jede zu versichernde Garantie oder Freistellung einzeln geprüft, verhandelt und festgelegt.[1174]

### *a) Versicherter Personenkreis*

Vom Versicherungsschutz der W&I-Versicherung ist allein der Versicherungsnehmer erfasst. Bei der Verkäuferpolice ist dies der Veräußerer. Bei der käuferseitigen W&I-Versicherung ist es der Erwerber. Weitere Personen sind nicht versichert.

Für die käuferseitige W&I-Police mag dieses Ergebnis auf den ersten Blick verwundern, da das Haftungsrisiko für die Inanspruchnahme aufgrund fehlerhafter Garantieerklärungen allein den Veräußerer als Garantiegeber trifft, jedoch nur der Erwerber Versicherungsschutz genießt. Diese Erkenntnis bestätigt aber das zuvor gefundene Ergebnis, dass die (käuferseitige) W&I-Versicherung für den Veräußerer selbst keine Enthaftung begründet. Vielmehr wird diese Enthaftung durch Haftungslimitierungen im M&A-Vertrag umgesetzt.[1175]

### *b) Versicherte Anspruchsgrundlagen*

Zu untersuchen ist, welche der identifizierten Anspruchsgrundlagen durch eine W&I-Versicherung abgesichert werden können. Inhaltlich schütz die W&I-Versicherung vor Haftungsrisiken, welche sich aus unbekannten Sachverhalten der Vergangenheit ergeben. Im Rahmen der Due Diligence oder anderweitig identifizierte Risikobereich sind hingegen grundsätzlich nicht abgesichert. Einige Versicherer haben auf diese Lücke im Versicherungsschutz reagiert und bieten hierfür

---

1173 *Watchorn/Williamson* Warranty and indemnity insurance, Practical Law 2019.

1174 *Wiegand*, in: Beck'sches M&A-Handbuch, 2017, § 84 Gewährleistungsversicherungen (W&I Insurance) Rz 5.

1175 Hierzu oben C.III.2.b).

neue Versicherungskonzepte an, welche teilweise in den W&I-Versicherungsschutz integriert werden können.

*aa) Selbstständige Garantieerklärungen des Veräußerers*

Grundsätzlich voll versicherbar sind selbstständige Garantieerklärungen (§ 311 Abs. 1 BGB). Diese dienen der Absicherung von Risiken aus unbekannten Sachverhalten in der Vergangenheit. Dabei ist zu beachten, dass es sich, in Anbetracht von Sinn und Zweck der W&I-Versicherung, um transaktionsspezifische Risiken handeln muss. Risiken, die den operativen Geschäftsbetrieb betreffen, sind daher im Grundsatz nicht versicherbar.

*bb) Selbstständige Garantieerklärungen des Managements der Zielgesellschaft*

Grundsätzlich ist die W&I-Versicherung darauf konzipiert, Ersatzansprüche des Erwerbers gegen den Veräußerer abzusichern. Bei M&A-Verträgen tritt neben dem Veräußerer oftmals aber auch das Management der Zielgesellschaft als Garantiegeber auf, da dieses mit den operativen Umständen der Zielgesellschaft besser vertraut ist.[1176] Diese Managementgarantien lassen sich ebenso wie die Verkäufergarantien durch Versicherungen absichern.[1177]

Hierbei ist zunächst an die D&O-Versicherung[1178] zu denken. Diese bietet aber nur Versicherungsschutz für den Fall, dass ein Mitglied des Managements wegen einer bei Ausübung der Geschäftsführung des Unternehmens begangenen Pflichtverletzung aufgrund gesetzlicher Haftpflichtbestimmungen für einen Schaden in Anspruch genommen wird (Ziffer A-1 AVB D&O[1179]). Vertragliche Ansprüche sind nur dann versichert, wenn sie im gleichen Umfang auch aufgrund gesetzlicher Haftpflichtbestimmungen bestehen.[1180] Da dies aber bei selbstständigen Garantieversprechen nach § 311 Abs. 1 BGB nicht der Fall ist,[1181] besteht für fehlerhafte Garantieerklärung des Managements der Zielgesellschaft kein D&O-Versicherungsschutz.[1182]

---

1176 Vgl. dazu oben B.II.2.c)aa)(3).

1177 *Jakobs/Thiel* BB 2016, 1987, 1990 f.; *Kaufhold* BB 2016, 394, 396.

1178 Vgl. hierzu unten C.I.

1179 Allgemeine Versicherungsbedingungen für die Vermögensschaden-Haftpflichtversicherung von Aufsichtsräten, Vorständen und Geschäftsführern – Musterbedingungen des GDV mit Stand: Mai 2019.

1180 *Jakobs/Thiel* BB 2016, 1987, 1990.

1181 Da es keine organschaftliche Pflicht zur Abgabe der Garantieerklärung gibt, greift auch § 280 BGB nicht ein. Vgl. *Jakobs/Thiel* BB 2016, 1987, 1991.

1182 *Jakobs/Thiel* BB 2016, 1987, 1991.

Vielmehr sind auch Managementgarantien durch die W&I-Versicherung abzusichern. Dabei besteht zunächst die Option, dass der Veräußerer zur Absicherung die Garantien des Managements eine gesonderte W&I-Versicherung zeichnet. Diese ist dann konzeptionell einer D&O-Versicherung nachgebildet.[1183] Die Absicherung der Managementgarantien kann aber auch in derselben W&I-Käuferpolice erfolgen, die der Absicherung der Veräußerergarantien dient. Hierbei gelten dieselben Grundsätze wie im Rahmen der Absicherung von Verkäufergarantien. Es ist unerheblich, ob der Erwerber als Versicherungsnehmer den Prozess von Beginn an steuert, oder ob die Erstinitiative zunächst vom Management der Zielgesellschaft ausgeht und sich die Verantwortlichkeit für den Abschluss danach auf den Erwerber/Versicherungsnehmer verlagert.

*cc) Eingeschränkte Versicherbarkeit von Freistellungen*

Freistellungen (Indemnities) sind, anders als der Name *Warranty & Indemnity* Versicherung vermuten lässt, nur eingeschränkt versicherbar. Freistellungen dienen grundsätzlich der Absicherung von identifizierten Risiken aus zukünftigen Sachverhalten, bei denen sowohl die Eintrittswahrscheinlichkeit als auch die konkrete Schadenshöhe unbekannt ist[1184] und somit keine Berücksichtigung bei der Kaufpreisbemessung erfolgen kann. Diese Risiken ergeben sich aber oftmals aus dem operativen Geschäft der Zielgesellschaft selbst und nicht aus dem Transaktionsbezug. Solche zukunftsgerichteten, operativen Risiken sind aber von W&I-Versicherungen schon dem Grundsatz nach, und in der Folge typischerweise auch ausdrücklich in der Police, ausgeschlossen. Zur Absicherung von Haftungsrisiken für Freistellungen im M&A-Vertrag, welcher in der Praxis zur Schadloshaltung des Käufers bei erkannten, meist operativen, Risiken eingesetzt werden, gibt es andere Versicherungskonzepte,[1185] welche teilweise in die W&I-Versicherung integriert werden können.

Eine andere Beurteilung ergibt sich für Steuerfreistellungen. Bei dieser Gewährleistung handelt es sich bei genauer Betrachtung jedoch nicht um eine Freistellung mit den zuvor beschriebenen Eigenschaften. Das Schadensrisiko ergibt sich bei Steuerrisiken, vergleichbar einer Garantie, aus unbekannten, abgeschlossen Sachverhalten der Vergangenheit und nicht aus identifizierten (aber nicht quantifizierbaren) Risikosachverhalten der Zukunft. Die Steuerfreistellungsklausel ist daher bei sorgfältiger Aufarbeitung des zugrundeliegenden Sachverhalts im Rahmen der Due Diligence voll versicherbar.

---

1183 *Jakobs/Thiel* BB 2016, 1987, 1991.

1184 Vgl. hierzu oben B.II.2.c)bb).

1185 Hierzu unten C.III.4.c)bb)(2).

#### dd) *Schadensersatzansprüche wegen Verletzung sonstiger vertraglicher Pflichten*

Schadensersatzansprüche wegen der Verletzung sonstiger vertraglicher Pflichten sind vom Versicherungsschutz der W&I-Versicherung nicht umfasst.[1186] Dies gilt insbesondere auch für die Verletzung von vertraglichen Abreden im M&A-Vertrag (Covenants). Dabei handelt es sich um Abreden, mit denen sich die Parteien zur Vornahme bzw. zum Unterlassen bestimmter Maßnahmen bis zu einem bestimmten Zeitpunkt verpflichten. Auch hierbei resultiert das Risiko eines Verstoßes aus zukunftsgerichteten Sachverhalten, womit sie im Grundsatz nicht von der W&I-Versicherung abgesichert werden können.

Eine versicherungsrechtliche Absicherung dieser Abreden ist nur möglich, indem diese Abreden als Garantieerklärungen auf den Tag des Closings ausgestaltet werden. Diese Gestaltung wird insbesondere für die Verpflichtung zur Betriebsfortführung zwischen Signing und Closing gewählt. Dabei garantiert der Veräußerer im Sinne einer selbstständigen Garantieerklärung, dass er bestimmte Maßnahmen bis zum Closing nicht vornimmt und/oder andere Maßnahmen vornehmen wird. Soweit eine Zusicherung zur Vornahme oder Unterlassung einer bestimmten Handlung also inhaltlich versicherbar ist, kann diese von der W&I-Versicherung als Closing-Garantie bis zum Tag des Closings abgesichert werden.

#### ee) *Gesetzliche Gewährleistungs- und Schadensersatzansprüche*

Gesetzliche Gewährleistungs- und Schadensersatzansprüche nach dem kaufrechtlichen Mängelgewährleistungsrecht (§§ 434 ff. BGB) oder aufgrund des Verschuldens bei Vertragsanbahnung (§§ 280 Abs. 1, 311 Abs. 2, 241 Abs. 2 BGB) sind nicht versicherbar. Haftungsrisiken aufgrund dieser Ansprüche können im Rahmen der Due Diligence nicht aufgearbeitet und geprüft werden, da sich diese Ansprüche nicht auf die Richtigkeit spezifischer und konkreter Aussagen beziehen. Vielmehr können diese gesetzlichen Ansprüche durch eine unbeschränkte Anzahl an möglichen Fallgestaltungen begründet werden. Ein Versicherer kann insoweit keine Risikokalkulation vornehmen.

---

1186 *Rotthege*, in: Rotthege/Wassermann, Unternehmenskauf bei der GmbH, 2. Auflage, 2020, 9. Kapitel, D. Warranty & Indemnity-Versicherungen Rz 171.

### c) *Sachlicher Umfang des Versicherungsschutzes im Versicherungsfall*

Im Versicherungsfall besteht nach Maßgabe der Versicherungspolice ein direkter Zahlungsanspruch des Versicherungsnehmers gegen den Versicherer.[1187] Der Eintritt des Versicherungsfalles beurteilt sich dabei danach, welche Gewährleistungen des M&A-Vertrages von der W&I-Police in welchem Umfang versichert sind. Das individuelle Risikoprofil der zu versichernden Transaktionen hat sich daher in der Versicherungspolice widerzuspiegeln.[1188] Zudem sind innerhalb der W&I-Versicherungspolice die versicherbaren Gewährleistungen mit den übrigen Bestimmungen des Versicherungsvertrages abzustimmen.

#### aa) *Die versicherten Gewährleistungen (Warranty Spreadsheet)*

In der Versicherungspolice ist zu regeln, welche Garantien und Freistellungen des M&A-Vertrages (im Folgenden auch „Gewährleistungen") in welchem Umfang versichert werden. Dies erfolgt regelmäßig in einer Tabelle, welche dem Versicherungsvertrag als Anlage beigefügt wird (Warranty Spreadsheet).[1189] In dieser ist dargestellt, welche Gewährleistungen des M&A-Vertrages uneingeschränkt versichert ist, welche Garantieaussage nur mit Einschränkungen gegenüber dem Aussagegehalt der Gewährleistung im M&A-Vertrag versichert ist und welche Gewährleistungen vom Versicherungsschutz ausgenommen sind.[1190]

##### (1) *Abstimmung des Warranty Spreadsheets mit dem M&A-Vertrag*

Aufgrund der Akzessorietät des versicherungsrechtlichen Anspruches von der tatbestandlichen Reichweite der Gewährleistung unter dem M&A-Vertrag[1191] ist das Warranty Spreadsheet mit dem M&A-Vertrag abzustimmen. Der Versicherungsschutz entfällt somit auch dann, wenn das Warranty Spreadsheet der W&I-Police zwar grundsätzlich einen Versicherungsschutz für die betreffende Gewährleistung vorsieht, die Gewährleistung aber tatbestandlich im M&A-Vertrag limitiert ist.

---

1187 *Hensel/Namislo* BB 2018, 1475, 1476.

1188 *Heer* GWR 2018, 125, 130.

1189 *Hoger/Baumann* NZG 2017, 811, 812.

1190 *Hoger/Baumann* NZG 2017, 811, 812; *Metz* NJW 2010, 813, 815; *Wiegand*, in: Beck'sches M&A-Handbuch, 2017, § 84 Gewährleistungsversicherungen (W&I Insurance) Rz 20.

1191 Dazu oben C.III.2.c)

#### *(a) Abstimmung von Definitionen*

Hierfür ist erforderlich, sämtliche Definition der beiden Vertragswerke aufeinander abzustimmen. Dies gilt insbesondere für die Definition einer Garantieverletzung, von Kenntnis und eines ersatzfähigen Schadens.[1192] Die Akzessorietät kann andernfalls dazu führen, dass die W&I-Versicherung die Kenntnis des Versicherungsnehmers zu seinen Gunsten zwar sehr eng auslegt, der Anspruch gegen den Versicherer aber deshalb nicht besteht, weil dem Versicherungsnehmer als Käufer unter dem M&A-Vertrag aufgrund einer weitreichenderen Definition seiner Kenntnis kein Anspruch zusteht. Eine vertragstechnisch naheliegende Lösung besteht darin, in der Versicherungspolice auf die Formulierungen der im M&A-Vertrag verhandelten Definitionen zu verweisen und diese einheitlich zu verwenden.[1193]

#### *(b) Synthetische Gewährleistungen bei Haftungsausfall des Verkäufers (*zero-liability*-Konzepte)*

Das Haftungskonzept der W&I-Versicherung versagt bei Transaktionen, bei denen der Verkäufer im M&A-Vertrag bereits auf Tatbestandsseite keine Garantieerklärungen abgibt. Es gibt in diesem Fall keine versicherbaren Gewährleistungen. Sofern ein Käufer die Transaktion dennoch nur versichert durchführen möchte, sind synthetische Gewährleistungen[1194] zur Absicherung heranzuziehen.

#### *(2) Abstimmung innerhalb der W&I-Police*

Auch die Regelungen in der W&I-Police müssen konsistent gestaltet und aufeinander abgestimmt sein. Insbesondere sind die allgemeinen Versicherungsbedingungen mit dem Warranty Spreadsheet in Einklang zu bringen. Dies gilt insbesondere vor dem Hintergrund, dass das Warranty Spreadsheet als Anlage dem Versicherungsvertrag beigelegt wird. Es gelten daher die Regelungen des Versicherungsvertrages; das Warranty Spreadsheet stellt lediglich diejenigen Gewährleistungen dar, auf welche diese Regelungen anzuwenden sind. Ein Anspruch gegen den W&I-Versicherer kann somit auch daran scheitern, dass eine Gewährleistung nach dem Warranty Spreadsheet zwar grundsätzlich versichert ist, dem aber ein allgemeiner Ausschlusstatbestandes in den Versicherungsbedingungen entgegensteht.

---

1192 *Metz* NJW 2010, 813, 815.

1193 *Wiegand*, in: Beck'sches M&A-Handbuch, 2017, § 84 Gewährleistungsversicherungen (W&I Insurance) Rz 21.

1194 Dazu unten C.III.4.c)bb)(1).

#### *(3) Nicht versicherbare Gewährleistungen und Haftungslimitierung im M&A-Vertrag*

Die Absicherung der Haftungsrisiken für Gewährleistungen im M&A-Vertrag durch eine W&I-Versicherung ist nur soweit möglich, als der W&I-Versicherer bereit ist, die Gewährleistungen inhaltsgleich in dem Umfang zu versichern, wie sie im M&A-Vertrag dem Grunde nach vom Verkäufer erklärt wird.[1195] Dieses Absicherungskonzept versagt, wenn einerseits der Versicherer nicht bereit ist, eine Gewährleistung inhaltsgleich abzusichern, andererseits dem Verkäufer auf Rechtsfolgenseite umfassende Haftungslimitierungen gewährt wurden.

Ein Verkäufer wird regelmäßig nicht allein mangels Versicherungsschutzes des Käufers auf seine verhandelten Haftungslimitierungen verzichten. Es ergeben sich daher insoweit Deckungslücken, als Haftungslimitierungen des Verkäufers im M&A-Vertrag mangels Deckungszusage für eine bestimmte Garantie in der W&I-Police nicht durch eine (umfassende) Haftung des Versicherers kompensiert werden.

Sofern der Versicherer nicht zur Versicherung bestimmter Gewährleistungen des M&A-Vertrages bereit ist, besteht die Möglichkeit einer individualvertraglichen Lösung im M&A-Vertrag. Dabei können die Haftungslimitierungen des Verkäufers für nicht versicherbare Gewährleistungen an höhere Haftungshöchstgrenzen geknüpft werden als die versicherten Gewährleistungen. Ist der Verkäufer hierzu nicht bereit, ist dieses Risiko grundsätzlich nicht abgesichert. Es besteht dann die Möglichkeit, den Versicherungsschutz über eine Spezialversicherung[1196] (gegebenenfalls bei einem anderen Versicherer) zu erweitern.[1197]

### *bb) Erweiterungen des sachlichen Umfangs des Versicherungsschutzes*

Eine Erweiterung des sachlichen Umfanges des Versicherungsschutzes ist möglich. Dies erfolgt entweder über Erweiterungen der Standardbedingungen der W&I-Police oder über den Abschluss einer selbstständigen, spezifischen Zweitpolice[1198] und hat insbesondere bei identifizierten Risikosachverhalten Bedeutung.

---

1195 Zu den typischen Ausschlüssen vgl. C.III.5.a).

1196 Hierzu ausführlich *Boche/Luettges* BB 2020, 2764 ff.

1197 Vgl. hierzu C.III.4.c)bb)(2).

1198 Vgl. hierzu auch *Pamler/Meven* VC-Mag Beilage zu Heft Nr. 6 2018, 6, 9.

### *(1) Erweiterungen der W&I-Standardpolice (Enhancements)*

Der Versicherungsumfang der Standard-W&I-Policen der Versicherer ist erweiterbar.[1199] Dies gilt für (i) die Absicherung von Risikobereichen, die in den Standardpolicen der Versicherer ausgeschlossen sind und für (ii) tatbestandliche Erweiterung der Gewährleistungen gegenüber dem Haftungsregime des M&A-Vertrages, entweder (α) auf Tatbestands- oder (β) auf Rechtsfolgenseite. Die Erweiterung der Standardpolice erfordert jeweils die Zahlung einer erhöhten Prämie.[1200]

#### *(a) Enhancements für Standard-Ausschlüsse*

Versicherer schließen typischerweise gewisse Risiken vom Versicherungsschutz standardmäßig aus (bspw. umweltrechtliche Risiken oder Pensionsverbindlichkeiten). Durch ein Enhancement können diese Standard-Ausschlüsse in einer W&I-Police abgesichert werden. Solche Enhancements werden bei Transaktionen eingesetzt, bei denen ein typischer Standard-Ausschluss mit einem branchentypischen Risikobereich kollidiert. Zur Absicherung dieses Standard-Ausschlusses ist eine sorgfältige Aufarbeitung und Prüfung des Sachverhaltes im Rahmen der Due Diligence erforderlich. Wenn insoweit keine konkreten Anhaltspunkte, die zu einer Garantieverletzung führen könnten, identifiziert werden, sind diese Standard-Ausschlüsse bei den meisten Versicherern absicherbar.[1201]

#### *(b) Erweiterungen zum Gewährleistungsregime des M&A-Vertrages*

Unter einem Enhancement wird auch verstanden, wenn der Versicherungsschutz inhaltlich gegenüber dem Gewährleistungsregime des M&A-Vertrages erweitert wird. Diese Erweiterungen können auf Tatbestandsseite oder Rechtsfolgenseite anknüpfen.

##### *(aa) Erweiterung des Richtigkeitsmaßstabes operativer Garantien*

Eine typische Erweiterung auf Tatbestandsseite betrifft den Richtigkeitsmaßstab operativer Garantien. Insbesondere Private Equity-Investoren verweigern als Verkäufer häufig die Abgabe von Garantien betreffend das operative Geschäft, da sie in dieses oftmals nicht eingebunden sind. Werden solche Garantien dennoch

---

1199 Die einzelnen Erweiterungen zusammengefasst bei *Messinger/Müller* VC-Mag Beilage zu Heft Nr. 6 2018, 12, 13.

1200 Vgl. hierzu auch *Messinger/Müller* VC-Mag Beilage zu Heft Nr. 6 2018, 12, 13.

1201 *Weber*, in: Handbuch Unternehmenskauf, 9. Auflage, 2019, Kapitel 9: Der Unternehmens- und Beteiligungskaufvertrag 9.279.

abgegeben, trifft den Verkäufer die Gefahr einer vorsätzlichen Haftung („Angaben ins Blaue hinein"). Private Equity-Investoren als Verkäufer erklären solche Garantien zum operativen Geschäft daher typischerweise nur nach bestem Wissen und Gewissen. Für den Gewährleistungsanspruch aus dem M&A-Vertrag ist daher nicht die objektive Richtigkeit der Garantieerklärung maßgeblich, sondern nur ob die Garantien wider besten Wissens und Gewissens erklärt wurde. Ist die Garantie objektiv falsch, was der Verkäufer aber nach bestem Wissen und Gewissen nicht wusste, besteht dennoch kein Anspruch für den Erwerber.

Für die Zwecke des W&I-Versicherungsvertrages kann diese Wissensqualifizierung unberücksichtigt bleiben. Obwohl der Garantieanspruch nach dem M&A-Vertrag dann nur am Maßstab des besten Wissens und Gewissens des Verkäufers zu überprüfen ist, versichert der Versicherer die Erklärung als absolute Garantie, also danach, ob die der Garantie zugrundeliegenden Umstände objektiv betrachtet tatsächlich vorlagen.[1202] Für die Zwecke der W&I-Versicherung gilt daher zugunsten des Versicherungsnehmers ein günstigerer Kenntnismaßstab als ihn der Verkäufer unter dem M&A-Vertrag erklärt hat (Knowledge Scrape).[1203] Die Garantieerklärungen unterliegen dann gegenüber der Versicherung einem objektiven Richtigkeitsmaßstab.[1204]

Diese Konstruktion entschärft das Konfliktverhältnis zwischen den M&A-Vertragsparteien, da insoweit dem Versicherer ein größeres Risiko aufgebürdet wird, als der Garantiegeber selbst bereit ist zu übernehmen. Anwendung findet diese Erweiterung überwiegend im kompetitiven Bieterprozess. Der Bieter kreiert so ein haftungsrechtlich besonders attraktives Vertragsangebot für den Veräußerer und sichert das Risiko gegen Zahlung einer erhöhten Prämie durch den Versicherer ab.

#### *(bb) Erweiterung der Verjährungsfristen*

Eine typische Erweiterung auf Rechtsfolgenseite betrifft Verjährungsfristen. Käufer streben typischerweise insbesondere betreffend eine Haftung für Rechtsmängel an den zu übertragenden Anteile eine langfristige Absicherung an.

1202 *Weber*, in: Handbuch Unternehmenskauf, 9. Auflage, 2019, Kapitel 9: Der Unternehmens- und Beteiligungskaufvertrag Rz 9.279.

1203 *Weber*, in: Handbuch Unternehmenskauf, 9. Auflage, 2019, Kapitel 9: Der Unternehmens- und Beteiligungskaufvertrag Rz 9.279.

1204 *Messinger/Müller* VC-Mag Beilage zu Heft Nr. 6 2018, 12, 13.

*(c) Synthetische Absicherung*

Am Versicherungsmarkt sind auch Transaktionen versicherbar, bei denen der Verkäufer überhaupt keine oder nur sehr wenige Garantien und Freistellungen erklärt.[1205] Der Garantiekatalog wird dann für die Zwecke der W&I-Versicherung synthetisch nachgebildet. Auf dieses Weise erreicht der Versicherungsnehmer eine Haftung des Versicherers für Sachverhalte, für die der Verkäufer schon dem Grunde nach nicht haftet. So können Versicherungsnehmer das benötigte Haftungsregime in beliebigem Umfang synthetisch nachbilden, ohne dieses zuvor mit dem Verkäufer verhandeln zu müssen. Dieser Prozess bietet sich für Käufer insbesondere in kompetitiven Bieterprozessen oder bei Transaktionen mit schwacher Verhandlungsposition an, erfordert aber eine umfangreiche Prüfung des Unternehmens in der Due Diligence.

*(2) Absicherung identifizierter Risikobereiche*

Identifizierte Risikobereiche sind grundsätzlich nicht vom Versicherungsschutz erfasst, da diese risikobegründenden Umstände dem Käufer „bekannt" sind. Versicherer sind dennoch zur Absicherung dieses Risikos bereit, wenn der Versicherer trotz der identifizierten Risiken in der Lage ist, eine Risikokalkulation vorzunehmen. Diese sog. Contingent Liability-Versicherungen können im Kontext einer M&A-Transaktion die Durchführung derselben ermöglichen, wenn weder Käufer noch Verkäufer bereit sind, das identifizierte (Rest-)Risiko zu tragen.[1206]

*(a) Affirmative Cover-Klauseln*

Identifizierte Risikosachverhalte mit einer sehr geringen Eintrittswahrscheinlichkeit oder einer geringen wirtschaftlichen Relevanz werden von Versicherer oftmals durch eine sog. Affirmative Cover-Klausel in der W&I-Police versichert. Hierfür vereinbaren Versicherungsnehmer und Versicherer, dass für bestimmte offengelegte Umstände und Risiken die Kenntnis des Versicherungsnehmers von diesen Umständen unschädlich ist.[1207] Dieses Konzept kann in die W&I-Police integriert werden und wird in der Praxis typischerweise im Bereich von identifizierten Steuerrisken eingesetzt.[1208]

---

1205 *Heer* GWR 2018, 125 f.

1206 *Boche/Luettges* BB 2020, 2764, 2765.

1207 *Boche/Luettges* BB 2020, 2764.

1208 *Boche/Luettges* BB 2020, 2764, 2765.

### *(b) Contingent Liability-Versicherungen*

Contingent Liability-Versicherungen ermöglichen eine Absicherung von identifizierten Risikosachverhalten mit potenziell hohem Schadenrisiko. Diese Spezialversicherung wird typischerweise nicht in die W&I-Police integriert, sondern als separate Versicherungspolice zusätzlich abgeschlossen. Dabei werden die Umstände des zu versichernden Risikos individuell in der Police beschrieben und es wird einzelfallabhängig vereinbart, bei Verwirklichung welcher Risiken Versicherungsschutz besteht und welche Ausschlusstatbestände gelten. Insgesamt ist dieser Prozess wenig standardisiert und hängt vom im Einzelfall abzusichernden Risiko ab.[1209] Eingesetzt werden Contingent Liability-Versicherungen regelmäßig zur Absicherung gegen anhängige oder laufende Rechtsstreitigkeiten (*litigation buyout*-Police), zur Absicherung von Rechtsmängelrisiken der zu übertragenden Anteile[1210] (*title insurance*) oder als Alternative zu (verweigerten) Freistellungen im M&A-Vertrag (*legal-indemnity*-Police).

Die Absicherung bekannter Risiken ist versicherungsrechtlich grundsätzlich zulässig, solange die Schadenseintrittswahrscheinlichkeit 25–50 %[1211] nicht übersteigt.[1212] Tendenziell sind Versicherer zur Absicherung eines identifizierten Risikos dann bereit, wenn einem erwarteten hohen Schaden eine geringe Eintrittswahrscheinlichkeit gegenübersteht. Soweit der Versicherer bereit ist, ein identifiziertes rechtliches Risiko zu übernehmen, kann diese Absicherung in einem Prozess und auch vom selben Versicherer, teilweise durch ein spezielles Team, erfolgen. Alternativ kann auch ein weiterer Versicherer hinzugezogen werden. Die Contingent Liability-Absicherung nehmen Versicherungsnehmer zusätzlich zum W&I-Versicherungsschutz bei größeren Transaktionen[1213] nach Angaben der Versicherungspraxis bei 20 %–25 % der Fälle in Anspruch. In der Praxis besonders häufig verwendet werden dabei Produkte zur Absicherung von Steuerrisiken.

1209 *Boche/Luettges* BB 2020, 2764, 2765.

1210 Vgl. hierzu auch *Pamler/Meven* VC-Mag Beilage zu Heft Nr. 6 2018, 6, 9; *Werlen/Mannsdorfer* GesKR Heftnummer 3, 2013, 1, 3.

1211 Versicherungsabreden mit höherer Schadenseintrittswahrscheinlich sind nach § 138 Abs. 1 BGB nichtig.

1212 *Boche/Luettges* BB 2020, 2764, 2766.

1213 „Größere" Transaktionen meint in diesem Kontext ein Transaktionsvolumen von über EUR 500 Mio.

Contingent Liability-Policen sind im Verhältnis zur Höhe des versicherten Risikos erheblich teurer als klassische W&I-Versicherungen.[1214] Die Höhe der Prämie ist stark einzelfallabhängig und variiert zwischen 1 %–10 % der Versicherungssumme.[1215] Dies ist nicht allein auf die Höhe der Deckungssumme einer Contingent Liability-Versicherung zurückzuführen, sondern hat vielmehr bilanzrechtliche Hintergründe. Sofern Versicherer identifizierte Risiken absichern, sind hierfür Sonderrückstellung zu bilden. Mit Eingang der Schadensmeldung hat der Versicherer dann die Versicherungssumme sofort und in voller Höhe über die gebildete Sonderrückstellung auszubezahlen (*full loss*-Risiko).

#### *(3) Bilaterale Lösung zwischen den M&A-Vertragsparteien*

Wenn der Versicherer nicht bereit ist, die identifizierten Haftungsrisiken zu übernehmen, bedarf es einer vertraglichen Lösung zwischen den M&A-Parteien im M&A-Vertrag. Hierbei kann auf die klassischen Sicherungsmechanismen wie Escrow oder auf abweichende, erhöhte Haftungshöchstbeträge für die nichtversicherbaren Gewährleistung zurückgegriffen werden. Wenn hierbei keine Einigkeit zur Risikoallokation erzielt wird, hat der Käufer die Wahl, das Risiko ohne Absicherung in Kauf zu nehmen oder die Transaktion abzubrechen.

#### *(4) Zwischenergebnis*

Unbekannte, transaktionsspezifische Haftungsrisiken sind durch W&I-Standardpolicen absicherbar. Identifizierte, aber nicht quantifizierbare Risiken sind von den Standardpolicen nicht versichert. Eine Absicherung kann durch Enhancements oder Contingent Liability-Versicherungen erfolgen. Identifizierte und quantifizierbare Risiken sind hingegen bereits bei der Kaufpreismessung zu berücksichtigen.[1216]

### *d) Versicherter Zeitraum (Laufzeit und Verjährung)*

Der Versicherungsschutz beginnt regelmäßig mit Beurkundung des M&A-Vertrages, da ab diesem Zeitpunkt das operative Risiko übergeht.[1217] Die Laufzeit der Versicherung und damit die Dauer des Versicherungsschutzes orientiert

---

1214 *Wiegand*, in: Beck'sches M&A-Handbuch, 2017, § 84 Gewährleistungsversicherungen (W&I Insurance) Rz 34.

1215 *Boche/Luettges* BB 2020, 2764, 2766.

1216 *Werlen/Mannsdorfer* GesKR Heftnummer 3, 2013, 1.

1217 *Giessen/Luettges* BB 2018, 647, 648.

sich grundsätzlich an den Verjährungsfristen im M&A-Vertrag,[1218] kann aber für bestimmte Garantien auch individuell festgelegt werden und von diesen Fristen abweichen.[1219] Beim Unternehmenskauf sichern sich Käufer insbesondere für Garantieerklärungen betreffend Rechtsmängel der zu übertragenden Anteile regelmäßig langfristig ab und bestehen auf einen längeren Versicherungsschutz von bis zu sieben Jahren. Für Garantieerklärungen betreffend das operative Geschäft werden in der Praxis auch kürzere Fristen von 12 bis 24 Monaten gewählt.[1220]

## 5. Begrenzung des Versicherungsumfanges

W&I-Versicherungen enthalten Begrenzungen des Versicherungsumfanges. Dazu gehört die Deckungssumme als maximal zu erhaltender Versicherungsleistung. Zudem wird über Mindestschwellen ein Ersatzanspruch bei Bagatellschäden ausgeschlossen und die Vereinbarung eines Selbstbehaltes des Versicherungsnehmers soll diesen zu einer sorgsamen Prüfung der Transaktionsbedingungen incentivieren.

### *a) Deckungssumme (Limit) als Haftungshöchstgrenze des Versicherers*

Die Deckungssumme als Haftungshöchstgrenze des Versicherers begrenzt die Absicherung durch die W&I-Versicherung der Höhe nach. Darüberhinausgehende Schäden sind nicht vom Versicherungsschutz gedeckt, auch wenn diese dem Grunde nach versichert sind. Die Höhe der Deckungssumme ist grundsätzlich frei wählbar, wobei von dieser die Höhe der Versicherungsprämie abhängt. In der Praxis tendieren Versicherungsnehmer zu hohen Deckungssummen, da jede Gestaltung des inhaltlichen Umfangs des Versicherungsschutzes seine Grenze in der Deckungssumme der Versicherung findet.

In der Praxis haben sich Deckungssummen zwischen 10 % und 50 % des Unternehmenswertes (*enterprise value*) bzw. des Transaktionsvolumens zum Marktstandard entwickelt.[1221] Jedoch lehnen die meisten Versicherer

1218 *Hoenig/Klingen* NZG 2016, 1244, 1248.

1219 Längere Fristen finden sich insbesondere im Auktionsverfahren, vgl. *Kränzlin/Otte/Fassbach* BB 2013, 2314, 2316.

1220 Zum Ganzen *Wiegand,* in: Beck'sches M&A-Handbuch, 2017, § 84 Gewährleistungsversicherungen (W&I Insurance) Rz 11.

1221 *Hoenig/Klingen* NZG 2016, 1244, 1247; *Grädler/Fritsche/Beilborn* GWR 2018, 464; *Wiegand,* in: Beck'sches M&A-Handbuch, 2017, § 84 Gewährleistungsversicherungen (W&I Insurance) Rz 8.

Deckungssummen von mehr als EUR 70 Mio. pro Transaktion im Grundsatz ab. Vereinzelt sind Versicherer jedoch bereit, Deckungssummen von bis zu EUR 170 Mio. pro Transaktion bereitzustellen. Bei Transaktionen größeren Umfangs, bei denen noch höhere Deckungssummen erforderlich sind, können mehrschichtige (sog. *layers*)[1222] Versicherungen entworfen werden.[1223] W&I-Makler sehen sich dabei in der Lage, eine kombinierte Deckungssumme von ca. einer Milliarde Euro pro Transaktion bereitstellen zu können.[1224]

#### *aa) Mehrschichtige W&I-Versicherung*

Eine mehrschichtige Versicherung kann durch verschiedene Konzepte umgesetzt werden. Im Grundsatz ist diesen Konzepten gemein, dass mehrere Versicherer ein Haftungsrisiko gemeinsam und anteilig übernehmen („Syndizierung" oder auch „Tower").[1225]

#### *bb) Anteilige, nachrangige Haftung mehrerer Versicherer (vertikaler Tower)*

In der Praxis hat sich die Bildung eines vertikalen Towers zum Marktstandard entwickelt. Die Versicherer haften dabei anteilig, aber nachrangig. Die W&I-Police wird allein zwischen dem Versicherungsnehmer und dem Versicherer, der den ersten Teil des Risikos übernimmt (Primary), verhandelt. Auf Basis dieses Vertragsentwurfes verhandelt der Versicherungsnehmer mit weiteren Versicherern, ob und zu welchen Konditionen diese Schäden, die über das Haftungslimit des Primarys hinausgehen, absichern. In der Praxis prüfen diese Versicherer die Risiken nur kursorisch, verlassen sich weitestgehend auf die Ergebnisse der Risikoprüfung des Primarys und akzeptieren dabei regelmäßig die verhandelte Police.[1226] Da das Schadeneintrittsrisiko für jeden nachrangig haftenden Versicherer in diesem Tower geringer wird, reduziert sich für diese nachrangig haftenden auch jeweilig entsprechend die Höhe der auf diese entfallenden Prämien. Für den Versicherungsnehmer ergibt sich dabei im Ergebnis ein Mittelwert. Die Gesamtprämie verteilt sich dann nach Wahrscheinlichkeit des Schadensrisikos auf die einzelnen Versicherer.

---

1222 Vgl. *Hasselbach/Reichel* ZIP 2005, 377, 384.

1223 *Wiegand,* in: Beck'sches M&A-Handbuch, 2017, § 84 Gewährleistungsversicherungen (W&I Insurance) Rz 8.

1224 *Heer* GWR 2018, 125, 130.

1225 Hierzu auch *Ratz/Kilian* BB 2021, 202, 207.

1226 *Ratz/Kilian* BB 2021, 202, 207.

### cc) *Anteilige Haftung mehrerer Versicherer nebeneinander (paralleler Tower)*

In der Praxis werden gelegentlich auch parallele Tower eingesetzt. Dabei haften die Versicherer ebenfalls anteilig, aber nicht nachrangig, sondern nebeneinander. Für einen Schaden haftet also nicht allein der erste Versicherer bis zu dem von ihm zur Verfügung gestellten Limit, sondern vielmehr haftet für jeden Teil des Schadens jeder der Versicherer anteilig.

Bei dieser Gestaltung können sich Schwierigkeiten im Abstimmungsprozess ergeben. Jeder der Versicherer besteht auf eine Einbeziehung bei Verhandlung der Bedingungen des Versicherungsvertrages und bei internationalem Bezug akzeptieren Versicherer oftmals nicht die Anwendung des deutschen Rechts auf den Versicherungsvertrag.[1227] Dieses Konzept wird dennoch bei Transaktionen mit erhöhtem Schadenseintrittsrisiko gewählt, wenn es sich für keinen Versicherer als lukrativ erweist, die W&I-Versicherung als Primary zu zeichnen.

### dd) *Abwechselnde, anteilige Haftung mehrerer Versicherer nacheinander (Kombination)*

Die Konzepte des vertikalen und parallelen Tower sind in der Praxis auch kombinierbar. Dabei erfolgt die Absicherung grundsätzlich anhand eines vertikalen Towers. Der Primary haftet aber vorrangig nur mit einem Teilbetrag der von dieser bereitgestellten Deckungssumme. Danach haftet ein anderer Versicherer, wiederum nur mit einem Teilbetrag dessen Deckungssumme. Auf diese Weise übernehmen die Versicherer die Haftungsrisiken jeweils nachrangig und übernehmen so Teile des Gesamtrisikos in mehreren Schritten („Ventilieren").[1228]

Diese Gestaltung hat im Abstimmungsprozess den Vorteil, dass die Versicherungspolice allein zwischen dem Versicherungsnehmer und dem Primary verhandelt wird. Die anderen Versicherer erklären sich lediglich mit diesen Bedingungen einverstanden. Zudem besteht für den Primary und die übrigen Versicherer der Vorteil, dass die entsprechenden Haftungsrisiken abgeschichtet werden können und das Risiko einer vollständigen Inanspruchnahme der Deckungssumme verringert wird.

---

1227 *Hasselbach/Reichel* ZIP 2005, 377, 384.

1228 Wenn beispielsweise vier Versicherer jeweils EUR 50 Mio Deckungssumme zur Verfügung stellen, würde der *Primary* hier nicht für die Schäden EUR 1–50 Mio haften, sondern würde das Haftungsrisiko von EUR 1–10 Mio, EUR 40–50 Mio etc. übernehmen. Die Beträge dazwischen würden dann entsprechend zwischen den anderen Versicherern aufgeteilt werden.

### ee) *Lösungsansätze in der Literatur*

In der Literatur werden zwei weitere Ansätze zur Umsetzung einer mehrschichtigen Versicherung diskutiert. So kann ein W&I-Versicherer gegen Zahlung einer erhöhten Prämie zur Übernahme des gesamten Haftungsrisikos bewegt werden (*fronting*). Dieser Versicherer versucht dann in einem zweiten Schritt weitere Versicherer einzuschalten und verhandelt die Risikoverteilung mit diesen direkt.[1229] Zuletzt kann der Versicherungsnehmer neben der W&I-Versicherung eine zweite Versicherung bei einem anderen Versicherer abschließen, welche ihn gegen die Deckungslücken bei der W&I-Versicherung absichert. Dies gilt für den Selbstbehalt sowie Schäden, welche die Höchstgrenze des W&I-Versicherungsschutzes überschreiten. Der Nachteil dieses Vorgehens liegt ebenfalls darin, dass der Versicherungsnehmer mit mehreren Versicherungsunternehmen verhandeln muss, die alle auf ihren eigenen Versicherungspolicen aufbauen und teilweise die Anwendung des deutschen Rechts auf den Versicherungsvertrag nicht akzeptieren.[1230]

## b) *Mindestschwellen (De-Minimis-Beträge)*

Der Versicherer begrenzt den Versicherungsumfang auch über Mindestschwellen. Dieser De-Minimis-Betrag muss im Schadensfall überschritten sein, bevor ein Zahlungsanspruch des Versicherungsnehmers gegen den Versicherer begründet wird.[1231] Dieser Betrag ist mit dem W&I-Versicherer zu verhandeln und im Grundsatz vom De-Minimis-Betrag im M&A-Vertrag unabhängig. In der Literatur werden hierfür regelmäßig Beträge zwischen 0,05 %–0,1 % des Unternehmenswertes angeführt.[1232] In der Praxis ergibt sich die Höhe aus der Aufgreifschwelle in den Due Diligence Berichten des Versicherungsnehmers. Denn soweit der Versicherungsnehmer Sachverhalte in seiner eigenen Due Diligence schon für nicht prüfenswert erachtet, soll hierfür auch keinen Versicherungsschutz bestehen.[1233] Der Versicherer schützt sich auf diese Weise vor dem Risiko einer hohen Anzahl an Kleinschäden.[1234]

---

1229 *Hasselbach/Reichel* ZIP 2005, 377, 384; *Wiegand,* in: Beck'sches M&A-Handbuch, 2017, § 84 Gewährleistungsversicherungen (W&I Insurance) Rz 8.

1230 *Hasselbach/Reichel* ZIP 2005, 377, 384.

1231 *Heer* GWR 2018, 125, 129.

1232 *Grädler/Fritsche/Beilborn* GWR 2018, 464, 465; *Hensel/Namislo* BB 2018, 1475, 1479; *Hoger/Baumann* NZG 2017, 811, 815.

1233 *Rotthege,* in: Rotthege/Wassermann, Unternehmenskauf bei der GmbH, 2. Auflage, 2020, 9. Kapitel, D. Warranty & Indemnity-Versicherungen Rz 180.

1234 *Heer* GWR 2018, 125, 129; *Hoger/Baumann* NZG 2017, 811, 815.

### c) Selbstbehalt

Ein wesentliches Element des W&I-Versicherungsvertrages bildet die Regelung zum Selbstbehalt des Versicherungsnehmers.[1235] Für diesen Betrag hat der Versicherungsnehmer trotz Eintritt eines Versicherungsfalles über der De-Minimis-Schwelle keinen Anspruch aus der Versicherungspolice. Der Versicherungsnehmer hat somit einen Schaden bis zu diesem Betrag trotz wirksamer Versicherung selbst zu tragen (*attachement point*). Der Selbstbehalt wird dabei typischerweise als Gesamtselbstbehalt ausgestaltet, der somit für die Police insgesamt gilt und nicht für jeden einzelnen Anspruch.[1236]

Am Markt hat sich ein Selbstbehalt von 0,5–1 % des Transaktionsvolumens zum Standard entwickelt, der abhängig von den konkreten Umständen der jeweiligen Transaktion nach oben oder unten korrigiert wird.[1237] Der konkrete Wert bemisst sich nach kommerziellen Gesichtspunkten wie Schadenseintrittswahrscheinlichkeiten, Höhe der potentiellen Schäden, Höhe der Deckungssumme, Höhe der Versicherungsprämien, Umfang des Versicherungsschutzes sowie Gründlichkeit und Erkenntnisse der Due Diligence.[1238]

#### aa) Verknüpfung zwischen M&A-Vertrag und W&I-Versicherung

Der Selbstbehalt unter der W&I-Versicherung ist mit dem M&A-Vertrag zu verknüpfen. Dabei wird der Selbstbehalt des Käufers aus dem M&A-Vertrag für die Zwecke der W&I-Versicherung zur Vermeidung von Deckungslücken aufgrund der Akzessorietät[1239] abbedungen und ein eigenständiger Selbstbehalt für den versicherungsrechtlichen Anspruch festgelegt. Dieser kann für die versicherten Gewährleistungen auch individuell ausgestaltet sein, abhängig davon, welchen Risikobereich oder welche Jurisdiktion eine Garantie absichert und wie gründlich der zugrundeliegende Sachverhalt in der Due Diligence aufgearbeitet wurde.

Bei der Höhe des Selbstbehaltes orientiert sich die Versicherungspraxis teilweise, aufgrund eines Vergleichs zu einer unversicherten Transaktion,

---

1235 *Heer* GWR 2018, 125, 129; *Metz* NJW 2010, 813, 815; *Weber,* in: Handbuch Unternehmenskauf, 9. Auflage, 2019, Kapitel 9: Der Unternehmens- und Beteiligungskaufvertrag Rz 9.280.

1236 *Grädler/Fritsche/Beilborn* GWR 2018, 464, 465.

1237 *Franz/Keune* VersR 2013, 1371, 1376; *Hoger/Baumann* NZG 2017, 811, 814; *Kaufhold* BB 2016, 394, 396; *Weber,* in: Handbuch Unternehmenskauf, 9. Auflage, 2019, Kapitel 9: Der Unternehmens- und Beteiligungskaufvertrag Rz 9.280.

1238 *Heer* GWR 2018, 125, 129; *Hoenig/Klingen* NZG 2016, 1244, 1247.

1239 Hierzu ausführlich oben C.III.2.c).

am Freibetrag im M&A-Vertrag.[1240] Interessengerechter scheint es aber, den Selbstbehalt unter der W&I-Versicherung mit dem Haftungshöchstbetrag im M&A-Vertrag abzustimmen.[1241] Auf diese Weise ergibt sich eine Haftung des Veräußerers und Garantiegebers bis zu dem von ihm bereitgestellten Haftungshöchstbetrag aus dem M&A-Vertrag, wobei der Käufer den Schaden anteilig bis zur Höhe des Selbstbehaltes unter dem M&A-Vertrag trägt. Entspricht dieser Betrag dem Selbstbehalt in der W&I-Police, haftet für darüberhinausgehende Schäden die Versicherung.[1242] Den Schaden bis zum Selbstbehalt unter der W&I-Police teilen sich Käufer und Verkäufer entsprechend der Risikoallokation bestehend aus Selbstbehalt und Haftungshöchstbetrag im M&A-Vertrag. Diese Gestaltung ermöglicht den oftmals von einem Verkäufer begehrten Clean Exit[1243] und hält diesen dennoch aufgrund seiner Mithaftung bis zum Haftungshöchstbetrag zu einer gewissenhaften Abgabe von Garantieerklärungen an.[1244]

*bb) Die Höhe des Selbstbehaltes in der Versicherungspraxis*

In der Versicherungspraxis lassen sich Diskrepanzen zwischen M&A-Vertrag und W&I-Police aufgrund der unterschiedlichen Interessen oftmals nicht vermeiden. Regelmäßig hängt die Höhe des Selbstbehaltes des Versicherungsnehmers in der Versicherungspraxis daher nicht davon ab, dass der Versicherungsnehmer möglichst eine Vollabdeckung erhält, sondern vielmehr allein von der Verhandlungsstärke des Versicherungsnehmers, einerseits gegenüber dem Verkäufer und andererseits gegenüber dem W&I-Versicherer.

Insbesondere gelingt es Verkäufern vermehrt, unter dem M&A-Vertrag ihre Haftungshöchstgrenze für die Zwecke des M&A-Vertrages sehr gering anzusetzen oder sogar einen symbolischen Betrag von einen Euro zu reduzieren.[1245] Am Versicherungsmarkt ist ein solcher Haftungshöchstbetrag nicht als Selbstbehalt für die Zwecke der W&I-Versicherung platzierbar. Vielmehr trägt der Käufer und Versicherungsnehmer typischerweise den Differenzbetrag

---

1240 *Franz/Keune* VersR 2013, 1371, 1376.

1241 Vgl. dazu oben B.II.2.c)bb)(2).

1242 *Hoger/Baumann* NZG 2017, 811, 813 f.; *Wiegand,* in: Beck'sches M&A-Handbuch, 2017, § 84 Gewährleistungsversicherungen (W&I Insurance) Rz 9.

1243 *Grädler/Fritsche/Beilborn* GWR 2018, 464; *Rotthege,* in: Rotthege/Wassermann, Unternehmenskauf bei der GmbH, 2. Auflage, 2020, 9. Kapitel, D. Warranty & Indemnity-Versicherungen Rz 159.

1244 Mit anschaulichem Beispiel bei *Wiegand,* in: Beck'sches M&A-Handbuch, 2017, § 84 Gewährleistungsversicherungen (W&I Insurance) Rz 9.

1245 *Heer* GWR 2018, 125.

zwischen Haftungshöchstgrenze aus dem M&A-Vertrag und Selbstbehalt aus der W&I-Versicherungspolice.

Bei stärkerer Verhandlungsposition des Käufers und Versicherungsnehmers ist es durchaus umsetzbar, dass dieser sämtliche Haftungsrisiken auf den Verkäufer und Versicherer verlagern kann. Eingangs dargestelltes Abstimmungsszenario von M&A-Vertrag und W&I-Versicherung stellt dabei den Idealfall der Risikoallokation aus Perspektive des Versicherungsnehmers dar.

*cc) Der Einfluss der Branche und des Marktumfeldes*

Die Höhe des Selbstbehaltes wird zudem durch die Branche und das Marktumfeld beeinflusst, in welchem die Transaktion stattfindet. Für die einzelnen Sektoren haben sich am Markt unterschiedliche Werte als Marktstandard herauskristallisiert. Diese bestehen weitestgehend losgelöst von den Bedingungen des zu versichernden M&A-Vertrages. In Branchen, in denen Haftungsrisiken durch sorgsame Prüfung des Zielunternehmens nahezu ausgeschlossen werden können,[1246] sind W&I-Policen mit sehr geringem oder rein symbolischem Selbstbehalt umsetzbar. Einziges Limit auf der Unterseite des Versicherungsschutzes bilden dann die De-Minimis-Beträge.

*dd) Der Selbstbehalt als Freibetrag (*tipping retention*)*

Teilweise ermöglichen es Versicherer einem Versicherungsnehmer gegen Zahlung einer erhöhten Versicherungsprämie, den Selbstbehalt nicht als Freigrenze, sondern als Freibetrag zu gestalten. Hiernach hat der Versicherer den Schaden bei Erreichen der Selbstbehaltsgrenze ohne Abzug in voller Höhe zu tragen.[1247]

## 6. Ausschluss des Versicherungsschutzes (Exclusions)

In der W&I-Versicherung sind verschiedene Sachverhalte vom Versicherungsschutz ausgenommen. Dazu zählen Standard-Ausschlüsse für bestimmte Risikobereiche und konkret transaktionsbezogene Ausschlüsse. Maß und Umfang dieser Ausschlüsse ist maßgebend für die Effektivität der Absicherung. Sind die Ausschlusskriterien zu umfangreich, kann die Sinnhaftigkeit der W&I-Police konterkariert werden.[1248] Soweit die angebotene Versicherungspolice nur

---

1246 Dies gilt insbesondere für Transkationen im Bereich Immobilien oder erneuerbare Energien.

1247 *Heer* GWR 2018, 125, 130.

1248 *Heer* GWR 2018, 125, 128; *Hoger/Baumann* NZG 2017, 811, 812.

ohnehin umfangreich geprüften Bereich der Due Diligence abdeckt, kann es für den Käufer sinnvoller sein, sich auf diese Ergebnisse zu verlassen. Der Abschluss einer W&I-Versicherung kreiert nur dann einen Mehrwert, wenn der Versicherer auch Risiken übernimmt.[1249]

### *a) Vorsätzliche Schadensverursachung des Versicherungsnehmers*

Ausgeschlossen sind stets Ansprüche, die der Käufer und Versicherungsnehmer vorsätzlich herbeiführt. Eine vorsätzliche Herbeiführung des Versicherungsfalles durch den Verkäufer ist bei der Käuferpolice hingegen zugunsten des Käufers versichert. Dem Versicherer steht ein Regressanspruch gegen den Verkäufer zu.[1250]

### *b) Kenntnis des Käufers*

Der Versicherungsschutz ist ausgeschlossen für Ansprüche, die dem Versicherungsnehmer im Zeitpunkt des Abschlusses der W&I-Versicherung bekannt sind.[1251] Der Versicherungsnehmer ist verpflichtet, dem Versicherer alle ihm bei Abgabe seiner Vertragserklärung bekannten Gefahrenumstände, die für den Entschluss des Versicherers, den Vertrag mit dem vereinbarten Inhalt zu schließen, erheblich sind und nach denen der Versicherer in Textform gefragt hat, dem Versicherer anzuzeigen (No Claims Declaration, § 19 Abs. 1 VVG).[1252] Diese Umstände sind nicht versicherungswürdig, da der Käufer den jeweiligen Umstand bereits bei Verhandlung des Kaufpreises hätte berücksichtigen können.[1253]

#### *aa) Kenntnis und Kennenmüssen von Garantieverletzungen*

Entscheidend für diesen Ausschlusstatbestand ist, unter welchen Umständen eine Kenntnis des Versicherungsnehmers vorliegt. Da Versicherungsnehmer

---

1249 *Hoenig/Klingen* NZG 2016, 1244, 1246.

1250 *Wiegand,* in: Beck'sches M&A-Handbuch, 2017, § 84 Gewährleistungsversicherungen (W&I Insurance) Rz 28.

1251 *Hasselbach/Reichel* ZIP 2005, 377, 378; *Wiegand,* in: Beck'sches M&A-Handbuch, 2017, § 84 Gewährleistungsversicherungen (W&I Insurance) Rz 22 Dies gilt nicht für ausdrücklich versicherte bekannte Risiken bzw. Freistellungsansprüche, vgl. *Hoenig/Klingen* NZG 2016, 1244, 1246.

1252 *Ratz/Kilian* BB 2021, 202, 203; *Weber,* in: Handbuch Unternehmenskauf, 9. Auflage, 2019, Kapitel 9: Der Unternehmens- und Beteiligungskaufvertrag Rz 9.276.

1253 *Hoger/Baumann* NZG 2017, 811, 816.

regelmäßig eine juristische Person oder eine Personengesellschaft ist, stellt sich die Frage, welches Wissen sich der Versicherungsnehmer (als juristische Person oder Personengesellschaft) zurechnen lassen muss. Marktstandard ist, dass eine Wissenszurechnung nur bei Kenntnis eines abschließend vereinbarten Personenkreises, typischerweise der an der Transaktion beteiligten Personen (Deal Team), erfolgt.[1254]

### *bb) Kenntnis und Kennenmüssen von Umständen und Tatsachen, die zu Garantieverletzungen führen*

Typischerweise versuchen Versicherer den Ausschluss für Kenntnis und Kennenmüssen von Garantieverletzungen auch für sämtliche vertraglich offengelegte Umstände durchzusetzen. Nach einer solchen Regelung sind Ansprüche auch dann ausgeschlossen, wenn der Versicherungsnehmer zwar keine Kenntnis von der Garantieverletzung selbst hatte, aber von den Tatsachen und Umständen, die zu einer Garantieverletzung führen.[1255] Diese Gestaltung führt bei M&A-Transaktionen zu einem weitreichenden Haftungsausschluss.

Im Rahmen von M&A-Transaktionen hat der Käufer als Versicherungsnehmer dem Versicherer sämtliche bekannten Risiken und Gefahrumstände (insbesondere in den Due Diligence Berichten) offenzulegen (§ 19 Abs. 1 VVG).[1256] Da der Versicherungsnehmer wiederum von all den Tatsachen und Umständen in diesen Berichten Kenntnis hat, besteht für Garantieverletzung, die auf diesen Tatsachen und Umständen beruhen, kein Versicherungsschutz. Der Ausschluss umfasst bei dieser Gestaltung daher alle in der Due Diligence identifizierten Tatsachen und Umstände.[1257]

Zudem wird transaktionsspezifisch verhandelt, welche offengelegten Tatsachen und Umstände sich der Versicherungsnehmer als Kenntnis zurechnen lassen muss. In der Praxis haben sich Erklärungen durchgesetzt, wonach nach Kenntnis der die No-Claims-Declaration abgebenden Team-Mitglieder im Zeitpunkt der Abgabe dieser Erklärung keine Umstände oder Tatsachen vorliegen, die einen versicherten Schaden begründen oder nach der persönlichen

---

1254 *Hoenig/Klingen* NZG 2016, 1244, 1247.

1255 *Weber*, in: Handbuch Unternehmenskauf, 9. Auflage, 2019, Kapitel 9: Der Unternehmens- und Beteiligungskaufvertrag Rz 9.276.

1256 *Wiegand*, in: Beck'sches M&A-Handbuch, 2017, § 84 Gewährleistungsversicherungen (W&I Insurance) Rz 22.

1257 Zur Zulässigikeit des Ausschlusses vgl. *Ratz/Kilian* BB 2021, 202, 203.

Einschätzung des betreffenden Team-Mitglieds mit ziemlicher Sicherheit („*almost certainly*") zu einem Schaden führen werden.[1258]

### *(1) Das Fair-Disclosure Konzept*

Auch für die Zwecke des Haftungsausschlusses für Kenntnis bedarf es einer Abstimmung zwischen M&A-Vertrag und Versicherungspolice. Dies gilt für Garantieverletzungen, die dem Versicherungsnehmer zwar nicht bekannt waren, die ihm aber wegen Offenlegung der zugrundeliegenden Tatsachen hätten bekannt sein können. Um eine Ausuferung dieses Haftungsausschlusses zu vermeiden, vereinbaren Verkäufer und Käufer im M&A-Vertrag regelmäßig, dass nur solche Umstände als bekannt gelten, die detailliert, offensichtlich und fair offengelegt wurden, so dass ein professionell beratener Käufer den Verstoß hätte erkennen können (Fair Disclosure-Konzept).[1259]

### *(2) Zurechnung des gesamten Datenrauminhalts*

Versicherer drängen in der Praxis regelmäßig auf eine Verschärfung des Fair-Disclosure-Prinzips und versuchen eine Kenntnis des Versicherungsnehmers vom gesamten Datenrauminhalt in der W&I-Police zu fingieren, unabhängig von der Strukturierung oder fairen Offenlegung des Umstandes.[1260] Dies führt zu einer weiteren Verschärfung dieses Haftungsausschluss.

## *c) Absicherung des Zeitraums zwischen Signing und Closing*

Grundsätzlich werden die Garantien und Freistellungen nur auf den Tag des Signings versichert. Häufig fallen Signing und Closing aber zeitlich auseinander. Ändern sich die für Garantien und Freistellungen relevanten Umstände zwischen Signing und Closing, besteht hierfür grundsätzlich kein Versicherungsschutz.

Wenn Garantien auch auf den Zeitpunkt des Closings versichert sein sollen, besteht ein erhöhtes Schadeneintrittsrisiko. Der Verkäufer kann am Tag des Signings nicht sicher prognostizieren, welche Umstände in der Zukunft am

---

1258 *Weber,* in: Handbuch Unternehmenskauf, 9. Auflage, 2019, Kapitel 9: Der Unternehmens- und Beteiligungskaufvertrag Rz 9.276.

1259 *Hoenig/Klingen* NZG 2016, 1244, 1246 f.; *Hoger/Baumann* NZG 2017, 811, 816; *Meyer-Sparenberg,* in: Beck'sches M&A-Handbuch, 2017, § 45 Schadensersatz und Freistellung Rz 84.

1260 *Heer* GWR 2018, 125, 129; *Hoenig/Klingen* NZG 2016, 1244, 1247; *Rotthege,* in: Rotthege/Wassermann, Unternehmenskauf bei der GmbH, 2. Auflage, 2020, 9. Kapitel, D. Warranty & Indemnity-Versicherungen Rz 182.

Tag des Closings (nicht) vorliegen werden. Dies gilt insbesondere für operative Umstände.[1261] Dies stellt Versicherer im Rahmen der Risikokalkulation vor Herausforderungen, da die Unterlagen, die der Risikokalkulation und der Beurteilung der Käuferkenntnis zugrunde liegen, sich nur auf den Zeitpunkt des Signings beziehen.[1262] Für den in der Zukunft liegenden Zeitraum bis zum Closing fehlt eine solche Grundlage für eine Risikoabschätzung und für eine Beurteilung der Kenntnisse des Versicherungsnehmers.

Unter Anwendung der allgemeinen Grundsätze sind Garantien und Freistellungen auf den Zeitpunkt des Closings daher nur versicherbar, wenn (i) der Versicherungsnehmer bestätigt, dass die zum Signing geprüften Dokumente und Unterlagen auch zum Zeitpunkt des Closings noch richtig sind und (ii) zudem sämtliche neu eingetretenen, relevanten Umstände im Zeitraum zwischen Signing und Closing ebenfalls offengelegt werden (Bring Down Disclosures).[1263] Sofern diese neu eingetretenen Umstände eine Garantieverletzung begründen, entfällt für diese der Versicherungsschutz aufgrund der Kenntnis des Versicherungsnehmers.[1264] Dieses Konzept wird im M&A-Vertrag und in der W&I-Versicherung umgesetzt.

#### *aa) Umsetzung im M&A-Vertrag*

Für die Umsetzung dieses Konzepts werden in dem zu versichernden M&A-Vertrag Bring Down Disclosures zwischen Erwerber und Veräußerer vorgesehen.[1265] Für die Zwecke des M&A-Vertrages bedeutet dies einen vertraglichen Offenlegungsmechanismus, bei dem der Verkäufer seine Haftung für diejenigen Garantieverletzungen ausschließt, deren zugrundeliegende Tatsachen er dem Käufer bei oder kurz vor Closing offenlegt.[1266] Zum Closing erklärt der Verkäufer, welche der zum Signing abgegeben Garantien weiterhin zutreffend sind. Umstände und Tatsachen, die dazu führen, dass eine Garantie nicht mehr wie zum Signing abgegeben werden kann, werden explizit hervorgehoben.

1261 *Ratz/Kilian* BB 2021, 203, 210.

1262 *Hensel/Namislo* BB 2018, 1475, 1478.

1263 *Ratz/Kilian* BB 2021, 202, 210; Hierzu ausführlich *Giessen/Luettges* BB 2018, 647.

1264 *Hoger/Baumann* NZG 2017, 811, 813.

1265 *Ratz/Kilian* BB 2021, 202, 210; *Giessen/Luettges* BB 2018, 647, 648; *Hoger/Baumann* NZG 2017, 811, 813.

1266 *Bisle* DStR 2013, 364, 365; *Giessen/Luettges* BB 2018, 647; vgl. zu diesem Prinzip grundlegend auch *Kästle/Oberbracht*, Unternehmenskauf, 3. Auflage, 2018, S. 139 f.

#### *bb) Umsetzung in der W&I-Police*

In der W&I-Police wird dieser Mechanismus des M&A-Vertrages aufgegriffen, indem ein Ausschluss für alle Ansprüche vorgesehen wird, die sich aus Umständen und Tatsachen ergeben, die dem Versicherungsnehmer bei Closing bekannt waren.[1267] Dazu gehören dann auch die Umstände, die in den Bring Down Disclosures des Verkäufers offengelegt wurden. Durch die schriftliche Mitteilung der Bring Down Disclosure des Käufers an den W&I-Versicherer erfolgt der Wissenstransfer vom M&A-Vertrag in die W&I-Police.[1268] Zudem hat der Versicherungsnehmer erneut explizit zu erklären, dass ihm keine Umstände bekannt sind, die zu einer Garantieverletzung führen (Completion No Claims Declaration).

Indem die zukunftsbezogenen Garantien und Freistellungen auf den Zeitpunkt des Closings durch die erneute Bestätigung der Richtigkeit bei Closing im Rahmen des Bring Down zu einer vergangenheitsbezogenen Aussage gewandelt werden, sind auch diese Garantien und Freistellungen durch eine W&I-Versicherung absicherbar.[1269] Lediglich für die in den Bring Down Disclosure offengelegten Umstände oder trotz Kenntnis des Versicherungsnehmers falsch abgegebene Completion No Claims Declaration, besteht dann kein Versicherungsschutz.[1270]

Zur Absicherung des Versicherers erfolgt die Versicherung der Garantien zum Closing unter der aufschiebenden Bedingung, dass dem Versicherer diese Bring Down Disclosures sowie die Completion No Claims Declaration, innerhalb eines bestimmten Zeitraumes nach Closing zugehen. Gelingt es dem Käufer nicht, diese Abgabe der Bring Down Disclosures des Verkäufers ihm gegenüber im M&A-Vertrag durchzusetzen oder für einen rechtzeitigen Zugang der abgegebenen Bring Down Disclosures beim Versicherer zu sorgen, entfällt der Versicherungsschutz für Garantien und Freistellungen zum Closing.

Versicherungsnehmer bestehen daher in ihrer Eigenschaft als Käufer im M&A-Vertrag meist auf eine aufschiebende Bedingung (Closing Condition), wonach die Durchführung und der Erhalt der Bring Down Disclosures für den Vollzug des M&A-Vertrages erforderlich ist.[1271] Für Zwecke der W&I-Versicherung ist

---

1267 Zum Mechanismus der *Bring Down Disclosure* vgl. *Giessen/Luettges* BB 2018, 647, 648.

1268 *Giessen/Luettges* BB 2018, 647, 648; *Hoenig/Klingen* NZG 2016, 1244, 1248.

1269 *Ratz/Kilian* BB 2021, 202, 210.

1270 *Wiegand*, in: Beck'sches M&A-Handbuch, 2017, § 84 Gewährleistungsversicherungen (W&I Insurance) Rz 23.

1271 *Ratz/Kilian* BB 2021, 202, 210.

dieser Mechanismus zweitrangig, da der Versicherungsschutz unter der W&I-Police lediglich davon abhängt, ob der Bring Down Disclosure und die Completion No Claims Declaration gegenüber der Versicherung stattfindet, oder nicht.

### *cc) Unbeachtlichkeit des Zeitraums zwischen Signing und Closing*

Vereinzelt gewähren Versicherer am Markt ein Enhancement, wonach der Zeitraum zwischen Signing und Closing als unbeachtlich beurteilt wird (New-Breach-Absicherung).[1272] Der Versicherer missachtet dabei, dass sich Umstände zwischen Signing und Closing ändern können und damit einhergehend eine mögliche Kenntniserlangung des Versicherungsnehmers im Zeitraum zwischen Signing und Closings. Vielmehr verzichtet der Versicherer gänzlich auf Offenlegungspflichten zwischen Signing und Closing, womit die Versicherung unabhängig von etwaigen Kenntniserlangungen in der Zwischenzeit erfolgt.

Hierfür hat der Versicherungsnehmer aber einen substanziellen Aufpreis bei der Prämie zu leisten, genießt aber vollumfänglichen Versicherungsschutz für Garantieverstöße zwischen Signing und Closing, die ihm bei Closing (aber nicht zum Signing) bekannt sind. Vertragstechnisch wird dies typischerweise in der Police bereits bei der Regelung zur Anspruchsgewährung umgesetzt, dergestalt, dass Garantieverstöße im Zeitraum zwischen Signing und Closing (*interim warranty breaches*) einem Garantieverstoß zum Signing gleichgesetzt werden. Alternativ kann diese Absicherung auch über die Anspruchsausschlüsse gesteuert werden, indem lediglich diejenigen Ansprüche ausgeschlossen sind, von welchen der Versicherungsnehmer bei Signing Kenntnis hatte.

## *d) Beschränkungen über Definitionen*

Der Ausschluss des Versicherungsschutzes kann sich auch aus Beschränkungen von Definitionen gegenüber den Regelungen im M&A-Vertrag ergeben. Der Wortlaut der in der W&I-Police verwendeten Definitionen ist daher auf Übereinstimmung mit dem im M&A-Vertrag zu prüfen. [1273] Dies gilt insbesondere für die Definitionen der Garantieverletzung, des ersatzfähigen Schadens, Kenntnis sowie zu offengelegten Umständen. Unterschiede in den Definitionen führen zu Deckungslücken und Haftungsausschlüssen des Versicherers.[1274]

---

1272 *Ratz/Kilian* BB 2021, 202, 210.

1273 *Seibt*, in: *Seibt*, BeckFormB M&A, 3. Auflage, 2018, C.I.3. Checklisten zum Einsatz von sog. Gewährleistungsversicherungen (Warranty & Indemnity [W&I] Insurance).

1274 *Metz* NJW 2010, 813, 815.

### e) *Zukunftsgerichtete Garantien und Freistellungen* (forward looking statements)

Nicht versicherbar sind zukunftsgerichtete operative Garantien und Freistellungen (*forward looking statements*), mit denen etwa bestimmte Umsatzziele, Gewinnerwartungen und andere prognostizierte Entwicklungen abgesichert werden.[1275] Die W&I-Versicherung ist ein Mittel zur Absicherung unbekannter transaktionsspezifischer Risiken und dient nicht der Sicherstellung des zukünftigen kommerziellen Erfolges.[1276] Insoweit ist eine Risikokalkulation für den Versicherer nicht möglich.[1277]

Das Konzept der Versicherung beruht vielmehr auf einer konkret transaktionsbezogenen Risikoeinschätzung des Versicherers, indem Verkäufermaterialien und die Due Diligence des Käufers plausibilisiert und die so gewonnenen Erkenntnisse stichtagsbezogen gegengeprüft werden. Das Konzept unterscheidet sich also grundlegend von Versicherungsprodukten wie allgemeinen Haftpflichtversicherungen, bei denen der Versicherer das Eintrittsrisiko anhand einer Wahrscheinlichkeitsberechnung ungewisser Ereignisse in der Zukunft berechnet.[1278]

### *f) Folgeschäden und entgangener Gewinn*

Folgeschäden sowie entgangene Gewinne sind standardmäßig vom Versicherungsschutz ausgenommen, da sich deren Eintritt und Ausmaß im Vorfeld kaum kalkulieren lassen.[1279] Von diesem Ausschluss kann regelmäßig abgewichen werden.[1280] Erforderlich ist dafür die Zahlung einer erhöhten Prämie eine Begrenzung auf typische, vom Sinn und Zweck der verletzten Garantie erfasste, Folgeschäden oder entgangene Gewinne. Dies gilt insbesondere für entgangene Mieteinnahmen bei Immobilientransaktionen, dem Bestand wichtiger

---

1275 *Daghles/Haßler* GWR 2016, 455, 456; *Heer* GWR 2018, 125, 129; *Hoger/Baumann* NZG 2017, 811, 812; *Kränzlin/Otte/Fassbach* BB 2013, 2314, 2317; *Wiegand,* in: Beck'sches M&A-Handbuch, 2017, § 84 Gewährleistungsversicherungen (W&I Insurance) Rz 24.

1276 *Heer* GWR 2018, 125, 129; *Hoenig/Klingen* NZG 2016, 1244, 1247; *Hoger/Baumann* NZG 2017, 811, 814; *Kränzlin/Otte/Fassbach* BB 2013, 2314, 2317.

1277 *Hoenig/Klingen* NZG 2016, 1244, 1247; *Hoger/Baumann* NZG 2017, 811, 812.

1278 *Heer* GWR 2018, 125, 129; *Hoger/Baumann* NZG 2017, 811, 812.

1279 *Kränzlin/Otte/Fassbach* BB 2013, 2314, 2317.

1280 *Watchorn/Williamson* Warranty and indemnity insurance, Practical Law 2019.

Kundenverträge, zum Vorliegen aller erforderlichen Produktzulassungen oder der Funktionsfähigkeit wesentlicher Produktionsanlagen.[1281]

### g) *Pensionsverpflichtungen und steuerliche Risiken aus Verrechnungspreisthemen*

Ein standardmäßiger Ausschluss des Versicherungsschutzes findet sich weiter für Schäden aus der Unterdeckung von Pensionsverpflichtungen.[1282] Eine W&I-Versicherung dient nicht der Sicherstellung der Angemessenheit der Pensionsrückstellungen,[1283] da es sich hierbei nicht um ein transaktionsspezifisches Risiko handelt. Gleiches gilt für steuerliche Risiken im Zusammenhang mit Verrechnungspreisen und Sachverhalten, die bereits von anderen Versicherungen des Zielunternehmens abgesichert sind (so die Produkthaftungsversicherung).[1284] Generell sind steuerliche Risiken nur dann versicherbar, wenn im Rahmen der Due Diligence auch eine umfangreiche steuerliche Prüfung durchgeführt wurde.[1285] Eine Absicherung dieser Risikobereich ist jedoch bei hinreichend eingehender Prüfung in der Due Diligence vermehrt möglich.[1286]

### h) *Nicht geprüfte Sachverhalte*

Nicht versicherbar sind ferner Themenbereiche, die im Rahmen der Due Diligence gänzlich nicht geprüft wurden (Blind Spots).[1287]

---

1281 *Wiegand*, in: Beck'sches M&A-Handbuch, 2017, § 84 Gewährleistungsversicherungen (W&I Insurance) Rz 21.

1282 *Wiegand*, in: Beck'sches M&A-Handbuch, 2017, § 84 Gewährleistungsversicherungen (W&I Insurance) Rz 25.

1283 *Kränzlin/Otte/Fassbach* BB 2013, 2314, 2317.

1284 *Grädler/Fritsche/Beilborn* GWR 2018, 464, 465; *Hoger/Baumann* NZG 2017, 811, 813; *Wiegand*, in: Beck'sches M&A-Handbuch, 2017, § 84 Gewährleistungsversicherungen (W&I Insurance) Rz 25.

1285 *Franz/Keune* VersR 2013, 1371, 1374; *Hasselbach/Reichel* ZIP 2005, 377, 381; *Grossmann/Mönnich* NZG 2003, 708, 711; *Hoger/Baumann* NZG 2017, 811, 812; *Kränzlin/Otte/Fassbach* BB 2013, 2314, 2317; *Wiegand*, in: Beck'sches M&A-Handbuch, 2017, § 84 Gewährleistungsversicherungen (W&I Insurance) Rz 25.

1286 *Heer* GWR 2018, 125, 128 f.; *Metz* NJW 2010, 813.

1287 *Grädler/Fritsche/Beilborn* GWR 2018, 464, 465; *Hensel/Namislo* BB 2018, 1475, 1477.

## 7. Der Abwicklungsprozess im Schadensfall (Claims Management)

Der Abwicklungsprozess im Schadensfall ist abhängig davon, ob die W&I-Versicherung von einem einzelnen oder von mehreren Versicherern gezeichnet wurde. Erfolgt die Versicherung durch mehrere Versicherer, bedarf es einer Regelung für den Abwicklungsprozess in der W&I-Police. Aus prozessökonomischen Gesichtspunkten werden in Praxis regelmäßig Regelungen verwendet, wonach der Versicherungsnehmer im Schadensfall nur einen Abwicklungsprozess mit Wirkung für und gegen alle Versicherer führt. Jedoch sind solche Regelungen nicht bei allen am deutschen Markt agierenden Versicherern durchsetzbar. Damit kann sich das Claims Management für den Versicherungsnehmer nicht unerheblich komplex und aufwendig gestalten.[1288]

### *a) Anspruchsanzeige*

Eine W&I-Versicherung sieht typischerweise Benachrichtigungspflichten des Versicherungsnehmers vor, falls dieser Kenntnis von möglichen Schadensfällen oder Drittansprüchen erhält, die vom Versicherungsschutz umfasst sind.[1289] Dabei hat der Versicherungsnehmer den Eintritt des Versicherungsfalles unverzüglich gegenüber dem Versicherer anzuzeigen. Diese Benachrichtigungspflicht wird regelmäßig an Höchstfristen von 14 bis 30 Tagen geknüpft, die bei Säumnis zum Verlust des Anspruchs führen. Bei käuferseitigen W&I-Policen gilt insoweit aber die Einschränkung, das eine Befreiung des Versicherers von der Pflicht zur Leistung nur dann möglich ist, wenn der Versicherungsnehmer die vertragliche Obliegenheit vorsätzlich verletzt hat (§ 28 Abs. 2 S. 1 VVG). Eine Kürzung des Anspruchs ist bei grob fahrlässiger Verletzung der Obliegenheit möglich (§ 28 Abs. 2 S. 2 1. HS VVG).[1290]

### *b) Anspruchsgeltendmachung*

Bei der käuferseitigen Versicherung ist der Käufer nicht verpflichtet, vor Geltendmachung des Anspruchs aus der W&I-Versicherung gegen den Verkäufer vorzugehen. Dies gilt unabhängig davon, ob der Verkäufer aufgrund von vorsätzlichem

---

1288 *Ratz/Kilian* BB 2021, 202, 207.

1289 *Wiegand*, in: Beck'sches M&A-Handbuch, 2017, § 84 Gewährleistungsversicherungen (W&I Insurance) Rz 26.

1290 Zum Ganzen *Wiegand*, in: Beck'sches M&A-Handbuch, 2017, § 84 Gewährleistungsversicherungen (W&I Insurance) Rz 26.

Handeln in voller Höhe haftet, oder ob dem Käufer parallel Ansprüche gegen den Versicherer aus der W&I-Versicherung und gegen den Verkäufer aus dem M&A-Vertrag zustehen. Der Versicherungsnehmer ist berechtigt, einzig gegen den Versicherer vorzugehen.[1291]

## 8. Regress des Versicherers

Grundsätzlich gehen Ersatzansprüche des Versicherungsnehmers auf den Versicherer über (§ 86 Abs. 1 S. 1 VVG), soweit dieser den Schaden ersetzt. Dieser gesetzliche Forderungsübergang wird regelmäßig auch im W&I-Vertrag geregelt, indem sich der Versicherungsnehmer eingeschränkt zur Abtretung von Ansprüchen gegen Dritte verpflichtet.

### *a) Regress nur bei Vorsatz und Ausschluss der Haftung von Beratern*

Dieser Anspruchsübergang ist bei der käuferseitigen W&I-Versicherung auf Fälle des Vorsatzes zu beschränken.[1292] Andernfalls, bei Regressberechtigung für Fälle der Fahrlässigkeit, wird der Versicherungszweck, die Überleitung des Haftungsrisikos des Verkäufers gegen Zahlung einer Prämie auf den Versicherer, verfehlt. Dasselbe gilt für den Regress gegen Berater, da andernfalls die Berater der Due Diligence an einem Haftungsrisiko partizipieren würden, für dessen Übernahme der Versicherer vergütet wird.[1293]

### *b) Vorsatz bei Angaben „ins Blaue hinein"*

Für die Regressberechtigung des Versicherers genügt bereits eine bedingt vorsätzlich, falsch erklärte Garantie oder Freistellung des Verkäufers. Ein solcher ist bereits bei Angaben „ins Blaue hinein" anzunehmen. Der Abschluss einer W&I-Versicherung begründet für Verkäufer daher keinen Anlass zur sorglosen Abgabe von Garantieerklärungen.[1294] Vielmehr wäre ein solches Verhalten aufgrund des zugrundeliegenden Vorsatzes in erheblichem Maße risikobehaftet. Für Verkäufer besteht daher trotz Abschluss einer W&I-Versicherung ein Haftungsrisiko für Regressforderungen der Versicherung, sofern es an einer

1291 *Wiegand*, in: Beck'sches M&A-Handbuch, 2017, § 84 Gewährleistungsversicherungen (W&I Insurance) Rz 27.

1292 *Giessen/Luettges* BB 2018, 647; *Grädler/Fritsche/Beilborn* GWR 2018, 464.

1293 *Wiegand*, in: Beck'sches M&A-Handbuch, 2017, § 84 Gewährleistungsversicherungen (W&I Insurance) Rz 28.

1294 *Ratz/Kilian* BB 2021, 202, 209.

sorgsamen Prüfung mangelt, ob die abzugebenden Garantien und Freistellungen im M&A-Vertrag zutreffend sind. Gegebenenfalls sind diese durch Offenlegungen einzuschränken.[1295]

## 9. Sonstige Bestimmungen

Die (künftigen) Ansprüche aus der W&I-Versicherung sind regelmäßig abtretbar. Dabei werden die Ansprüche käuferseitig meist als Sicherheit für Verbindlichkeiten aus der Finanzierung der Transaktion verwendet. Die Finanzierungsgläubiger einer Transaktion erwarten insoweit auch regelmäßig die Abtretung aller Ansprüche aus dem M&A-Vertrag.[1296]

## 10. Kosten der W&I-Versicherung (Prämie)

Die Höhe der Versicherungsprämie hängt von verschiedenen Faktoren ab. Dazu gehört zuvorderst die vereinbarte Deckungssumme, aber auch die Höhe des Selbstbehaltes, die Laufzeit der Versicherungspolice und die allgemeine Risikoeinschätzung des Versicherers. Typischerweise beträgt sie 0,8 %–1,5 % der Versicherungssumme. Viele der Versicherer arbeiten am Markt bei W&I-Versicherungen mit Mindestprämien ab EUR 50.000.[1297] Insgesamt zeichnet sich aber ein Trend zu sinkenden Prämien ab, was eine W&I-Versicherung bereits bei geringeren Transaktions-Volumina attraktiv macht.[1298] Einige Versicherer haben sich auf die Absicherung von Transaktionen kleineren Volumens spezialisiert und können Mindestprämien unterhalb von EUR 50.000 anbieten.[1299] Grundsätzlich tendieren Versicherungsnehmer dazu, höhere Prämie zu akzeptieren, um einen geringeren Selbstbehalt und umfangreicheren Versicherungsschutz in der W&I-Police zu erreichen.[1300]

Daneben stehen grundsätzlich die Kosten der externen Beratung der Versicherung. Dazu gehören insbesondere die Kosten zur Durchführung der (eigenen) Due Diligence des Versicherers sowie des Underwriting-Prozesses. Diese Kosten können aber nach (erfolgreichem) Zustandekommen des M&A-Vertrages auf die Versicherungsprämie angerechnet werden, so dass es in diesem Fall zu

---

1295 *Hoger/Baumann* NZG 2017, 811, 812.

1296 *Wiegand,* in: Beck'sches M&A-Handbuch, 2017, § 84 Gewährleistungsversicherungen (W&I Insurance) Rz 29.

1297 *Grädler/Fritsche/Beilborn* GWR 2018, 464, 466 (m.w.N.).

1298 *Kaufhold* BB 2016, 394, 395; *Kränzlin/Otte/Fassbach* BB 2013, 2314, 2317 f.

1299 *Heer* GWR 2018, 125, 128.

1300 *Watchorn/Williamson* Warranty and indemnity insurance, Practical Law 2019.

keiner wirtschaftlichen Mehrbelastung kommt.[1301] Scheitert die Transaktion vor Closing, entfällt der Anspruch auf die Prämie, jedoch hat der Versicherungsnehmer dann die Kosten der Versicherung (Break-Up Fee) zu tragen.

## 11. Nachteile einer W&I-Versicherung

Den Chancen durch den Abschluss einer W&I-Versicherung steht ein erhöhter Zeit- und Ressourcenaufwand gegenüber.[1302] Die M&A-Vertragsparteien haben zusätzlich Verhandlungen mit der Versicherung zu führen. Daneben stehen zusätzliche Kosten für die Versicherungsprämien. Bei Transaktionen mit kleinerem Volumen ist das Versicherungsprodukt daher weniger attraktiv. Zuletzt wird sich der Prozess aufgrund der Einbeziehung der Versicherung zwar nicht erheblich zeitlich verzögern, aber dennoch nicht unerheblich verkomplizieren.[1303]

## 12. Ergebnis: Versicherbarkeit von Haftungsrisiken aufgrund von vertraglichen Zusicherungen bei privaten M&A-Transaktionen und offene Haftungsrisiken

Wendet man diese Erkenntnisse auf die identifizierten Anspruchsgrundlagen[1304] an, ergibt sich im Ergebnis eine nur eingeschränkte Versicherbarkeit der Haftungsrisiken bei privaten M&A-Transaktionen. Anders als die Prospekthaftpflichtversicherung sichert eine W&I-Versicherung nicht alle in thematischem Zusammenhang mit der Transaktion stehenden Haftungsrisiken ab.

Inhaltlich ist eine W&I-Versicherung auf die Absicherung von Risiken aus im Zeitpunkt der Transaktion, trotz sorgsamer Prüfung, unbekannten Sachverhalten konzipiert. Das Versicherungsprodukt bietet keinen Ersatz für ein unsauberes Transaktionsmanagement und keine Alternative zu einer umfangreichen Due Diligence. Vielmehr sind Versicherer nur bereit eine W&I-Versicherung zu zeichnen, wenn der abzusichernde M&A-Vertrag so verhandelt und ausgestaltet ist, wie er es auch im unversicherten Zustand wäre.

Grundsätzlich voll versicherbar sind Ansprüche aus der Verletzung von vertraglich vereinbarten Garantien. Dabei sind lediglich Bereiche mit erhöhter

---

1301 *Hensel/Namislo* BB 2018, 1475, 1476.

1302 *Seibt*, in: *Seibt*, BeckFormB M&A, 3. Auflage, 2018, C.I.3. Checklisten zum Einsatz von sog. Gewährleistungsversicherungen (Warranty & Indemnity [W&I] Insurance).

1303 *Grädler/Fritsche/Beilborn* GWR 2018, 464, 467; *Hensel/Namislo* BB 2018, 1475, 1476; *Kränzlin/Otte/Fassbach* BB 2013, 2314, 2317 f.

1304 Dazu oben B.II.2.

Schadenseintrittswahrscheinlichkeit in den Standardbedingungen der Versicherer ausgeschlossen. Diese thematischen Ausschlüsse können aber bei sorgsamer Prüfung der Sachlage im Rahmen der Due Diligence und gegen Zahlung einer erhöhten Prämie dennoch versichert werden.

Freistellungen sind hingegen nur eingeschränkt absicherbar. Diese werden grundsätzlich für Sachverhalte gewährt, bei denen die Möglichkeit eines Schadenseintritts bereits identifiziert wurde. Lediglich die Schadenshöhe ist noch nicht quantifizierbar. Da die Tatsachen und Umstände, aus denen das Risiko resultiert, aber bereits bekannt sind, ist eine Absicherung durch eine Versicherung nur über Sonderpolicen (Contingent Liability-Versicherungen[1305]) möglich.

Sofern das vertragliche vereinbarte Gewährleistungsregime den eingetretenen Schadensfall nicht regelt (insbesondere im Fall sonstiger Pflichtverletzungen), unwirksam ist oder eine vorsätzliche Pflichtverletzung begangen wurde, sind die gesetzlichen Ansprüche anwendbar. Diese gesetzlichen Schadensersatz- oder Gewährleistungsansprüche sind jedoch nicht versicherbar. Diese Risiken können effektiv nur durch die klassischen Sicherheiten wie Sicherungseinbehalte, Treuhandkonten, Bankbürgschaften oder Ausfallgarantiegeber abgesichert werden.[1306]

In kommerzieller Hinsicht bietet eine W&I-Versicherung für den Käufer den Vorteil, dass er das Solvenzrisikos seines Schuldners auf einen finanzstarken Versicherer verlagert. Im Übrigen sind Verkäufer bei Versicherung der Transaktion eher dazu bereit, kritische Garantien zu erklären. Für den Veräußerer besteht bei Abschluss einer W&I-Versicherung die Möglichkeit eines Clean Exits, also die Ausschüttung der Verkaufserlöse ohne Rückstellungen.

Für den Verkäufer ist trotz Einsatzes einer W&I-Versicherung stets zu berücksichtigen, dass ihn das Risiko einer Vorsatzhaftung trifft. Keinesfalls darf dieser davon ausgehen, aufgrund der eingeschränkten eigenen Haftung Garantien und Freistellungen sorglos zu erklären. Vielmehr sind diese Erklärungen auch bei Abschluss einer W&I-Versicherung genau zu prüfen. Andernfalls droht eine uneingeschränkte Haftung wegen bedingten Vorsatzes aufgrund von Angaben „ins Blaue hinein", bei welcher auch vereinbarte Haftungsbeschränkungen im M&A-Vertrag unwirksam sind (§ 276 Abs. 3 BGB).[1307]

---

1305 Vgl. dazu oben C.III.4.c)bb)(2)(b).

1306 *Hensel/Namislo* BB 2018, 1475, 1477.

1307 *Hoger/Baumann* NZG 2017, 811, 812.

# D. Untersuchung der Hintergründe eingeschränkter Versicherungsmöglichkeiten der offenen Haftungsrisiken

Im vorstehenden Kapitel wurden die Möglichkeiten der für Kapitalmarkt- und M&A-Transaktion am Markt gängigen Versicherungskonzepte zur Absicherung von Haftungsrisiken untersucht. Dabei wurde festgestellt, dass diese Versicherungskonzepte für die in ihrem thematischen Kontext bestehenden Haftungsrisiken eine wirkungsvolle Absicherung bieten und jedenfalls für sorgsam agierende Unternehmensleiter und sonstige Beteiligte nahezu eine Vollabsicherung bewirken können.

Einige der im ersten Teil untersuchten Haftungsrisiken sind aber vom Konzept dieser Versicherungen nicht erfasst. Teilweise stehen diese zwar im thematischen Kontext zu den gängigen Versicherungslösungen, können aber aus rechtlichen bzw. tatsächlichen Gründen nicht (mit-)versichert werden, teilweise werden für bestimmte im Rahmen von Kapitalmarkt- und M&A-Transaktionen bestehende Haftungsregime aber auch keine Versicherungskonzepte angeboten.

In diesem dritten Teil soll nun untersucht werden, ob eine Absicherung dieser Haftungsrisiken durch Versicherungen aus rechtlichen Gründen überhaupt möglich wäre, und falls ja, weshalb nach derzeitigen Marktstandards hierfür keine Versicherungslösungen angeboten werden.

## I. Keine Versicherungskonzepte mangels Versicherungsbedürfnis

Einige der im Rahmen von Kapitalmarkt- und M&A-Transaktionen bestehenden Haftungsrisiken sind von den gängigen Versicherungslösung nicht erfasst, da hierfür bereits kein Versicherungsbedürfnis der Beteiligten besteht.

### 1. Haftung des Wirtschaftsprüfers nach werkrechtlichem Sachmängelgewährleistungsrecht wegen Erstellen eines fehlerhaften Comfort Letter (§§ 631, 634 BGB)

Das Haftungsrisiko des Wirtschaftsprüfers wegen Erstellen eines fehlerhaften Comfort Letter im Rahmen von Wertpapieremissionen[1308] gegenüber dem

---

1308 Zur Rolle des Wirtschaftsprüfers bei Wertpapieremissionen siehe B.I.1.a)dd)(1)(a).

Emittenten und/oder der Konsortialbank ist von der gängigen Prospekthaftpflichtversicherung nicht erfasst.[1309] Der Prüfungsvertrag zur Erstellung eines Comfort Letters ist ein entgeltlicher Geschäftsbesorgungsvertrag mit überwiegend Werkvertragscharakter und beinhaltet eine Zusammenfassung der Prüfung des Wirtschaftsprüfers zu mit dem Emittenten vereinbarten Untersuchungshandlungen zu bestimmten Finanzangaben.[1310] Dieser dient den Prospektverantwortlichen als Nachweis, dass diese bei der Prospekterstellung mit der erforderlichen Sorgfalt vorgegangen sind, um für sich im Außenverhältnis gegenüber den Anlegern den Haftungsausschluss nach beanspruchen zu können (§ 12 Abs. 1 WpPG).[1311] Für eine fehlerhafte Erstellung haftet der Wirtschaftsprüfer gegenüber den Bestellern (Emittent und/oder Konsortialbank), nach dem werkvertraglichen Gewährleistungsrecht (§§ 631, 634, 280 ff. BGB, ggfs. in Verbindung mit den Grundsätzen zum Vertrag mit Schutzwirkungen zugunsten Dritter).[1312]

Aus rechtlichen Gründen besteht jedoch für keinen der Beteiligten ein Bedürfnis an einer Absicherung dieses Anspruchs durch die Prospekthaftpflichtversicherung. Sofern auch die Konsortialbank in den Schutzbereich der Prospekthaftpflichtversicherung aufgenommen wird (erweiterter Bankenbaustein)[1313], hat diese aufgrund der Haftung des Versicherers kein Bedürfnis für eine Absicherung durch den Regressanspruch gegen den Wirtschaftsprüfer und gewährt diesem umfangreiche Haftungsfreistellungen. Typischerweise wird die Haftung des Wirtschaftsprüfers dabei auf EUR 4 Millionen begrenzt. Bis zu dieser Höhe sind etwaige Regressansprüche von dessen Berufshaftpflichtversicherung gedeckt (§ 54 Abs. 4 WPO i.V.m. § 323 Abs. 2 S. 1 HGB). Ein Haftungsrisiko gegenüber Dritten für Fehler im Comfort Letter besteht nicht, da diese nicht vom Schutzbereich des Prüfungsvertrages zur Erstellung eines Comfort Letters erfasst sind.[1314]

---

1309 Zu Ansprüchen Dritter, insbesondere enttäuschter Anleger, siehe oben B.I.1.a)dd) und C.II.3.b)cc).

1310 LG Düsseldorf, Urteil vom 12.11.2010 – 16 O 454/09 – GI aktuell 2011, 125; BGH, Urteil vom 01.02.2000 – X ZR 198/97 – NJW 2000, 1107; *Böcking/Gros/Rabenhorst*, in: Ebenroth/Boujong/Joost/Strohn, HGB, 4. Auflage, 2020, § 318 Rz 11; *Meixner/Schröder*, Wirtschaftsprüferhaftung, 2013, S. 282.

1311 *Meixner/Schröder*, Wirtschaftsprüferhaftung, 2013, S. 282.

1312 Dazu oben B.I.1.a)dd) und B.I.1.a)ee).

1313 Dazu oben C.II.3.b)bb).

1314 Zu diesem und sonstigen Ansprüchen Dritter, insbesondere in Verbindung mit den Grundsätzen mit Schutzwirkug zugunsten Dritter, siehe oben B.I.1.a)dd) und C.II.3.b)cc).

Sofern die Konsortialbank unter der Prospekthaftpflichtversicherung nicht mitversichert ist, ist für diese Haftungsfreistellungen kein Raum und der Regressanspruch gegen den Wirtschaftsprüfer für Fehler bei Erstellung des Comfort Letters wird nicht limitiert. In diesem Fall zeichnet der Wirtschaftsprüfer zur eigenen Absicherung (typischerweise auf Kosten des Emittenten) eine separate Comfort-Letter-Haftpflichtversicherung.[1315]

Damit besteht bei keinem der Emissionsbeteiligten ein Versicherungsbedürfnis für Ansprüche gegen den Wirtschaftsprüfer durch die POSI. Das Haftungsrisiko ist zugunsten von Emittent und Konsortialbank bereits durch die Prospekthaftpflichtversicherung und zugunsten des Wirtschaftsprüfers durch die Begrenzung der Haftung im Prüfungsvertrag sowie dessen Berufshaftpflichtversicherung bzw. durch Abschluss einer separaten Comfort-Letter-Haftpflichtversicherung ausreichend abgesichert.

## 2. Haftung des Verkäufers nach dem gesetzliches Haftungsregime bei privaten M&A-Transaktionen

Für Verkäufer besteht im Rahmen von privaten M&A-Transaktionen ein Haftungsrisiko nach dem gesetzlichen Haftungsregime bestehend aus kaufrechtlichem Mängelgewährleistungsrecht (§ 434 ff. BGB) sowie wegen vorvertraglicher Pflichtverletzung (§§ 280 Abs. 1, 311 Abs. 2, 241 Abs. 2 BGB).[1316] Dieses Haftungsrisiko ist nicht von der Absicherungswirkung der für private M&A-Transaktionen konzipierten W&I-Versicherung erfasst.

Für die Beteiligten besteht aber kein Bedürfnis an der Absicherung dieses Haftungsrisikos durch eine (andere) Versicherung. Die Vertragsparteien schließen die gesetzlichen Ansprüche typischerweise ohnehin vollumfänglich aus, da diese abstrakten Regelungen den konkreten Bedürfnissen einer spezifischen M&A-Transaktion nicht gerecht werden.[1317] An deren Stelle vereinbaren die Vertragsparteien in der M&A-Praxis zur Vermeidung von Rechtsunsicherheiten typischerweise ein umfassendes vertragliches Haftungsregime, welches Gegenstand, Rechtsfolgen und Verjährung der Käuferrechte individuell regelt.[1318] Jedenfalls die selbstständigen Garantieerklärungen sowie bestimmte

---

1315 Dazu oben C.II.3.b)bb).

1316 Dazu oben B.II.2.a) und B.II.2.b).

1317 *Hensel/Namislo* BB 2018, 1475.

1318 *Weber*, in: Handbuch Unternehmenskauf, 9. Auflage, 2019, Kapitel 9: Der Unternehmens- und Beteiligungskaufvertrag Rz 9.249.

Freistellungserklärungen dieser vertraglichen Abreden werden durch und nach Maßgabe einer W&I-Versicherung abgesichert.

Eine abweichende Beurteilung ergibt sich auch nicht bei Unwirksamkeit des Ausschlusses der gesetzlichen Gewährleistungs- und Schadensersatzansprüche. Zwar ist jegliche Begrenzung der Haftung im Voraus bei vorsätzlichem oder arglistigem Handeln des Verkäufers unwirksam(§ 276 Abs. 3 BGB und § 444 BGB), jedoch scheidet bei vorsätzlichem Handeln auch eine Versicherbarkeit des Haftungsrisikos aus. Ein Versicherungskonzept zur Absicherung gesetzlicher Haftungsansprüche neben der Absicherung des vertraglichen Haftungsregimes durch die W&I-Versicherung würde für die Beteiligten daher keinen Mehrwert kreieren. Mangels Versicherungsbedürfnis bedarf es daher keiner Absicherung der Ansprüche nach dem gesetzlichen Haftungsregime bei privaten M&A-Transaktionen durch eine Versicherung.

## II. Keine Versicherbarkeit aus tatsächlichen Gründen

Einige der im Rahmen von Kapitalmarkt- und M&A-Transaktionen bestehenden Haftungsrisiken sind aus tatsächlichen Gründen nicht versicherbar.

### 1. Haftungsrisiken für Freistellungserklärungen bei privaten M&A-Transaktionen

Das vertragliche Haftungsregime zwischen Käufer und Verkäufer im Rahmen von M&A-Transaktionen besteht aus Garantien und Freistellungen.[1319] Selbstständige Garantieerklärungen sind durch die W&I-Versicherung nahezu vollständig absicherbar, Freistellungserklärungen hingegen nur eingeschränkt.

Freistellungen werden für Sachverhalte gewährt, bei denen der Versicherungsnehmer bereits Kenntnis von einem potenziellen Schadensrisiko dem Grunde nach hat, dieses jedoch weder der Eintrittswahrscheinlichkeit noch der Höhe nach beziffern kann. Hat der Versicherungsnehmer aber Kenntnis von den risikobegründenden Umständen, ist dieses Risiko grundsätzlich nicht versicherbar.[1320] Versicherungen dienen vielmehr der Absicherung vor Haftungsansprüchen aus unbekannten Sachverhalten. Freistellungserklärungen sind daher aufgrund der vorliegenden, tatsächlichen Kenntnis der schadensbegründenden Umstände grundsätzlich nicht anhand der W&I-Versicherung versicherbar. Vielmehr ist bezüglich dieser identifizierten Risiken auf Spezialversicherungen

1319 Dazu oben B.II.2.c).

1320 Ausführlich unter C.III.4.b)cc).

(Contingent-Liability-Versicherungen) zurückzugreifen. Voraussetzungen sind dafür, dass es sich um ein rechtliches und nicht um ein tatsächliches Risiko handelt.[1321] Übersteigt das Schadeneintrittsrisiko aber eine Wahrscheinlichkeit von 25–50 %, ist dieses Risiko nicht durch eine Versicherung absicherbar.[1322]

## 2. Haftungsrisiken bei fehlerhafter Angebotsunterlage im Rahmen von öffentlichen Übernahmen

Im Rahmen von öffentlichen Übernahmen können Aktionäre der Zielgesellschaft, die das öffentliche Angebot angenommen haben oder deren Aktien durch einen Squeeze-Out (§ 39a WpÜG) an den Bieter übertragen worden sind, von den Angebotsverantwortlichen und Angebotsveranlassern als Gesamtschuldner den Ersatz des ihnen aus der Annahme des Angebots oder der Übertragung der Aktien entstandenen Schadens verlangen, soweit für die Beurteilung des Angebots wesentliche Angaben in der Angebotsunterlage unrichtig oder unvollständig waren (§ 12 Abs. 1 WpÜG).[1323] Die Haftung ist dabei der börsenrechtlichen Prospekthaftung nachgebildet, wobei die Angebotsunterlage sogar als umgekehrter Verkaufsprospekt charakterisiert wird.[1324]

Wo die Prospekthaftpflichtversicherung aber die Haftungsrisiken für fehlerhafte Wertpapierprospekte bei Wertpapieremissionen absichert, fehlt es im Rahmen von öffentlichen Übernahmen trotz der Vergleichbarkeit der beiden Bezugsobjekte an einer respektiven Versicherung für die Absicherung von Haftungsrisiken für fehlerhafte Angebotsunterlagen. Eine Absicherung dieses Haftungsrisiko ist am Versicherungsmarkt derzeit nur in den Grenzen der D&O-Versicherung möglich, welche insbesondere den Bieter selbst als Haftungsadressat im Außenverhältnis nicht absichert.

Als Grund für das Fehlen eines einheitlichen Versicherungskonzeptes für die Absicherung von Haftungsrisiken bei fehlerhaften Angebotsunterlagen kommen zwei Erwägungen in Betracht. Anders als bei einer Wertpapieremission tritt bei der fehlerhaften Angebotsunterlage keine Konsortialbank als Haftungsadressat im Außenverhältnis gegenüber den Anlegern auf. Die (Außen-)Haftung

1321 *Boche/Luettges* BB 2020, 2764, 2765.

1322 *Boche/Luettges* BB 2020, 2764, 2766.

1323 *Paschos/Goslar*, in: Paschos/Fleischer Handbuch Übernahmerecht, 2017, § 14 Angebotsunterlage Rz 179.

1324 *Möllers* ZGR 2002, 664, 669; *Paschos/Goslar*, in: Paschos/Fleischer Handbuch Übernahmerecht, 2017, § 14 Angebotsunterlage Rz 179; *Thoma*, in: Baums/Thoma WpÜG, 13. Auflage, 2020, § 12 WpÜG Rz 5.

der Konsortialbank im Rahmen von Wertpapieremissionen ergibt sich aus dem Umstand, dass diese als Prospektverantwortliche den Wertpapierprospekt als Bezugsobjekt für eine Haftung selbst unterzeichnen muss. Dieser zivilrechtlichen Verantwortung im Außenverhältnis steht aber, anders als beim Emittent, kein dem gleichwertiges Eigeninteresse an der Wertpapieremission gegenüber. Vielmehr ist die Begleitung der Wertpapieremission für die Konsortialbank lediglich die Ausübung einer unternehmerischen Tätigkeit unter Wahrnehmung fremder Interessen. Die im Außenverhältnis haftende Konsortialbank ist daher zum Ausgleich des (Außen-)Haftungsrisikos auf die Absicherung durch eine Versicherung angewiesen.

Bei der öffentlichen Übernahme tritt hingegen keine Konsortialbank als Haftungsadressat im Außenverhältnis auf. Zwingend angebotsverantwortlich ist allein der Bieter (§ 12 Abs. 1 i.V.m. § 11 Abs. 1 S. 5 WpÜG). Für den Bieter aber bestehen nicht nur Haftungsrisiken im Zusammenhang mit einer fehlerhaften Angebotsunterlage, sondern es bestehen vor allem gerade die eigenen unternehmerischen Chancen einer erfolgreichen Transaktion. Da Erfolg und Misserfolg der Transaktionen in seinem eigenen Interesse liegt sowie Initiation und Abbruch dieser Transaktion allein seiner Entscheidungshoheit obliegt, ist für diesen die Absicherung des Haftungsrisikos durch eine Versicherung nicht zwingend angezeigt.

Zum anderen war die Versicherung von Prospekthaftungsrisiken in der Vergangenheit vor allem ein Anliegen der an der Wertpapieremission beteiligten Wirtschaftsprüfer.[1325] Da im Rahmen einer öffentlichen Übernahme aber gerade keine Konsortialbank als Haftungsadressat im Außenverhältnis auftritt, deren Regressansprüche abgesichert werden müssen, bedarf es auch nicht zwingend einer Absicherung durch eine Versicherung.

Es bleibt abzuwarten, ob die Versicherungswirtschaft auf dieses derzeit nicht versicherbare Haftungsrisiko eines Bieters bei einer öffentlichen Übernahme durch Entwurf eines neuen Versicherungskonzeptes reagiert. Konzeptionell liegt hier eine Orientierung an der Prospekthaftpflichtversicherung nahe.

## III. Keine Versicherbarkeit aus rechtlichen Gründen

Einige der im Rahmen von Kapitalmarkt- und M&A-Transaktionen bestehenden Haftungsrisiken sind aus rechtlichen Gründen nicht durch Versicherungen absicherbar.

---

1325 *Schlitt/Landschein* ZBB 2019, 103, 114.

## 1. Keine Versicherbarkeit von Geldstrafen und Geldbußen

Eine Absicherung von Haftungsrisiken durch eine Versicherung für Geldstrafen oder Geldbußen gegen den Versicherten ist aus rechtlichen Gründen nicht möglich.[1326] Eine anderweitige Regelung im Versicherungsvertrag wäre angesichts der mit den Straf- oder Bußgeldvorschriften verfolgten Präventionszwecke entweder wegen des Verstoßes gegen ein gesetzliches Verbot (§ 134 BGB) oder wegen des Verstoßes gegen die guten Sitten (§ 138 Abs. 1 BGB) nichtig.[1327] Somit sind Haftungsrisiken für bußgeldbewehrte Verstöße gegen kapitalmarktrechtliche Primär- oder Sekundärmarktinformationspflichten oder im Zusammenhang mit sonstigen Marktmissbrauchshandlungen im Außenverhältnis nicht versicherbar.[1328]

## 2. Keine Versicherbarkeit von Ansprüchen aus Handlungen mit Schädigungsvorsatz oder mit Verwirklichung eines Straftatbestandes

Eine Absicherung von Haftungsrisiken durch Versicherungen für Ansprüche, die auf der Verwirklichung eines Straftatbestandes beruhen, ist aus rechtlichen Gründen nicht möglich. Zwar sehen sowohl die D&O-Versicherung[1329] als auch die Prospekthaftpflichtversicherung[1330] eine Deckung für deliktische Ansprüche (§§ 823 Abs. 1 und 2, 826 BGB) vor, auch wenn der schadensersatzbegründenden Handlung ein bedingter Vorsatz zugrunde liegt, doch sind Ansprüche ausgeschlossen, wenn die schadensersatzbegründende Handlung zugleich einen Straftatbestand verwirklicht. Die Versicherung eines Anspruchs, welcher auf einer Straftat beruht, wäre wegen des gesetzlichen Verbots nichtig (§ 134 BGB).[1331] Somit sind Haftungsrisiken, die aus der Verwirklichung einer Straftat resultieren, aus rechtlichen Gründen nicht durch Versicherungen absicherbar.

Dasselbe gilt für Ansprüche, die aus einer Handlung resultieren, welcher ein Schädigungsvorsatz zugrunde lag. Somit sind sämtliche Ansprüche wegen

---

1326 *Armbrüster/Schilbach* r+s 2016, 109, 110.

1327 *Armbrüster/Schilbach* r+s 2016, 109, 110; *Ihlas*, D&O, Directors & Officers liability, 2. Auflage, 2009, S. 548. Differenzierend zwischen § 134/138 u.a. *Fleischer*, in: Spinder/Stilz AktG, 4. Auflage, 2019, § 84 AktG Rz 95.

1328 Zur Versicherbarkeit des Bußgeldregressanspruches im Innenverhältnis oben C.I.5.c) bb).

1329 Dazu oben C.I.3.b).

1330 Dazu oben C.II.3.c).

1331 *Armbrüster/Schilbach* r+s 2016, 109, 110.

vorsätzlicher, sittenwidriger Schädigung (§ 826 BGB) aus rechtlichen Gründen nicht versicherbar. Die Einheit der Rechtsordnung verbietet es, dass sich ein mit Schädigungsvorsatz handelnden Schädiger durch Abschluss einer Versicherung von einer Haftung im Ergebnis freistellen kann. Eine solche Abrede verstößt gegen die guten Sitten und ist nichtig (§ 138 Abs. 1 BGB).

# E. Ergebnis: Die Absicherung von Haftungsrisiken durch Versicherungen bei Kapitalmarkt- und M&A-Transaktionen

Haftungsrisiken ergeben sich bei Kapitalmarkt und M&A-Transaktionen aus einer Vielzahl von unterschiedlichen gesetzlichen und vertraglichen Haftungsregimen. Dabei sind die untersuchten Versicherungskonzepte bei einer an das individuelle Risikoprofil einer Transaktion angepassten Umsetzung dazu geeignet, den Großteil der mit einer zu versichernden Kapitalmarkt- oder M&A-Transaktionen einhergehenden Haftungsrisiken effektiv abzusichern. Dabei kann es sich in der Praxis als nützlich erweisen, mehrere Versicherungspolicen unterschiedlicher Versicherer zu vergleichen. Bei dieser praktischen Umsetzung ist zudem auf die Wechselwirkungen mit dem Transaktionsprozess zu achten.

Daneben bestehen Haftungsrisiken, die schon nicht in den Anwendungsbereich eines am Markt verfügbaren Versicherungskonzeptes fallen. Die Hintergründe hierfür wurden im vorherigen Kapitel untersucht und dargestellt. Eine Absicherung dieser Haftungsrisiken durch Versicherungen ist derzeit nicht möglich.

In diesem letzten Kapitel sollen nun die bisherigen Untersuchungen zu Haftungsrisiken einerseits und Möglichkeiten der Absicherung durch Versicherungen andererseits zusammengeführt werden. Dabei wird die Frage beantwortet werden, inwieweit Haftungsrisiken bei Kapitalmarkt- und M&A-Transaktionen durch Versicherungen abgesichert werden können.

## I. Kapitalmarktbezogene Haftungsrisiken

### 1. Haftungsrisiken bei fehlerhafter Primärmarktinformation

Haftungsrisiken bei fehlerhafter Primärmarktinformation ergeben sich insbesondere bei Wertpapieremissionen und damit im Zusammenhang stehender Maßnahmen. Die Prospekthaftpflichtversicherung bietet hierfür eine umfassende und konfliktfreie Möglichkeit zur Absicherung der zivilrechtlichen Haftungsrisiken aller Beteiligten im Rahmen einer solchen Wertpapieremission, sofern sich der Versicherungsschutz der Police auch auf Haftungsrisiken bei vorangehenden Finanzmarktkommunikationen, Vermarktungsveranstaltungen, Vorfeld-Vereinbarungen wie Cornerstone-Investments und Privatplatzierungen erstreckt. Vor den Vermarktungsveranstaltungen besteht für die Mitglieder der Verwaltungsorgane grundsätzlich der allgemeine D&O-Versicherungsschutz. Bei Absicherung der Haftungsrisiken bei Wertpapieremissionen ist die Haftung des Wirtschaftsprüfers oftmals Gegenstand von Versicherungsvertragsverhandlungen, da dieser als Vertragspartner (und damit Haftungssubjekt) des Emittenten, sich nicht nur für Regressansprüche diesem gegenüber zu verantworten hat, sondern auch einem Außenhaftungsrisiko nach den Grundsätzen des Vertrages mit Schutzwirkung zugunsten Dritter (§ 328 BGB analog) ausgesetzt ist und deshalb ebenfalls in die Aufnahme des Versicherungsschutzes drängt.

Bei nicht-prospektpflichtigen Kapitalmarkttransaktionen resultieren die Haftungsrisiken primär aus dem vertraglichen Haftungsregime bestehend aus Garantien und Freistellungen. Diese Gewährleistungen sind grundsätzlich über eine W&I-Versicherung absicherbar.

Im Ergebnis ist daher festzuhalten, dass Haftungsrisiken aufgrund fehlerhafter Primärmarktinformation bei prospektpflichtigen Wertpapieremissionen durch eine bestehende D&O-Versicherung sowie eine zusätzliche, an das individuelle Risikoprofil der Wertpapieremission angepasste Prospekthaftpflichtversicherung, wirksam abgesichert werden können. Auch bei nicht-prospektpflichtigen Kapitalmarkttransaktionen ist eine Absicherung anhand einer W&I-Versicherung grundsätzlich möglich, auch wenn in der Praxis hierfür derzeit kein Bedürfnis gesehen wird.

## 2. Haftungsrisiken bei fehlerhafter Sekundärmarkinformation

Haftungsrisiken bei fehlerhafter Sekundärmarktinformation ergeben sich insbesondere aus Verstößen gegen Ad-hoc-Publizitätspflichten oder gegen sonstige Kapitalmarktmitteilungspflichten. Hierfür existiert kein spezifisches Versicherungsprodukt. Vielmehr fallen diese Haftungsrisiken nur teilweise in den Anwendungsbereich der allgemeinen D&O-Versicherungspolice. Eine Absicherung ist daher nur eingeschränkt für die Mitglieder der Verwaltungsorgane des Emittenten möglich.

Die eingeschränkte Versicherbarkeit ist damit zu begründen, dass es sich bei der Ad-hoc-Publizitätspflicht um eine öffentlich-rechtliche Pflicht handelt, welche die Integrität und Funktionsfähigkeit der Kapitalmärkte schützen soll und der Sanktionswirkung daher unmittelbar verhaltenssteuernde Wirkung zukommt. Somit ist sowohl das Außenhaftungsrisiko der Gesellschaft selbst sowie das Außenhaftungsrisikos der Geschäftsleiter (welches nach § 826 BGB eine vorsätzliche Schädigung fremden Vermögens erfordert) nicht versicherbar.

Versicherbar sind allein die Regressansprüche der sanktionierten Unternehmen gegen die fehlerhaft handelnden Organwalter. Die D&O-Versicherung schützt die versicherten Personen aber nur, sofern deren Verhalten nicht auf einer vorsätzlichen Schädigung beruht und keinen Straftatbestand mitverwirklicht.

### 3. Haftungsrisiken bei (sonstigen) Marktmissbrauchshandlungen

Im Zusammenhang mit sonstigen Marktmissbrauchshandlungen drohen nach hier vertretener Auffassung keine zivilrechtlichen Haftungsrisiken. Werden aufgrund des Verstoßes Bußgelder verhängt, so gilt es zu differenzieren. Ist das pflichtwidrig handelnde Organmitglied selbst Adressat des Bußgeldbescheides, ist eine Absicherung durch eine Versicherung nicht möglich. Eine anderweitige Abrede wäre wegen Verstoß gegen ein Verbotsgesetz (§ 134 BGB) bzw. gegen das Verbot der Sittenwidrigkeit (§ 138 Abs. 1 BGB) nichtig. Auch das betroffene Unternehmen kann sich im Außenverhältnis nicht gegen solche Bußgelder versichern.

Sofern das Unternehmen den pflichtwidrig handelnden Organwalter in Regress nimmt, greift dessen D&O-Versicherungsschutz nur ein, wenn (i) der Pflichtverstoß nicht wissentlich begangen wurde bzw. dem Pflichtverstoß keine vorsätzliche Schädigung zugrunde liegt und (ii) die D&O-Versicherung keinen expliziten Ausschluss für Bußgeldregressansprüche enthält. Im Zusammenhang mit Verstößen gegen das Insiderrecht findet sich in den meisten D&O-Versicherungspolicen hingegen meist ein ausdrücklicher Ausschluss des Versicherungsschutzes. Dieser schlägt auch auf das Innenverhältnis für den Binnenregressanspruch durch.

## II. M&A-transaktionsbezogene Haftungsrisiken

Bei M&A-Transaktionen ergeben sich in Abhängigkeit von der Transaktionsstruktur erhebliche Unterschiede im Risikoprofil. Öffentliche Übernahmen sind wesentlich durch Informationspflichten und damit einhergehende gesetzliche Haftungsrisiken geprägt. Das Haftungsregime bei privaten Transaktionen wird von den Beteiligten hingegen in aller Regel vertraglich festgelegt. Daraus resultieren unterschiedliche Anforderungen an Versicherungskonzepte zur Absicherung der Haftungsrisiken.

## 1. Haftungsrisiken bei öffentlichen Übernahmen

Haftungsrisiken ergeben sich im Rahmen von öffentlichen Übernahmen primär aus der Fehlerhaftigkeit einer Angebotsunterlage sowie den allgemeinen Grundsätzen des Deliktsrechts. Die zivilrechtlichen Haftungsrisiken sind dabei grundsätzlich nicht versicherbar. Für Haftungsrisiken bei fehlerhaften Angebotsunterlagen im Rahmen einer öffentlichen Übernahme wird derzeit am Versicherungsmarkt kein Versicherungskonzept angeboten. Deliktsrechtliche Ansprüche aufgrund von Verstößen gegen sonstige Pflichten im Übernahmeverfahren bestehen nach den Erkenntnissen dieser Arbeit nur wegen vorsätzlicher, sittenwidriger Schädigung (§ 826 BGB). Dabei steht der in diesem Zusammenhang den Ansprüchen zugrundeliegende Schädigungsvorsatz einer Absicherung durch eine Versicherung entgegen.

Allein das Haftungsrisiko der Mitglieder der Verwaltungsorgane im Innenverhältnis ist grundsätzlich durch eine D&O-Versicherung absicherbar, wenn der Verstoß gegen kapitalmarktrechtliche Pflichten im Rahmen einer öffentlichen Übernahme zu einer originären Schadensposition der Gesellschaft führt oder zu einem Binnenregressanspruch der betroffenen Gesellschaft gegen ihren pflichtwidrig handelnden Organwalter führt. Für die Verhängung von Bußgeldern gelten die allgemeinen Grundsätze. Danach sind Bußgelder im Außenverhältnis nicht versicherbar. Ein entsprechender Binnenregressanspruch ist nur dann vom Versicherungsschutz der D&O-Versicherung umfasst, wenn (i) der Pflichtverstoß nicht wissentlich begangen wurde bzw. dem Pflichtverstoß keine vorsätzliche Schädigung zugrunde liegt und (ii) die D&O-Versicherung keinen expliziten Ausschluss für Bußgeldregressansprüche enthält.

## 2. Haftungsrisiken bei privaten M&A-Transaktionen

Haftungsrisiken ergeben sich bei privaten M&A-Transaktionen entweder aus den gesetzlichen Bestimmungen des Kaufmängelgewährleistungsrechts (§§ 434 ff. BGB) sowie den Grundsätzen des Verschuldens bei Vertragsanbahnung (§§ 280 Abs. 1, 311 Abs. 2, 241 Abs. 2 BGB) oder aus individualvertraglich vereinbarten Zusicherungen in Gestalt von Garantien und Freistellungen als Rechtsgeschäfte *sui generis* im M&A-Vertrag. Daneben bestehen für die Mitglieder der Verwaltungsorgane einer an der Transaktion beteiligten Gesellschaft auch organschaftliche Haftungsrisiken wegen Verstoß gegen die Sorgfaltspflicht (§§ 93 Abs. 2, 116 AktG und § 43 Abs. 2 GmbHG), wenn diese ihre Sorgfaltspflichten im Transaktionsprozess oder bei der Entscheidungsfindung gegenüber der Gesellschaft verletzen. Diese hiernach bestehenden Haftungsrisiken lassen sich nur in eingeschränktem Maße durch Versicherungen absichern.

Soweit Mitglieder der Verwaltungsorgane aufgrund von organschaftlichen Pflichtverletzungen im Innenverhältnis in Anspruch genommen werden, sind daraus resultierende Schadensersatzansprüche grundsätzlich durch, aber in den Grenzen, einer D&O-Versicherung absicherbar. Sofern der Erwerber den Veräußerer aus Gewährleistungsrecht in Anspruch nimmt, gilt es zu differenzieren. Ist kein vertragliches Gewährleistungsrecht vereinbart worden sind die Haftungsrisiken aus gesetzlichen Ansprüchen nach dem Kaufmangelgewährleistungsrecht wegen Mängeln am Zielunternehmen oder aufgrund von vorvertraglicher Pflichtverletzung im Zusammenhang mit Aufklärungs- oder Offenbarungspflichten im Rahmen des M&A-Prozesses nicht versicherbar. Der Veräußerer ist für diese gesetzlichen Ansprüche voll haftbar.

Versicherbar sind Ansprüche aufgrund von vertraglichen Zusicherungen in Gestalt von selbstständigen Garantien und Freistellungen im dem der Transaktion zugrundeliegenden M&A-Vertrag durch eine W&I-Versicherung. Dabei ist klarstellend festzuhalten, dass eine Absicherung grundsätzlich nur für rechtliche Risiken aus zum Zeitpunkt des Signings unbekannten Sachverhalten möglich ist und eine W&I-Versicherung keinen „Freifahrtsschein“ für ein unsauberes Transaktionsmanagement oder den Ersatz für eine sorgfältige Due Diligence darstellt. Damit ist der Anwendungsbereich des Versicherungsproduktes für Freistellungen, welche grundsätzlich für identifizierte Risiken mit unkalkulierbarer Eintrittswahrscheinlichkeit und Schadenshöhe gewährt werden, limitiert. Eine Versicherung solcher identifizierter Risikobereich ist in gewissen Grenzen über die Hinzuziehung einer Spezialversicherung (Contingent Liability-Versicherung) möglich. Erfolgt diese Absicherung durch eine käuferseitige W&I-Police, ist auch das vorsätzliche Fehlverhalten des Verkäufers vom Versicherungsschutz erfasst. Jedoch besteht dann ein Regressanspruch des Versicherers gegen den vorsätzlich handelnden Veräußerer.

## III. Gesellschaftsrechtliche Haftungsrisiken

Die gesellschaftsrechtlichen Haftungsrisiken für Organwalter im Rahmen von Kapitalmarkt- und M&A-Transaktionen sind nahezu vollumfänglich durch eine D&O-Versicherung absicherbar. Für die Entscheidungsfindung zur Vornahme einer Kapitalmarkt- oder M&A-Transaktion bestehen Haftungsrisiken nur eingeschränkt, da diese Entscheidungsfindung dem Kernbereich des unternehmerischen Ermessens zuzuordnen ist. Es fehlt mithin oftmals schon an den tatbestandlichen Voraussetzungen der haftungsbegründenden Norm.

Sofern der Organwalter im Rahmen des Transaktionsprozesses bei einer Kapitalmarkt- oder M&A-Transaktion seine Sorgfaltspflichten verletzt und aufgrund eines eingetretenen Schadens ein Regressanspruch der Gesellschaft besteht, ist dieser typischerweise vom Versicherungsschutz erfasst. Ein wissentlicher Pflichtverstoß bzw. eine vorsätzliche Schädigung ist auch in diesem Kontext nicht absicherbar.

**Schriften zum Gesellschafts-, Bilanz- und Unternehmensteuerrecht**

Herausgegeben von Barbara Grunewald und Joachim Hennrichs

| | | |
|---|---|---|
| Band | 1 | Moritz Pöschke: Eigenkapital mittelständischer Gesellschaften nach IAS/IFRS. 2009. |
| Band | 2 | Ulrike Lehmann: Gesellschaftsrechtliche Gestaltungen im Erbschaft- und Schenkungsteuerrecht. Eine Untersuchung der Erbschaft- und Schenkungsteuersubjektivität der Personengesellschaft sowie der mittelbaren Anteilsschenkung. 2009. |
| Band | 3 | Christian Graw: Das Konzept der Anteilseignerbesteuerung nach § 22 UmwStG 2006 – insbesondere im Vergleich zu § 21 UmwStG 1995. 2009. |
| Band | 4 | Christopher M. Picot: Die Rechte der Aktionäre beim Delisting börsennotierter Gesellschaften. 2009. |
| Band | 5 | Pascal Alexander Salomon: Regelungsaufträge in der Societas Privata Europea. Einführung in eine neue Rechtsform unter besonderer Berücksichtigung des Gesetzgebungs-instruments des Regelungsauftrages. 2010. |
| Band | 6 | Anna Sabrina Cryns: Gesellschafterfremdfinanzierung in Frankreich und Zinsschranke – ein Rechtsvergleich. 2011. |
| Band | 7 | Björn Karst: Das Marktmanipulationsverbot gem. § 20a WpHG. Unter besonderer Berücksichtigung der „Safe-Harbor"-Regelung. 2011. |
| Band | 8 | Ulrike Petig: Verdeckte Sacheinlagen im GmbH- und Aktienrecht. Die Veränderungen durch MoMiG und ARUG. 2012. |
| Band | 9 | Jochen Möller: Vorteilsanrechnung bei nützlichen Pflichtverletzungen im Kapitalgesellschafts- und Kartellrecht. 2012. |
| Band | 10 | Alexander Kersten: Zinsschranke und IFRS. Rechtssystematische Einordnung einer punktuellen Maßgeblichkeit der IFSR im Steuerrecht am Beispiel der Zinsschranke. 2012. |
| Band | 11 | Tobias Strohmeier: Special Purpose Acquisition Companies. SPACs im Spannungsfeld von deutschem Aktien- und Kapitalmarktrecht. 2012. |
| Band | 12 | Ruth Winter: Die steuerliche Behandlung von Scheinauslandsgesellschaften. Eine Untersuchung zur doppelansässigen Kapitalgesellschaft. 2013. |
| Band | 13 | Daniel Krey: IFRS und Ausschüttungsbemessung. 2013. |
| Band | 14 | Gabriel Jakob Litzenberger: Sanierungspflichten in der Krise von AG und GmbH. 2014. |
| Band | 15 | Franziska Neumann: Rechtliche Probleme von PIPE-Transaktionen. 2014. |
| Band | 16 | Jan Winzen: Vorzugsaktie und KGaA. Instrumente zur Kontrollerhaltung bei der Eigenkapitalfinanzierung. Unter besonderer Berücksichtigung der Vereinheitlichung von Aktiengattungen. 2014. |
| Band | 17 | Andreas Gerten: Angemessenheit und Steuern. Verdeckte Einkommensverwendung bei Kapitalgesellschaften im internationalen Vergleich. 2014. |
| Band | 18 | Isabel Kristin Fischer: Die Partnerschaftsgesellschaft mit beschränkter Berufshaftung. Rechtliche Einordnung und Haftungsverfassung unter Berücksichtigung der englischen LLP. 2015. |

Band 19 Leif Klinkert: Probleme der neuen Ansatzrechte im Sinne des § 268 Abs. 8 HGB und der entsprechenden Ausschüttungssperren. Zugleich ein Vergleich zur kalifornischen Ausschüttungsregelung. 2016.

Band 20 Kai Sofia Loth: Die Haftung der Organe einer Aktiengesellschaft bei Entscheidungen unter Rechtsunsicherheit. De lege lata et ferenda. 2016.

Band 21 Nikolaus Moench: Die Societas Unius Personae (SUP). 2016.

Band 22 Moritz Evertz: Unternehmensstrafrecht aus gesellschaftsrechtlicher Sicht. Eine Untersuchung am Beispiel des nordrhein-westfälischen Gesetzesentwurfs zur Einführung eines Verbandsstrafgesetzbuchs. 2016.

Band 23 Gudrun Dorothea von der Laage: Handelsbilanzielle und körperschaftsteuerliche Aspekte der Sitzverlegung einer Europäischen Aktiengesellschaft (SE). Profili contabili e fiscali (dell'IRES) del trasferimento di sede di una Società Europea (SE). 2017.

Band 24 Christina Schröter: Rechtliche Grundlagen und normzweckadäquate Unternehmensbewertung bei Kapitalgesellschaften. 2017.

Band 25 Eric Becker: Unternehmerische Freiheit in deutscher KGaA und britischer PLC. Eignet sich die PLC als Rechtsformalternative für börsenwillige Familienunternehmen in Deutschland? 2017.

Band 26 Benedikt Statz: Die Haftungsverfassung der Partnerschaftsgesellschaft mit beschränkter Berufshaftung. 2017.

Band 27 Moritz Beneke / Barbara Grunewald: Der Besondere Vertreter nach § 147 AktG. 2018.

Band 28 Florian Wirkes: Rechtsfolgen einer nicht nach § 87 Abs. 1 AktG angemessenen Vorstandsvergütung. Unter Berücksichtigung der Änderungen durch das Gesetz zur Angemessenheit der Vorstandsvergütung (VorstAG). 2018.

Band 29 Peter Schaub: Die Kapitalschutzfunktion des Jahresabschlusses nach dem BilMoG. 2018.

Band 30 Benjamin Baisch: Verjährungsbeginn der Ansprüche von AG und GmbH gegen ihre Geschäftsleiter gemäß § 199 Abs. 1 BGB. Eine Sonderkonstellation der Wissenszurech-nung. 2018.

Band 31 Oliver Markmann: Finanzielle Unterstützungsleistungen der Aktiengesellschaft zugunsten ihrer Aktionäre. 2019.

Band 32 Matthias Sebastian Weber: Liability Management Transaktionen. 2019.

Band 33 Martin Grabmann: Differenz- und Existenzvernichtungshaftung in der Aschenputtel-GmbH. 2019.

Band 34 Christian Brenscheidt: Informationsrechte des Private Equity-Investors gegenüber dem Portfolio-Unternehmen. 2020.

Band 35 Sarah Söntgerath: Die Nichtigkeitsgründe des § 241 AktG – de lege lata und de lege ferenda. 2020.

Band 36 Svenja Fröhlich: Ausscheiden von Personengesellschaftern. 2020.

Band 37 Simon Krämer: Die Herabsetzung der Vergütung des Vorstandes nach § 87 Abs. 2 AktG vor dem Hintergrund der Vergütungsproblematik, der besonderen Rolle des Vorstandes und seiner Rechtsbeziehung zur Aktiengesellschaft. 2021.

Band 38 Andreas Michael Mildner: Prognosen im Kapitalmarktrecht. 2021.

Band 39 Mauritz Rogier: Die übertragende Auflösung. 2022.

Band 40 Aysegül Altinbas: Nachfolge in Familienunternehmen – Rechtliche Rahmenbedingungen bei Kapitalgesellschafte in Deutschland und in der Türkei. 2022.

Band 41 Kilian Pfahl: Die Absicherung von Haftungsrisiken durch Versicherungen bei Kapitalmarkt- und M&A-Transaktionen. 2022.

www.peterlang.com

www.ingramcontent.com/pod-product-compliance
Ingram Content Group UK Ltd.
Pitfield, Milton Keynes, MK11 3LW, UK
UKHW021834290926
8980IPUK00004B/457